KB262269

조선어발달사

리득춘 · 리승자 · 김광수 공저

도서출판 역락

연변대학21세기정품교재

조선어발달사

리득춘 리승자 김광수 공저

연변대학출판사

머 리 말

　　조선어발달사는 조선어의 형성 및 그 발전 과정을 연구하는 학문이다. 본 교과목의 학습을 통해 우리는 각 력사시기 조선어의 어음, 어휘, 문법 및 문자의 발전변화과정을 체계적으로 장악함으로써 오늘날의 조선어가 어떠한 변화를 거쳐 이루어진것인가 하는 언어발전력사에 대하여 종합적인 지식체계를 갖출수 있게 되고 나아가 언어의 내부발달법칙에 대하여 보다 깊이 료해할수 있게 된다.

　　지금까지 본 교과목의 강의는 김영황의 ≪조선어사≫, 렴종률의 ≪조선어문법사≫, 최범훈의 ≪한국어발달사≫, 김종훈외 ≪한국어의 역사≫, 이기문의 ≪국어사개설≫, 리득춘의 ≪조선어어휘사≫ 등을 참고하여 이루어졌다. 고정된 교재가 없다보니 강의하는 교사에게도 어려움이 있었거니와 학생들에게 특히 부담이 컸었다. 그러던중 자체로 편찬된 교재가 이루어졌음은 학생은 물론 교사 모두에게도 참으로 기쁜 일이다.

　　언어발전사의 기술이 통시적연구와 공시적연구, 종합적연구와 부문별연구를 함께 요구하고 또 교과목이 개설된이래 처음 자체로 편찬하는 교재라 신중성을 기하여 본 교재의 편찬은 여러 선생이 힘과 지혜를 모아 공동으로 집필하였다. 우선 조선어의 발달과정을 크게 고대, 중고, 중세, 근대, 현대로 나누고 ≪제1장 서론≫과 ≪제3장 고대조선어≫, ≪제4장 중고조선어≫ 부분은 리승자선생이 맡아 집필하였고 ≪제2장 조선어계통설≫, ≪제5장 중세조선어≫ 부분은 리득춘선생이 집필하였으며 ≪제6장 근대조선어≫, ≪제7장 현대조선어≫ 부분은 김광수선생이 맡아 집필하였다. 독자에게 혼란이 없도록 집필과정에 내용의 체계성과 학술용어의 통일에 주의하였지만 혹간의 오차는 피면키 어려울것으로 보여진다. 보는이의 넓은 량해를 바라는바이다.

본 교재는 대학강의용으로 이루어졌다. 편찬시 언어자료를 충분히 활용하고 각 학자들의 이견과 부동한 관점에 대해서도 적당하게 취급하였기에 연구생교재로도 활용이 가능하다. 또한 복잡한 기술을 피하고 체계적으로 되도록 알아보기 쉽게 내용을 조직하였기에 조선어의 발전력사를 료해하려는 모든 학도들도 부담없이 읽고 배울수 있다.

본 교재가 이루어질수 있은것은 한국과 조선, 중국의 많은 학자들의 선행 연구와 업적이 있었기때문이다. 교재편찬에 도움이 된 많고 큰 업적에 대하여 일일이 감사드리지 못함을 죄송하게 생각하면서 교재의 출판에 앞서 다시한번 선학들의 연구에 깊이 고개 숙여 경의를 표하는바이다.

2006년 1월 8일
저자 적음

차 례

제1장
서 론

제1절 조선어와 조선어발달사

조선민족은 반만년의 오랜 력사를 가진 슬기롭고 문명한 민족이다. 조선민족은 고대로부터 과학과 문화의 발전에서 훌륭한 문화적전통을 이룩하여 인류문화의 발전에 크게 이바지하였다. 조선민족이 반만년의 오랜 력사기간에 창조하고 축적한 많고많은 물질 및 정신적 재부가운데서 아주 귀중한것의 하나가 조선말과 조선글자이다.

사람들의 사유활동은 말과 글을 수단으로 하여 이루어지며 또 그 결과는 말과 글을 통하여 알게 된다. 즉 말과 글은 사람들의 사회적실천가운데 존재하며 반면 사람들의 사회적실천은 말과 글을 통하여 이루어진다. 조선어는 아득한 예로부터 오늘에 이르기까지 조선민족의 의사교류수단으로 자리하면서 사람들의 사유활동을 비롯하여 정치, 경제, 문화 등 모든 생활령역에서 중요한 역할을 하였다.

언어는 그 민족을 이루는 공통성가운데서 가장 중요한 징표로 되고있다. 그러므로 말과 글의 공통성을 떠난 민족이란 존재할수 없으며 민족을 떠난 민족어도 존재할수 없다.

력사적원인으로 하여 현재 조선어는 ≪조선어≫ 또는 ≪한국어≫라 불려지기도 하지만 이는 본질적으로 동일한 언어에 대한 부동한 명명일뿐이다. 조선어는 세계에 존재하는 다른 언어들과 함께 언어의 일반특징을 가지고있는외 자기만의 독특한 특징으로 타언어와 구별된다.

아득한 선사시기로부터 조선반도에 정착하여 살아온 선조들에 의해 형성된 조선어는 조선민족의 력사와 더불어 발생발전하였다. 인류의 력사와 기원을 같이하는 언어는 그 언어를 사용하는 민족과 더불어 부단히 변화발전하게 된다. 즉 언어는 쉼없이 변화를 겪게 되는데 기본적인 골격은 그 변화가 극히 미미하고 또 완만하나 세부적인 시각으로 고찰할 때 언어변화의 속도는 결코 느린것만도 아니고 그 폭도 그리 작지만은 않다. 언어는 이처럼 부단히 변화하기때문에 어떤 언어나 스스로의 력사를 가지게 된다.

조선어도 례외일수 없다. 어떤 시대에는 저러한 특징을 가진 모습이였었는데 어느 시대에 가서는 그 모습이 이렇게 달라졌다가 지금은 그것들과 또 다른 모습으로 바뀌는 다채로운 력사를 가진다. 조선어발달사는 바로 이와 같은 조선어의 력사 즉 조선말이 걸어온 력사적변천과정을 연구하는 학문이다. 조선말이 형성되고 또 변천해온 력사적사실을 연구하는 학문으로서의 조선어발달사는 언어의 변천을 중심으로 하여 형성되는 음운사, 문법사, 어휘사를 그 주된 연구내용으로 한다.

제2절   조선어발달사와 조선어학사

조선어발달사나 조선어학사는 다 조선말과 관련된 어느 일정한 부문을 대상으로 연구하는 학문이라는 점에서는 공통점을 가지고있다.

조선어발달사는 조선말이 언제 형성되고 어떤 사회력사적조건에서 어떠한 변화와 발전을 가져왔는가, 옛 형태가 어떻게 새로운 형태로 교체되거나 혹은 완전히 없어졌는가 하는 과정을 하나하나 구명하게 된다. 다시말하여 조선말이 지니고있는 어음, 어휘, 문법의 변화발전과 조선민족의 글자생활이 어떻게 변천하였는가를 력사적으로 고찰하게 된다. 이러기 위해서 각 시기별로 된 구체적인 언어자료를 시간적관점에서 고찰하고 그 력사적변천과정을 해명하게 된다.

조선어학사는 조선어학의 력사 즉 조선말 및 조선글자에 대한 력대의 연구결과를 대상으로 하는, 조선말연구의 력사라고 할 수 있다.

원래 조선어학이란 일반언어학과는 구별된다. 일반언어학은 언어일반에 대한 연구를 통하여 언어의 일반적특성과 그 발전의 합법칙성을 밝히는 언어과학이다. 그러나 조선어학은 조선말에 관한 연구를 대상으로 하는 개별언어학인것만큼 어디까지나 조선말의 발생발전 및 그 특성에 대한 연구를 기본으로 하여 리론을 전개하는 조선언어학의 한 분과이다. 조선어학사는 앞시기의 학자들이 조선말의 음운, 어휘, 문법, 문자 등을 연구한 성과를 분석하고 고찰하는 동시에 조선어학의 건설에서 나서는 방법론적인 문제들을 보여준다. 조선어학의 체계는 조선말연구의 리론적체계라 할수 있다. 즉 그것은 그 연구자가 조선말의 어음론적현상이나 문법적현상에서 여러 언어사실을 발견하고 그것을 정리체계화한 언어학적견해라 할수 있다.

이와 같이 조선말연구의 두 분과인 조선어발달사와 조선어학사는 자기의 고유한 연구대상과 독자성을 가지고있으면서도 서로 떨어질수 없는 관계를 맺고있다. 그러므로 하나의 언어자료와 또 그것의 변화과정을 발달사에서도 어학사에서도 론의할수 있다.

례컨대 앞시기의 어떤 학자의 어학사적인 견해가 발달사연구에서 해당 시기의 조선말발전과정을 밝히는데서 유력한 증거가 될수 있으며 반대로 조선말의 구조적특성과 그것의 변화발전에 관한 력사적사실을 어학사서술에서 언급하지 않을수 없는 경우도 있게 된다.

이러한 관계로 하여 조선어발달사와 조선어학사를 혼동하는 경향도 생기게 되지만 조선어발달사와 조선어학사는 어디까지나 구별되여야 할 언어학의 다른 분과이다. 조선어학사는 조선어연구의 학문사에 속하며 조선어발달사는 순전히 조선어의 통시적인 변천사에 속한다.

제3절 조선어발달사의 연구목적과 연구방법

1. 연구목적

조선어발달사는 조선어의 력사를 통시적으로 연구하는 학문으로 조선어의 력사적변천과정을 고찰하는것을 목적으로 한다. 조선어발달사에서는 고대조선어에서 현대조선어에 이르기까지의 조선어의 음운, 어휘, 문법 등의 력사적인 변화를 언어사의 관점에서 연구하게 된다.

조선어발달사는 조선어를 연구함에 있어서 중요한 위치를 차지하게 된다. 언어는 사회발전의 력사와 달리 그 변화발전이 매우 더디게 진행된다. 그러나 세계의 그 어떤 언어도 그 발전에 있어 정지상태에 있을수 없다. 비록 그 발전이 느리기는 하나 조선어도 옛날부터 오늘에 이르기까지 끊임없이 변화와 발전을 거듭하였다. 그러므로 같은 조선어라고 하지만 현대조선어의 지식만으로는 결코 중세조선어나 고대조선어를 리해할수 없는 경우가 많은것이다. 례를 들면 조선문자가 창제된 당시의 중세조선어의 음운체계를 보면 현대조선어에서는 발음조차 할수 없는 ≪·≫, ≪△≫, ≪ㅸ≫ 등 어음들이 나타남을 볼수 있다. 어음현상뿐만아니라 어휘, 문법에서도 차이를 보이는데 조선어발달사는 바로 이와 같은 내용을 언급하게 된다.

현대조선어는 오랜 기간에 걸쳐 조선어가 변화발전하여온 결과에서 이룩된것으로서 현대조선어의 어음체계, 문법구조, 어휘구성 등 모든 요소들은 다 자기의 력사를 가지고있는것이다. 조선어발달사를 잘 연구함으로써 현대조선어를 더 잘 다듬고 과학적으로 연구할수 있게 된다.

2. 연구방법

조선어발달사는 문헌에 남아있는 기록에 의하여 더듬어 내려올수도 있고 문헌에 기록이 남아있지 않더라도 기타의 방법으로 추적할수도 있다. 특히 고대로 올라가면 갈수록 문헌에 의한 방법은 어려워지고 다른 방법에 의존할수밖에 없다. 조선어발달사를 연구할 때 우리는 언어의 력사적인 변천 즉 력사언어학에 립각한 연구방법을 많이 도입하게 된다.

조선어의 력사적연구에는 일반적으로 아래와 같은 방법론이 적용된다.

첫째, 문헌학적연구방법: 문헌학적연구방법이란 문헌중심의 연구방법을 말한다. 모든 문헌은 언어자료로 이루어져있기때문에 언어의 력사적연구에는 문헌학적연구방법이 대두하게 된다.

조선어의 문헌자료를 시대적으로 살펴볼 때 무엇보다도 고대에는 자료의 부족함을 들수 있다. 신라시대의 향가와 인명, 지명, 관직명 등의 고유명사표기가 있기는 하지만 이는 모두 한자차용표기로 이루어져있어 조선어의 완전한 모습을 알기 어렵다. 또한 고려시대의 ≪계림류사(鷄林類事)≫와 ≪조선관역어(朝鮮館譯語)≫도 있으나 이는 중국인이 쓴것으로서 조선어의 간접자료로밖에 삼을수 없다. 그러나 중세에는 훈민정음의 창제로 ≪룡비어천가(龍飛禦天歌)≫, ≪석보상절(釋譜詳節)≫을 비롯하여 많은 문헌자료가 쏟아져나왔다. 그동안 사라진 자료도 없지 않으나 이러한 많은 자료들은 조선어발달사연구에 귀중한 자료가 된다.

문헌학적연구방법에 따라 문헌자료를 년차순으로 배렬하고 시간순서대로 그것을 연구함으로써 언어의 변천을 알아내고자 할 때 반드시 주의해야 할것은 문자의 보수성으로 인하여 문헌상의 자료는 당대의 언어보다는 옛모습을 반영할수 있다는 사실이다.

둘째, 방언 및 지명학적연구방법: 방언에는 지역적특성이 나타나게 된다. 정치문화의 중심에서 멀리 떨어진 지역방언일수록 많은 고어가 나타나있다. 특히 방언은 특정시대 중앙어의 반영인 문헌어가 보이는 약점을 보충할수 있어 조선어발달사연구에서 중요한 자료가 된다. 향가해독에서 신라의 도읍지였던 경주지방의 방언을 연구할 필요성이 제기되는것도 바로 이때문이다.

조선어발달사의 연구방법에 있어 지명학적연구방법 또한 주목되는 방법이다. ≪삼국사기(三國史記)≫ 지리지에 실려있는 고대지명은 고대조선어연구의 귀중한 자료이다. 특히 조선반도 방방곡곡에 흩어져있는 고대종족들의 주거지역이름을 비롯하여 산야와 하천 등의 고유명사속에는 그 고장의 지명과 지리, 력사, 풍속, 풍토, 인심 등 고유문화의 특성이 반영되여있어 조선어연구에 더없이 귀중한 자료가 된다.

방언과 지명가운데는 고어가 많이 잔존해있다. 특히 지명은 교통수단과 도로의 확장으로 치방의 언어가 등어권화(等语圈化)되는 방언에 비하여 보다 보수성이 강한바 이에 대한 연구를 거쳐 화석화된 상고어를 류추할수도 있다.

셋째, 비교언어학적연구방법: 비교언어학이란 친족관계에 있는 언어와의 비교연구를 뜻한다. 언어의 비교연구에는 무엇보다도 먼저 대응이 성립되여야 한다. 대응이란 음운과 의미의 일치를 뜻하는것으로서 음운대응에는 단순한 외형의 류사에 매혹되지 말아야 하며 어디까지나 음운규칙이 성립되여야 한다. 문법구조도 대응이 성립되여야 한다. 어휘연구에서는 특히 차용요소를 잘 분별해야 한다.

조선어는 문헌적으로 그 력사가 짧고 또 빈약하다. 동일어족의 비교연구를 통하여 문헌이전의 언어상태를 재구해야만 된다. 재구란 대응에 의해서 언어의 원시형태를 가설적으로 설정하는것을 의미한다. 따라서 이러한 재구를 통하여 언어계통에서의 공통조어를 설정하여 조선어의 기원과 계통론을 연구하게 된다.

비교언어학적연구방법으로 동계어사이의 어휘를 비교하여 대응규칙을 찾으며 나아가서는 공통조어를 재구하려고 할 때 류의해야 할 일은 언어사이에서 발견되는 우연성과 차용어의 문제이다.
　넷째, 일반언어학적연구방법: 학문도 고립되여서는 전면적으로 연구될수 없는바 조선어의 연구에서도 언어학의 일반리론이 원용된다. 일반언어학의 기초리론은 언어를 대상으로 분석하고 연구할수 있는 기반이 됨은 물론이고 조선어연구의 여러 분야 즉 음운론, 형태론, 문장론, 의미론, 어휘론, 어원론 등과 조선어발달사, 조선어학사 등 연구에 있어서도 필요한 리론이다.

제4절 민족사의 시대구분과 발달사의 시기구분

1. 력대의 시기구분

사적으로 고찰하는 학문은 항상 시기구분문제를 언급하게 된다. 시기를 구분하지 않고 연구항목만 잡아 종합적으로 기술하는 경우도 있지만 시기를 구분하고 매 시기별로 나누어 변천된 내용을 사적으로 기술하는것이 일반이다.
　조선어발달사의 시기구분법으로 종래 론의되여온 방법은 크게 정치사적인 시대구분법과 언어사적인 시대구분법이 있다. 정치사적인 시대구분법은 왕조를 중심으로 한 구분법이고 언어사적인 시대구분법은 언어의 변천발달을 중심으로 한 시대구분법이다.
　조선어발달사의 시기구분에는 연구자 자신의 독자적인 언어사관이 반영되여있기에 학자에 따라 조금씩 달리 나타난다.

1) 이기문의 신정판 ≪국어사개설≫(한국 태학사, 1998년)

조선어발달사의 제 단계를 ≪고대국어≫, ≪전기중세국어≫, ≪후기중세국어≫, ≪근대국어≫, ≪현대국어≫로 나누었다.

여기에서는 엄격한 의미에서의 ≪고대국어≫는 신라어에 한정시키고 그 끝은 신라의 멸망으로 본다. ≪중세국어≫는 10세기에서 16세기로 정하고 14세기를 경계선으로 하여 이를 다시 전후시기로 나누어 고려왕조시기를 ≪전기중세국어≫로, 조선왕조의 첫 200년을 ≪후기중세국어≫로 보았다. 이 시기 조선어음운체계 특히 모음체계에서 현저한 변화가 일어났음을 그 구분의 근거로 보았다. 또한 전기는 한자로 표기된 자료에 의하여, 후기는 주로 훈민정음자료에 의하여 기록되는 특징을 보인다. ≪근대국어≫의 시기는 임진전쟁이 지난 직후 즉 17세기초엽부터 시작해서 19세기말까지로 정하였다. ≪현대국어≫는 20세기초엽부터이다.

2) 최범훈의 ≪한국어발달사≫(한국 통문관, 1985년)

고대 또는 상고로부터 시작되는 시대구분법을 지양하여 ≪형성기한국어≫, ≪고대한국어≫, ≪중고한국어≫, ≪중세한국어≫, ≪근대한국어≫, ≪현대한국어≫ 등 여섯단계로 나누었다.

선사시대로부터 삼국이 정립하기 이전까지를 ≪형성기한국어≫로 보고 삼국의 정립시기와 통일신라까지를 ≪고대한국어≫, 신라가 그 정권을 고려의 왕건에게 넘겨준 시기로부터 훈민정음이 창제되던 시기까지를 ≪중고한국어≫, 훈민정음의 창제로부터 16세기말 임진전쟁까지를 ≪중세한국어≫, 임진전쟁으로부터 갑오경장(1894년)까지를 ≪근대한국어≫, 갑오경장으로부터 그뒤를 ≪현대한국어≫라 하였다.

3) 김형주의 ≪우리말 발달사≫(한국 세종출판사, 1998년)

선사시대로부터 훈민정음창제이전을 ≪고대국어≫라 하고 이를 다시 량분하여 신라멸망까지를 ≪전기고대국어≫, 고려의 건국으로부터 훈민정음창제이전까지를 ≪후기고대국어≫로 보았다. 1443년 문자의 창제로부터 17세기말을 ≪중세국어≫, 18세기로부터 19세기말을 ≪근대국어≫, 20세기부터를 ≪현대국어≫로 보았다.

4) 김종훈외, ≪한국어의 역사≫(대한교과서주식회사, 1998년)

선사시대로부터 신라말까지의 여러 언어를 포함하여 ≪고대국어≫, 10세기(935년)부터 14세기(1391년)까지의 고려시대의 언어를 ≪중고국어≫, 조선조의 건국을 시점으로 하여 임진전쟁까지의 약 200년동안의 언어를 ≪중세국어≫, 임진전쟁으로부터 갑오경장까지의 약 3세기간의 언어를 ≪근대국어≫, 갑오경장으로부터를 ≪현대국어≫로 구분하였다.

5) 김영황의 ≪조선어사≫(김일성종합대학출판사, 1997년)

정치사적인 견지와 언어사적인 견지에서 각기 구분하고 그 명칭도 달리하였다.

고려이전시기의 언어를 정치사적견지에서 고대 및 초기중세조선어라 하고 언어사적으로는 ≪고대국어≫라 명명하였으며 10세기로부터 14세기까지의 언어를 정치사적견지에서 중기중세조선어라 하고 언어사적견지에서 ≪고려시기국어≫라 명명하였다. 15세기로부터 16세기까지의 조선어를 정치사적견지에서 후기중세조선어라 하고 언어사적견지에서 ≪리조전반기국어≫라 하였으며 기원 17세기이후부터 19세기후반기까지의 조선어를 ≪리조후반기국어≫, 19세기후반기이후로부터 20세기 20년대중엽의 조선어를 ≪근대국어≫, 20세기 20년대중엽이후의 조선어를 ≪현대국어≫로 보았다.

6) 안병호의 ≪조선어발달사≫(료녕인민출판사, 1983년)

기원 7세기 신라의 3국통일로부터 기원 10세기 신라의 멸망까지를 ≪고대조선어≫, 신라의 멸망으로부터 14세기까지의 조선어를 ≪전기중세조선어≫, 기원 15세기 훈민정음의 창제로부터 16세기말 임진전쟁까지를 ≪후기중세조선어≫, 기원 17세기부터 19세기말에 이르는 조선어를 ≪근대조선어≫, 기원 20세기초부터를 ≪현대조선어≫시기로 구분하고 고대조선어이전시기를 기원이전시기와 기원이후시기로 나누었다.

7) 리득춘의 ≪조선어어휘사≫(연변대학출판사, 1987년)

신라통일이전시기를 ≪고대시기≫로 하고 고려시기로부터 훈민정음창제이전까지를 ≪중세전기≫로 하였으며 훈민정음창제로부터 17세기초엽까지를 ≪중세후기≫로 하였다. 기원 17세기부터 19세기말까지를 ≪근대시기≫로 하고 기원 19세기말부터 20세기초까지를 ≪현대조선어형성시기≫로 하였다.

2. 시기구분의 문제점

이상 론의된 여러가지 시기구분법에서 볼수 있다싶이 근대와 현대의 시기구분에 관해서는 거의 분기가 없는 반면 임진전쟁이전시기의 언어발전에 대해서는 학자에 따라 용어의 사용과 구획이 서로 다름을 볼수 있다. 다양한 견해를 총괄한다면 크게 다음과 같은 문제들을 찾아볼수 있다.

첫째, 신라의 삼국통일이전시기의 언어를 고대조선어의 발전단계에 포함하는 문제

조선어의 시발점을 원시한어(韩语) 즉 신라어에 두고 ≪오늘

의 국어가 중세국어의 연속이요 중세국어는 신라어를 근간으로 형
성된것≫이므로 ≪엄격한 의미에서 고대국어라는 말은 신라어를
가리키는데 한정≫해야 한다고 주장하면서 선사시대는 물론 고구
려어와 백제어 등을 고대에 포함시키지 않는 관점(이기문)과 선
사시대로부터 삼국정립시기의 언어를 조선어의 형성기로 보면서
원칙상 신라의 삼국통일에 의한 단일어와 갈라보는 관점(최범훈,
안병호), 이 시기의 모든 언어를 고대조선어로 일괄하는 관점(김
종훈, 김영황, 김형주, 리득춘)이 있다.

이와 같은 분기가 생기게 되는것은 고구려어를 바라보는 시
각이 다르기때문이다.

둘째, 고려시기 언어를 독자적인 언어로 인정하는 문제

고려시기 언어를 독자적으로 인정하는 시대구분법에서는 고
려의 건국으로부터 멸망까지를 한시기로 그어 ≪중고국어≫(김종
훈외), ≪고려시기국어≫(김영황)로 구분하고 그렇지 않은 시대
구분법은 중세에 포괄시킨 다음 그안에서 다시 ≪전기중세국어≫
(이기문)로 갈라보거나 혹은 문자의 창제를 기준으로 하여 문자
창제전까지를 함께 다루기도 한다.(최범훈, 김형주, 안병호, 리
득춘)

이와 같은 견해는 고려와 조선의 교체로 서울이 개경(개성)
에서 한양으로 옮겨진 력사적사실이 언어의 변화에 주는 영향을
어떻게 보는가 하는 관점의 다름에서 비롯된것이다. 개경과 한양
은 지리적으로 가까울뿐만아니라 고려중앙어가 그대로 조선중앙
어로 계승되였다고 인정하는 관점에서는 고려어를 중세어에 포괄
하여 언급하게 된다.

셋째, 문자의 창제 등을 시기구분점으로 인정하는 문제

중세조선어를 시대구분함에 있어서 기본적으로 세가지 견해

가 엇갈리고있음을 볼수 있다. 즉 1392년 조선왕조의 건립을 시발점으로 하는 견해(김종훈, 김영황)와 개경에서 한양으로 천도한 1405년을 시발점으로 하는 견해, 훈민정음의 창제를 시발점으로 하는 견해(최범훈, 김형주, 안병호, 리득춘)가 대립되고있다. 표기법상 문자의 창제를 중요시하는 관점에서는 훈민정음의 창제를 고대와 중세를 가름하는 큰 획으로 인정하기도 하였다. (김형주)

　　조선어력사의 전반 발전행정에서 볼 때 훈민정음의 창제는 처음으로 전면적이고도 정확하게 조선어표기를 가능하게 해주었다. 이로부터 조선어의 정체가 가장 잘 드러나게 되였다. 훈민정음의 창제가 언어상의 변혁이 아닌, 다만 표기법수단의 변혁임을 감안하면서도 언어사에 있어서 문자의 구비여부를 특히 중요한 사실로 인정하는 관점에서는 문자의 창제를 그 시발점으로 잡는 것을 합리하게 생각한다. (최범훈) 그러나 이 경우에도 그 시간점을 1443년으로 보는 관점과 1446년으로 보는 관점이 갈린다.

　　사실상 조선어발달사의 시대구분에서 지금까지 왕조의 건립, 문자의 창제, 임진전쟁, 갑오경장 등과 같이 중요한 력사적사변들이 중요한 구분점이 되여왔다.

　　넷째, 용어의 명명과 지시내용상의 문제

　　대체적으로 ≪고대, 중세, 근대, 현대≫라는 용어를 많이 사용하고있지만 ≪고대≫와 ≪중세≫가 지칭하는 내용에 많은 차이가 있음을 알수 있다. 가령 중세를 례로 들면, 이기문에서의 ≪전기중세, 후기중세≫는 최범훈에서는 ≪중고≫와 ≪중세≫에 해당하며 김종훈의 ≪중세≫는 이기문에서의 ≪후기중세≫에 해당한다. 또 이기문에서와 안병호에서는 ≪전기중세, 후기중세≫로 용어는 동일하나 포함하는 시간선에서는 차이를 보인다. 최범훈, 김형주, 김종훈에서처럼 단일하게 ≪중세≫어로 명명하여 사용할 때도 그 구분점이 조선왕조의 건립이냐 문자의 창제이냐에 따라 시발점이 달라지게 된다.

다섯째, 현대조선어의 범위문제

근대와 현대의 시기구분을 갑오경장으로 보는 관점은 보편화된 관점이다. 조선어발달사에서는 현대조선어를 언급할 때 대부분 그 전시기의 언어들처럼 지면을 많이 할애하지 않고 갑오경장으로부터 혹은 20세기초엽으로부터 현재에 이르는 시기의 언어를 총괄적으로 다루었다. 일부에서는 19세기말부터 20세기초엽을 현대조선어형성시기로 보기도 한다.

현시점에서 볼 때 현대조선어도 이미 한세기를 넘긴 력사적 행정을 보이고있다. 이 한세기동안 조선어는 어음, 어휘, 문법 및 기타 모든 분야에서 끊임없이 변화발전하였다. 특히 조선반도내의 남북의 분단으로 하여 조선어는 한국과 조선, 중국에서 각기 독자적인 발전을 해왔다.

특히 현대조선어는 지금 모음체계에 있어서 일부 홑모음이 겹모음화추세를 보이면서 상당한 동요상태를 보이고있다. 조선어의 발달사를 연구함에 지금까지 우리가 단순하게 ≪현대조선어≫라 포괄적으로 불러오던 언어도 바야흐로 격변기를 겪고있음을 감안할 때가 되였다.

3. 본 책의 시기구분

시간의 흐름에 따라 간단없이 변화발전하고있는 조선어의 발전행정에 있어서 어느 한 시대를 구분할 때는 그 구분하는 근거가 확실해야 하지만 실제로 각 시기구분에 뚜렷한 선을 긋기란 매우 어려운 작업이다. 특히 언어사적인 견지에서만 시대를 구분한다는것은 더욱 그러하다. 그 가장 중요한 원인은 아직 조선어의 변천에 대하여 전면적이고도 체계적으로 정밀한 검토와 연구를 진행하지 못하고있는데 있다. 이와 같은 문제는 문자창제이전에 한자를 빌어 조선어를 표기함으로써 조선어의 음운에 대한 정확한 고찰이 어렵다는데서 인기된다. 즉 15세기 훈민정음창제이전의 연구자료들은 단편적이고 불확실한 조선어표기여서 이에 의해 세기별 언어의 정확한 변화발전을 연구하는데는 제한이 따르게 된것이다.

이에 따라 본 책에서는 다음과 같이 조선어의 발전시기를 구분한다.

가. 고대조선어: 선사시대~통일신라말
나. 중고조선어: 신라의 멸망~고려말
다. 중세조선어: 조선왕조의 건립~임진전쟁이전까지
라. 근대조선어: 임진전쟁~갑오경장이전
마. 현대조선어: 갑오경장~현재

제2장
조선어계통설

한 언어의 계통을 밝힌다는것은 그것과 다른 언어나 언어군 사이에 친족관계가 있음을 증명한다는것이다. 기원적으로 동일한 언어로부터 갈라져나온 둘이상의 언어가 오랜 세월동안 서로 다른 언어환경속에서 변천을 거듭하여 각기 다른 개별적언어를 형성하였을 때 이들 언어를 동계어(同系语)라 한다. 그리고 동계어들의 기원이 되는 모어를 공통조어(共通祖语) 혹은 시원어(始源语)라고 한다.

계통연구는 비교언어학적방법으로 친족관계에 있는 언어들을 비교함으로써 그들 언어사이의 류사점과 차이점을 검토하여 력사적변천양상을 밝히고 공통조어를 재구하여 공통조어에서 분파된 동계어들사이의 변천과정을 밝히는 력사언어학의 한 분야이다.

알타이 언어학리론의 가설에 의하면 조선어는 돌궐어, 몽고어, 만주-통구스어와 함께 하나의 시원어로부터 기원하였다고 한다. 그러나 이것은 어디까지나 가설일뿐 조선어의 계통문제는 아직도 론쟁중에 있다고 보는것이 타당할것이다. 지금도 조선어는 흔히 계통이 불명확한 언어로 취급되여 알타이제어밖으로 배제되기도 한다.

　　류형학적분류의 관점으로 볼 때 조선어는 알타이제어와 뚜렷한 상사성을 갖고있으며 또 적지 않은 류사한 어휘들을 갖고있다. 따라서 조선어와 알타이제어와의 친족관계가설을 설정하는것은 당연한 일이라 보아야 할것이다.

　　19세기후반기로부터 세계 각국의 학자들은 줄곧 조선어의 계통문제에 대해 관심하기 시작했는바 그사이에 여러가지 주장들이 나왔지만 그가운데 대표적인것은 네가지이다.

　　첫째는 이른바 북방계통설 즉 조선어의 알타이어족설이다.

　　둘째는 이른바 남방계통설로서 일찍 서방전도사들에 의해 주장되였다. 그들은 조선어와 드라비다어와의 비교를 하였었다.

　　셋째는 조일 동계론이다. 이 주장은 최초에는 서방학자들에 의해 나왔으나 그후 일본학자들에 의해서도 주장되였다.

　　넷째는 인도-유럽어족(印欧语族)과의 동계설이다. 이 주장은 19세기말과 20세기초 서방전도사들에 의해 주장되였다. 그들은 조선어와 인구(印欧)어의 일부 단어들을 비교하였는데 이런것들은 대부분 우연한 일치에 속하는것들이였다.

　　조선어와 알타이제어와의 비교는 19세기후반기로부터 시작되였다. 스웨덴의 스트라렌베그(Strahlenbeg)는 최초로 우랄-알타이어족설을 주장하였다. 로니(Rosny.1864년)는 최초로 류사성을 제시하는 론문을 썼으며 달레(Dallet.1874년)와 로스(Ross.1878년)는 조선어와 타타르어의 류형적류사성을 연구하였는데 그들이 말한 타타르어는 우랄-알타이어의 개념으로 다루어졌다. 1884년에 이르러 독일학자 윈클러(Winkler)는 그의 ≪우랄-알타이어족설≫이라는 책에서 조선어가 우랄-알타이어족에 속한다고 지적하였다. 그러나 우에서 말한 연구결과들은 표면적이고도 옅은 관찰에 불과할뿐 상세한 비교결과와 대응관계를 제시하지 못하였다.

20세기초 일본학자 시라도리구라기찌(白鳥库吉)는 그의 ≪조선어와 우랄-알타이어의 비교연구≫에서 595개의 낱말을 구체적으로 비교하면서 조선어를 우랄-알타이어족에 속한다고 하였다.

20세기 20년대에 들어서면서 조선어의 계통문제에 대한 실증적인 연구가 시작되였다. 구쏘련의 뽈리와노브는 ≪조선어와 <알타이> 제 언어와의 친족관계에 관한 문제에 대하여≫(≪쏘련과학원학보≫, 1927년)라는 론문에서 조선어의 음운, 형태와 알타이제어와의 관계를 비교함과 아울러 량자사이에 친족관계가 있다고 주장하였다. 뽈리와노브는 전문적으로 조선어와 알타이제어와의 친족관계를 론술한 첫학자이라고 일컬을수 있다.

진정한 의미에서 조선어의 계통문제를 연구한 사람은 람스테트(Ramstedt G.T.)이다. 알타이언어학리론의 건립은 핀란드인 람스테트의 공로라고 말해야 할것이다. 람스테트는 알타이어족과 우랄어족들을 분리시킴으로써 알타이어족설의 창시자로 등장하였다. 이로부터 알타이어족설은 독립적인 하나의 계통설로 자리잡게 되였다.

람스테트의 ≪알타이언어학도론(导论)≫ 제1부 어음학과 제2부 형태학에서 보면 시종 조선어와 몽고어, 돌궐어, 만주-퉁구스어를 함께 다루면서 조선어를 알타이어족에 포함시켰다. 이는 그가 조선어에 대하여 깊이 연구하면서 그러는 가운데서 어음과 어휘의 대응관계를 보아내고 문법형태소의 분석으로 알타이어족의 동질성을 규명하려고 노력한 결과였다고 볼수 있다. 일찍 1928년, 람스테트는 ≪조선어에 관한 관견≫에서 본격적으로 조선어와 알타이어의 음운사 및 형태사적 비교연구를 하였으며 돌궐어, 몽고어, 만주-퉁구스어간에 친근관계가 있다는 알타이어족설을 구체적으로 비교연구하여 기반을 확립했으며 여기에 조선어도 알

타이어족에 속한다고 보고 이를 규명하였다. 그는 류형적류사성
이거나 어휘들을 라렬하는 방법으로서가 아니라 과학적인 비교언
어학적안광으로 음운의 대응과 형태성분의 동질성을 규명하려고
하였으며 이로써 조선어와 알타이제어사이의 친족관계를 지적하
였다.

람스테트에 이어서 조선어와 알타이제어의 친족관계를 한층
깊이 연구하려고 한 사람은 포페(poppe N.)이다. 그에 의해 알타
이어족설은 한층 정밀화되였다. 그는 알타이제어의 친소관계를
그린 계통도에서 조선어는 돌궐어, 몽고어, 만주-퉁구스어와 함
께 알타이공통어의 원시언어에서 분리되여 발전해왔음을 제시하
였고 더 나아가 원시조선어가 알타이공통조어에서 제일 먼저 분
파된것으로 제시하였다.

포페의 계통도는 다음과 같다.

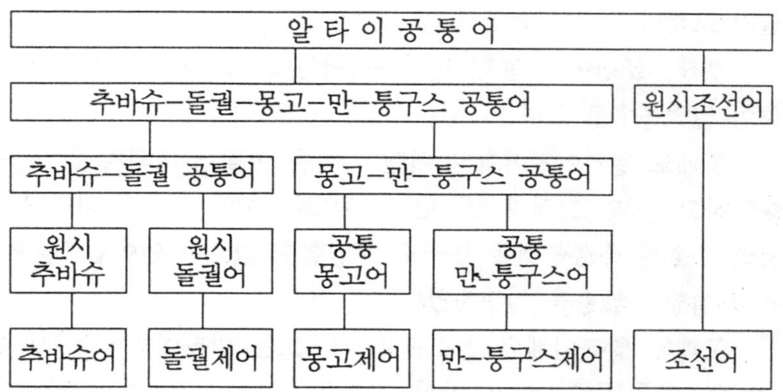

그는 알타이어족에 조선어를 포함시키면서 조선어는 알타이
제어와 친근관계가 있을수 있다는 가능성만을 제시하는 신중한
견해를 보이고있다. 포페는 람스테트의 ≪조선어어원연구≫ 서평
에서는 ≪조선어와 알타이제어와의 친근성은 의심할바 없다.≫고

주장하였다가 ≪알타이비교문법≫(1960년)에서는 ≪알타이제어와 조선어의 관계는 확실치 않다고 하더라도 조선어에는 적어도 알타이어 기층(基層)이 있는것은 확실하다.≫고 하였다.

람스테트이후 오늘날까지 조선어가 알타이어족에 속한다고 보는 학자가 적지 않다. 그러나 포페는 알타이언어학의 어떤 가설이 아직도 증실되지 않은 상황에서 조선어와 알타이제어와의 관계에 대하여 유보적인 립장을 취하였다.

그리하여 그는 ≪알타이언어학서설≫(1965년)에서 조선어의 계통이 분명치 않다고 전제하고 다음과 같은 세가지 가능성을 제시하였다.

첫째, 조선어는 다른 알타이어들과 동일하게 친족관계가 있을수 있다.

둘째, 원시조선어는 알타이단일체가 형성되기 이전에 분렬했을지 모른다.

셋째, 조선어는 원래 비알타이어인데 조선어에 알타이어 기층이 있었을수도 있다.

포페도 알타이언어학의 어떤 가설은 아직 규명되지 않았음을 승인하고있지만 그러나 포페는 알타이제어중에서 이미 나타난 상당한 수효의 공통특질을 누구도 부인할수 없으며 언어접촉론으로는 해석할수 없음을 인정하였다.

포페의 알타이제어 친소관계 계통도는 알타이제어가운데 몽고어와 만주-퉁구스어가 가장 가까운 관계에 있음을 제시했다. 계통도에서 원시조선어가 알타이공통조어에서 제일 먼저 분파(分派)된것으로 되여있는데 이것은 조선어가 알타이어의 공통특질을 가장 적게 지니고있다는것을 의미한다.

조선과 한국의 학자들이 조선어의 계통을 연구하기 시작한것은 광복이후라고 보아야 할것이다. 20세기 60년대에 이르러서야 조선과 한국에서 조선어의 계통연구가 본격적으로 진행되였는데 현재까지 아직 정설이 나오지 못하고있다. 람스테트가 조선어의 알타이어족설을 제출한후 오늘까지 70여년의 세월이 흘러갔다. 알타이제어에 대한 비교연구가 심입되고 알타이공통성분이 부단히 발견됨에 따라 조선어의 계통연구에 대해 관심하는 학자들도 날로 증가되고있다. 그들은 알타이공통성분과 그에 따른 음운과 어휘의 부인할수 없는 대응관계들을 천명하였다. 하지만 력사, 민속, 족원(族源) 등 면에서의 연구가 아직 심입되지 못하고 알타이 제 언어들과의 력사적비교연구도 미흡한 상황에서 조선어의 알타이어족설은 아직 학술계의 정론으로 되지 못하고있다.

목전, 한국의 대부분 중견학자들은 조선어는 알타이언어계통에 속한다고 주장하고있다. 알타이제어의 공통특질은 다음과 같은것이다.

첫째, 모음조화현상이 있다. 특히 중세조선어에서는 이러한 법칙이 더 명확히 나타나고있다.

둘째, 어두에 류음 ≪r≫이거나 자음군이 오는것을 기피한다.

셋째, 문법적기능을 나타내는 자음, 모음의 교체는 나타나지 않는다. 알타이제어는 교착성이 뚜렷한 첨가어이다.

넷째, 인구어와 같은 관사와 전치사가 없으며 성범주도 없다.

다섯째, 수식어는 수식을 받는 말앞에 놓인다.

여섯째, 목적어는 서술어의 앞에 오며 진술 혹은 의문은 문장의 끝에 어미를 붙여서 표현한다. 따라서 문장구조는 ≪주어-목적어-술어≫의 구조로 된다.

일곱째, 관계대명사가 없고 접속사가 없다. 동사가 어미를 취하여 인구어의 관계대명사나 접속사가 처리할 일을 담당한다.

조선어의 알타이어족설은 날로 많은 사람들의 관심을 자아내고있는 반면 적지 않은 사람들의 회의와 반대도 받고있다. 어떤 학자들은 조선어의 알타이어족설에 대하여 질의를 표시하면서 조선어의 모음조화현상은 일찍 파괴되여있으며 중세어에서 이미 아주 문란하였다고 지적한다. 그들은 현대조선어에 이르러 어간과 부가성분사이에서뿐만이 아니라 어근내부에서도 양성모음과 음성모음이 혼동되고있다고 지적한다. 그들은 중세이전의 몇천년사이의 조선어는 믿을만한 직접적인 력사문헌과 방증자료들이 없거나 결핍하기에 따져볼수도 없는 형편이라고 말하면서 조선어의 모음조화법칙은 경솔히 믿을수 있는것이 아니라고 결론을 짓는다.

어떤 학자들은 15세기 훈민정음이 창제된후 한글로 기록된 자료들에서 보면 중세조선어에서 어두자음군이 보편적으로 출현되였다고 지적한다. 즉 두개 내지 세개로 된 자음군이 어두에 나타났는데 일찍 고려시기 송나라 손목(孫穆)은 그것을 다음과 같이 기록해놓았다. 례:

白米曰漢菩薩 [psɛl] (쌀)
女兒曰寶姐　　[ptɛl] (딸)

중세조선어에서는 어두뿐만아니라 어말에도 두개 내지 세개로 된 자음군이 나타나있었다. 이러한 어말자음군은 현대조선어에도 나타나고있다.

이처럼 조선어의 알타이어족설을 부인하는 학자들은 또 조선어에는 어두의 류음이 출현한다고 주장한다.

그들은 중세문헌을 보면 고유어의 어두에 류음이 출현해있은

것이 아주 자명하다고 지적한다. 례:

　　러울(≪훈민정음해례≫ 용자례)
　　락시(≪신증류합≫ 상, 15)
　　럼나다(≪악장가사≫ 서경)
　　랄효여(≪번역소학≫ 八, 14)
　　라온(≪두시언해≫ 초간, 七, 25)

　　조선어에는 구개음화된 ≪n≫도 어두에 나타난다고 주장한다. 례:

　　녀름(≪석보상절≫ 九, 34)
　　니(≪역어류해≫ 하, 10)
　　녜다(≪두시언해≫ 초, 二十三, 19)
　　녑(≪훈민정음해례≫ 합자해)

　　우에서 살펴보았듯이 조선어는 몇가지 면에서 알타이어의 특징에서 어긋남을 보이고있다.

　　한국의 개별적학자들은 조선어와 고아시아어가운데의 하나인 길약(G:lyak)어와의 동계설을 주장하면서 ≪조선어는 고아시아어인 길약어와 아이누어를 바탕으로 하고 여기에 알타이제어인 터키계어, 몽고계어, 만주-퉁구스계어와 드라비다어, 중국어 등이 영향을 주어 이루어진 말≫이라고 말하고있다. 길약족은 민족의 기원과 고대사를 알수 없으며 그들의 언어인 길약어 역시 고아시아어족의 하나로 분류되나 계통이 분명하지 않다. 다만 변천의 어느 단계에서 알타이어 특히 퉁구스어와 서로 영향을 주고받은 흔적만을 확인할수 있을뿐이다.

    반알타이어족설을 주장하는 사람들은 우선 람스테트가 알타이어족설을 제기할 때 주로 토이기어와 몽고어의 비교에서 시작하였음을 지적한다. 그들은 이런 까닭으로 토이기어와 몽고어가 연구의 기준점이 되였으며 그 결과 조선어는 자연히 홀시되였고 주어진 기준점에서 가장 멀리 취급되게 되였다고 말한다. 만일에 기준점을 조선어, 만주어, 몽고어에 두었다면 토이기어가 가장 먼 언어로 위치했을것이라고 말한다. 이렇게 주장하는 학자들은 기준점을 바꿀 필요가 있다고 하면서 몽고어, 만주-퉁구스어, 조선어를 기준으로 연구하여야 한다고 한다. 그들은 몽고, 만주, 조선은 력사지리학적으로 공통점을 가지고있으며 인종적으로도 몽고반점이 있고 체질-인류학적형질이 류사하게 나타나며 고고학유물이 류사하고 민속학적풍속도 매우 비슷하다고 주장하면서 다음과 같이 력설한다. 람스테트는 알타이어족설의 근원지가 흥안령산맥부근이라고 보았는데 이 흥안령산맥은 력사상 바로 고조선과 부여에 이어 고구려의 령토에 속하는 지역이다. 만주족, 몽고족과 더불어 조선민족은 이곳에서 오래동안 함께 살아왔다. 알타이산맥은 조선민족의 기원이나 형성 및 력사와 아무런 관련이 없다. 그들은 대흥안령 령동과 령서에서 몽고어, 만주어와 조선어는 오랜 옛적부터 서로 뗄수 없는 같은 계통의 언어로 존재하였다고 일컫는다. 이들은 몽고어, 만주어, 조선어를 동북아시아에 위치한 하나의 언어군이라고 인정하면서 ≪동북아시아어족≫이라는 가설을 세우고있다. 이 부류의 학자들은 몽고어에서 온 차용어를 정리해내고 계통적으로 몽고어와 비교되는 ≪신체어≫를 제시하면서 진일보의 연구를 추진하고있다.

    평양에서는 20세기 50년대와 60년대에 조선어의 계통문제에 대하여 활발히 연구하였다. ≪조선어와 몽고어와의 관계≫ (≪조선어문≫, 1956.6), ≪삼국시대의 지명과 조선어의 계통문제≫ (≪조선어학≫, 1963.4~1964.1), ≪중국고문헌의 기록과 조선어의 계통문제≫(≪고등교육≫, 1964.7), ≪조선민족어의 형성에 관하여≫(≪조선어학≫, 1961.1~1961.3) 등과 같은 론문들이 그 일면을 보여준다. 평양학자들은 알타이가설에 대하여 비교적 객관적인 서술을 하였는데 대학교과서인 ≪조선어 어휘론 및 어음론≫(1961년)에서는 조선어의 계통문제에서 반드시 조선어와 알타이제어와의 관계를 중시해야 하는데 그것은 목전까지 가장 유력한 관점이기때문이라고 하였다. 그러면서 조선어가 만주-통구스어와 련계가 제일 깊을것이라고 하였다. 결론적으로 조선어가 알타이어족에 속한다는 리론은 조선어의 친족성을 론한 가설중에서 비교적 정밀하고 과학적인 주장이라고 언급하였다.

20세기 70년대말부터 평양학자들은 조선어의 계통문제에 대하여 새로운 주장을 내놓았다. 그것인즉 ≪조선어의 본토기원론≫이라고 할수 있다. 그들은 조선어가 알타이어족에 속할수 있다는 가능성마저 부인하였다.

조선의 학자들은 조선어가 알타이어족에 속한다는것을 실지 똑똑히 론증한 사람은 아무도 없다고 하면서 조선어는 저 알타이 산줄기 너머에서 옮아온 ≪나그네≫가 아니라 바로 조선반도를 중심으로 한 지역에서 인류력사의 아득한 려명기부터 발생하였다고 한다. 따라서 알타이어설과는 손을 끊어야 한다고 주장한다. 그러면서 조선어의 알타이어족설은 원점에서 다시 반성되여야 한다고 하면서 다음과 같이 인정한다.

조선어는 바로 조선땅에서 살던 ≪조선옛류형사람≫의 원인단계에 형성되기 시작하였으며 고인단계를 거쳐 신인단계에 이르러 완성되였다고 하면서 조선어형성의 네가지 특성을 다음과 같이 말한다. ㉠ 조선어는 신석기시대에 이미 확고히 형성되였으며 시기적으로 매우 이르다. ㉡ 동북아시아의 넓은 지역에서 형성되였다. ㉢ 력사적으로 합법칙적과정을 다 거쳤다. ㉣ 조선어는 《혼혈종》이 아니라 단일한 언어다.

서울의 학자들사이에서도 비록 앞에서 이미 소개한바와 같은 부동한 견해가 있기는 하지만 그래도 가장 기본적인 주장은 조선어의 알타이어족설이다. 그러나 알타이어족설을 찬성하는 학자들 사이에서도 고대조선반도의 언어관계 및 조선어의 형성문제에서 관점이 일치한것은 아니다. 서울의 영향력 있는 일부 학자들은 고구려어는 중세조선어의 기초어가 아니며 고구려어는 신라어, 백제어와 다른 언어였다고 한다. 그들은 오늘날 조선민족은 단일한 언어를 사용하지만 서력 기원을 전후한 시기만 해도 오늘의 조선반도와 중국 동북지구에 걸친 광대한 지역에는 여러 언어가 있었다고 한다. 알타이공통어로부터 한공통어(韓共通语)가 갈라져나왔는데 실질상 이는 북방계제어를 산생시킨 부여공통어와 남방계제어를 산생시킨 한공통어로서 이 두가지 언어는 같은 언어가 아니였다고 한다. 그들은 신라어가 원시한공통어를 계승하였다고 한다.

오늘의 한국어가 중세한국어의 계속이요, 중세한국어는 신라어를 근간으로 형성된것이므로 엄격한 의미에서 고대한국어라는 것은 신라어를 가리킨다고 말한다. 그러면서 그들은 《우리 나라에 있어서의 언어의 단일성은 통일신라이후에 성취되기 시작했던 것이다.》라고 한다.

고대 삼국의 언어관계에 대해서도 조선에서는 단일한 언어관계라고 하면서 《조선어기원의 일원설》을 주장하지만 이남에서는 고구려어는 알타이제어 및 일본어와 신라어를 련결하였던 《잃어진 고리≫로서 백제어 및 신라어와 달랐던것으로 인정한다.

이렇게 주장하는이들은 ≪고구려어에 의해서 대표되는 부여계제어, 이들이 알타이제어, 한국어 및 일본어를 련결하는 고리였다. 이들 부여계 제 언어의 소멸로 말미암아 생긴 <잃어진 고리>가 오늘 한국어 및 일본어의 계통연구를 어렵게 만들고있는것이다.≫라고 하거나 ≪고구려어(부여계제어)는 신라어(한계제어)와 알타이제어사이에 놓인 고리였던것이다. 이 고리가 없어진것이 오늘날 한국어와 알타이제어의 비교를 곤난케 하는 주된 원인으로 된것으로 믿어진다.≫라고 한다. 따라서 고구려어와 신라어는 부동한 언어였다는 결론을 도출할수밖에 없다고 일컫는다.

평양과 서울의 학자들은 이러한 관점상의 분기로 하여 고대 삼국의 언어관계에 대하여도 대립되는 견해들을 갖고있다. 평양의 학자들은 고대 삼국의 언어관계는 방언적차이로밖에 되지 않는다고 하고 서울의 학자들은 언어적차이라고 한다.

어떤 학자들은 고구려어가 일본어와 친족관계일것이라는 가설을 세우고있다. 현존하는 30여개의 고구려어휘를 연구한 결과 대명사뿐만아니라 수사가 일치한 점을 발견하게 되였다고 하면서 이를 통해 상고시기의 일본어가 원시부여어와 친족관계를 가진다는 개연성을 볼수 있다고 하였다. 이에 기초하여 다음과 같이 계통도를 제시한다.

<pre>
                            ┌ 원시한(韓)어-신라어
              ┌ 부여, 한공통어┤
              │   └ 원시부여어 ┌ 원시일본어-고대일본어
알타이조어 ┤   ┤
              │   └ 고구려어
              └ 략
</pre>

제3장
고대조선어

제1절 력사개황 및 자료

1. 력사개황

고대조선어란 통일신라이전의 기나긴 력사시기로부터 신라말까지의 여러 언어를 포함하는 말이다.

원시사회의 붕괴시기에 지금의 중국 동북지방과 조선반도에는 여러 종족들이 살고있었다. 기원전 8세기이전에 이르러 조선반도 서북부를 중심으로 하여 조선최초의 노예제국가인 고조선이 예족과 맥족을 기본으로 이루어졌다. 그후 기원전 3~4세기경에 조선반도 중남부에 노예제국가인 진국이 일어섰는데 이는 마한, 진한, 변한 등 종족으로 형성된 나라였다. 노예사회로부터 봉건사회로 넘어가는 시기에 선후하여 봉건국가들인 신라 등 삼국이 건립되였다. 이 세 나라의 정립시기는 7세기까지 지속되였다. 그후 신라가 삼국을 통일한후 통일신라, 후삼국시기를 거쳐 10세기초에 고려왕조가 건립되였다.

신라의 삼국통일은 조선반도에서 단일민족어로서의 언어의

통일을 가져왔다. 고대조선어시기에는 고유어는 있었지만 이를 기록할수 있는 고유문자가 없었다. 한자의 음과 뜻을 빌어 조선어를 기록한 한자차용표기자료에 의하여 고대시기 언어의 음운, 어휘, 문법 현상을 얼마간 리해할수 있다. 고대조선어의 여러 언어현상에 대하여서는 비교언어학의 연구방법으로 문헌기록이 없는 선사시대의 언어를 재구함으로써 인식할수 있다.

고대조선어의 음운체계는 무엇보다도 시대적차이로 인하여 중고조선어나 중세조선어와는 다른 양상을 나타내고있다. 조선어 자음체계의 하나인 마찰음에서의 2계렬체계(순한소리와 된소리)와 파렬음에서의 3계렬체계(순한소리, 된소리, 거센소리)는 고대조선어에서는 이뤄지지 않았다. 고대조선어의 음운체계에서 모음체계의 재구는 자음체계의 재구보다 더 어려운 일로 된다. 고대조선어 모음체계에서 중세조선어의 ≪·≫와 ≪—≫의 분화에 대해서는 서로 다른 견해가 없지 않으나 대체적으로 7모음체계였던것으로 추정한다.

고대조선어의 어휘연구에서 무엇보다 중요한것은 고유명사의 차자표기이다. ≪삼국사기≫ 지리지에 나타난 지명어휘를 비롯하여 ≪삼국유사(三國遺事)≫에 실려 전해지는 향가에서 당시의 어휘현상을 찾아볼수 있다. 국호, 왕호, 왕의 이름을 비롯하여 인명, 관직명도 한자차용표기로 이루어져 통일신라때까지는 한자어의 차용이 거의 없었다. 특히 한자를 빌어 조선말을 표기하기 위한 수단으로 리두라는 표기체계를 정립시킨것은 조선민족의 독특한 서사생활 표기방식이였다고 할수 있다.

문법체계는 형태면에서 볼 때 ≪ㅎ≫종성체언의 분포가 두드러지며 향가에서 주격토 ≪是, 伊≫, 대격토 ≪肹, 乙≫, 위격토 ≪中, 良中≫ 등 격토와 ≪隱≫, ≪尸, 旀, 古≫ 등 토들의 모습을 찾아볼수 있다. 특히 리두에 쓰인 전성토 ≪흡≫은 고대조선어에서 가장 일반화되였으며 그외에 대명사, 수사, 부사 등에서도 중세조선어의 원형을 보여주고있다.

2. 자료

삼국 및 통일신라 시대의 언어를 아우르는 천여년전의 고대조선어가 어떤 모습이였는가를 정확히 판단한다는것은 실로 어려운 일이다. 고대조선어의 모습을 온전하게 담은 언어문헌자료를 전혀 찾아볼수 없는 현실에서 고대조선어의 편린이나마 엿볼수 있는것은 여러가지 한자차용표기자료가 전해지기때문이다. 한자차용표기자료는 고유의 문자기호가 없었던 상황에서 조선어를 표기하고자 노력한 고대인들의 지혜로운 창조물이다. 한자차용표기자료에는 표기상의 불완전함과 판독상의 모호함이 따르게 되지만 그럼에도 불구하고 그것은 현재 전하고있는 가장 귀중한 고대조선어연구자료이다.

고대조선어의 실상에 접근하는데는 두가지 방법이 있다.

첫째, 고대조선어의 모습을 일부나마 반영하고있는 한자차용표기자료를 통해서 그 실체에 접근하는 방법이다. 이때 과학적인 방법론과 함께 자료리용시의 면밀한 검토와 주의가 요구된다.

둘째, 비교언어학적인 연구와 방언의 고찰 등을 통해서 우회적으로 접근하는 방법이다. 이 방법은 어디까지나 그 당시 언어의 실제 반영물인 한자차용표기자료와의 련관속에서만 그 실증적의의를 가질수 있다. 이런 한계를 고려하지 않고 비교언어학적인 연구결과만을 가지고 고대조선어의 특성을 론하는것은 제창할바가 아니다.

한자차용표기자료를 가장 많이 담고있는 문헌으로는 ≪삼국사기》와 《삼국유사》를 들수 있다. 이 두 력사서적에는 한자를 차용하여 표기한 인명, 지명, 관직명 등 조선어고유명사들이 다수 실려있다. 그리고 《삼국사기》 지리지의 맥을 이은 《고려사(高麗史)》, 《세종실록(世宗實錄)》의 지리지, 《신증동국여지승람(新增東國輿地勝覽)》, 《대동지지(大東地志)》, 《증보문헌비고(增補文獻備考)》, 《여지고(輿地考)》 등도 좋은 참고가 된다. 또 《삼국유사》 및 《균여전(均如傳)》에 실려있는 향가 25수는 문장단위의 조선어표기라는 점에서 특히 주목된다. 이밖에 중국이나 일본 등 당시 조선과 린접해있던 국가의 옛 문헌기록에 전하는 조선관련기사에서도 차자형식의 고유명사표기를 찾아볼수 있는데 역시 참고할만한 가치가 있다. 중국측 사료로는 《후한서(後漢書)》의 동이전(東夷傳), 《삼국지(三國志)》 위지(魏志) 동이전, 《수서(隋書)》 동이전, 《량서(梁書)》 제이전(諸夷傳), 《송서(宋書)》 이만전(夷蠻傳) 등을 꼽을수 있고 일본측 사료로는 《고사기(古事記)》와 《일본서기(日本書紀)》가 유명하다.

　이외에 돌이나 쇠붙이에 문자를 조각한 금석문(金石文)자료도 고대조선어연구자료로서는 귀중한 자료들이다. 《평양성벽석각(平壤城壁石刻)》(446년, 고구려 장수왕 34년), 《경주임신서기석(慶州壬申誓記石)》(552년, 신라 진평왕 13년 혹은 612년, 신라 진흥왕 11년으로 추정), 《양주진흥왕순수비(楊洲眞興王巡狩碑)》(568년, 신라 진흥왕 29년), 《경주남산신성비(慶州南山新城碑)》(591년, 신라 진평왕 13년), 《금천갈항사석탑(金泉葛項寺石塔)》(758년, 신라 경덕왕 17년) 등 금석문자료에는 서기체와 리찰체로 된 인명, 지명, 관직명이 많이 나타나있다.

제2절   고대종족들의 언어관계

　　문헌기록에 근거하면 고대종족들사이 그리고 세 나라의 언어에는 차이점이 있었지만 공통성이 더 많음을 알수 있다. 신라의 통일과 봉건체제의 계속적확립은 이들 언어의 차이점을 없애고 공통점을 살려나가는데 유력한 작용을 일으켰다.

　　특히 한자를 공용서사도구로 하는 과정에 신라의 통일에 이르러서는 한자와 한문의 사용이 더 강화됨으로써 언어적통일은 가속화되였다.

　　고대 여러 종족들사이의 언어관계는 다음과 같은 문헌들에 의하여 엿볼수 있다. 기원 3세기경의 중국문헌 ≪삼국지≫ 위지 동이전에는 고구려언어에 대하여 ≪동이족으로 부여와 다른 갈래인가 하였었는데 언어와 그밖의 여러가지 일이 부여와 같았고 그 기품이나 옷 입는것에 차이가 있었다. (東夷舊語以爲夫餘別種, 言語諸事多與夫餘同, 其性氣衣服有異。)≫라고 기록했으며 옥저에 대해서 ≪그 언어가 고구려와 대동한데 때때로 조금 다르다. (其言語與高句麗大同, 時時小異。)≫라고 기록했으며 예에 대해서는 ≪그 늙은이들이 자기네끼리 말하기를 고구려와 같은 갈래라고 한다… 언어라든가 법속은 대체로 고구려와 같으나 옷 입는것에 차이가 있었다. (其耆老舊自謂與句麗同……言語法俗大抵與句麗同, 衣服有異。)≫라고 기록하였다. 이 기록들은 고구려, 옥저, 예의 언어가 한 어군에 속하였다는것을 말해준다.

　　고대에 있어서 조선반도 남부에는 삼한 즉 진한, 마한, 변한

이 있었다. 이들의 언어관계에 대하여 다음과 같이 기록하였다. 《삼국지》 위지 동이전에는 《진한은 마한의 동쪽에 자리잡고 있다. 그 로인들이 스스로 전하기를 옛 망인들이 진나라의 고역을 피하여 한국에 왔는데 마한에서 그 동쪽변강의 땅을 떼주었다… 그 언어는 마한의 말과 같지 않다. (辰韓在馬韓之東, 其耆老傳世自言, 古之亡人避秦役來適韓國, 馬韓割其東界地與之……其言語不與馬韓同。)》라고 했고 변한에 대하여 《변진과 진한은 서로 뒤섞여있으며… 언어와 법속은 상사하다. (弁辰與辰韓雜居……言語法俗相似。)》라고 했다. 여기서 진한과 변한의 언어는 한 어군이였고 마한은 이들과 상이하다. 그런데 이 상이하다는것은 진나라에서 피난하여온 사람들의 말을 두고 한것일 가능성이 있다. 그런데 《후한서》 동이전에는 《언어풍속이 다르다. (言語風俗有異。)》고 진한과 변한을 말하였다. 이리하여 마치 이들 언어들은 서로 다른것 같이 인식될수도 있다. 그러나 앞의 기록을 따라 이들은 모두 기원상 공통성을 가진 말을 사용하였다고 보는것이 비교적 타당하다. 그들의 언어가 달랐다는 기록은 지역적방언의 차이 또는 조선사람들과 진나라에서 피난해온 사람들의 말이 서로 다름을 지적한것으로 리해할수 있다.

조선반도 북부와 남부 종족들사이의 언어관계는 어떠한가? 일부 학자들이 말하는것처럼 이들을 서로 다른 계통의 언어로 보아야 할것인가? 물론 이후시기 고구려와 신라의 언어들에서 일부 차이점을 보아낼수 있지만 또 공통점을 가지고있는것으로 미루어 그렇게 단정하기 어렵다. 《량서》에 《마한은 쉰네개 나라가 있었는데 큰 나라는 만여호이고 작은 나라는 수천호여서 모두 십여만호였다. 백제가 곧 그중의 하나였었는데 후에 점차 강대하여져서 작은 나라들을 겸병하였다. …지금 언어와 옷차림이 대개 고

구려와 같다.(馬韓有五十四國,大國萬餘家,小國數千家, 總十餘萬
戶,百濟卽其一也。後漸强大,兼諸小國。……今言語服章略與高麗
同。)≫라고 기록되여있는데 이 기록은 고구려의 말과 마한의 말
이 같았다는것을 말해준다. 이는 곧 남북 각 종족들의 언어가 동
일한것이였음을 알려준다.

이처럼 조선어는 고대에 있어서 모든 조선종족들의 공통적인
언어였다.

제3절   고대조선어의 서사수단

1. 고유문자설

훈민정음이 창제되기이전 한자의 차용이 아닌 조선의 고유문
자로 ≪삼황내문(三皇內文)≫, ≪신지비사문(神誌秘詞文)≫, ≪왕
문문(王文文)≫, ≪수궁문자(手宮文字)≫, ≪남해도지면암석각문
(南海島地面巖石刻文)≫, ≪각목자(刻木字)≫ 등등이 있었다는
설이 있다. 그중 일부를 살펴보면 다음과 같다.

≪평양지(平壤志)≫에 다음과 같은 기록이 있다. ≪계미년 2월
(1583년 혹은 1643년으로 추정—필자 주) 평양 법수교밑에 묻혀
있는 옛날 돌비석을 파낸 일이 있는데 꺼내보니 삼단으로 쪼각나
있었다. 비석의 문자는 중국의 예서가 아닌 범서의 모양 같았는
데 어떤 사람이 말하기를 이는 단군때 신지가 쓴 글자라고 하였
다. 오래되여 잃어지고말았다고 한다.(癸未二月掘覓石碑之埋於法
首橋者, 出而示之, 則折爲三段, 碑文非隷字, 如梵書樣, 或謂此是
檀君時神誌所書。雲歲久遺失。)≫ ≪평양 법수교에 옛비석이 있

는데 언문도 아니고 범자도 아니고 전자도 아니다. (平壤法首橋有古碑, 非諺非梵非篆。)≫

여기서 ≪신지≫라는것은 ≪강자≫를 뜻하는 고어인데 ≪신≫은 ≪셈≫의 고대어이며 ≪지≫는 사람을 가리키는 말로서 후세의 ≪치≫와 통한다. ≪신지≫는 한자의 음을 빌어서 ≪臣智≫ 또는 ≪神誌≫라고도 쓴다. 이처럼 ≪신지≫라는것은 고대사회에서 지배자, 왕을 가리키는것인만큼 신지문자란 곧 왕의 문자를 의미하는것으로 된다.

이에 관하여 일부 학자들은 부여에 ≪왕문(王文)의 문자≫가 있었다는 기록과 더불어 ≪왕문≫이란 곧 왕의 글인것만큼 이것도 신지문자와 같은것이라고 말하고있다.

이와 같은 고유문자설은 고대시기의것으로 보이는 여러 유적, 유물들의 발굴에서 나타나는 여러가지 문자형태와 더불어 일부 학자들에 의하여 주장되고있기는 하지만 아직은 추론에 그치고있다.

2. 한자와의 접촉과 한문의 직접적사용

고대국가들은 점차 장성강화됨에 따라 이웃나라들과의 접촉과 왕래가 잦아지게 되였으며 그 과정에 경제문화적교류도 일정하게 진행되였다.

고대조선사람들이 한문을 접촉하게 된것은 매우 오래다. 조선에서 한자가 서사수단으로 쓰이게 된 확실한 년대는 알수 없으나 한문, 한자와의 접촉은 기원전 수세기전으로 거슬러올라간다는것은 일반적인 견해이다.

한자는 본래 중국의 언어를 표기하기 위하여 만들어낸 문자로서 거기에는 한어의 특성이 반영되여있다. 매 하나의 한자는 자기의 뜻과 음을 가지고있다. 표의문자로서 한자는 초지역적인 특성과 초시대적인 특성을 나타내는데 이런 특성으로 하여 중국 본토에서뿐만아니라 기타의 민족에게서도 큰 변동 없이 그대로 쓰일수 있게 되였다.

고대조선사람들은 최초에는 한자와 더불어 중국의 한문을 그대로 인입하여 사용하였다. 동한시기의 왕충은 《론형》 회국편에서 조선사람들이 주나라때에는 이중통역을 하였는데 이제는 《시전(詩傳)》, 《서전(書傳)》, 《춘추(春秋)》의 뜻도 잘 깨치고 있다고 썼다. 같은 시기 조선사람들은 한자와 한문으로 시를 쓰기까지 하였다. 물론 한자와 한문은 한꺼번에 조선민족에게 토착화된것이 아니다. 처음에는 한문에 대한 모방으로부터 한문을 직접 사용하였다.

이처럼 한자수입초기의 조선사람들은 말은 자기의 말을 하고 글은 한문에 얽매는 모순된 길을 걷게 되였다. 표달하려는 내용을 조선말로 사유하고 다시 그것을 한문의 구조에 맞추어 다루어야 글이 되였다.

기타 민족의 경우와 마찬가지로 고대조선사람들도 문자생활을 함에 있어서 기록에만 머물지 않고 자기가 기록해둔것을 읽을 때도 있었고 남의 글을 읽을 때도 있었다. 한문은 중국사람들처럼 구독(句読)하여 읽어야 하기에 끊어 읽기가 여간 어렵지 않았고 또 옳게 구두점을 찾았다고 해도 딱딱하고 막히는 경우가 많았다. 말과 글의 불일치는 고대에 있어서 이렇게 특수한 형식으로 시작되였다. 즉 구두어와 서사어는 서로간에 부동한 구조로 조성되여있었다. 그럼에도 이와 같은 한문의 직접적사용 국면은 조선문자창제이전은 물론 그 이후에도 좀처럼 흔들리지 않았고 시종 통치계급의 선차적인 서사수단으로 인정되여왔다.

　　서면어로서의 한문은 중국한어의 고대어와 결부되여있었는데
조선에서의 독법은 약간의 변화를 하지 않으면 안되였다. 이리하
여 조선적인 현토(懸吐)적방법이 나타나게 되였다. ≪론어≫중의
한 구절로써 이를 대비하면 아래와 같다.

[중국식독법]	[조선의 현토적인 독법]
學而時習之不亦悅乎	學而時習之면 不亦悅乎아?
有朋自遠方來不亦樂乎	有朋이 自遠方來면 不亦樂乎아?
人不知而不慍不亦君子乎	人不知而不慍이면 不亦君子乎아?

　　이러한 독법은 후시기에 ≪구결≫이라는 하나의 형식으로 발
전하여 나갔으며 문자상에 고착된 한문을 읽을 때 순탄하게 읽어
내려가기 위한 방안이였지 한문본신을 개변시킨것은 아니다.
　　조선한문은 조선의 독자적인 음으로 읽히게 되였다. 음의 토
대는 중국음에 있지만 중국음과는 다른 체계에 속하는 조선어음
운체계의 구성속에 소화되여버린 조선식한자음이였다. 조선한문
은 중국한자에 없는 독자적인 한자도 썼고 독자적인 어휘도 사용
하였다. 례:

　　王若曰: "朕欲定置京都, 仍駕幸假富之, 南新畓坪是古來閑田,
新耕作, 故雲也。" (≪삼국유사≫ 권 2, 가락국기)

　　여기서 ≪畓(답)≫은 조선한자이자 조선적단어이기도 하다.
　　조선한문은 독자적한자나 어휘가 없는 경우라도 조선적색채
를 가지게 될 경우가 있게 된다. ≪해동악부≫와 ≪가곡원류≫에
각기 한문과 언해문으로 실려있는 정몽주의 ≪단심가≫를 례로
들면 다음과 같다.

<table>
<tr><td align="center">[≪해동악부≫]</td><td align="center">[≪가곡원류≫]</td></tr>
<tr><td>此身死了死了, 一百番更死了</td><td>이몸이 죽고죽어 一百番 곳쳐 죽어</td></tr>
<tr><td>白骨爲塵土, 魂魄有也無</td><td>白骨이 塵土되야 넉시야 잇고없고</td></tr>
<tr><td>同主一片丹心, 寧有改理也歟</td><td>님向한 一片丹心이야 가쉴쥴이 이시랴.</td></tr>
</table>

보다싶이 한문으로 된 ≪해동악부≫의것은 먼저 조선말로 구사하고 그것을 다시 한문으로 만든 흔적이 력연하다. 한문임에도 조선적인 틀을 갖고있으며 ≪主≫ 같은 단어는 단순히 한자의 뜻으로 해석되지 않는 조선적색채를 가진 어휘이다.

이상과 같은 경우, 대부분의 조선한문은 중국한문의 구조를 그대로 답습하고있어 중국식으로 읽어도 무방하나 완전히 같은것은 아니다. 조선왕조의 법전인 ≪경국대전≫과 재정, 군제에 관한 내용을 기록하고있는 ≪만기요람≫은 한문으로 기록된것이지만 ≪衣襨≫, ≪水賜≫, ≪作紙≫ 등과 같은 단어를 읽을 때 주의를 요한다. ≪衣襨≫는 조선에만 있는 단어로서 ≪임금, 왕세자나 왕비, 왕세자빈의 옷≫을 가리킨다.≪襨≫는 조선한자로서 음은 ≪대≫이고 뜻은 ≪옷감≫이다. ≪水賜≫는 ≪수사≫로 읽어서는 안되고 ≪무수리≫로 읽어야 하는데 ≪궁중에서 나인(內人)의 세수물시중을 맡은 녀자종≫을 가리킨다. ≪作紙≫는 조선에서 ≪작지≫로 읽을 때와 ≪질지≫로 읽을 때가 있다. ≪작지≫는 ≪조세에 덧붙여 문서를 꾸미는데 쓰이는 종이값으로 돈이나 곡식을 받아들이는 일 또는 그 세≫를 말하며 ≪질지≫는 ≪관청에서 쓰이는 종이≫를 말한다. ≪만기요람≫에서 보이는 ≪太一百石≫은 ≪콩백섬≫을 말하는데 ≪太≫는 ≪콩≫의 뜻으로 쓰인다. 이는 중국과 다른 뜻이다.

3. 한자의 조선식사용과 표기법 원리

한자와 한문을 직접 쓰는 가운데 고대조선사람들은 한자를 쓸수 있는 가능성을 최대한도로 리용하게 되였다.

한자와 접촉하고 한문에 익숙하게 되자 고대조선사람들은 그 것을 가지고 본국의 말을 적어보려는 의욕이 생기게 되였다. 특히 자신들의 이름이나 고장이름 같은 고유명사를 표기해야 할 절실한 필요를 느끼게 되였다.

고대조선사람들은 조선말과는 구조적으로 다른, 한어를 표기하기 위해 만들어낸 한자를 가지고 조선말을 적어보려고 꾸준히 노력을 계속해오는 과정에 마침내 한자를 빌어쓰는 독특한 표기법을 만들어내게 되였다. 즉 한자의 음을 빌어 조선말의 대등한 음을 나타내거나 혹은 한자의 뜻을 빌어 한자의 뜻으로 조선어단어를 표기하는 방법을 창안하였다. 이처럼 한자의 음과 뜻을 빌어 조선말을 표기한것을 한자차용표기법 또는 리두식표기라고 하는데 이는 한자의 한문식사용과는 다른 한자의 조선식사용방법이다.

이 표기법의 원리는 크게 두가지로 나누어볼수 있는데 한자의 표음적기능을 응용한 음독법과 한자의 표의적기능을 활용한 의독법이 그것이다. 이 두가지 원리와 결부되여 그밖의 여러 표기법들도 보이는데 구체적으로 설명하면 다음과 같다.

1) 음독법

음독법이란 한자의 음을 빌어서 조선말을 적는 가차(假借)의 방법을 말한다. 례하면 ≪마리≫라는 사람이름을 한자의 음을 빌어서 ≪摩離≫로 표기하는것과 같은것인데 이 경우에 한자의 뜻은 전혀 고려되지 않고 음만 빌게 된다.

문헌에서 보이는 음독표기법을 더 보이면 다음과 같다.

赫居世(밝은누리) → 弗矩內(≪삼국유사≫)
小兒(아기)   → 閼智(≪삼국유사≫)
小兒(아기)   → 阿其(≪룡비어천가≫)
셔볼(서울)   → 徐伐(≪삼국유사≫)
瓠(표주박)   → 朴(≪삼국유사≫)

2) 의독법

의독법이란 한자의 뜻을 빌어서 조선말을 적는 의역의 방법을 말한다. 례하면 ≪누리실≫이라는 지명을 한자의 뜻을 빌어서 ≪世谷≫로 표기하는것인데 이 경우에는 한자의 음이 무시되고 뜻만 고려된다. 의독법을 일명 훈차법(训借法)이라고도 한다. 문헌에서 보이는 의독표기법을 더 보이면 다음과 같다.

翰山(한뫼)   → 大山(≪삼국사기≫)
무쇠   → 水鐵(≪경국대전기≫)
苦蔘(너삼)   → 板麻(≪향약구급방≫)
素那   → 金川(≪삼국사기≫)
黃蓍(단너삼) → 甘板麻(≪향약구급방≫)

음독법과 의독법은 한자차용표기법의 핵심으로 되며 기본으로 된다. 한자를 빌어쓰는 표기법에는 이외에 이들의 변종으로 되는 합성법, 반음독법, 보충법, 동음이의법 등도 있다.

3) 합성법

고대사람들은 어느 한 단어를 표기함에 있어서 일률로 음독법을 쓰거나 의독법을 쓰는외 이 두가지 방법을 어울려 사용해야

한 단어의 부동한 음절을 나타낼수 있는 경우에 부딪쳤다. 이리
하여 어떤 음절은 음독법으로 표기하고 어떤 음절은 의독법으로
표기하였는데 이런 방법을 합성법이라고 한다. 례하면 조선어단
어의 ≪개나리꽃(백합)≫을 ≪犬乃里花≫으로 표기하였는데 이 경우
≪犬≫은 의독으로 ≪개≫, ≪乃里≫는 음독으로 ≪나리≫, ≪花≫
는 의독으로 ≪꽃≫을 나타낸다.

문헌에서 보이는 합성표기법을 더 보이면 다음과 같다.

鹿角(사슴뿔)　　 → 沙蔘矣角(≪향약구급방≫)
蒼耳(도꼬마리) → 刀古休伊(≪향약구급방≫)
溪曲宅　　　　 → 思内曲宅(≪삼국유사≫)
曲城　　　　　 → 屈火(≪삼국사기≫)
酒多　　　　　 → 角幹(≪삼국사기≫)

4) 반음독법

반음독법이란 하나의 한자를 조성한 음절가운데서 어느 한
음소만 빌어 조선어단어의 일부 음을 표기하는 방법을 말한다.
례하면 ≪고솜돝≫이라는 단어를 ≪高所音猪≫으로 표기하였는데
이 경우 ≪猪≫는 뜻으로, ≪高≫와 ≪所≫는 음으로 표기하였고
≪音≫은 옹근 음절을 취하지 않고 ≪ㅁ≫받침만을 따서 ≪소
(所)≫와 함께 음절 ≪솜≫을 표기하였다.

문헌에서 보이는 반음독표기를 더 보이면 다음과 같다. (주:
밑줄 그은것이 반음독표기법이 적용된것들이다.)

齒叱今(닛금 > 님금 > 임금) → 尼師今(≪삼국유사≫)
鷄冠(닭볏)　　　　 → 鷄矣碧叱(≪향약구급방≫)
桔梗(도랏)　　　　 → 道羅次(≪향약구급방≫)

黃精(둥글레)   → 豆應仇羅(≪향약채취월령≫)
솥검댕   → 鼎今音台英(≪향약집성방≫)

5) 보충법

이는 한자의 뜻으로 단어를 표기한 다음 그 형태를 더욱 똑똑히 하기 위해 단어의 끝음절이나 음을 다른 글자로 한번 더 나타내는 방법이다. 례하면 ≪누리≫라는 단어를 표기할 때 ≪世≫의 의역이 그 뜻임에도 그뒤에 ≪里≫를 첨가하여 ≪世里≫로써 표기하였다. 그저 ≪世≫로만 적으면 보는 사람이 음독으로 ≪세≫라고 할수 있으나 ≪世里≫로 적어놓으면 ≪세리≫로 읽는것이 아니라 ≪누리≫로 읽게 되는데 이것은 오랜 관습에 의한 일종의 약속으로 되여있는것이다.

문헌에서 보이는 보충표기법을 더 보이면 다음과 같다.

밤   → 夜音
ᄆᆞ슴   → 心音
나리   → 川理
ᄀᆞᄉᆞᆯ   → 秋察
즈믄   → 千隱
바회   → 岩乎
길   → 道尸
몰애   → 沙矣
그리(다)   → 慕理

이와 같은 보충표기법은 향가의 해독에서 특히 많이 나타난다.

6) 동음이의법

이는 한자의 원음이나 직접적인 뜻과는 관계없이 동음이의적인 관계에 있는 한자를 빌어 조선어단어를 표기하는 방법이다. 례하면 ≪실개≫라는 지명을 표기할 때 정당한 의역으로 표기하자면 ≪谷浦≫로 적어야 하는데 ≪谷(실 곡)≫과 ≪絲(실 사)≫의 훈이 동음이의적관계에 있는데로부터 ≪谷浦≫로 적지 않고 ≪絲浦≫로 적게 된것이다. 이와 같은 표기로는 단오(端午)의 또 다른 이름인 ≪수리≫의 표기로 ≪車衣－戌衣≫(≪동국세시기≫) 등을 들수 있다.

동음이의법은 의역의 특수한 방법이라 할수 있다.

4. 리두식표기의 여러 발전단계

앞서 말했듯이 한자의 조선식사용을 우리는 한자차용표기법이라고도 하고 리두식표기법이라고도 한다.

리두는 문헌기록에서 여러 표기형태를 보이는바 ≪吏道≫, ≪吏讀≫, ≪吏頭≫, ≪吏吐≫, ≪吏套≫로 기록된다. 지금은 보통 한자로 ≪吏讀≫로 통칭한다.

≪리(吏)≫는 아전, 서리 등 하급관리로 문서를 다루는 사람들을 가리키며 더 나아가 ≪리서(吏書)≫, ≪리문(吏文)≫의 뜻을 나타내며 ≪두(讀)≫는 상용적으로 쓰이는 토를 가리킨다.

≪리두≫라는 용어는 현재 이러한 문자적의미를 벗어나서 종래로 한자의 음과 뜻을 빌어서 조선말을 표기하는 방법 전반을 지칭한다. 지금 우리가 통칭하는 이 리두의 의미는 광의적의미로서 리찰, 향찰 그리고 그 이전의 리두식표기를 포함한다. 편의상 한자의 조선식사용과는 근본적으로 다른 구결을 포괄시키기도 한다. 협의적의미에서의 리두는 리두의 전반 표기방식가운데서 리

찰만을 가리키게 된다.

리두식표기는 단꺼번에 문장을 표기하기에 이른것이 아니고 여러 단계별로 발전하였다. 아래에 구체적으로 고찰하면 다음과 같다.

1) 고유명사표기단계

리두는 맨처음 인명, 지명, 관직명 등을 표기하던데로부터 시작되였다. 대체로 이러한 표기는 기원전 1세기로부터 시작되였다. 여기에는 앞서 말한 제 표기법원리들이 활용되고있다.

문헌으로는 삼국시기의 력사를 기록한 ≪삼국사기≫거나 ≪삼국유사≫에 집중적으로 나타난다. 이 문헌들에서는 고구려, 백제, 신라에서 부르던 인명, 지명, 관직명을 리두식표기로 적어놓으면서 같은 대상에 대하여 둘 또는 셋씩 서로 다른 표기를 대응시켜놓았는데 이것은 리두식표기를 정확히 해독하는데 중요한 단서를 제공한다.

(1) 고대지명에 반영된 고유명사표기

≪삼국사기≫는 고구려, 백제, 신라 삼국의 력사를 체계적으로 서술한 유일한 삼국력사책으로서 력사연구를 위한 귀중한 문헌사료로 된다. 또한 ≪삼국사기≫에는 국명, 인명, 지명, 관직명 등을 리두식으로 표기한것과 그에 대해 풀이한것이 적지 않으며 조선말 어휘나 어구에 대하여 설명한 부분도 있어 조선어의 력사를 연구하는데서도 가치있는 사료로 되고있다. 특히 ≪지리지≫에는 리두식표기로 된 삼국시기의 지명이 많이 반영되여있는데 이는 이 시기 지명에 대한 분석을 통하여 삼국시기 언어상태를 연구할수 있게 하는 좋은 사료로 된다. 아래에 ≪삼국사기≫ 지

리지 34, 35, 36권에 보이는 지명 반영자료를 례로 들어보인다.

먼저 34권에 보이는 신라의 지명에 관한것은 다음과 같은것들을 볼수 있다.

永同郡本吉同郡
密城郡本推火郡
固城郡本古自郡
泗水縣本史勿縣
鵝洲縣本巨老縣
新復縣本加尸兮縣

이상의 례들에서 《本》자앞의 내용은 새로 고친 지명이고 그뒤의 내용은 리두식으로 표기된 원 지명이다. 새로 고친 지명과 리두식표기의 대조에서 우리는 다음과 같은것을 알아낼수 있다.

《永》은 형용사 《길다》의 의독표기이고 《吉》은 《길다》의 어간 《길》의 음독표기이다.

《密》은 동사 《밀다》의 어간 《밀》의 음독표기이고 《推》는 의독표기이다.

《城》은 명사 《성, 성곽》의 의독표기이고 《自》는 그에 대한 고유어 《잣》의 음독표기이다.

《水》는 명사 《믈 > 물》의 의독표기이고 《勿》은 그의 음독표기이다.

《鵝》는 명사 《거위》의 의독표기이고 《巨老》는 음독표기이다.

《復》은 부사 《다시》의 의독표기이고 《加尸兮》는 고유어 《가시야》의 음독표기이다.

35권에 보이는 고구려지명에 관한것은 다음과 같은것들이다.

黑壤郡一云黃壤郡本高句麗今勿奴郡
孔岩縣本高句麗濟次巴衣縣
玉馬縣本高句麗古斯馬縣
鄰豐縣本高句麗伊伐支縣
曲城郡本高句麗屈火郡
海曲縣本高句麗波旦縣
子春縣本高句麗乙阿旦縣

이상의 례들에서 우리는 다음과 같은것을 알수 있다.

≪黑≫은 동사 ≪검다≫의 의독표기이고 ≪今勿≫은 음독표기이다.

≪岩≫은 명사 ≪바위≫의 의독표기이고 ≪巴衣≫는 음독표기이다.

≪玉≫은 명사 ≪구슬≫의 의독표기이고 ≪古斯≫는 음독표기이다.

≪鄰≫은 명사 ≪이웃≫의 의독표기이고 ≪伊伐支≫는 음독표기이다.

≪曲≫은 형용사 ≪굽다, 구불다≫의 의독표기이고 ≪屈火≫는 ≪구불≫의 합성표기이다.

≪海≫는 명사 ≪바다≫의 의독표기이고 ≪波旦≫은 음독표기이다.

≪子≫는 명사 ≪아들≫의 의독표기이고 ≪阿旦≫은 음독표기이다.

36권에 보이는 백제의 지명에 관한것은 다음과 같은것들이다.

翰山縣本百濟大山縣
新平縣本百濟沙平縣

孤火縣本百濟烏山縣
比豐郡本百濟雨述郡
陰峰(一云陰岑)縣本百濟牙述縣
磧城縣本百濟礫坪縣
富理縣本百濟波夫里郡

이상의 례들에서 우리는 다음과 같은것을 알수 있다.

《翰》은 고대에 《크다, 많다》의 의미를 나타내던 형용사 《하다》의 규정형인 《한》의 음독표기이고 《大》는 의독표기이다.

《新》은 《새》의 의독표기이고 《沙》는 음독표기이다.

《孤》는 《외홀로, 외따로》에서의 접두사 《외~》의 의독표기이고 《烏》는 음독표기이다.

《比》는 고유어 《비》의 음독표기이고 《雨》는 의독표기이다.

《陰》은 고유어 《엄》의 음독표기이고 《牙》는 의독표기이다.

《磧》, 《礫》은 모두 《조약돌》을 가리키는 의독표기이다.

《富》는 《많이, 흔히》와 같은 의미였던 고대어 《픗비리》의 의독표기이고 《波夫里》는 《픗비리》의 음독표기이다.

(2) 고대인명에 반영된 고유명사표기

《광개토왕릉비》에는 《鄒牟》라는 사람의 리두식표기가 나오는데 이것은 《주무》라는 조선말이름을 적어놓은것으로서 고구려의 시조왕인 주몽을 가리킨다. 주몽은 《주무》의 리두식표기인 《朱蒙》을 한문식으로 읽은것인데 《주무》란 부여때부터 활을 잘 쏘는 사람을 이르던 말이다. 그리고 또 《儒留》라는 리두식표기는 고구려의 2대왕인 류리왕을 가리키는것인데 다른 문헌에서는 ≪琉璃≫, ≪儒理≫, ≪儒禮≫ 등으로도 표기된다. 이들은 모두 ≪누리≫라는 조선말이름을 비슷한 한자음을 리용하여 음역한 리두식표기들이다. ≪누리≫란 조선말고유어로서 ≪세상≫이라는 뜻도 되고 ≪계승자≫라는 뜻도 가진다.

신라의 시조왕인 혁거세왕에 대하여 ≪<赫居世>는 우리 말인데 혹은 <弗矩內王>이라고도 쓴다. 광명으로 세상을 다스림을 뜻한다. (赫居世王蓋鄕言也。或作弗矩內王。言光明理世也。)≫(≪삼국유사≫ 권 1)라고 기록한 내용이 보이는데 ≪赫居世≫의 ≪赫≫은 ≪붉다≫로서 의역으로 ≪불≫이 되고 ≪居≫는 음역으로 ≪거≫, ≪世≫는 의역으로 ≪누리(뉘)≫이다. ≪弗矩內≫는 음역으로 ≪불구내≫가 된다. 결국 ≪赫居世≫와 ≪弗矩內≫는 ≪불거뉘≫라는 조선말이름의 리두식표기로서 전자는 의독법, 후자는 음독법 표기인것이다.

(3) 왕호와 관직명에 반영된 고유명사표기

≪삼국사기≫에 나타나는 왕호와 관직명 관련 리두식표기로는 다음과 같은것을 들수 있다.

始祖姓朴氏, 諱赫居世……號居西干……居西干辰言王或云呼貴人之稱。(≪신라본기≫ 제1)

南解次次雄, 次次雄或云慈充, 金大問雲方言謂巫也。(≪남해차차웅≫)

儒理尼師今立。……初南解薨, 儒理當立, 以大輔脫解素有德望, 推讓其位, 脫解曰: 神器大寶, 非庸人所堪, 吾聞聖智人多齒, 試以餠噬之。儒理齒理多, 乃與左右奉立之, 號尼師今, 古傳與此。金大問則雲: 尼師今, 方言也, 謂齒理。(≪유리니사금≫)

이상의 례에서 ≪거서한(居西幹)≫, ≪차차웅(次次雄)≫, ≪니사금(尼師今)≫은 다 왕호 내지 관직명이다. 그중 ≪尼師今≫은 ≪임금≫의 뜻인 ≪닛금≫의 리두식표기이다.

2) 문장표기단계

단어만으로써는 문장의 의미를 다 나타낼수 없다. 고유명사표기는 한낱 단어를 나타내는데만 그치고있었으므로 많은 제한성을 갖고있었으며 또 그것만으로써는 언어문자생활의 수요를 만족시킬수 없었다. 그래서 문장까지도 조선어적으로 표기해보려는 시도를 하였다. 그러나 문장의 표기도 일차적으로 완성된것이 아니고 단계적으로 발전하는 과정을 거쳤다.

(1) 서기체

문장의 표기를 위한 초기적시도가 곧 서기체형식이다. 서기체란 ≪임신서기석(壬申誓記石)≫이 그 대표적금석문이라고 해서 그로부터 따온 이름이다. 이는 한자를 조선어어순에 따라 배렬했는데 가히 어순만 바꾸어놓은 조선어의 한문식표기라고도 할수 있다.

1940년 경주 석장사지(石丈寺址)에서 출토된 ≪임신서기석≫은 진흥왕 13년(552년) 혹은 진평왕 34년(612년)에 만들어진것으로 추정하고있다. ≪임신서기석≫의 표기적특징은 한자를 조선말어순에 따라 배렬하고있다는것이다. 한자의 뜻만 제대로 풀이할수 있다면 누구나 조선어의 문장성분배렬순서에 따라 그 뜻을 쉽게 파악할수 있도록 만들어진것이 바로 서기체이다. ≪임신서기석≫의 전문을 보이면 다음과 같다.

壬申年六月十六日二人幷誓記天前誓今自三年以後忠道執持過失
無誓若此事失天大罪得誓若國不安大亂世可容行誓之又別先辛未年七
月廿二日大誓詩尙書禮傳倫得誓三年

≪임신서기석≫의 내용을 조선어로 옮기면 다음과 같다.

임신년 6월 16일, 두사람이 함께 맹세하여 기록한다. 하느님
앞에 맹세한다. 지금으로부터 3년이후 충도(충성의 도리)를 집지
하여 과실이 없기를 맹세한다. 만일 이 일을 잃으면 하느님에게
큰 죄를 얻을것을 맹세한다. 만일 나라가 불안하고 크게 세상이
어지러우면 가히 용납될수 있도록 (충도를) 행할것을 맹세한다.
또 따로 앞서 신미년 7월 22일에 크게 맹세하였다. 시, 상서, 례
기, 좌전을 차례로 습득하기를 맹세하되 3년으로써 하였다.

보다싶이 극소수를 제외하고 모두 조선어어순대로 적었다.
한문의 구조와 대비하기 위하여 몇구절 보이면 다음과 같다.

[한문]	[서기체]
誓(於)天前	天前誓
自今三年以後	今自三年以後
執持忠道	忠道執持
誓無過失	過失無誓
若失此事	若此事失

≪임신서기석≫은 이처럼 한어의 ≪주어-술어-보어≫의 어순
이 아닌 ≪주어-보어-술어≫로 조선어의 기본어순을 보이고있다.
결국 서기체는 문장단위로 조선어를 표기해보려는 언중의 강렬
한 욕구와 함께 한어와 조선어의 문장구조에 뚜렷한 차이가 있

다는것을 발견하고 조선어어순대로 기록한 결과물임을 알수 있다.

(2) 리찰

조선어문장의 표기는 단지 어순만으로는 완성되지 않는다. 조선어의 특성으로 되고있는 토를 나타내지 않고서는 문장의 표기는 불가능한것이다. 고립어에 속하는 한어에서는 어순만으로 문장표기가 가능하나 교착어인 조선어는 ≪임신서기석≫처럼 어순만 조선어적으로 표현한다고 해서 그 의미가 다 드러나는것이 아니다. 하여 조선어의 문법적형태표기를 위해 리찰(吏札)이라는 새로운 표기형태를 창안하였다.

리찰이란 통속적으로 말해서 서기체에 문법적형태를 가한것이라고 할수 있다. 즉 조선어어순에 조선어토를 가첨한 표기형태이다. 이와 같은 형식은 ≪경주남산신성비≫, ≪갈항사석탑기≫ 등에서 초기모습을 보인다. 아래 ≪갈항사석탑기≫를 례로 그 표기를 보면 다음과 같다.

[원문]
二塔天寶十七年戊戌中立在之
娚姉妹三人業以成在之
娚者零妙寺言寂法師在旀
姉者照文皇太后君娚在旀
妹者敬信大王娚在也

[역문]
두 탑을 천보 17년(758년) 무술에 세우시다
오라버니, 손우누이, 손아래누이 세사람의 일로 이루시다
오라버니는 령묘사 언적법사이시며

손우누이는 조문황태후님네이시며
손아래누이는 경신대왕네이시라.

《갈항사석탑기》에서는 《임신서기석》에서는 보이지 않던 문법적형태가 여러곳에서 나타나고있다. 《戊戌中(무술에)》의 《中》, 《業以(일로)》의 《以》는 격토의 표시이며 《在之(이시다)》, 《在旀(이시며)》, 《在也(이시라)》의 《在》는 존칭토 《시》에 해당하고 《之》, 《旀》, 《也》는 종결토나 접속토의 표시로 된다.

이러한 형태의 표시를 리두토라고 하는데 리두토가 나타나고있다는것은 리찰과 서기체의 뚜렷한 구별이다.

《갈항사석탑기》에서와 같은 표기형식은 발달을 거듭하다가 조선조의 《대명률직해(大明律直解)》(1395년)나 《양잠경험촬요(養蠶經驗撮要)》(1415년)에 이르러 거의 집대성되여 본격적인 리찰로 완성되였다. 총 30권 281장 456조목으로 된 《대명률직해》는 명나라의 법전(法典)인 《대명률》을 리찰로 번역한것으로 각 조항별로 먼저 한문원문을 주고 다음에 두줄로 리찰번역문을 달아놓은 형식으로 되였다. 간행년대는 중세에 속하지만 리찰로 된 언어형식에서 리찰의 여러 특징이 집중적으로 나타나므로 여기에서 함께 살펴보기로 한다.

[한문원문]
凡奴婢毆家長者皆斬, 殺者皆凌遲處死, 過失殺者絞。

[리찰문]
凡奴婢亦家長乙把打爲在乙良幷只斬齊, 致殺爲在乙良幷只車裂死齊, 失錯殺害爲在乙良絞死齊。

우의 리찰문에서 보다싶이 조선어어순으로 일관되고있으며 문법적형태인 토도 해당한 자리에 놓이고 리두어도 쓰이고있다. ≪亦≫은 주격토 ≪이≫, ≪乙≫은 대격토 ≪을≫, ≪爲在乙良≫은 접속토 ≪ᄒ견을랑≫, ≪齊≫는 종결토 ≪제(ᄒ제)≫를 표기한것이며 ≪幷只≫는 리두단어로 ≪다모기≫로 읽으며 그 뜻은 ≪도무지, 모두≫이다.

보다싶이 리찰은 서기체와는 확연히 다른 발전된 표기형태이다. 리찰에서는 조선어어순과 조선어토로 문장이 조직되여있다. 어휘사용면에서는 일부 리두단어가 사용되기는 하지만 아직까지는 한자어휘가 대부분을 차지한다.

리찰은 ≪훈민정음≫이 창제된후에도 관공문서로 널리 리용되는 끈질긴 생명력을 보이며 19세기까지 사용되였다. 이때까지 토지문서나 노비문서 등의 작성은 거의 모두 리찰로 표기해왔다.

(3) 향찰

리찰은 그 사용과정에 관공문서의 서사어로 발달하여온 까닭에 구두어와는 좀 거리가 있었다. 한자를 빌어 조선말을 표기하려는 고대조선사람들의 꾸준한 노력은 향찰에 이르러 비로소 완전한 열매를 맺게 된다. 서기체는 말할것도 없고 리찰의 경우에도 조선말을 그대로 완전히 표기하기에는 문제점이 있었다. 따라서 서기체나 리찰로써 조선말로 된 문학작품을 창작한다는것은 도저히 불가능한 일이였다.

향찰은 이미 존재하여온 서기체와 리찰을 더욱 발전시켜 한자로써 조선말을 거의 완전한 형태로 표기하려고 했던 리두식표기의 집대성이라 할수 있다. 향찰에 이르러 극소수외에 순 조선어어순, 순 조선어어휘를 사용하였으며 토들도 다양하게 사용하였다.

향찰이란 이름은 ≪균여전≫의 역가현덕분(譯歌現德分)의 최행귀(崔行歸)의 서문에서 비롯된것으로서 한문에 비하여 독특한 문체로서 조선말로 된 노래인 향가를 표기하는 서사체계라는 뜻에서 유래된 이름이다.

지금 전하는 향찰자료는 매우 드물며 가사체작품인 향가에 국한되여 집중적으로 씌였다. 향가는 불교의 영향을 받으면서 크게 발달하였는데 승려나 화랑들사이에서 많은 작품이 나왔다. 월명사와 충담사는 향가의 작가로 유명하였고 진성녀왕때 대구화상과 위홍은 력대의 향가를 수집하여 ≪삼대목≫이란 향가집을 편찬하였다. 오늘날까지 전해오는 향가는 ≪삼국유사≫와 ≪균여전≫에 실려있는 총 25수의 향가외에 ≪평산신씨 고려태사장절공유사≫에 수록되여있는 ≪도이장가(悼二將歌)≫가 한수 더 발견되여 모두 26수가 된다. 그 내용은 나라의 평안을 빌거나 부처를 찬양하며 때로는 죽은 사람을 사모하는 마음을 노래한것들이 대부분이다.

현전하는 향가중 ≪삼국유사≫에 기록되여있는 ≪처용가(處容歌)≫는 입으로 전해오다가 훈민정음이 창제된후 ≪악학궤범(樂學軌範)≫에 정음으로 기록되였다. 이는 향가에 대한 정음해독의 실머리를 풀어준 점에서 매우 주목된다.

[≪삼국유사≫]

處容歌

東京明期月良夜入伊遊行如可

入良沙寢矣見昆脚烏伊四是良羅

二肹隱吾下於叱古二肹隱誰支下焉古

本矣吾下是如馬於隱奪叱良乙何如爲理古

[≪악학궤범≫]

東京불ㄱ도래 새도록 노니다가

드러 내 자리를 보니 가른리 네히로새라

둘흔 내해어니와 둘흔 뉘해어니오

※ 본딖 내해이다마른 아서늘 엇디 하리고. (본 구절은 ≪악학궤범≫에 실려있지 않는것을 대응하여 번역해넣은것이다.)

상술한 원문과 역문의 대조로부터 향찰표기에서 의미적요소는 의독법을 위주로 하고있고 형태적요소는 음독법을 위주로 하고있음을 알수 있다.

리찰과의 대비로 향찰표기의 특징을 보면 다음과 같다.

첫째, 리찰이 조선어어순으로 일관되여있듯이 향찰도 조선어어순으로 일관되여있다. 다만 리찰에서는 한자어나 한자성구가 많이 나타나고있는데 비해서 향찰에서는 한자어나 한자성구가 아주 적고 대부분 경우 순수한 조선어식어순으로 관통되여있다.

둘째, 리찰에서 조선어문법형태가 표기되는것과 같이 향찰도 조선어문법형태를 표기하였다. 다만 리찰에서는 그런 형태를 생략하는 경우가 드문드문 나타나고 특히 종결토에서 더욱 그러하지만 향찰에서는 원칙적으로 그 어떤 토도 생략되지 않는것이 보편적이다.

셋째, 리찰에서 리두식표기로 된 어휘들이 쓰이듯이 향찰에서도 그러한 어휘가 쓰인다. 다만 리찰에서는 일부 특수한 경우에 국한됨에 비해서 향찰의 경우에는 몇몇 한자어나 한자성구를 제외하고는 거의 모든 경우에 순 조선말어휘 즉 고유어휘를 사용한다는데 차이가 있다.

이처럼 순 조선어어순에 조선어토, 조선어어휘로 조선어를 기록하려 했던 향찰은 한자를 리용하여 조선말을 적은 가장 완성된 표기형태였다. 향찰은 향가작품에 사용되여 고려초기까지 존속되여오다가 그 표기방법이 복잡하고 비능률적이라는 사정과 관련하여 그후 점차 소실되고말았다.

따라서 고려시기부터는 한문과 리찰이 병행해왔고 15세기 훈민정음이 창제된후에는 한문, 리두, 언문이 병행되는 서사생활이 이어졌다. 그중 한문이 국가적공용서사형식이 되였다.

(4) 구결

앞서 이미 한문의 독법은 현토적인 방법을 채용하고있었음을 간단히 지적한바 있다. 그러한 독법에서는 문장은 의연히 한문구조이지만 조선식으로 읽을 때 딱딱하고 막히는 결점을 미봉하기 위해서 구절마다 일부 토를 붙여 읽게 되였다. 이와 같은 방법은 후에 구결 혹은 구결식독송법이라 불리는 하나의 완전한 형식으로 자리잡게 되였다.

구결이란 한문원전독송의 리해를 돕기 위하여 한문의 구절마다 토를 달아 읽는 방법을 말한다. 즉 한문의 뜻을 정확히 파악하고 읊조리기 쉽도록 문장을 분절한 다음 그 사이사이에 차자표기형태의 조선어토를 삽입해서 읽는 방법이다. 구결은 ≪입겿≫이라고도 불리며 흔히 ≪吐(토)≫라고도 하는데 이 경우에는 사이사이에 삽입한 토를 가리킨다.

유교도덕을 기본내용으로 하는 어린이용 한문교과서인 ≪동몽선습(童蒙先쬡)≫(1679년) 중 한구절을 례로 구결의 특징을 살펴보면 다음과 같다. (밑줄 그은것들이 삽입된 토이다.)

天地之間萬物之中<u>厓</u>唯人<u>伊</u>最貴<u>爲尼</u>所貴乎人者<u>隱</u>以其有五倫<u>也</u>

<u>羅是故奴孟子伊</u>曰父子有親<u>爲旀</u>君臣有義<u>爲旀</u>……朋友有信<u>是羅爲時</u>
<u>尼</u>人而不知有五常則其違禽獸<u>伊</u>不遠矣<u>里羅</u>

구결토의 본질을 인식하기 위하여 상술한 문장을 한문독송법
으로 옮겨 읽으면 다음과 같다.

천지지간 만물지중에 유인이 최귀하니 소귀호인자는 이기
유오륜야라. 시고로 맹자이 왈 부자유친하며 군신유의하며…
붕우유신이라 하시니 인이부지유오상즉기위금수이불원의리라.

보다싶이 구결은 한자를 조선어어순에 맞추어 배렬한 서기체
에 문법적형태를 가한 리찰과는 본질적으로 다른바 그 사이사이
삽입된 토들을 빼버리면 다시 한문구조와 똑같은 구조로 된다.
그러나 리찰처럼 토를 기록하고있다는 점에서 엄격하지 않은 관
점으로는 리두식표기에서 함께 언급하게 된다.

구결의 표기적특징은 또한 구결토를 표기한 한자의 정자체에
대응하여 략자체를 사용하였다는데 있다. 독법과 의미파악에만
작용하고 본질적으로는 큰 의미가 없는 구결토를 표기함에 서법
상의 번거로움을 덜고 그것이 토임을 보이기 위해 점차 략자화하
기에 이른것이다. 일부 례를 들면 다음과 같다.

㆗(다) : 多의 반쪽
厂(면) : 面의 상부
ㄨ(로) : 奴의 우변
ㄴ(니) : 尼의 하부
〃(ᄒ) : 爲의 상부
ㄟ(이) : 是의 하부

ﾖ (나) : 那의 좌변
ﾄ (와) : 臥의 우변
ﾑ (며) : 旀의 우변
ﾛ (고) : 古의 하부

구결토의 사용에서 문헌이 다름에 따라 략자체를 달리 쓰기도 했다. 례를 들어 ≪ﾄ≫는 어떤 곳에서는 ≪叱≫자를 간략한 것으로 썼고 또 ≪乎≫의 략자를 어떤 곳에서는 ≪丿≫로, 어떤 곳에서는 ≪ﾐ≫로 쓰기도 하였다.

구결의 략자체는 오랜 시일에 걸쳐 관습적인 기호체계로 굳어지면서 일본의 가다가나(片假名)와 흡사한 모습을 보여주기도 한다. 1973년 충남서산의 문수사(文殊寺)에서 발견된 14세기의 자료 ≪구역인왕경(舊譯仁王經)≫(상권)은 한문의 치밀한 석독법과 함께 구결의 다양한 략자체계를 보여주고있어 주목된다. 구결 략자체는 훈민정음이 창제된 이후로는 조선문자에 의해 대체되여가는 경향을 보여준다.

한문원전독송의 리해를 돕기 위하여 사용되였던 구결은 단순히 토를 다는데만 그친것이 아니고 음독구결, 문형구결, 의독구결 등 몇갈래로 분화발전하기도 하였지만 가장 흔히 볼수 있는것은 지금까지 살펴본것과 같은 음독구결이다.

제4절 고대조선어의 음운체계

삼국 및 통일신라 시대의 언어를 포괄하는 고대조선어의 음운을 론하기란 쉬운 일이 아니다. 고대조선어의 모습을 완전하게 반영하고있는 자료가 거의 없는 현실에서 천여년전의 조선말이 어떤 모습이였는가를 정확히 파악한다는것은 매우 어렵다.

지금까지 고대조선어의 연구는 주로 알타이제어와의 비교를 통한 방법, ≪삼국사기≫, ≪삼국유사≫ 등에 나타나는 인명, 지명, 관직명을 표기한 한자음의 분석을 통한 방법, 조선한자음의 구조분석을 통한 방법, 중세조선어와 그 이후의 문헌자료와 방언자료를 토대로 한 내적재구방법 등으로 진행되였다.

고대조선어의 음운체계를 연구하는데 큰 참고가 되는것은 리두식표기 그가운데서도 음독표기이다. 음독표기는 토착한자음을 빌어서 조선말고유어를 표기한것이기에 여기에는 고대조선어의 음운적특성이 많이 반영되여있다. 음독표기가운데서도 특히 주목되는것은 조선어의 특정한 음절을 표기하기 위하여 여러가지 한자를 빌어 사용하고있는 경우이다. 이런 한자들의 쓰임을 면밀히 비교검토해보면 고대조선어의 음운적특질이 어떠했는지 대략 추정할수 있다.

1. 자음체계[1]

고대조선어의 자음체계를 연구함에 쟁점이 되는 문제는 대략 아래와 같은것들이다.

첫째, 15세기 조선어에 존재하는 순한소리-거센소리-된소리의 3계렬체계가 고대조선어에서는 어떤 모습으로 존재했는가?

둘째, 고대조선어 자음체계에 유성음계렬의 자음이 존재했는가?

셋째, 중세조선어의 ≪ㅎ≫에 해당하는 음소가 후음으로 존

---

1) 고대조선어의 자음체계에 대한 연구업적의 종합 내지 분석은 ≪고대국어의 자음체계≫(조경하, ≪국어 음운 연구사≫ (1), 박창원 편, 태학사, 2002년)를 참고할수 있다.

재했는가?

이와 같은 문제를 둘러싸고 고대조선어 자음체계의 특질을 몇가지로 나누어 요약해서 기술하면 다음과 같다.

1) 거센소리는 고대조선어전반기에는 존재하지 않았고 말기에 발생되였다.

현대조선어의 자음체계에서 특징적인것은 순한소리, 거센소리, 된소리의 3계렬음이 정연한 체계를 이루고 대립되여있는 점이다. 그러나 이러한 3계렬음의 대립은 고대로부터 존재해온것이 아니다. 이 대립은 시간이 흐름에 따라 자음체계가 발전함과 더불어 점차적으로 형성된것이다.

3계렬체계에 관하여 고대조선어시기 된소리계렬의 음이 존재하지 않았다는 점에 대해서는 이의가 제기되고있지 않지만 거센소리의 존재여부에 관하여는 여러 관점이 있다. 고대조선어초기부터 거센소리의 존재를 인정하는 견해와 고대조선어시기에는 아직 거센소리가 발생하지 않았다고 보는 상반되는 두가지 견해가 대표적이다. 전자의 대표적인 관점은 이기문에서 나타나는데 ≪자음체계에 있어서 페쇄음(파찰음 포함)에는 평음(ㅂ, ㄷ, ㅈ, ㄱ)과 유기음(ㅍ, ㅌ, ㅊ, ㅋ)의 양계렬이 있었던것으로 믿어진다.≫2)고 하여 고대조선어에 거센소리계렬이 존재했음을 주장하고있다. 반면, 후자의 대표적인 관점으로 되는 박병채의 연구에서는 중고한어음의 전청자와 차청자가 조선한자음과의 사이에서 보이는 불규칙적인 대응관계를 근거로 고대조선어에 거센소리가 존재하지 않았음을 주장하고있다.

---

2) 이와 같은 관점은 이기문의 연구 1961년, 1971년에서부터 보인다. 본고의 인용은 신정판 ≪국어사개설≫, 태학사, 1998년, 81쪽에 있다.

중고한어음의 전청자와 차청자의 조선한자음에서의 대응관계표

아음				설음				순음				치음			
見 k		溪 kh		端·知 t/t͡ɕ		透·徹 th/t͡ɕh		幇·非 p/f		滂·敷 ph/fh		精·照·莊 ts/tś/tṣ		清·穿·初 tsh/tśh/tṣh	
ㄱ	ㅋ	ㄱ	ㅋ	ㄷ	ㅌ	ㄷ	ㅌ	ㅂ	ㅍ	ㅂ	ㅍ	ㅈ	ㅊ	ㅈ	ㅊ
270		88		89	14	41	61	82	30	30	17	151	34	13	86

(박병채, ≪고대국어의 연구≫, 고려대출판부, 1971년)

이기문과 박병채이후에 이루어진 고대조선어의 거센소리에 관한 론의들은 대부분 이 두 견해중 하나를 따르고있다.

이 두 견해외에 거센소리는 고대조선어전반기에는 존재하지 않았고 말기에 발생하였다고 보는 또 다른 견해[3]가 있는데 본고는 기본상 이 견해에 따른다.

고유명사의 리두식표기를 볼 때 순한소리와 거센소리의 구별이 무시되고있다. 리두식표기에서 거센소리에 해당하는 차청음이 순한소리인 전청음과 구별없이 사용되고있는 이 현상은 고대에 한자를 들여올 때 조선어에 거센소리가 없었고 오직 순한소리만 존재하였기때문에 일어난 현상이다.

거센소리계렬의 자음은 예로부터 존재해온것이 아니라 후기적발생이다. 그 근거는 다음과 같은 사실들에서 찾아볼수 있다.

(1) 조선어에서 한자어나 외래어를 제외하면 일반적으로 거센소리가 나타나는 례가 극히 적다. 그리고 그 적은 수의 거센소리도 중세조선어에서는 흔히 순한소리로 나타나고있다.

---

3) 김영황 ≪조선어사≫, 김일성종합대학출판사, 1997년.

칼 → 갈(갈爲刀 ≪훈민정음≫ 용자례)
팔 → 볼(볼爲臂 ≪훈민정음≫ 용자례)
탓 → 宮監이 다시엇마른(≪룡비어천가≫ 17장)
채 → 물 톤 자히 느리시니이다(≪룡비어천가≫ 34장)

이밖에 ≪코≫가 ≪고≫, ≪풀무≫가 ≪불무≫, ≪발톱≫이 ≪발돕≫으로 되는 등 거센소리가 순한소리로 표기된 례는 매우 많다.

(2) 현행조선한자음에서 거센소리의 초성으로 읽는 한자도 옛 문헌에서는 순한소리로 되고있다.

포도 → 무른 보도(乾葡萄) (≪로걸대언해≫ 하, 34장)
사탕 → 사당(砂糖) (≪로걸대언해≫ 하, 35장)
차일 → 쟈실(遮日) (≪훈몽자회≫ 중, 13장)
양치 → 양지(養齒) (≪훈몽자회≫ 하, 11장)

반대로 한자음은 순한소리로 읽으면서 한자어에서는 거센소리로 발음하는 례도 있다.

間(간) → 한칸
餠(병) → 송편
分(분) → 한푼
節(절) → 봄철

(3) 또한 리찰에서 흔히 쓰는 리두어에서도 거센소리의 한자를 순한소리로 읽고있다.

牌子(배지) : 죄인이 사령에게 뢰물로 주는 돈

尺文(잣문): 조세와 공금의 령수증

이 모든 사실은 거센소리가 예로부터 존재해온것이 아니라 후기적발생이며 그것은 ≪갈히>칼이≫, ≪고홀>코를≫, ≪자히>채≫ 등 일런의 결합적변화에 의하여 그리고 음절구성상의 페음절의 발생에 따르는 자음결합에 의하여 생겨나게 되고 한자어의 증가에 의하여 그 과정이 촉진되였음을 보여주고있다.

그리하여 고대조선어의 후반기에 와서 거센소리는 순한소리와 구별되는 음운계렬로 등장하게 되였다. 리두식표기자료들에서 거센소리의 존재를 확인하게 되는 례들을 볼수 있다.

<u>居柒夫</u>或云荒宗(≪삼국사기≫ 권 44)
東萊郡本<u>居柒山郡</u>(≪삼국사기≫ 권 34)

여기서 ≪荒, 萊≫를 의미하는것으로 ≪居柒≫을 쓰고있는데 이는 조선어 ≪거츨다≫의 음역표기이다. ≪荒≫은 중세조선어문헌에서 ≪거츨≫로 훈독된다.

荒山 거츨뫼(≪룡비어천가≫ 7장)
荒 거츨 황(≪류합≫ 하, 55)

또 ≪壓髑或作異次或云異處方音之別也譯云壓也≫(≪삼국유사≫ 권 3)에서 확인되는 ≪異次, 異處≫는 ≪壓≫의 뜻인 ≪이처(困)≫의 음역표기로 볼수 있다. 또한 향가에 자주 나타나는 ≪佛體≫는 15세기의 ≪부텨≫에 대응되는것으로서 역시 거센소리의 존재를 확인하게 되는 례의 하나이다.

2) 고대조선어에 유성음계렬의 음이 존재하지 않았다.

고대조선어의 자음체계에서 또 하나 제기되는 문제는 유성음계렬이 존재했었는가 하는 점이다.

현대조선어는 유성자음과 무성자음의 대립을 가지고있지 않지만 알타이공통조어는 유성과 무성의 대립관계를 보인다는 점과 중세조선어에 존재했던 ≪ㅸ, △≫와 같은 유성마찰음이 고대에는 어떤 모습이였는가 하는 의문에서 조선어에 기원적으로 유성음계렬이 존재했었는가 하는 문제는 조선어의 자음체계에 관한 론의에서 쟁점이 되여왔다.

이 문제에 관한 연구는 크게 두 관점으로 나누어볼수 있다. 유성음은 존재하지 않고 무성음만 존재했다는 관점과 무성음과 유성음의 대립관계가 존재했다고 보는 관점이 그것인데 유성음의 존재를 인정하는 관점은 다시 그것을 유성마찰음으로 보느냐 유성장애음으로 보느냐로 갈린다.

무성음만을 인정하는 관점에서는 중세조선어에 존재한 ≪ㅸ, △≫를 무성음 ≪ㅂ, ㅅ≫이 유성적인 환경에서 유성음화된것으로 보고 모음사이 혹은 ≪ㄹ≫음의 아래에서 ≪p>b>β>w≫의 발달과 유성음사이에서의 ≪s>z>ɸ≫의 발달을 주장한다.

한편 이를 반대하는 관점은 상술한 해석으로는 동일한 유성적 환경하에서도 유성음화하지 않는 허다한 ≪ㅂ≫과 ≪ㅅ≫을 설명할 수 없다는 점, 이들은 각기 상보적분포를 이루는것이 아니라는 점 등을 근거로 ≪ㅸ, △≫의 기원적인 음소는 유성마찰음임을 주장한다. 이 관점에 관하여 또 일부에서는 무성마찰음계렬이 없는 고대조선어에 무성장애음과 유성마찰음의 대립을 인정하는것은 언어일반성에서 받아들일수 없는것이라며 유성장애음을 주장한다.

삼국시대의 인명, 지명, 관직명을 나타내는 한자음의 자료를 보면 유성음인 중국어의 전탁자는 전청자와 규칙적으로 혼기를 보인다. 이는 이 시기에 조선어에 유성과 무성의 대립관계가 존재하지 않았음을 말하는것이다. 또한 조선어의 전통한자음에 중국어의 전청자와 전탁자가 모두 평음계렬인 전청자로 남아있는 사실도 조선한자음이 형성될 당시 조선어에 유성과 무성의 대립관계는 없었음을 보여준다.

따라서 우리는 고대조선어에는 유성마찰음 ≪△≫와 ≪ㅸ≫도 존재하지 않았음을 주장할수 있는데 ≪△≫에 대응하는 ≪일모(日母)≫자는 고대의 조선한자음체계에서 [n]으로 반영되였고 ≪ㅸ≫에 대응하는 ≪비모(非母)≫자는 순중음 ≪ㅂ≫으로 반영되였다.

그렇다면 실제 자료에서 얻어지는 결론과 많은 선행연구자들이 내재적재구를 통해 인정하고있는 유성음계렬사이에는 불일치가 존재하는데 이는 앞으로 더 연구되여야 할것이다.

3) 중세조선어의 ≪ㅎ≫과 맥이 닿는 고대조선어의 초성자음은 성문마찰음 [h]가 아니라 연구개마찰음인 [x]였다. 따라서 고대조선어에는 후음계렬의 자음이 없는 대신 아음계렬에 파렬음 ≪ㄱ([k])≫과 마찰음 [x]가 있었다.

고대 ≪ㅎ≫의 조음점이 중세의 그것과 달랐다는 추측은 ≪ㅎ≫초성의 한자와 ≪ㄱ≫초성의 한자가 자주 호용되고있는 사실로 미루어 알수 있는데 이런 호용관계는 고대의 ≪ㅎ≫과 ≪ㄱ≫이 그 조음점이 서로 일치하였던데서 기인한것이다.

가) 漢城郡一云漢忽(≪삼국사기≫ 권 37, 지리, 4)
　　辟城縣本辟骨(≪삼국사기≫ 권 37, 지리, 4)
　　楊口郡一云要隱忽次(≪삼국사기≫ 권 37, 지리, 4)
　　穴口郡一云甲比古次(≪삼국사기≫ 권 37, 지리, 4)
나) 伉(苦郞切)→ 항(≪훈몽자회≫)
　　孑(居列切)→ 혈(≪훈몽자회≫)

匣(胡甲切)→ 갑(≪훈몽자회≫)
校(胡敎切)→ 교(≪훈몽자회≫)

연구개마찰음 [x]가 조음점을 뒤로 이동하여 성문마찰음인 [h]로 변화한 시기는 대략 고대말기쯤으로 보며 중고조선어의 단계에 와서 그 변화가 이미 성취되였던것으로 추정한다. 연구개마찰음 ≪ㅎ≫의 성문마찰음으로의 변화는 고대조선어말기에 보이는 거센소리의 발생에 중요한 요인으로 된다.

이외에 고대조선어시기 비음 ≪ㅇ≫([ŋ])의 존재가 인정되지 않는다. 중고 및 상고 시대의 중국한자음에서 ≪의모(疑母)≫자계렬에 속하는 연구개비음 ≪ㅇ≫([ŋ])과 ≪영모(影母)≫계렬에 속하는 후두페쇄음 ≪ㆆ≫([ʔ])는 고대조선어 한자음체계에 모두 령성모 ≪ㅇ≫으로 반영되였다. 또한 리두식표기의 경우 ≪ㄴ≫종성과 ≪ㅇ≫종성이 혼기되고있었다. 고유명사의 표기에서 ≪安勝≫과 ≪安舜≫이 혼용되였으며(≪삼국사기≫ 고구려본기 제10) ≪冰之≫와 ≪賓之≫가 혼용되였다.(≪삼국유사≫ 권 1, 신라시조) 이것은 이때 ≪ㅇ≫이 아직 자립적인 음운으로 존재하지 않았음을 말한다.

이상에서 론의된 사실에 근거하여 고대조선어시기의 자음체계를 표로 보이면 다음과 같다.

조음방법＼조음위치	순 음	치조음	연구개음
파렬음	ㅂ[p]	ㄷ[t]	ㄱ[k]
마찰음		ㅅ[s]	ㅎ[x]
파찰음		ㅈ[ts]	
류음		ㄹ[r]	
비음	ㅁ[m]	ㄴ[n]	

비록 고대조선어말기에 거센소리의 존재가 인정되지만 이 시기 아직 완전히 정착된것이 아니기에 자음체계에 포괄시키지 않는다.

2. 모음체계

고대조선어 모음체계의 재구는 자음체계의 재구보다 더 어렵다. 모음체계를 재구하는데 효률적으로 리용할만한 자료가 거의 없는데다 한자를 빌어 사용한 서사표기 자체가 안고있는 불안정성과 류동성때문에 더욱 어려움을 겪게 된다.

고대조선어의 모음체계를 재구하기 위해서는 우선 음운에 대한 기술의 명확성을 확보한 중세조선어의 모음체계를 기반으로 하여 리두식표기상의 특수사항을 검토하는 방법을 많이 따르게 된다. 이외에도 한자음에 관한 연구방법 등 여러가지 다양한 연구방법이 있다.4)

첫째, 15세기 조선어에 나타난 모음이 고대조선어시기에 어떤 한자음으로 표기되였는가 혹은 거꾸로 고대조선어의 표기에 사용된 문자가 15세기의 어떤 음가에 대응하는가 하는 문제를 검토하는것이다.

둘째, 중국한자음이 조선한자음에 어떻게 반영되였는가 하는 문제를 검토하는것이다.

셋째, 중국의 재구된 중고음 내지는 상고음을 바탕으로 고대조선어에서 혼기되는 자료들을 통하여 당시의 모음체계를 재구하는것이다.

넷째, 중국의 중고음 내지는 상고음과 조선한자음 및 일본한

____

4) 박창원, ≪고대국어 모음체계≫(≪국어 음운 연구사≫ (1), 태학사, 2002년), 12~13쪽.

자음을 비교하여 고대조선어의 모음체계를 추적하는것이다.

다섯째, 알타이제어와의 비교를 통하여 고대조선어 내지는 원시조선어의 모습을 추정하는것이다.

여섯째, 고대이후에 나타난 음운현상이나 음운의 결합양상으로 고대조선어의 모습을 추정하는것이다.

고대조선어모음의 연구에서 핵심되는 과제는 고대에 ≪·≫와 ≪ㅡ≫가 존재했는가 존재하지 않았는가 하는 문제와 ≪ㅣ≫가 두개의 음운이였는가 아니면 하나의 음운이였는가 하는 문제이다. 이 문제에 대한 부동한 관점에 따라 고대조선어의 모음체계는 정리된 의견을 보이지 못하고 5모음체계에서 8모음체계로 다양하게 론의된다.

본고는 고대조선어의 모음은 대체로 ≪ㅏ, ㅓ, ㅗ, ㅜ, ㅣ≫ 5모음이였다가 후반기에 이르러 ≪·≫와 ≪ㅡ≫가 첨가되여 7모음으로 되였다는 견해5)에 동감한다.

1) 현대어에는 ≪·≫가 없지만 중세조선어에는 ≪·≫가 모음조화상 ≪ㅡ≫와 대립되는 홑모음으로 존재하였다. 그런데 홑모음 ≪·≫와 ≪ㅡ≫는 고대초기부터 존재한것이 아니고 후기에 발생한것이다. 그 근거는 다음과 같은 몇가지에서 찾아볼수 있다.

(1) 중세의 조선한자음에서 ≪·≫로 되여있는것이 한자어에서는 ≪ㅣ≫로 되는것이 적지 않다.

가) 茄 가지 가(≪훈몽자회≫ 상, 13장)

나) 徐五의 뎨시 李大ㅣ(≪박통사언해≫ 중, 25장)

다) 이 심은 新羅ㅅ심이라(≪로걸대언해≫ 하, 51장)

---

5) 김영황, ≪조선어사≫, 김일성종합대학출판사, 1997년.

가)의 ≪가지≫는 본래 중국어 ≪茄子≫에서 기원한 말로서 중세한자음은 ≪가즈≫인데 한자어에서 ≪가지≫로 된것이다. ≪子(즈)≫가 한자어에서 ≪지≫로 되고있는것은 ≪鍾子≫가 ≪종지≫로, ≪障子≫가 ≪장지≫로 되는것 등 적지 않다. 나)의 ≪데시≫는 ≪弟子≫의 옛음이다. 마치 ≪楪子≫를 ≪뎝시(접시)≫로 하는것과 일맥상통한다. 다)의 ≪심≫은 ≪蔘≫을 뜻하는것으로서 중세한자음으로는 ≪슴≫이다. 근세까지 평안도, 강원도 등지에서 ≪산삼을 캐러 산에 들어가는것≫을 ≪심뫼 타다≫라 하고 ≪산삼 캐러 다니는 사람들≫을 ≪심마니≫라고 한것의 ≪심≫은 모두 여기에서 기원한다. 결국 ≪蔘≫의 옛음은 ≪심≫이였고 후시기에 와서 ≪슴≫이 되였다가 현재 ≪삼≫으로 바뀐것이라 할수 있다.

(2) 중세의 조선한자음에서 ≪ㅡ≫로 되여있는것이 ≪ㅣ≫로 나타나는 경우도 있다.

≪金≫은 현행한자음으로는 ≪금≫이지만 그것이 고장이름으로 쓰일 때에는 ≪金化, 金城≫이 ≪김화, 김성≫으로 되며 성으로 쓰일 때에도 ≪김≫으로 된다. 이것은 ≪金≫의 옛음이 ≪금≫이 아니라 ≪김≫이였음을 암시해준다.

(3) 모음 ≪·≫와 ≪ㅡ≫가 고대조선어의 초기에 존재하지 않았다는것은 겹모음의 형성을 통해서도 알수 있다.

중세조선어에서 볼수 있는바와 같이 모음 ≪ㅣ≫는 홑모음 ≪ㅏ, ㅓ, ㅗ, ㅜ≫와 결합하여 겹모음 ≪ㅑ, ㅕ, ㅛ, ㅠ≫를 이룬다. 그러나 얼마든지 모음 ≪·≫나 ≪ㅡ≫와 결합할수 있는 가능성이 있음에도 불구하고 방언적현상으로 존재할뿐 끝내 겹모음으로 등장하지 못하고말았다.

이것은 모음 ≪·≫와 ≪ㅡ≫가 모음 ≪ㅏ, ㅓ, ㅗ, ㅜ≫처럼 본래부터 있었던것이 아니라 후기적발생임을 말해주는것이라 할수 있다.

또한 상술한 현상들에서 우리는 ≪·≫와 ≪―≫는 모음 ≪ㅣ≫보다 뒤에 나타난 모음이라는 점도 알수 있다.

≪·≫와 ≪―≫는 고대조선어후반기에 일련의 페음절이 발생하게 되는것과 때를 같이하여 생기게 되여 점차 자립적인 음운의 자격을 가지게 되였다.

고대조선어의 7모음체계는 중고조선어와 중세조선어에서도 마찬가지로 유지되는데 다만 이 모음체계를 구성하고있는 개개 모음들의 음가가 중고 및 중세 조선어의 그것들과 조금씩 달랐을 것으로 추측한다. 례하면 고대의 ≪ㅏ≫, ≪ㅓ≫, ≪ㅗ≫, ≪ㅜ≫는 중세와는 좀 달랐던것으로 보인다. 그것은 ≪ㅏ≫와 ≪ㅓ≫의 호용, ≪ㅗ≫와 ≪ㅜ≫의 호용에서 알수 있다.

가) 伐休一作發暉(≪삼국사기≫ 권 2)
나) 味鄒尼師今―云味照(≪삼국사기≫ 권 2)

고대조선어의 모음체계의 재구에 있어 전설의 ≪ㅣ≫외에 그에 대립되는것으로 후설모음에 속하는 양성의 ≪ㅣ≫가 또 하나 존재했다는 주장도 있지만 대체로 고대조선어시기의 모음은 다음과 같은 7모음체계였던것으로 본다.

입술모양＼혀의 위치	전설음	후설음
원순	ㅜ	ㅗ
비원순	ㅓ, ―, ㅣ	ㅏ, ·

그리고 ≪·≫와 ≪―≫가 발생하기전의 고대조선어에는 ≪ㅑ, ㅕ, ㅛ, ㅠ≫는 물론 ≪ㅘ, ㅝ≫와 같은 모음도 없었으며

중세조선어에서 겹모음으로 발음되였던 ≪ㅐ, ㅔ, ㅚ, ㅟ≫도 발생되지 않았던것으로 본다. 겹모음의 산생은 후기적발생에 속한다.

3. 음절구조

현대조선어에는 개음절과 폐음절이 존재하며 음절구조도 다양하다. 그러나 이러한 음절구조의 특성은 예로부터 고유한것이 아니다.

고대조선어전반기의 음절구조는 단순하였으며 모두 개음절로 되였다. 고유명사에 대한 리두식표기에서 한자의 폐음절이 무시되고있었던것은 바로 이러한 사정과 관련되여있다.

폐음절을 후기적발생으로 보는 근거는 다음과 같다.

폐음절로 되여있는 말이 시대를 거슬러올라가거나 혹은 동시대의 경우에도 개음절과 대응되고있음을 발견하게 되는데 이것은 개음절의 말이 폐음절로 발달해왔을 가능성을 말해준다.

가) 그딋가시 두외아지라(≪월인석보≫ 권 1, 11장)

   臣下이 갓둘히 다 모다 夫人侍衛ᄒᆞᅀᆞᄫᅡ(≪월인석보≫ 권 2, 28장)

나) 그 數ㅣ 그지 업서(≪월인석보≫ 권 21, 121장)

   터럭 귿만 힘도(≪월인석보≫ 권 21, 105장)

가)에서 ≪가시≫와 ≪갓≫이 대응된다. 현대어의 ≪가시나≫, ≪간나≫와도 관련되는데 ≪녀자≫의 뜻인 ≪가시≫에서 ≪ㅣ≫가 탈락됨으로써 ≪갓≫이 된것으로 볼수 있다. 나)의 ≪그지≫는 ≪끝≫이라는 뜻인데 지금은 ≪그지없다≫에 그것이 남아있고 ≪귿≫은 ≪끝≫으로 바뀌고말았는데 이것 역시 ≪ㅣ≫의 탈락에 의하여 생겨난 폐음절이다.

폐음절은 모음 ≪ㅣ≫의 탈락에 의해서만 아니고 다른 모음의 탈락에 의해서도 생겨났다.

가) <u>거우루</u>로 ᄂᆞ출 비취오(≪원각경언해≫ 서, 46장)
나) <u>어느제</u> 내모미 놀개 이셔(≪두시언해≫ 권 1, 14장)

≪거우루≫는 ≪ㅜ≫의 탈락에 의하여 ≪거울≫로 되였으며 ≪어느제≫는 ≪ㅡ≫의 탈락에 의하여 ≪언제≫로 되였다.

이러한것들은 모음이 탈락되면서 음절이 축소되여 개음절이 폐음절로 바뀐 실례들이다. 이러한 현상은 현대조선어에서도 나타난다. ≪아니≫와 ≪안≫, ≪하나≫와 ≪한≫, ≪가지다≫와 ≪갖다≫ 등이 그러하다.

고대에는 폐음절이 없었던만큼 자음련속이 없었다. 자음련속은 폐음절의 발생에 따라서 생겨난 후기적현상이다. 자음련속이 후기적발생이라는것은 합성어의 경우 자음련속을 기피하기 위해서 자음을 탈락시키는 현상이 예나 지금이나 존재한다는데서 그렇게 말할수 있다.

가) 士와 <u>다뭇</u> 女ㅣ(≪시경언해≫ 권 4, 33장)
나) 山僧의 <u>사리</u>ᄂᆞᆫ 茶 세 그르시라ᄒᆞ니(≪진언권공≫ 공양문, 12장)
다) 傭 다ᄆᆞ사리 용(≪훈몽자회≫ 중, 2장)

≪다뭇≫은 ≪더불어≫의 뜻이며 ≪사리≫는 ≪생활≫ 또는 ≪살림≫의 뜻이다. ≪다뭇≫과 ≪사리≫가 합성되여 이루어진 ≪다ᄆᆞ사리≫는 ≪고용살이≫ 혹은 ≪더부살이≫의 뜻인데 이 경우에 자음련속을 기피하여 ≪ㅅ≫을 탈락시킨것을 볼수 있다.

가) 赤島 안행 <u>울흘</u> 즈슴에 보숩ᄂ니(≪룡비어천가≫ 5장)
나) <u>믈</u> 깊고 ᄇᆡ 업건마른(≪룡비어천가≫ 34장)
다) <u>우믈</u> 졍 井(≪훈몽자회≫ 상, 5장)

≪움≫과 ≪믈≫이 합성하여 ≪우믈≫이 만들어졌는데 이 경우에도 자음련속을 기피하여 ≪ㅁ≫을 탈락시키고있다.

이렇게 두 자음이 련속될 때 한 자음을 탈락시키는것은 ≪솔나무≫가 ≪소나무≫로, ≪활살≫이 ≪화살≫로 된것 등 많은 례를 찾아볼수 있다.

자음련속을 기피함과 함께 모음련속도 기피하는것은 고대적인 음절구조의 특징이라 할수 있다. 고대어의 음절구조가 ≪자음+모음≫을 전형적인 구조로 하고있는 한 자음련속은 물론 모음련속도 일어나지 않을것은 당연하다. 만약 모음련속이 있었다면 그것은 겹모음발생의 전제조건으로 될것이다. 그런데 이 시기의 초기에는 겹모음이 없었으니 그 당시 모음련속이 존재하지 않았으리라는것은 얼마든지 짐작할수 있다.

후세에 모음련속을 이루는 어휘들이 적지 않게 생기고있지만 그것도 따지고보면 본래 자음이 있었던것들이다. 례하면 ≪셔ᄫᅳᆯ>서울, 새ᄫᅵ>새우, 아ᅀᆞ>아우, ᄀᆞᅀᆞᆯ>가을≫ 등과 같은것들이 그러하다.

이 시기의 초기에 모음련속의 기피현상이 매우 강하였던것만은 사실이나 그렇다고 부단한 어음변화에 의하여 자음이 탈락되면 모음련속은 불가피하게 생기게 되는것이고 그렇게 되면 그것은 겹모음을 이루게 되거나 그렇지 않으면 다시 결합자음을 끼워넣어 모음련속을 기피하는데로 나가게 된다. 그리고 다른 한편 모음탈락에 의하여 페음절이 생기게 되고 자음련속이 일어나게 되면 그것을 기피하기 위해서 다시 자음을 탈락시키는데로 나간다.

이러한 과정이 부단히 반복되는 가운데 이 시기의 초기음절 구조는 일정한 변화를 입게 되여 그 중기에 와서는 ≪ㄴ, ㅁ, ㄹ≫과 ≪ㅅ≫의 폐음절이 생기게 되였다. 이 시기의 향찰자료에 의하면 종성의 표기로 인정되는 ≪隱, 音, 尸, 乙, 肹, 叱≫ 등이 자주 쓰임을 보게 된다.

去隱春(간 봄) (≪모죽지랑가≫)
君隱父也(군은 아비야) (≪안민가≫)
五尸心音(우리 ᄆ 슴) (≪제불왕세가≫)
誓音深史隱(다딤 기프샨) (≪달하가≫)
慕理尸心未(그릴 ᄆ 슨미) (≪모죽지랑가≫)
宿尸夜音(잘 밤) (≪모죽지랑가≫)
薯童房乙(셔동 방을) (≪서동가≫)
吾肹(나흘) (≪헌화가≫)
膝肹(무루플) (≪관음가≫)
栢史叱枝次(자시ㅅ 가지) (≪찬기파랑가≫)
蓬次叱巷中(다보지ㅅ 골히) (≪모죽지랑가≫)

≪隱≫의 ≪ㄴ≫, ≪音≫의 ≪ㅁ≫, ≪尸, 乙, 肹≫의 ≪ㄹ≫, ≪叱≫의 ≪ㅅ≫ 종성표기가 일정하게 류형화되여있는것은 이 시기 이러한 폐음절의 존재를 확인하는 자료로 된다.

이것은 이 시기 중엽에 와서 우선 ≪ㄴ, ㅁ, ㄹ, ㅅ≫ 등의 폐음절이 먼저 발생하였고 다른 폐음절은 그보다 뒤에 발생하였음을 말해주기도 한다.

다른 폐음절이 고대조선어말기에 이미 존재한 증거로는 ≪삼국사기≫에 수록된 지명표기와 경덕왕때의 한자어화자료를 들수

있다. ≪삼국사기≫ 권 34의 신라지명표기에서는 ≪畓匕達≫을
≪畓達≫과 대응시켜놓았는데 ≪ㅂ≫폐음절의 ≪답(畓)≫은 ≪다비
(畓匕)≫에서 모음의 탈락에 의하여 생겨난것이라 할수 있다. 또
한 경덕왕때 지명을 한자어로 바꾸었는데 ≪習比谷≫을 ≪習谷≫로
고치고 ≪豆夫只≫를 ≪同福≫으로 고쳤다. ≪習比≫가 ≪서비≫
의 표기라면 ≪習≫은 ≪섭≫의 표기로 볼수 있겠고 ≪夫只≫가
≪부기≫의 표기라면 ≪福≫은 ≪북≫의 표기로 볼수 있다. 그렇
다면 8세기후반기에 이미 ≪ㅂ≫, ≪ㄱ≫과 같은 폐음절의 존재
가 있었음을 인정하게 된다.

제5절 고대조선어의 문법적형태

1. 체언의 문법적형태

고대조선어에서 체언은 격형태를 가지고있었으며 그것이 술
어로 되는 서술적형태도 가지고있었다.

1) 격형태

고대조선어에서 체언의 격형태는 중세조선어처럼 다양하게
분화되여있지 않았다. 중세조선어에서는 어간이 개음절인가 폐음
절인가에 따라 교체되는 격토의 2계렬이 정연한 체계를 이루고있
으나 고대조선어에서는 그러한 분화가 없었다. 그리고 중세조선
어에서는 모음조화에 따르는 격토의 교체도 있었으나 고대조선어
에서는 아직 그러한 흔적을 찾아볼수 없다.

고대조선어에는 주격, 대격, 조격, 여격, 호격이 있었다.

(1) 주격
주격토로는 ≪是, 伊≫가 씌였다.

人是(사룸이) (≪혜성가≫)
民是(민이) (≪백성가≫)
沙是(몰이) (≪찬기파랑가≫)
脚烏伊(가룰이) (≪처용가≫)

지시대명사 ≪이≫와 기원을 같이하고있는 ≪是≫는 주격토 ≪이≫의 의역자이며 ≪伊≫는 ≪이≫의 음역자로서 주격토 표시에 쓰이고있었다.

(2) 대격
대격토로는 ≪乙, 肹≫이 쓰이였다.

薯童房乙(서동집을) (≪서동가≫)
吾肹(나홀) (≪헌화가≫)

≪乙≫은 ≪을≫, ≪肹≫은 ≪홀≫의 음역자인데 대격은 이 두자만으로 표기된것으로 보아 이 시기에는 후기의 조선어에서 보여주는 모음조화나 어간말음에 따르는 대격토의 쌍이 아직 이루어지지 않았던것으로 보인다.

(3) 조격
조격토로는 ≪留≫가 쓰이였다.

筆留(부드루) (≪례경제불가≫)

《留》는 《루》의 음역자이다. 리찰표기에서는 《以》로 조격표시를 하였다.

三人業<u>以</u>成在之(세사람의 일로 이루어지시다) (《갈항사석탑기》)

(4) 여격

여격토는 향찰자료에서 많은 변종으로 사용되고있다.

汀理<u>也中</u>(나리아히) (《찬기파랑가》)
川理叱磧<u>惡希</u>(나리ㅅ 벼른아히) (《찬기파랑가》)
月<u>良</u>(돌애) (《처용가》)
岩乎邊<u>希</u>(바호가히) (《헌화가》)
耆郎<u>矣</u>(기랑이) (《찬기파랑가》)

이처럼 《也中, 惡希, 良, 希, 矣》 등이 있고 그밖에 《良中, 中, 衣》 등도 있다. 이렇듯 여러가지 변종이 쓰이고있는것을 보면 그 음도 한가지가 아니라 당시의 발음대로 하면 《아히이, 아이, 히이, 어이》 등이 있었던것으로 보인다.

그리고 그때에는 여격과 속격이 아직 분화되기전이여서 속격의 의미를 여격토가 나타내고있었다. 례컨대 《矣, 衣》는 의미상 속격적인것을 나타낼 때에도 씌였고 여격적인것을 나타낼 때에도 씌였다.

또한 이때에는 아직 겹모음들이 확고한 자리를 차지하지 못하였기에 이 토들을 중세조선어처럼 겹모음 《ㅐ, ㅔ, ·ㅣ, ㅢ》로 발음하여 구별하지 않았다.

향찰자료에 의하면 명사가 규정어로 될 때 《叱》을 취한 경우가 매우 많다. 《矣》나 《衣》에 의해서 규정어를 표시하는 경우는 몇개밖에 없는데 비하여 ≪叱≫에 의한 규정어표기가 많았다는것은 ≪叱≫을 그 어떤 속격토로 볼수도 있음을 말한다.

蓬次叱巷中(다보지ㅅ 골히) (≪모죽지랑가≫)
佛體叱刹亦(부텨ㅅ 뎔이) (≪례경제불가≫)

≪叱≫은 리두에서 흔히 ≪ㅅ≫의 표기에 리용되였으며 그것이 규정어표시에 쓰인 경우에도 역시 ≪ㅅ≫의 표기로 인정된다.

(5) 호격
호격토로는 ≪下, 也≫가 씌였다.

月下(달하) (≪원왕생가≫)
彗星也(ㅅ별아) (≪혜성가≫)
父也(아비아) (≪안민가≫)

2) 도움형태
도움형태를 조성하는 도움토로는 ≪置, 都≫와 ≪隱, 焉≫등이 쓰이고있었다.

軍置(군두) (≪혜성가≫)
世理都(누리도) (≪궁정백수가≫)

≪置≫는 그 뜻이 ≪두다≫인것만큼 ≪두≫의 의역이며 ≪都≫는 ≪도≫의 음역이다.

臣隱(신은) (≪안민가≫)
民焉(민은) (≪안민가≫)

≪隱≫과 ≪焉≫은 각기 ≪은≫과 ≪은≫의 음역이다. 이에 대해 제시적의미를 나타내는 제시격이라 하거나 분격이라고 하면서 ≪나누다≫의 고형인 ≪눈호다≫에서 온것이라고 주장하는 견해가 있는가 하면 그것을 향찰에서 이미 쓰이고있던 ≪於內≫ 즉 현대어의 ≪어느≫에서 온것이라고 주장하는 견해도 있다.

이밖에 강조의 의미를 나타내는 도움토로서 ≪沙≫가 있었는데 이것은 체언과 용언에 다 씌였다.

一等沙(한둔사) (≪천수관음가≫)
人良沙(드러사) (≪처용가≫)

≪沙≫는 ≪사≫의 음역인데 중세조선어문헌에서 ≪사≫로 나타나고 지금 일부 방언에서는 그대로 ≪사≫로 쓰이고있다.

리찰에서는 ≪段(똔)≫, ≪分(쑨)≫과 같은 도움토도 사용하였다.

3) 서술적형태

체언이 술어로 될 때에는 ≪이≫를 거쳐 서술형을 취할수도 있고 직접 서술형을 취할수도 있었다.

가) 吾下是如馬於隱(내해이다마른) (≪처용가≫)
　　四是良羅(너이어라) (≪처용가≫)
나) 阿孩古(아히고) (≪안민가≫)

가)행의 두 례구에서 ≪是≫는 체언술어형을 조성하는데 쓰이고있으나 나)행의 례에서는 그것이 없이도 체언술어형이 이루어짐을 볼수 있다.

2. 용언의 문법적형태

고대조선어에서 용언은 종결형, 접속형, 규정형 등 위치적형태를 가지고있었으며 태, 존칭의 문법적범주를 가지고있었다. 중세조선어에서 용언의 형태가 갖추고있는 기초형태가 고대에 이미 이루어지고있다고 할수 있으나 아직 정밀하게 분화되지 못하였다는 점에서 차이가 있다.

1) 위치적형태

용언의 위치적형태인 종결형, 접속형, 규정형은 고대조선어에 이미 존재하였으며 향찰에서 그 형태표시는 뚜렷이 구별되여있었다.

(1) 종결형

고대조선어의 종결형은 서술, 의문, 명령, 감탄 등으로 분화되여있었으며 존대와 비존대의 계칭에 따라 구분되여있었다.

① 서술형

서술형의 토로는 ≪多, 如≫가 많이 씌였다.

來叱多(웃다) (≪혜성가≫)
待是古如(기드리고다) (≪제망매가≫)

여기서 쓰인 ≪多≫는 종결토 ≪다≫의 음역이며 ≪如≫는 그 뜻이 ≪다히, 다비≫인만큼 의역이라 할수 있다.

존대를 나타내는 경우에는 ≪音≫을 더 첨가하였다.

獻乎理音如(받ᄌ오리미다) (≪헌화가≫)

중세조선어문헌에서 존대를 나타내던 ≪이≫, ≪잇≫이 향찰에서는 ≪音≫으로 표기되였다. 이것은 이 시기에 아직 ≪ㅇ≫이 초성에서 사용되기전의 상태를 보여주는것으로서 ≪미≫, ≪밋≫이 후에 ≪ㅇ≫의 등장에 따라 ≪이≫, ≪잇≫으로 표기된것이다.

② 의문형
의문형의 토로는 ≪古, 遣, 去≫가 씌였다.

何如爲理古(엇더ᄒ리고) (≪처용가≫)
去賜里遣(가시리고) (≪원왕생가≫)
成遣賜去(이루고실가) (≪원왕생가≫)

≪古≫는 ≪고≫의 음역이며 ≪遣≫은 리두에서 전통적으로 토 ≪고≫의 표기로 씌여왔다. ≪去≫는 그 뜻이 ≪가다≫인것만큼 ≪가≫의 의역이라 할수 있다.

의문형에 쓰인 ≪고≫와 ≪가≫는 중세조선어문헌에서 설명의문문의 경우에는 ≪고≫, 판정의문문의 경우에는 ≪가≫로 그 용법이 비교적 뚜렷이 구분되였다. 고대조선어에서는 이 구별이 크게 작용하지 않은것으로 보이는데 ≪고≫가 설명의문문에 쓰인 례는 ≪처용가≫의 ≪誰支下焉古(누기해언고)≫와 ≪何如爲理古(엇더ᄒ리고)≫에서 보인다.

③ 명령형
명령형의 토로는 ≪良羅≫ 등이 씌였다.

治良羅(다스라라) (≪안민가≫)
陪立羅良(모셔라) (≪도솔가≫)

여기서 쓰인 ≪라(羅)≫는 손아래사람에게 쓰는 명령의 토로서 현대조선어에까지 그대로 내려오고있다. ≪羅良≫은 ≪良羅≫(-아라/어라)의 오기(誤记)로서 ≪도솔가≫에서만 보인다.

존대의 뜻을 나타낼 때에는 ≪賜立≫를 썼다.

白遣賜立(숣고샤셔) (≪원왕생가≫)

≪賜立≫와 같은 존대계칭은 중세조선어에서 ≪쇼셔≫로 이어졌다.

④ 권유형

권유형의 토로는 ≪齊≫가 씌였다.

逐內良齊(좃누아져) (≪찬기파랑가≫)
墮支行齊(디기녀져) (≪죽지랑가≫)

≪齊≫는 ≪져≫의 음역으로서 소원이나 권유의 뜻을 나타내기도 하고 그 어떤 의무성의 뜻도 나타낸다. ≪齊≫는 리찰에서도 많이 씌였는데 거기서는 의무성의 뜻이 더 강하였다. 현대조선어의 권유형종결토 ≪자≫는 이 ≪져≫에서 온것이다.

⑤ 감탄형

감탄형의 토로는 ≪藪邪(耶)≫가 씌였다.

是史藪邪(이시고야) (≪찬기파랑가≫)

≪藪≫는 처음에 ≪숲≫의 의미로 쓰이고 나중에는 드디여 ≪뫼갓≫, ≪풀갓≫의 ≪갓≫을 가리키는 리두자로 되였던것으로 그 뜻으로부터 ≪고≫의 음을 취한것이다. 그리고 ≪邪≫는 본음

이 ≪샤≫인 동시에 ≪耶≫와 동음으로 쓰이는것으로서 ≪야≫
의 음역이다. 따라서 ≪藪耶≫로도 표기될 때가 있다.

　　邊也藪耶(ᄀᆞ새고야) (≪혜성가≫)

≪고야≫는 중세조선어문헌에도 나온다.

　　다만 네히 셔잇고야(정철, ≪관동별곡≫)

(2) 접속형
접속토가운데서 많이 쓰인것은 ≪古, 遣≫, ≪旀≫, ≪乃,
奈≫ 등이다.
≪古, 遣≫는 ≪고≫에 해당한 접속토의 표기이다.

　　嫁良置古(얼어두고) (≪서동가≫)
　　吾下於叱古(내해엇고) (≪처용가≫)
　　放教遣(노흐겨시고) (≪헌화가≫)

≪旀≫는 ≪며≫에 해당한 접속토의 표기이다.

　　古召旀(고조며) (≪천수관음가≫)
　　鳴良旀(울아며) (≪청불주세가≫)

≪乃, 奈≫는 ≪나≫에 해당한 접속토의 표기이다.

　　望阿乃(바라나) (≪궁정백수가≫)
　　多奈(하나) (≪광수공양가≫)

접속토들가운데서 많이 쓰인것으로는 또한 ≪等, 等隱, 等焉≫,
≪昆, 根≫, ≪米≫, ≪冬矣, 多衣≫도 들수 있다.

《等, 等隱, 等焉》은 현대조선어의 《든》에 해당한것인데 《等隱, 等焉》은 《等》의 말음을 의식하고 적은 보충표기이며 대부분 경우에는 《等》을 썼다.

慚肹伊賜等(붓그리샤든) (《헌화가》)
盡尸等隱(다올든) (《총결무진가》)
遺知支賜尸等焉(기티디실든) (《천수관음가》)

《昆, 根》은 《곤》의 표기로서 형태상으로는 《고》와 《는》의 합성으로 이루어진것이지만 그 뜻은 현대조선어의 《니》와 비슷하여 원인을 나타낸다.

寢矣見昆(자리 보곤) (《처용가》)
尋只見根(차지보곤) (《수희공덕가》)

《米》는 《매》에 해당하는 접속토의 표기이다.

知皆矣爲米(알긔ᄒ매) (《청불주생가》)
塵伊去米(드트리 가매) (《상수불학가》)

《매》는 현대조선어에서도 옛스러운 문체에 더러 쓰이는데 원인을 나타낸다. 고대로부터 씌였던 오랜 접속토라 할수 있다.
《冬矣, 多衣》는 《되》에 해당하는 접속토이다.

放冬矣(노ᄒ되) (《천수관음가》)
直體良焉多衣(고티란되) (《광수공양가》)

우에서 지적한 접속토들은 비교적 자주 쓰이는것들로서 단음절로 되여있다.

고대조선어에서 많이 쓰이지는 않았으나 ≪馬於隱≫, ≪如可≫, ≪呑尼≫ 같은 접속토도 씌였다.

吾下是如馬於隱(내해이다마른) (≪처용가≫)
遊行如可(노니다가) (≪처용가≫)
沙也內乎呑尼(몰여누호다니) (≪우적가≫)

≪마른≫은 중세어문헌에도 나오는데 현대조선어의 ≪마는≫과 같은 뜻이다. ≪다가≫는 현대조선어에도 쓰이고있으며 ≪다니≫의 ≪니≫는 현대조선어의 ≪니≫와 꼭같다.

고대조선어의 접속토들은 그 어음구성이 매우 단순하다. 즉 접속토의 첫소리는 ≪ㄱ, ㄴ, ㄷ, ㅁ≫으로 되여있고 단음절이 기본이며 두음절이상은 얼마 안된다.

≪ㄱ≫을 첫소리로 하는 접속토: ≪고, 곤≫
≪ㄴ≫을 첫소리로 하는 접속토: ≪니, 나≫
≪ㄷ≫을 첫소리로 하는 접속토: ≪돈, 디, 다가≫
≪ㅁ≫을 첫소리로 하는 접속토: ≪며, 매, 마른≫

(3) 규정형

고대조선어에서 규정형은 향찰에 나타난 ≪隱≫, ≪臥乎隱, 奴隱≫, ≪頓隱, 呑隱≫, ≪尸≫ 등 규정토에 의하여 형태가 표시되였다.

≪隱≫은 ≪ㄴ≫에 해당하는 규정토의 표기이다.

去隱春(간봄) (≪모죽지랑가≫)
早隱風未(이른 ㅂㄹ매) (≪제망매가≫)

≪臥乎隱, 奴隱≫은 ≪누온, 논≫의 표기로서 현대조선어의 ≪는/ㄴ≫에 해당한다.

落臥乎隱(디누온) (≪참회업장가≫)
去奴隱(가논) (≪제망매가≫)

이것은 행동의 지속을 나타내는것으로서 동사에만 사용되였는데 행동의 완료를 나타내는 ≪隱≫과는 구별되고있었다. 즉 당시에 이미 동사와 형용사는 태적의미도 가지고있었는데 완료태인 ≪ㄴ≫과 지속태인 ≪누온, 논≫이 규정형에서 구별되고있었다.

≪頓隱, 呑隱≫은 현대조선어의 ≪던≫에 해당하는 규정토의 표기이다.

仰頓隱面矣(울월던 ㄴ치) (≪궁정백수가≫)
只將來呑隱日(기려든 날) (≪우적가≫)

≪尸≫는 현대조선어의 ≪ㄹ≫에 해당하는 규정토이다.

宿尸夜音(잘 밤) (≪모죽지랑가≫)
慕理尸心未(그릴 ㅁㅅ미) (≪모죽지랑가≫)

≪던≫은 이미 완료된 행동의 회고를 나타내며 ≪ㄹ≫은 아직 진행되지 않은 행동을 나타낸다.

그리하여 고대조선어에서 규정형은 ≪ㄴ≫, ≪누온(논)≫, ≪던≫, ≪ㄹ≫의 체계가 세워져있었다고 할수 있다. 리찰에서 ≪在(견)≫과 그 존칭인 ≪乎(온)≫만을 규정토로 쓰고있는데 반해서 상당한 정도의 풍부함을 보여준다.

향찰자료에 의하면 용언이 규정어로 됨에 있어서 규정형을 취하지 않고 명사형을 취하는 경우가 있었다.

　　明期月良(불기 드래) (≪처용가≫)

　　≪明期≫는 규정어로 되였는데 규정토를 취한것이 아니라 ≪이≫를 붙여 명사형을 만들고있다. 즉 명사화함으로써 규정형을 대신하고있다. 이런 용법은 ≪귀밝이 술≫, ≪한말들이 자루≫ 등 현대조선어에서도 일부 흔적을 보인다.

　　이것은 속성적인 결합에서 체언우에 오는 말 즉 련체형은 체언이여야 한다는 조선말단어결합의 규칙을 보여주는것으로서 규정형의 본질을 밝히는데 하나의 실마리가 될수 있다. 규정형은 곧 련체형이니 그것은 곧 체언적인것이다. 즉 용언의 규정형은 규정적기능뿐만아니라 행동, 상태를 대상화하는 기능도 수행하는 명사적성격을 가지며 직접 격토를 취할수도 있었다. 례하면 ≪얼다(嫁, 娶)≫의 규정형 ≪얼은≫은 그대로 명사화되여 ≪어른≫이 되였으며 일련의 접속토들이 규정토와 격토와의 결합에서 생성된것은 이와 관련되여있는것이다.

　2) 비위치적형태
　(1) 시간범주
　　고대조선어의 시간범주는 시칭적의미와 함께 태의 의미도 나타낸다. 태는 일반적으로 지속태와 완료태로 나눌수 있다. 지속태는 시칭상 현재를 나타내며 완료태는 과거를 나타낸다. 행동의 추측이나 확신을 나타내는 태적의미는 미래를 나타낸다.

　　고대조선어에서는 규정형의 경우에 지속태는 ≪臥乎隱, 奴隱≫으로 나타냈으나 접속형이나 종결형에서 지속태는 ≪內, 內乎≫로 표시하였다.

去內尼叱古(가누넛고) (≪제망매가≫)
置內乎多(두누오다) (≪천수관음가≫)

중세어문헌에서는 지속태의 표시가 ≪ᄂ≫로 되여있는데 이것은 고대조선어의 ≪누≫, ≪누온(논)≫에서 온것이다.

고대조선어에서 완료태는 접속형과 종결형에서 ≪行≫으로 표시된다.

夜入伊遊行如可(밤드리 노니다가) (≪처용가≫)

여기서 ≪行≫은 완료태의 표시이다. 그것은 또한 리찰에서 ≪行≫이 그러한 완료태의 표시로 많이 리용되고있다는 사실에서도 인정된다.

出入爲行去等(출입ᄒ니거든) (≪대명률직해≫)

규정형에서 완료태의 의미를 나타내는 ≪ᄂ≫은 바로 이 ≪니≫에서 온것이다.

고대조선어에서 미래를 나타내는 태적의미는 접속형, 종결형에서 ≪理, 里≫로 표시되였다.

何如爲理古(엇디ᄒ리고) (≪처용가≫)
置乎理叱過(두오릿가) (≪수희공덕가≫)
里去賜里遣(가시리고) (≪원왕생가≫)

≪리≫는 아직 진행되지 않은 행동에 대한 추측 또는 의지를 나타내기때문에 시칭상 미래의 뜻을 가지게 되는데 규정형의 ≪ㄹ≫은 바로 이 ≪리≫에서 온것이다.

향찰에서는 ≪누, 누온(논)≫, ≪니, ㄴ≫, ≪리, ㄹ≫의 시제체계가 위치적형태에 정연하게 확립되여있었는데 이와는 다른 또 하나의 시간표시도 있었다.

二肹隱吾下於叱古(둘흔 내해엇고) (≪처용가≫)

여기서 ≪於叱≫은 시간상 과거의 표시로 되는데 이것은 당시 존재하였던 시제체계에서 벗어난것으로 된다. 그러나 사실상 ≪엇≫은 리찰에 자주 쓰이던 ≪有≫의 변종일따름이다.

受贈爲有如可(수증ᄒ잇다가) (≪대명률직해≫)

≪잇≫은 ≪이시다≫의 ≪이시≫에서 온것으로서 리찰에서 과거시간의 표시로 많이 씌였다. ≪엇≫은 이 ≪잇≫의 변화형으로서 그후에 과거시칭토 ≪앗, 엇≫에 이어진다.

(2) 존경범주

고대조선어에는 존경에 두가지 부류가 있었다. 그 하나는 주체존경으로서 행동이나 상태의 주체를 존경하는것이며 다른 하나는 객체존경으로서 이야기에 나오는 객체를 존경하는것이다. 현대조선어에는 주체존경만 문법적범주로 존재하며 객체존경은 잔재적현상으로만 남아있다. 례하면 ≪선생님이 오신다.≫의 경우에 ≪시≫는 주체존경토로 되지만 ≪선생님을 뵙고 왔다.≫의 경우 ≪뵙고≫는 객체를 존경하기때문에 ≪보고≫ 대신에 쓴것이라고 하여도 ≪ㅂ≫을 객체존경토로는 인정하지 않는다. 오히려 어휘적수단에 의한 객체존경으로 된다.

고대조선어에서 주체존경은 ≪賜≫로 표시되였다.

가) 月下伊底亦西方念丁去賜裏遣 (둘하 이데 셔방녀러 가시리
     고) (≪원왕생가≫)
나) 君隱父也臣隱愛賜尸母尸也 (군은 아비야 신은 드슨실 어시
     야) (≪안민가≫)

가) 행의 례에서 ≪둘≫이 주체인데 그것을 존경하여 그것이
가는 행동에 ≪賜(시)≫를 붙였으며 나) 행의 례는 행동의 주체가
≪군≫이기때문에 그가 사랑하는 행동에 ≪賜≫를 붙였다. 이 례
들에서 보는바와 같이 주체존경토는 종결형에도 규정형에도 붙을
수 있었다.

≪賜≫는 리두토 ≪教是(이시)≫, ≪教(이샨)≫에서 발달해
온것으로서 당시에 이미 ≪시≫로 된것을 표기한것으로 보인다.
≪賜≫의 본래음은 ≪시≫이다. 향가에서 ≪샤≫로 읽는것은 중
세조선어문헌의 표기에 따른것이다.

고대조선어에서 객체존칭은 ≪白≫으로 표시하였다.

가) 法界滿賜隱佛體九世盡良禮爲白齊 (법계 츠샨 부텨 구셰다아
     례호습져) (≪례경제불가≫)
나) 心未筆留慕呂白乎隱佛體前衣 (무슨미 부드루 그리슬본 부텨알
     픠) (≪례경제불가≫)

가) 행의 례는 ≪부텨(부처)≫를 존경하여 ≪법계 츠샨≫으로
하였는데 그 ≪부처≫에게 절을 하면서는 ≪례호습져≫라고 하였
다. 즉 부처는 절을 받는 대상으로서 존경을 나타내기 위하여 술
어에 ≪白(습)≫을 덧붙인것이다. 나) 행의 례 역시 그리워하는
대상이 부처이기때문에 객체존경토 ≪白≫을 붙였다. 이 례들에서
보는바와 같이 ≪白≫은 종결형에도, 규정형에도 붙을수 있었다.

≪白≫은 본래 ≪숣다(스뢰다, 아뢰다)≫라는 동사에서 온것으로서 그것이 문법적으로 추상화되면서 객체존경의 의미를 나타내게 되였다. 이것은 중세어에 와서 ≪습, 숩, 좁≫으로 분화되였으나 고대조선어단계에서는 아직 단일형태를 유지하고있었다.

제6절　고대조선어의 어휘

고대조선어의 어휘는 ≪삼국사기≫, ≪삼국유사≫ 및 옛 중국문헌에 있는 고유명사표기와 리두자료들에서 알아볼수 있다. 특히 ≪삼국사기≫나 ≪삼국유사≫에는 인명, 지명에 음독과 의독을 나란히 보여주었거나 혹은 신구지명을 대조시킨것들이 기록되고있어 그때 당시의 어휘연구에 많은 도움을 주고있다.

1. 조선어고유어휘

기본어휘는 어휘구성의 기초로서 언어의 기본적인 어휘수단으로 된다. 모든 개별적인 언어요소들이 자기의 발전력사를 가지는것처럼 기본어휘도 시간의 흐름에 따라 변화한 흔적을 남기게 된다. 그러나 그 변화라는것은 일련의 어음변화라든가 새로운 단어들에 의한 기본어휘의 보충과 풍부화라는 의미에서의 변화이다.

기본어휘는 일반적으로 고유어휘로 이루어지며 강한 견인성을 가진다. 현대조선어의 고유어 기본어휘는 이미 고대조선어시기부터 조선어어휘구성속에서 핵심적인 위치를 차지하고 널리 사용되던 어휘들이다.

각종 리두자료에 나타난 어휘현상에 대한 분석을 통하여 조선어고유어 기본어휘의 견인성을 다시 한번 확인하게 되는데 주로 다음과 같은 몇가지 면에서 살펴볼수 있다.

1) 고대조선어시기의 단어들은 그 이후시기와 공통되는것들
이 다수이다

이는 조선어고유어 기본어휘가 벌써 고대시기에 일찍 형성되
였으며 수천년 내려오면서 그의 견인성을 보유하고있음을 말해준다.

(1) 자연과 관련된 단어
① 고구려어휘

[고구려]	[15세기]	[현대조선어]
勿	믈	물(水)
波旦	바다ㅎ	바다(海)
加阿	ㄱ	가(邊)
波兮	바회	바위(峴)
巴衣	바위	바위(岩)
忽	골	골(洞), 고을(州, 邑, 縣)
比烈	별ㅎ	벼랑
古次	곶	꼬치, 꼬챙이(串)
沙伏	시붉, 새박	새벽
沙非斤	시붉, 새박	새벽

② 백제어휘

[백제]	[15세기]	[현대조선어]
珍惡	돌ㅎ	돌(石)
骨	골	골(洞), 고을(州, 邑, 縣)
夫里	벌	벌, 들(野)
所非	숩	숲

| 毛良 | ᄆᄅ | 마루, 등성이 |
| 所比 | 시베 | 새벽 |

③ 신라어휘

[신라]	[15세기]	[현대조선어]
谷	실	마을, 골(谷)
道	돌, 도랑	도랑
那	내ㅎ	내(川)
伐, 弗	벌	벌, 들(野)
陰達	음달	음달, 응달(背陰地)
波珍	바롤	바다(海)
闕	걸	개천, 도랑

(2) 동식물 및 광물과 관련된 단어
① 고구려어휘

[고구려]	[15세기]	[현대조선어]
鳥斯	돝	돼지
首	쇼	소
鳥斯	톳기	토끼
乃忽	납	연, 납
也尸	이리	이리
古衣	고해	황새(鵠)
加支	갓	갓(芥菜)
賣尸	마늘	마늘(蒜)

② 백제어휘

[백제]	[15세기]	[현대조선어]
功木, 固麻	곰	곰(熊)
夫首只	삐	씨, 씨앗

③ 신라어휘

[신라]	[15세기]	[현대조선어]
舒發, 舒弗	뿔	뿔(角)
異斯	잇기, 읫	이끼(苔)
蚊	모기, 모개	모기
朴	박	박, 바가지(瓢)
巨老	거유	거위(鵝)

(3) 사람 및 사회생활과 관련된 단어

① 고구려어휘

[고구려]	[15세기]	[현대조선어]
斤尸	글	글(文)
古斯	구슬	구슬(玉)
阿旦	아둘	아들
伊	입	어귀, 문호(門戶), 출입문
于尸	울ㅎ	울, 울타리
伊伐支	이웃	이웃
毛乙	몰, 모로	모루(鐵枕)
冬非	둘에, 두려비	둘레(圓)
也次	어싀	어버이, 어미
骨蘇	곳갈	고깔

② 백제어휘

[백제]	[15세기]	[현대조선어]
陰	엄	어금이
子兮	잣	성(城)

③ 신라어휘

[신라]	[15세기]	[현대조선어]
尼	니	이(齒)
阿莫	어미	어미(母), 어머니
柯半	ᄀ외	가비(방언)
尼叱今	닛금, 님금	임금
自	잣	성(城)
內	누, 뉘, 누리	누리, 세상
嘉俳	가외, 가비	가위, 한가위, 추석
麻立	말	말뚝
閼智	아지, 아기	아기(小兒)

(4) 용언류에 속하는 단어

① 고구려어휘

[고구려]	[15세기]	[현대조선어]
伐力	프르다	푸르다
加尸	갈다	갈다(犁)
沙熱伊	서늘히	서늘히
屈火	구블다	구블다(曲)
於斯	엇	엇((橫) (접두사)

② 백제어휘

[백제]	[15세기]	[현대조선어]
韓, 翰	한	큰, 많은
沙尸, 沙	새	새(新)
烏	외다	외(孤) (접두사)
勿居	묽다	맑다

③ 신라어휘

[신라]	[15세기]	[현대조선어]
密	밀다	밀다(推)
吉	길다	길다(永)
阿火	아올다	아우르다(兼, 并)
南	남다	남다(餘)
居柒	거츨다	거칠다
異次, 異處	잊다, 이처ᄒ다	가빠하다, 피곤해하다(厭)

고구려, 백제, 신라의 어휘들은 서로 같은것도 있고 서로 다른것도 있다. 례하면 고구려의 ≪忽次≫, ≪古次≫와 백제의 ≪古尸≫, 신라의 ≪嘉瑟≫, ≪加西≫ 등은 모두 ≪串≫, ≪岬≫과 관계되면서 현대어의 ≪꼬치, 꼬챙이≫에 대응하는 ≪곶≫을 가리키며 고구려의 ≪那≫와 백제의 ≪奈≫, 신라의 ≪那≫는 모두 ≪川≫과 관계되면서 ≪강, 내≫를 나타낸다. 또 고구려의 ≪沙伏≫, ≪沙非斤≫과 백제의 ≪所比≫, 신라의 ≪助比≫는 모두 ≪싀붉, 싀베≫를 나타낸다. 또 어떤 어휘는 두 나라에서만 같고 다른 한 나라와는 다른것도 있으며 세 나라가 서로 다른것들도 있다. 이와 같은 차이는 방언적차이로 볼수 있는바 례하면

≪수리≫와 ≪술≫, ≪나리≫와 ≪내≫, ≪구루≫ 또는 ≪구리≫
와 ≪골≫, ≪부리≫와 ≪불≫ 또는 ≪벌≫, ≪누리≫와 ≪뉘≫,
≪무리≫와 ≪물≫ 등 동일한 기원을 가진 어휘들이 서로 다른
변종을 가지고 사용되였다. 고구려에서는 ≪누리≫가 쓰이고 신
라의 경우에는 ≪누리≫와 ≪뉘≫가 다 쓰이였고 고구려와 백제
에서는 기본적으로 ≪부리≫가 쓰이고 신라에서는 ≪벌≫ 또는
≪불≫이 쓰이고있는것과 같은것이다.

또한 향찰에서는 현재도 쓰고있는 조선어고유어 기본어휘와
거의 같은 말들이 반영되여있다.

    夜音(밤) (≪모죽지랑가≫)   > 밤
    雲音(구름) (≪찬기파랑가≫)   > 구름
    菓音(여름) (≪법륜가≫)   > 열매
    憂音(시름) (≪모죽지랑가≫)   > 시름
    川理(나리) (≪찬기파랑가≫)   > 내
    栢史(자시) (≪찬기파랑가≫)   > 잣
    秋察(가술) (≪제망매가≫)   > 가을
    兒史(즁이) (≪모죽지랑가≫)   > 짓

2) 이 시기의 고유어에는 당시에는 기본어휘였으나 중세에
와서 자취를 감춘 어휘들이 나타난다.

    [없어진 단어]   [기록된 대응한자]
      夫斯   松
      達   山, 高
      內米   池
      奴, 內   壤

於乙	泉
濟次	孔
嶄	根
旦, 頓	谷

―이상 고구려어휘

已, 只	城
於羅瑕	王
鞬吉支	王

―이상 백제어휘

買	溟珍
突	高
仇刀	鳥
熱次	白

―이상 신라어휘

이상과 같이 고대시기에만 나타났다가 완전히 소실된 단어들은 그후시기의 말들과 련계가 잘되지 않아 오늘날 그 뜻을 리해하기 참 어렵다.

어떤 단어는 비록 현재로서는 리해하기 어렵지만 중세까지 씌였으므로 그 뜻을 파악할수 있다. 례하면 신라의 지명에 ≪新復縣本加尸兮縣≫이라 하여 ≪加尸兮≫라는 단어가 나오는데 ≪두시언해≫ 초간본에 ≪가시야 나히 져고듸(更少年)≫란 구절이 나오고있어 신라어 ≪加尸兮≫와 중세어 ≪가시야≫는 모두 현대어 ≪다시≫에 대응하는 단어들임을 알수 있다. 또 백제의 지명에

≪富理縣本百濟波夫里縣今福城縣≫이라 하여 나타난 ≪波夫里≫는 ≪석보상절≫ 서문에 나타나는 ≪鮮有는 풋비리 잇디 아니타 ᄒᆞ논 뜨디라≫는 구절과의 대응속에서 ≪흔히, 많이≫의 뜻임을 알수 있다.

3) 력사기록에 남아있는 수사들을 살펴보면 중세와 일치됨을 알수 있다.

수사는 기본어휘인바 수자개념의 출현은 일반적으로 문화가 상당히 발달한 이후의 일로 된다.

신라의 수사에서 ≪1(하나)≫는 ≪一等隱≫, ≪一等沙隱≫으로 나타난다.

　　一等隱枝良出古(≪제망매가≫)
　　一等沙隱賜以古只內乎叱等邪(≪천수관음가≫)

≪一等沙隱≫은 ≪一等隱沙≫의 잘못된 표기로 볼수 있는데 ≪一等隱≫, ≪一等隱沙≫는 모두 고대조선어에서 ≪하나≫의 의미를 나타내던 ≪ᄒᆞ든≫, ≪ᄒᆞ든사≫의 표기이며 이는 또 고려의 ≪河屯(一)≫과 통한다.

≪2(둘)≫은 문헌에서 다음과 같이 나타난다.

　　二肹隱吾下於叱古(≪처용가≫)
　　二尸掌音毛乎支內良(≪천수관음가≫)

이것은 ≪두흘≫, ≪두볼≫로 재구할수 있는데 역시 고려시기의 ≪途孛≫과 일맥상통한다.

≪천(千)≫에 대한 기록도 볼수 있다. ≪천수관음가≫에 다음과 같이 반영되여있다.

千手觀音叱前良中
千隱手叱千隱目肹

　보건대 이때에도 고유어수사 ≪千隱≫과 한자어수사 ≪千≫이 병용되였다. ≪千隱≫은 중세어의 ≪즈믄≫과 같으며 ≪千≫은 한자수사 ≪천≫과 같다.
　≪삼국사기≫ 권 35, 37에서 ≪番直≫과 ≪史直≫을 ≪三陟≫에 대응시켰는데 이는 고구려의 수사 ≪셋≫을 나타낸것으로 보인다.
　백제수사에는 ≪만(萬)≫을 가리키는 말로 ≪德萬≫, ≪豆乃≫와 ≪萬≫, ≪萬頃≫을 대응시킨것이 있다.

萬頃縣或作豆乃山縣或作那山縣今萬頃古名豆乃山縣也(≪삼국유사≫)
德萬一作萬(≪삼국유사≫)
萬頃縣本百濟豆乃山縣(≪삼국사기≫ 권 36)

　고대조선어수사는 이외에 고구려, 백제, 신라 삼국이 일치하지 않은것들이 있는데 특히 고구려에서 보면 더욱 그렇다. ≪密(밀)≫로서 ≪3≫을 가리키고 ≪於次(웃)≫으로서 ≪5≫를 가리키고 ≪難隱(난)≫으로 ≪7≫을 가리키고 ≪德≫으로 ≪10≫을 가리킨것 같은것들이다. 이와 같은것들은 고대 일본어의 ≪mi(3)≫, ≪itu(5)≫, ≪nana(7)≫, ≪töw(10)≫ 등과 통하는 점이 있거나 만주어 ≪nadan(7)≫과도 통하는 점이 있어 주목된다.
　4) 고대조선어의 어휘들은 고대종족들의 생활 및 기호에 따라 산생되였으며 이런 가운데서 그 어원을 밝혀놓은것들이 있다.
　신라어를 먼저 보면 다음과 같다.

[박씨성]

　　辰人謂瓠爲朴, 以初大卵如瓠, 故以樸为姓。(≪삼국사기≫ 권 1)
　　男以卵生, 卵如瓠, 鄕人以瓠爲朴, 故因姓朴。(≪삼국유사≫ 권 1)

[아기, 아지]

　　王夜聞金城西始林樹間, 有鷄鳴聲, 遲明遣瓠公視之, 有金色小櫝掛樹枝, 白鷄鳴於其下。瓠公還告。王使人取櫝開之。有小男兒在其中, 姿容奇偉。……后長聰明多智略, 乃名閼智, 以其出於金櫃, 姓金氏。(≪삼국사기≫ 권 1, 탈해왕 9년)

　　以閼智名之, 閼智卽鄕言小兒之稱也。……因金櫃而出, 乃姓金氏。……新羅金氏自閼智始。(≪삼국유사≫ 권 1)

[임금]

　　儒理尼師今立。……初南解薨, 儒理當立以大輔脫解素有德望, 推讓其位。脫解曰：“神器大寶非庸人所堪, 吾聞聖智人多齒。”試以餠噬之, 儒理齒理多, 乃與左右奉立之。號尼師今。古傳如此。金大問則雲：“尼師今方言也, 謂齒理。”(≪삼국사기≫ 권 1)

백제의 ≪서동≫에 대하여 ≪삼국유사≫ 권 2에는 다음과 같은 기록이 있다.

　　第三十代武王……小名薯童, 器量難測, 常掘薯蕷, 賣爲活業, 國人因以爲名。

고구려의 ≪주몽(朱蒙)≫은 부여에서 활을 잘 쏘는 사람을 일컫던 ≪주무≫에서 기원한것이다.

　　始祖東明聖王, 姓高氏, 諱朱蒙(一云鄒牟, 一云象解)……年甫

七歲, 嶷然異常, 自作弓矢射之, 百發百中, 夫餘俗語善射爲朱蒙,
故以名云。(≪삼국사기≫ 권 13)

≪주몽≫은 그후 중세어에서 ≪좀(활의 손잡이)≫이라는 말
에 그 흔적을 남기였다.

弸 좀 파(≪훈몽자회≫)
이 활이 좀이 므르니(≪로걸대언해≫)

어원해석은 이외에도 아주 많다. 이것들이 어느 정도 확인될수
있는지 알수 없지만 기타 문헌들이 남아있지 않는 정황하에서 우리가
고대조선어를 연구할수 있는 아주 보귀한 자료들임에는 틀림없다.

2. 불교문화와 조선어어휘

불교는 원래 고대인도에서 발생한 종교이다. 불교는 중국을
거쳐 조선반도에 전파되였다. 신라에는 고구려나 백제보다 늦게
5세기중엽에 전래되였으나 527년인 법흥왕때에 이르러 공인되였
다. 불교는 6세기경에 신라에서 국교로 발전하였다.

당시의 불교는 종교로서의 구실과 함께 서역과 중국의 문화
를 조선반도에 전달하는 기능도 하였다. 통일신라시기 불교는 전
성시대에 들어섰다고 할수 있는데 신라에 불교가 얼마나 깊이 침
투되여있는가 하는것은 ≪삼국유사≫의 기록이나 사찰유적들을
통해서 잘 알수 있다. 또 신라에서는 여러 왕들이 불교식이름을
가지기도 하였으며 귀족들가운데는 불교를 연구하는 사람들이 나
와 원효, 의상과 같은 사람들은 불교서적을 펴내기도 하였다. 신
라의 중들은 당나라로부터 불교를 끌여들이는 한편 혜초와 같은
중들은 불교연구를 위하여 인도에까지 려행하였다.

이러한 과정에 불교어들이 조선어어휘속에 침투하게 되였다. 그것이 중국을 통해 접수되였기에 불교어휘들은 한자어형식을 띠고 조선어어휘속에 들어왔다. 당시 구두어에서는 더 많이 성행했을것이나 문헌을 중심으로 ≪삼국유사≫에 있는 신라향가와 신라말기의 균여향가에 보이는 불교어휘들을 추려보면 다음과 같다.

1) 신라향가에서 보이는 불교어휘

천수관음(千手觀音) : 40개의 손이 있고 손마다 25종의 힘이 있으므로 결국 천개의 손이 되여 천가지 중생의 고민을 없앤다는 보살. 관세음보살.

자비(慈悲) : 중생들에게 복을 주어 괴로움을 없이하는 일.

미륵좌주(彌勒座主) : 미륵보살, 미륵.

건달파(乾達婆) : 음악을 맡은 귀신.

사십팔대원(四十八大願) : 아미타불이 중생을 구하기 위하여 말한 마흔여덟가지의 서원(誓願).

도(道) : 교의에 깊이 통하여 알게 되는 리치, 깊이 깨달은 경지.

원왕생(原往生) : 극락왕생, 죽어 극락정토에서 다시 태여남.

미타(彌陀) : 아미타불.

무량수불(無量壽佛) : 수명이 한없는 부처, 아미타불(부처이름)을 높이 일컫는 말.

생사로(生死路) : 죽살이길, 생로병사의 시작과 끝, 모든 생물이 업(業)의 결과로 개체를 이루었다가 해체되는 일.

서방(西方) : 서쪽, 서방극락의 준말.

2) 균여향가에 보이는 불교어휘

법계(法界) : 불교도의 사회 및 불법의 범위.

진진(塵塵) : 속세, 세상.

신어의업무피염(身語意業無疲厭) : 일생 선악을 닦아도 피로함이 없음을 일컫는 말.

불전등(佛前燈) : 부처앞의 등불.

수미(須彌)산: 불교 세계설에서 세계의 중심에 솟아있다는 큰 산.

법공(法供) : 불공, 부처앞에 공양하는 일.

보리(菩提) : 불생불멸의 진리를 깨우쳐 아는 일.

정계(淨戒) : 불교적인 계률.

참회(懺悔) : 부처앞에서 뉘우치여 죄를 자백하는것.

시방(十方) : 십방, 사방(四方)과 사우(四隅)와 상하(上下)를 통털어 이름.

중생(衆生) : 사람과 모든 동물.

연기(緣起) : 인연생기(因緣生起), 인연관계.

법우(法雨) : 불법이 중생을 교화하여 덕화를 입히는 일.

번뇌열(煩惱熱) : 마음이나 몸을 괴롭히는 망념(妄念).

각월(覺月) : 깨달음의 빛을 달에 비유한것.

난행고행(難行苦行) : 정신적수련을 쌓기 위하여 짐짓 고된 수행을 쌓음, 또는 그렇게 하는 수행.

대비(大悲) : 중생을 불쌍히 여기는 부처의 큰 자비의 마음.

변재(辯才) : 말재주.

남무불(南舞佛) : 나무아미타불, 《남무》는 《나무》로 변했으며 이는 부처의 이름앞에 붙이는 말임. 원래 범어로 손을 꽂고 머리를 두드린다는 뜻.

돈부(頓部) : 당장에 모든것을 깨닫는 길.

불도(佛道) : 부처의 가르침, 법도. 수행을 쌓아 부처가 되는 길.

각수(覺樹) : 보리수.

법성(法性) : 우주에 존재하는 모든 사물의 본성.

원해(願海) : 념원의 바다, 부처나 보살의 서원이 넓고 깊음을 비유함.

보현(普賢) : 보현보살, 비로자나불의 왼쪽에 있어 만행을 닦고 그 몸과 덕행을 널리 나타내보이는 보살.

3. 유교경전의 학습과 조선어어휘

고대종족들 및 삼국의 지리적조건과 력사적환경은 중국본토에서 발전한 한문화의 영향을 받게 하였다. 한자와 한문의 수입은 그러한 영향을 더욱 가속화하였다.

고구려의 17대왕인 소수림(小兽林)왕 2년(서기 372년)에는 태학이 세워져서 한문의 교수가 제도화되였고 백제와 신라에서도 잇달아 한문의 전수는 제도화되였다. ≪임신서기석≫에도 반영되다싶이 그때 당시 유교경전의 학습은 이미 상당히 보편화되였다.

통일신라시기 신라에서는 7세기후반기에 즉 신문왕 2년에 ≪국학≫을 세우고 귀족들의 자식을 받아들여 관리로 키웠는데 주로 유교경전을 가르쳤다. 그후 8세기말부터 ≪독서삼품제≫를 실시하여 관리를 등용하였다.

國學屬禮部, 神文王二年置。景德王改爲太學監, 惠恭王復古。……敎授之法, 以周易、尙書、毛詩、禮記、春秋左氏傳、文選分而爲之業, 博士若助敎一人或以禮記、周易、論語、孝經, 或以春秋左傳、毛詩、論語、孝經, 或以尙書、論語、孝經、文選, 敎授之。(≪삼국사기≫ 권 38, 잡지7직관)

유교경전을 학습한다는것은 한자와 한문을 떠날수 없었기에 태학, 국학에서의 유교경전의 전수와 함께 한자어휘가 조선어의 어휘속으로 부단히 들어오게 되였다.

신라의 경우만 보더라도 3과에 공통과목으로 ≪론어≫, ≪효경≫이 있었으며 그외에도 ≪례기≫, ≪좌전≫, ≪상서≫, ≪주역≫, ≪모시≫, ≪문선≫ 등이 있었다.

특히 신라에서는 정치적인 책략으로 중국 당나라와의 교류를 친밀히 함으로써 유교를 더욱 내세우게 되였으며 그 과정에 유교의 영향력이 강화되였다. 통일후 신라는 유교교리를 더 내세웠다. 언제 조선어속에 들어왔는지는 딱히 밝힐수 없지만 오늘날까지 쓰이고있는 한자어가 ≪효경≫, ≪문선≫, ≪좌전≫에 나타난 것을 일부 추려보면 다음과 같다.

화목(和睦)	신체(身體)	부모(父母)
백성(百姓)	비법(非法)	만천하(滿天下)
군자(君子)	만국(萬國)	환심(歡心)
처자(妻子)	화평(和平)	재해(災害)
성인(聖人)	천지(天地)	명당(明堂)
슬하(膝下)	천성(天性)	막대(莫大)
타인(他人)	연후(然後)	중심(中心)
귀신(鬼神)	자애(慈愛)	효자(孝子)
춘추(春秋)		

—이상 ≪효경≫

조석(朝夕)	오락(娛樂)	반복(反復)
풍속(風俗)	학교(學校)	시절(時節)
식물(植物)	동물(動物)	풍년(豊年)
경개(梗槪)	지세(地勢)	선명(鮮明)
령롱(玲瓏)	지남(指南)	물산(物産)

생명(生命)	폭포(瀑布)	유람(遊覽)
의상(衣裳)	천변만화(千變萬化)	애매(曖昧)
왕왕(往往)	세속(世俗)	태양(太陽)
빈궁(貧窮)	탄식(歎息)	평생(平生)
인적(人跡)	방금(方今)	맹수(猛獸)
비애(悲哀)	몽상(夢想)	언론(言論)
결구(結構)	관목(灌木)	산만(散漫)

—이상 ≪문선≫

즉위(卽位)	황천(黃泉)	수령(首領)
선린(善隣)	대의멸친(大義滅親)	동맹(同盟)
왕실(王室)	후사(後嗣)	오색(五色)
문물(文物)	성명(聲明)	국가(國家)
의사(義士)	세자(世子)	필부(匹夫)
설비(設備)	부인(婦人)	의복(衣服)
박멸(撲滅)	가무(歌舞)	교훈(敎訓)
부담(負擔)	총명(聰明)	정직(正直)

—이상 ≪좌전≫

　이러한 단어들은 문헌을 통해 서면으로 접수되였고 접수된후에는 당시의 서사도구였던 한자와 한문을 통하여 첨차 더욱 광범위하게 사용되였다.

　서면으로 들어온것과 달리 구두어적으로 들어온것으로 보이는 ≪붓(筆)≫, ≪먹(墨)≫ 등은 문헌으로는 알수 없지만 한자수입초기에 들어온것이라 할수 있다. 고대중국의 절강방언에서 ≪필(筆)≫을 반절로 ≪不律≫이라 하였는데 그 음은 [put]이 된다. 이로 미루어볼 때 조선어의 ≪붇>붓≫은 상고한어에서 차용한 것으로 인정된다. ≪墨≫은 중세조선어한자음은 [mǐk]으로 되지만 한어의 중고 및 상고음은 [mək← mə̌k]이다. 이로써 ≪먹≫은 상고한어시기에 조선어에 들어온 차용어로 볼수 있다.

4. 인명, 지명의 개정과 한자어계렬의 형성

본래 조선어어휘구성은 고유어휘 하나의 체계로 이루어져있었다. 고대조선어의 인명, 지명, 관직명 등은 모두 고유어휘로 되여있었으며 간혹 한자어휘가 쓰이고있었다고 해도 그것은 그 어떤 체계를 이루고 존재한것은 아니였다.

그러나 삼국통일후의 형편은 달라지고있었다. 원래 조선어에 있는 말들까지도 한자어에 의하여 대치됨으로 해서 고유어와 병존하는 한자어계렬이 형성되기 시작하였다.

한자어휘가 점차 늘어나고 그것이 하나의 계렬을 이루기 시작한 주요한 원인의 하나는 중국으로부터 전수된 유교와 불교 등의 침투이다.

≪삼국사기≫나 ≪삼국유사≫의 기록을 더듬어보면 ≪삼국시기≫의 단어들은 대체로 고유어였다. 인명, 지명, 관직명과 왕호 등에서 그것이 비록 한자로 기록되였더라도 어디까지나 한자에 의한 조선어의 표기였다.

향찰을 분석해보면, ≪삼국유사≫중의 향가의 경우 매편에 한두마디의 불교용 한자어어휘가 나오는외 그 대부분은 고유어로 되여있다. ≪헌화가≫를 살펴보면 다음과 같다.

[원 문]	[번역문]
紫布岩乎邊希	블근 바호 Z희
執音乎手母牛放教遣	자ᄇ온손 어미쇼 노ᄒ겨시고

吾肹不喩慚肹伊賜等　　　나홀 아닌디 붓그리샤든
花肹折叱可獻乎理音如　　곳홀 것거 받ㅈ호리미다

　보다싶이 비록 문자가 없는 시대에 한자를 빌어 향찰식으로 적어놓은것이지만 여기에는 한자어가 하나도 없다. 이 노래는 통일신라초인 성덕녀왕대인 702년부터 737년사이에 씌여진것이다. 그러나 신라말 917년부터 고려초 973년사이의 사람인 균여의 향가에서 보면 한자어가 펙 많아지고있음을 알수 있다. 균여향가중의 ≪례경제불가≫를 살펴보면 다음과 같다.

　　　　[원 문]　　　　　　　　[번역문]
心未筆留　　　　　　　　ᄆᅀ미 부두루
慕呂白乎隱佛體前衣　　　그리ᅀ본 부텨 알픠
拜內乎隱身萬隱　　　　　저ᄉᆞᆸ논 모ᄆᆞᆫ
法界毛叱所只至去良　　　法界못ᄃᆞ로기 니르거라
塵塵馬洛佛體叱刹亦　　　塵塵馬洛 부텻뎌리
刹刹每如邀里白乎隱　　　뎔뎔마다 뫼ᄋᆞᅀ본
法界滿賜隱佛體　　　　　法界ᄎᆞ샨 부텨
九歲盡良禮爲白齊　　　　九歲다아 禮ᄒᆞ숣져
嘆曰身語意業無疲厭　　　아야 身語意業無疲厭
此良夫作沙毛叱等耶　　　이리 브질 사맛다야

　이처럼 고유어의 순수성이 점차 지켜지다가 한자어에 의해서 깨여지기 시작함을 향가에서도 확연히 볼수 있다.
　6~9세기에 이루어진 신라향가와 신라말기 사람인 균여에 의해 기록된 균여의 향가에서 한자어가 쓰인 정황을 도표로 보이면 다음과 같다.

신라향가	한자어	한자어수
慕竹旨郞歌	郞	1
老人獻花歌		0
安民歌	君, 臣, 民, 太平	4
讚耆婆郞歌	耆郞, 郞	2
處容歌	東京	1
薯童歌	善化公主, 薯童, 房	3
千手觀音歌	千手觀音, 慈悲	2
風謠	功德	1
願往生歌	西方, 無量壽佛, 尊, 願往生, 大願	5
兜率歌	散花, 命, 彌勒座主	3
祭亡妹歌	彌陀刹, 道	2
彗星歌	乾達婆, 倭軍, 烽, 彗星	4
栢樹歌		0
遇賊歌	破戒主, 滿陵, 尙宅	3
합 계	총 31 단어	

균여향가	한자어	한자어수
禮敬諸佛歌	法界, 塵塵, 九世, 身語意業無疲厭	4
如來歌	南無佛, 無盡辯才, 一念, 塵塵, 虛物, 功德, 身, 德, 一毛, 王	10
供養歌	佛前燈, 燈炷, 須彌, 燈油, 大海, 法界, 法供, 佛佛, 供ㅎ다, 最勝供	10
懺悔歌	顚倒, 菩提, 法界, 三業, 淨戒主, 頓部, 懺悔, 十方, 衆生界盡我懺盡, 來際, 造物	11
功德歌	迷悟同體, 緣起, 理, 衆生, 頓部, 善, 嫉妬	7
法輪歌	法界, 佛會, 法雨, 無明土, 煩惱熱, 善芽, 衆生, 菩提, 覺月	9
請佛住世歌	化緣, 佛影, 應ㅎ다	3
常隨佛學歌	難行, 苦行, 願, 頓部, 命, 佛道	6
衆生歌	覺樹王, 大悲, 法界, 敬, 同生同死, 衆生, 安ㅎ다, 念念相續無間斷	8
回向歌	善, 頓部, 衆生, 懺ㅎ다, 業, 法性, 寶, 宅, 禮ㅎ다	9
總結歌	生界, 願, 衆生, 願海, 善, 普賢行願, 普賢	7
합 계	총 84 단어	

유교와 불교가 접수됨과 더불어 조선의 문화는 중국문화와 더 잦은 접촉을 하게 되였으며 그에 따라 한자어도 더 시급히 성행하게 되였다. 7세기말 신라가 삼국을 통일한후 이와 같은 경향은 더 뚜렷하다. 삼국통일후 근 백년이 되여오던 시기에 신라는 삼국의 지명을 통일할 필요를 느꼈는바 이는 그의 중앙집권에 필요한 조치였다. 당나라의 힘을 빌어 자기의 령토확장을 시도했던 신라는 사대의존정책을 실시하였다. 행정구역의 개혁, 군사조직의 개편, 토지제도의 재편성, 유학과 한문학의 발달은 신라언어에도 영향을 주어 민족 문화나 언어의 순수성을 잃고 한문화와 한자어를 그대로 인입하게 하였다.

경덕왕 16년(서기 757년)의 전국 9주와 그아래 군, 현에 대한 지명개정과 759년의 문무관직명의 개정은 조선어 고유어휘와 한자어휘가 두 계렬로 형성되기 시작한 일대 시초로 되였다.

우선 지명에서 보면 9개 주의 이름을 고칠 때 두자 이름을 한자 이름으로 바꾸어놓았다.

沙伐州 → 尙州	歃良州 → 良州
漢山郡 → 漢州	首若州 → 朔州
熊川州 → 熊州	河西良 → 溟州
完山州 → 全州	武珍州 → 武州

보다싶이 두자로 된 리두식표기를 한개의 한자로 표기함으로써 ≪곰내≫란 지명은 ≪웅≫과 같이 되였다.

군, 현의 이름을 대부분 두자명으로 고침으로써 원래의 고유어(의독어)를 한자어(음독어)로 대치시킬수 있는 조건을 마련해주었다.

[지 명]	[본 명]	[조선어]
泗水縣	史勿縣	믈
固城郡	古自郡	잣
淸川縣	薩買縣	민
比屋縣	阿火屋, 幷屋	아블＞아올(다)
云峰縣	母山縣, 阿莫城	어미
餘善縣	南內縣	남(다)
密城縣	推火郡	밀(다)
臨關郡	毛火, 蚊伐郡	모기

─이상 신라명

赤城縣	沙伏忽	골
水城縣	買忽郡	민골
車城縣	車忽郡	골
黑壤郡	今勿奴郡	검을
沙川縣	內乙買縣	나리매
橫川縣	於斯買	엇매
松山縣	夫斯達縣	부시달
松峴縣	夫斯波衣縣	바위
松岳縣	扶蘇岬	붓
文峴縣	斤尸波兮	글
豬迂穴縣	烏斯岬	돝
兎山郡	烏斯含達縣	톳기
海曲縣	波旦縣	바다ㅎ
海利縣	波利縣	바롤
子春縣	阿旦縣	아들

鐵圓郡	毛乙冬非	몰, 두려비
母城郡	也於忍	어시

—이상 고구려명

富里縣	波夫里郡	풋비리
翰山縣	大山縣	한
石山縣	突惡山縣	돌
孤山縣	烏山縣	외
陰峰縣	牙述縣	엄수리

—이상 백제명

왕호에서도 신라의 지증(智証)왕 4년(서기 503년)에는 국호를 ≪신라≫로 정하고 처음으로 ≪王≫의 칭호를 사용하였다. 따라서 ≪진흥왕(眞兴王)≫, ≪법흥왕(法兴王)≫과 같은 한자식왕호가 ≪居西幹≫, ≪尼師今≫, ≪麻立幹≫ 등의 고유어이름을 대체하였다.

論曰：新羅王稱居西幹者一, 次次雄者一, 尼師今者十六, 麻立幹者四。羅末名儒崔致遠作帝王年代曆, 皆稱某王, 不言居西幹等, 豈以其言鄙野不足稱也。……四年冬十月, 群臣上言 "始祖創業以來國名未定或稱斯羅或稱斯盧或言新羅。臣等以爲新者德業一新, 羅者網羅四方之義, 則其爲國號宜矣。又觀自古有國家者皆稱帝稱王, 自我始祖立國, 至今二十二世, 但稱方言, 未正尊號。今群臣一意, 謹上號新羅國王。" 王從之。

지증왕시기를 지나 경덕왕시기에 이르러 본격적으로 형성되기 시작한 한자어는 조선어의 어휘체계속으로 부단히 파고들어 결국 중세에 이르러 고유어와 병행하는 하나의 체계를 확립하게 되였다.

제4장
중고조선어

제1절 력사개황 및 자료

1. 력사개황

중고조선어는 대체적으로 10세기(935년)부터 14세기(1391년)까지의 약 460년에 걸쳐 쓰인 우리 말을 말한다. 시기적으로 고려시기에 속하여 주로 고려어를 가리킨다.

통일신라말기에 이르러 궁예의 태봉국이 세워지고 또 후백제가 세워지면서 신라는 또다시 세개 나라로 분할되였다. 왕건은 918년에 태봉국을 뒤엎고 고려를 세웠다. 그는 935년에 신라를 멸망시키고 936년에는 후백제를 통합하였다. 이리하여 10세기중엽 고려에 의하여 조선반도가 새롭게 통일되였다.

중고조선어는 다음과 같이 몇가지 특징을 가지며 그 전시기와 후시기의 언어와 구분된다.

첫째, 고려는 개성을 수도로 하였다. 따라서 경주를 중심으로 한 령동방언이 고대조선어의 중심이였다면 중고조선어는 개성을 중심으로 한 중부방언을 중심으로 한다. 언어의 중심이 경주에서 개성쪽으로 이동했다는것은 언어사적으로 큰 의미를 가진다. 개성지역은 원래 삼국시대 고구려 령토의 남단에 위치했었다. 고려왕조의 건립과 함께 고대조선어가 고구려어권에 속해있던 개성으로 중심을 옮김으로써 중고조선어의 시대가 도래했다고 할수 있다.

물론 조선어의 전체적인 모습은 고대조선어의 단계에서 이미 확립되였다고 할수 있으나 언어의 중심이 개성지역으로 이동하면서 중부방언의 특성을 수용하여 언어체계에 새로운 변화가 일어나기 시작했다고 할수 있다.

둘째, 중고조선어에는 통구스족인 녀진족의 언어가 들어있는가 하면 몽고의 침략으로 인하여 많은 몽고어가 류입되였다. 그리고 고려시대에는 과거제도가 확립되고 교육기관이 설립됨에 따라 한문학이 보급되여 한자어의 침투가 많아졌다.

셋째, 서사표기면에서 중고조선어는 대체적으로 한자표기시대에 속하지만 이 시기 한자사용의 보편화로 향찰이 위축되고 리두가 체계화되였다.

문법사적인 관점에서는 자료의 부족으로 문법체계를 찾아보기 어려우나 고대시기와 크게 다르지 않았던것으로 본다.

2. 자료

중고조선어의 실상을 전하는 자료는 고대조선어의 경우와 마찬가지로 매우 희소하다. 적은대로 대표적인 중고조선어연구자료를 몇가지 들면 다음과 같다.

1) ≪향약구급방≫

≪향약구급방≫은 조선의 오랜 의약서중의 하나로서 1236년

경에 ≪대장경≫을 찍은 대장도감에서 처음 간행하였다. 현재 그
초간본은 전하지 않고 1417년에 경상도 의흥(义兴)에서 간행한
중간본만이 전한다. 중간본은 그 이전의 표기경향을 잘 간직하고
있어 표기상 13세기중엽 초간본과 대차 없는것으로 보고있다.

이 책에는 약재로 쓰인 180여종의 식물, 동물, 광물 등에 관
한 요약설명이 실려있으며 여기에 리두식표기로 된 당시의 이름이
소개되여있다. 례하면 ≪鷄冠鄕名鷄矣碧叱≫, ≪白合根犬伊那里根≫
등과 같이 약재이름을 기록하고있는데 ≪鷄≫는 ≪둙≫, ≪犬伊≫는
≪가이(개)≫, ≪根≫은 ≪불휘(뿌리)≫의 훈차이고 ≪矣≫는
≪의≫, ≪碧叱≫은 ≪볏≫, ≪那里≫는 ≪나리≫의 음차로서 각기
≪둙의볏≫과 ≪개나리불휘≫를 표기한것이다.

리두로 표기된 이와 같은 약재이름은 상, 중, 하 3권(1책)에
흩어져있으나 특히 부록에 해당하는 ≪방중향약목초부(方中鄕藥
目草部)≫에 가장 많이 실려있다. ≪향약구급방≫의 표기법은 고
대의 전통적인 리두식표기를 그대로 사용함으로써 음독, 의독,
합성법 등을 적당히 배합하여 쓰고있다.

≪향약구급방≫은 고려어를 연구하는데서 없어서는 안될 귀
중한 자료이다. 우선 고려어어휘 특히 13세기의 동식물명을 풍부
하게 반영하고있어 당시의 어휘상태를 리해하는데 큰 도움을 주
며 다음 이 어휘자료에 대한 분석을 통하여 당시의 음운체계와
관련한 중요한 사실들도 밝힐수 있다. 또한 이 책은 오랜 전통을
가지는 리두표기법의 본질을 더듬어나갈수 있게 하는 귀중한 표
기자료로서 리두식표기의 연구에도 좋은 자료가 된다.

2) ≪대명률직해≫

≪대명률직해≫는 명나라에서 편찬한 법전인 ≪대명률≫을

1395년에 리찰로 번역하여 출판한 책이다. 출판은 조선조에 이루어졌으나 고려시대 리찰의 집대성으로 중고조선어시기 문법현상의 흔적을 찾아볼수 있는 귀중한 자료이다.

3) ≪계림류사≫

≪계림류사≫는 1103년경 서장관(书狀官)의 신분으로 사신을 따라 고려에 왔던 송나라사람 손목(孫穆)이 편찬한 책이다. 원래는 ≪토풍(土風)≫, ≪조제(朝制)≫, ≪방언(方言)≫ 등 3부작으로 되여있었는데 그 원본은 전하지 않고 지금 전하는것은 고려의 언어를 수록한 ≪방언≫편뿐이며 명나라시기의 ≪설부(說郛)≫ (1647년)와 청나라시기의 ≪고금도서집성(古今圖書集成)≫(1725년) 등에 실려 전한다.

≪계림류사≫에는 ≪天曰漢捺≫식으로 약 360여개의 고려어 어휘가 수록되여있다. 이 책에 소개되여있는 고려어어휘는 천체, 기상, 지리, 동식물, 인체의 중요부분 그리고 친족칭호, 의복, 음식 등에 관한 명사와 일상적으로 사용되는 약간의 동사와 형용사를 기본으로 하고있으며 그밖에 단어결합, 문장형식의 구(句)도 있다. ≪계림류사≫를 통하여 우리는 12세기초 고려어의 어휘구성상태를 재구할수 있다.

≪계림류사≫에서는 중국의 전통적 가차(假借)와 반절(反切) 등 표기방법으로 고려어어휘를 기록하였기에 리두식표기법과는 다르다. 즉 ≪계림류사≫는 조선한자음이 아닌 중국음 더 정확히는 송나라때의 북방한자음으로 고려어의 어휘를 음사했으므로 리두와는 본질적인 구별이 있다. 그럼에도 ≪土曰進≫, ≪豆曰太≫, ≪升曰刀≫ 등과 같이 일부 리두어나 리두자가 반영되여있어 편찬시 고려사람의 도움을 받았을 가능성을 보이고있다.

≪계림류사≫의 자료를 통하여 당시의 어음현상을 분석할수 있다. 조선한자음이 아닌 중국음으로 표기되여있기에 음운연구자료로서는 신중성을 요구하지만 다양한 페음절의 표기를 통하여 이 시기에 존재하였던 종성의 류형에 대하여 알수 있으며 거센소리와 겹모음의 체계가 이미 확립된 사실에 대해서도 알수 있다.

이뿐만아니라 이 자료들을 통하여 그 당시 조선한자음과 중국의 북방한자음의 관계에 대해서도 연구할수 있다.

≪계림류사≫는 비록 중국사람에 의하여 씌여진 중국측 자료로서 한자표기법이 리두식표기법과 다르기는 하지만 중고조선어의 연구에서 귀중한 사료로 되고있다.

4) ≪조선관역어≫

≪조선관역어(朝鮮館譯語)≫는 명나라초기 중국에서 편찬한 ≪화이역어(華夷譯語)≫속에 포함되여있는 13관역어가운데의 하나이다. ≪화이역어≫는 중국어와 주변 외국어의 대역어휘집의 총칭으로서 가장 오랜것으로는 1389년에 간행한 몽고어관련의것이고 가장 늦은것으로는 1748년에 편찬된것이 있다. ≪조선관역어≫는 대체로 14세기말, 15세기초에 편찬된것으로 추정한다.

이 책에는 천문, 지리, 시령, 화목, 조수 등 19개 분야별로 근 600개의 올림말에 고려어어휘가 대역되여있다. 각 올림말은 모두 3단으로 되여있는데 먼저 중국어어휘를 들고 다음 그에 대응되는 고려어어휘를 표기했으며 마지막으로 해당 단어의 음을 한자로 적고있다. 례:

[중국어어휘]	[고려어어휘]	[한자어발음]
黃雲	奴論故論	謊穩

小風	哲根把論	杓捧
熱	得卜大	耶
果熟	刮世你格大	刮暑
天	哈嫩二	忝

보다싶이 ≪조선관역어≫의 표기법 역시 전통적으로 써오던 리두식표기와 다르다. 한자어의 발음은 물론 고려어휘를 읽을 때도 조선음이 아닌 14세기말의 중국 북방음으로 읽어야 한다.

≪조선관역어≫에서 보이는 조선어관련자료는 ≪계림류사≫의 경우와 마찬가지로 중국인에 의한 우리 말의 음사라는 점에서 인용시에 신중성을 기하기는 하지만 중고조선어의 음운체계나 어휘를 연구하는데 귀중한 자료로 된다.

또한 ≪조선관역어≫와 ≪계림류사≫의 비교연구를 통하여 중국한자음체계의 변화과정에 대하여 알수 있으며 동시에 근 3백년간에 걸쳐 중고조선어에서 일어난 일련의 어음변화현상과 어휘구성상의 변화에 대해서도 추정할수 있다.

중고조선어의 연구자료는 이밖에 몇가지 더 지적할수 있다.

≪악학궤범≫과 ≪악장가사≫에 실려있는 일련의 고려가요들은 입으로 전해오다가 15세기후반기에 와서 훈민정음으로 기록되였다. 따라서 고려어의 연구자료로 인용할 때 각별한 주의가 필요하지만 일부 고려어의 흔적을 보여주고있기때문에 전혀 무시할수는 없다.

≪고려사≫도 고려어연구에 참고할수 있다. ≪고려사≫는 1451년에 김종서, 정린지 등이 책임지고 편찬한 고려의 력사를 정사체로 서술한 력사책이다. 이 책은 한문으로 쓰이기는 했으나 일부 고려어어휘에 대한 주석이 수록되여있으며 ≪지리지≫에는 리두식표기로 된 우리 말 지명이 반영되여있고 ≪렬전≫에는 리

두식표기로 된 인명도 나타나고있다. 그리고 이 시기에 쓰인 몽고어차용어도 소개되여있다. 그러므로 ≪고려사≫는 중고조선어연구에 일정한 도움을 줄수 있다.

제2절 중고조선어의 음운체계

1. 자음체계

중고조선어는 시간적으로 근 5세기동안 유지되여왔지만 언어사적으로는 고대조선어에서 중세조선어에로 넘어가는 일종의 과도기적역할을 수행했다고 할수 있다. 즉 중세조선어의 음운체계의 기본적인 골격이 중고조선어의 단계를 통해서 이미 형성되였던것으로 볼수 있는것이다.

중고조선어 자음체계의 특징을 몇가지로 나누어 설명하면 다음과 같다.

1) 이 시기 거센소리가 하나의 계렬로 확립되였다.

고대조선어의 후반기에 발생하였던 거센소리는 중고시기에 이르러 완전한 계렬을 이루게 되였다. 최초에 어중에서만 존재하였던 거센소리는 점차 어두위치에서까지 나타나게 됨으로써 순한소리와 대립관계를 이루는 음운으로 확립되였다.

자음체계에서 순한소리와 거센소리의 대립은 일시에 이루어진것이 아니라 음에 따라 약간 다르게 나타난다. 현행조선한자음을 볼 때 중국한자음의 차청음은 대체로 거센소리로 나타나는것이 일반적인 경향이다. 그러나 이 경향은 음에 따라 서로 다르게 나타나 설음과 치음의 차청은 ≪ㅌ≫, ≪ㅊ≫으로 나타나는 경우가 많지만 순음의 차청은 반드시 ≪ㅍ≫으로 되는것이 아니며 아음의 차청은 ≪ㅋ≫으로 되는것이 거의 없다. 이와 같은 사실은 거센소리의 발달은 모든 음에서 동시에 전면적으로 진행된것이 아니고 설음과 치음, 순음에서 먼저 발달하여 ≪ㅌ≫, ≪ㅊ≫, ≪ㅍ≫ 등이 나타나고 아음계렬에서의 ≪ㅋ≫은 가장 늦게 발달하였음을 말한다. 거센소리계렬에서 ≪ㅋ≫이 가장 나중에 발달하였다는 이 점은 한자음에 있어서 중국의 ≪견모(见母)≫자와 ≪계모(溪母)≫자 대부분이 조선한자음에서 ≪ㄱ≫초성한자음으로 반영되고 ≪ㅋ≫초성한자음은 ≪쾌≫ 한 음절밖에 존재하지 않는 사실에서도 인정된다.

고대조선어후반기에 거센소리들이 발생하게 된것은 ≪ㅎ≫의 발음변화와 관련된다. 앞에서 이미 언급하였다싶이 고대조선어의 연구개마찰음 [x]가 조음점을 뒤로 이동하여 [h]로 변화하기 시작한 시기는 고대말기이다. 중고시기에 이르러 성문마찰음 [h]의 변화가 완성되였다. 이리하여 원시조선어단계에서 본래 한계통의 음이였던 [k]와 [h]의 완전한 분화가 이루어졌다. 중고조선어시기 문헌자료에 ≪ㅎ≫([h])이 쓰인 례를 보이면 다음과 같다.

> 天曰漢捺(하놀) (≪계림류사≫)
> 天曰哈嫩二(하놀) (≪조선관역어≫)

그 어떤 거센소리를 막론하고 그의 발생은 모두 ≪ㅎ≫과 관련되는데 순한소리가 ≪ㅎ≫과의 결합적변화에 의해서 거센소리로 되는것이다. 페음절이 출현하면서 그 페음절과 ≪ㅎ≫의 련속이 생기자 ≪귿+ㅎ>ᄀ트, 귿+히>ᄀ티≫ 등과 같은 거센소리로의 결합변화가 일어나게 되며 모음탈락에 의해서 ≪ㅎ≫이 그뒤의 순한소리와 련속하게 되면서 ≪됴ㅎ+고>됴코≫ 등과 같은 거센소리화가 일어나게 된다. 이밖에 ≪자히>차히, 비편>피편≫ 과 같은 역행격리동화의 경우도 있고 ≪갈ㅎ>칼≫과 같은 력사 적어음변화과정으로 되는 경우도 있다.

고대조선어후반기에 시작된 거센소리의 등장은 주로 어중에서 자음들의 결합적조건을 거쳐 이루어진것인만큼 어중위치에 한 정되였었다. 그런데 중고시기에 이르러서는 거센소리들이 어중위 치에서뿐만아니라 어두위치에서까지 자리잡게 되였다.

가) 深曰及欣(기픈) (≪계림류사≫)
　　剪草俗雲驟耳草(라귀풀) (≪향약구급방≫)
　　賣 迫剌(프라) (≪조선관역어≫)
나) 雷曰天動(텬동) (≪계림류사≫)
　　乘馬曰轄打(타다) (≪계림류사≫)
　　兎 吐吉(톳기) (≪조선관역어≫)
다) 旦曰阿慘(아춤) (≪계림류사≫)
　　扇曰孛采(부치) (≪계림류사≫)
　　涼風 燦把論(춘ㅂ롬) (≪조선관역어≫)
라) 大曰黑根(큰) (≪계림류사≫)
　　伯父 揩阿必(큰아비) (≪조선관역어≫)

2) 중고시기에 이르러 고대조선어시기에 확인되지 않던 유 성음 ≪△≫, ≪ㅸ≫의 존재가 확인된다.

≪△≫는 ≪ㅅ≫에 대응하는 유성음인데 ≪계림류사≫에서 보이는 례를 중세문헌의 표기와 대응해서 살펴보면 다음과 같다.

가) 弟曰丫兒(≪계림류사≫)

　　　弟 아ᅀ데(≪훈몽자회≫ 상, 32장)
　　나) 四十曰麻刃(≪계림류사≫)
　　　마ᅀᆞᆫ 사ᄉᆞ미 등과(≪룡비어천가≫ 88장)

　　볼수 있는바 ≪丫兒≫와 ≪麻刃≫은 각기 중세조선어의 ≪아ᅀ≫와 ≪마ᅀᆞᆫ≫에 해당한다. ≪훈민정음≫의 초성체계에서 보이는 ≪△≫는 중국음운학의 ≪일모(日母)≫에 해당하는데 ≪兒≫와 ≪刃≫은 모두 일모에 속하는 글자들이다. 이러한 대응관계는 ≪계림류사≫에서 보이는 ≪丫兒≫와 ≪麻刃≫이 분명히 ≪아ᅀ≫, ≪마ᅀᆞᆫ≫의 표기임을 말해준다.

　　≪향약구급방≫의 ≪薺藶俗云豆音矣薺又云豆衣乃耳≫와 같은 자료도 ≪△≫의 존재를 확인시킨다. ≪구급간이방≫에 ≪두루믜 나ᅀᅵ 薺藶≫가 보인다. 따라서 여기서 ≪豆音矣≫와 ≪豆衣≫는 ≪두루믜≫의 표기이며 ≪薺≫는 의역에 의하여, ≪乃耳≫는 음역에 의하여 현대어의 ≪냉이≫에 해당하는 ≪나ᅀᅵ≫를 표기한것임을 알수 있다. ≪薺≫의 의미가 ≪나ᅀᅵ≫로 됨은 ≪훈몽자회≫에서 보이는 ≪薺 나ᅀᅵ졔≫라고 한데서 확인할수 있다. 음역으로 표기된 ≪乃耳≫에서 ≪乃≫가 ≪나≫의 음역인것은 리두식표기의 오랜 전통인데 이러고보면 ≪耳≫는 ≪일모≫자로 ≪ᅀᅵ≫의 음역임이 명백하다.

　　≪△≫는 유성적인 환경이라는 제한된 조건에서 사용되였다. 그러나 일단 자립적인 음운으로 등장한 다음에는 어두위치에서 일정한 제한을 받았을뿐 어중의 경우 초성이나 종성에 크게 제한받지 않았다. 그리하여 ≪△≫는 조선한자음체계에 반영될수 있었으며 ≪일모≫자의 한자음조성에 널리 쓰일수 있었다.

　　≪ㅸ≫는 ≪△≫와 달리 중고시기의 문헌자료에 드러나게 표

기된것은 없다. 문헌자료에 직접적으로 발견되지 못한 사정은
≪ᄫ≫의 표기법상의 제약성과 관련된다.

≪ᄫ≫는 ≪훈민정음≫에서 순경음으로 규정되여있다. 따라
서 중세에 이것은 중국한자음의 성모 ≪f≫의 표기로 많이 사용되
였다. 그러나 실제적인 음가로 볼 때 ≪ᄫ≫는 순치음인 성모
≪f≫와는 달리 량순마찰음 [β]였다. 따라서 중국사람의 귀에는
중고시기의 ≪ᄫ≫가 오히려 순중음 [p], [b]에 더 가깝게 들릴수
있었다. 이런 사정으로 하여 ≪계림류사≫에는 ≪ᄫ≫의 표기로 찍
어서 말할수 있는 용례가 나오지 않는다. 그러나 ≪ᄫ≫와 관련하
여 ≪계림류사≫의 다음과 같은 표기에 주목할 필요가 있다.

가) 二曰<u>途孛</u>
나) 酒曰<u>酥孛</u>
다) 袴曰<u>珂背</u>

≪孛≫과 ≪背≫는 ≪火曰孛≫, ≪布曰背≫와 같이 ≪블≫,
≪뵈≫를 표기하는데도 사용되였다. 그런데 중세조선어에서 ≪途
孛≫, ≪酥孛≫, ≪珂背≫ 등은 각기 ≪두울≫, ≪수울≫, ≪ᄀ
외≫에 대응된다.

가) <u>두울</u>제논 므리니(≪칠대만법≫ 2장)
나) 樓우희셔 <u>수울</u> 먹고(≪두시언해≫ 권 8, 28장)
다) 어미 나흔 <u>ᄀ외</u>오(≪금강경삼가해≫ 권 2, 61장)

그렇다면 결국 ≪블>울≫, ≪뵈>외≫의 변화가 있은것으로
되는데 어음의 변천사에서 볼 때 이러한 변화과정은 ≪ᄫ≫의 존
재를 간과하고는 해석이 어렵다. 따라서 ≪계림류사≫에서 보이

는 상술한 표기는 중국사람이 중고시기에 존재하였던 ≪병≫를 ≪ㅂ≫과 구별할수 없어서 같은 글자로써 표기한것으로 볼수 있다. 즉 ≪두울≫, ≪수울≫, ≪ㄱ외≫는 중고어에서 각기 ≪두볼≫, ≪수볼≫, ≪ㄱ뵈≫였으나 ≪볼≫, ≪뵈≫를 ≪블≫, ≪뵈≫와 구별하지 못하여 다같이 ≪李≫, ≪背≫로써 표기한것으로 볼수 있다.

다른 한편 ≪병≫는 조선한자음의 표기에 반영되지 못하였다. 따라서 조선한자음을 가지고도 ≪병≫를 나타낼 방도가 없었다. 그리하여 ≪향약구급방≫에서도 ≪병≫에 해당하는것을 ≪ㅂ≫으로 쓰지 않을수 없었다. ≪熨斗俗云多里甫里≫에서 ≪多里甫里≫는 ≪熨≫의 음독표기인데 ≪熨≫은 ≪훈몽자회≫에 ≪다리우리≫로 풀이되여있다. 중세어의 ≪다리우리≫가 중고시기에도 똑같이 ≪다리우리≫였다면 ≪多里甫里≫로 표기할 필요가 없게 된다. 그러므로 ≪甫≫를 사용한것은 그것의 초성이 ≪병≫였음을 나타낸것이라 할수 있다.

이렇듯이 이 시기에 ≪병≫가 존재하였으나 표기법상의 제약성 때문에 자료가 충분하지 못하여 직접적으로 확인되지 않았다.

≪병≫ 역시 ≪△≫와 류사한 결합조건 즉 모음과 모음사이, 유성음과 모음사이에서 사용되였다. ≪병≫는 어중에서 자기의 음운적기능을 수행하였을뿐 어두에 출현하는 일이 없었으며 어말에 나타나는 일도 없었다. 극히 제한된 조건에서만 나타나고 그 존속기간도 다른 자음들처럼 길지 않은것이 이 자음의 특징이다.

3) 중고조선어의 자음체계에서 또 하나의 특징으로 되는것은 비음계렬의 확립이다. 즉 ≪ㅇ≫이 ≪ㄴ, ㅁ≫과 함께 비음계렬의 음으로 자리잡았다.

≪ㅇ≫은 고대조선어후반기에 종성의 위치에서 등장되지만 그때는 아직 독립적인 음운으로 자리하지 못하였다.

≪ㅇ≫종성의 발생발전은 ≪ㄴ, ㅁ≫ 페음절의 발생 및 ≪ㄱ≫의 역행동화와 관련된다. 즉 종성 ≪ㄴ≫이나 ≪ㅁ≫이 ≪ㄱ≫과 련속하는 경우에 ≪ㄱ≫의 영향으로 ≪ㄴ≫, ≪ㅁ≫이 ≪ㅇ≫으로 바뀌게 되는것이다.

괴외호ᄆᆞᆫ 당당이 버믜 <u>굼긔</u> 니셧도다(≪두시언해≫ 권 7, 31장)
뎌 <u>코쑹긔</u> 터럭 쌔히고(≪박통사언해≫ 상, 40장)

≪굼긔≫가 ≪궁긔≫로 된 이 실례는 ≪ㅇ≫종성의 발생조건을 보여준다.

먼저 종성에서 발생하기 시작한 ≪ㅇ≫은 점차 종성으로서뿐만아니라 초성으로도 쓰일수 있게 되였다.

鯉 리어 리(≪훈몽자회≫ 상, 21장)
鱸 로어 로(≪훈몽자회≫ 상, 21장)

≪리어≫, ≪로어≫의 ≪어≫는 ≪魚≫의 음으로서 ≪ㅇ≫이 한자음의 초성에 반영된 실례로 된다.

그러나 ≪ㅇ≫은 어중의 초성에는 쓰일수 있었지만 어두에는 나타나지 않는 위치적제약성을 가지고있었다.

4) 중고조선어에는 된소리계렬음이 존재하지 않았다.

조선어의 된소리는 내파음에 련결되는 파렬음, 파찰음 등이 된소리화한데서 비롯된것이지만 표기상 중고조선어시기에 된소리가 존재했다는 흔적은 보이지 않는다. 따라서 중고조선어시기 자음체계에서 순한소리와 거센소리의 2계렬체계만 인정되고 순한소리-거센소리-된소리의 3계렬체계는 성립되지 않았다.

이상에서 서술된 내용을 토대로 하여 중고조선어시기의 자음체계를 표로 보이면 다음과 같다.

조음위치 조음방법	순음	치조음	경구개음	연구개음	후두음
파렬음	ㅂ[p] ㅍ[ph]	ㄷ[t] ㅌ[th]		ㄱ[k] ㅋ[kh]	
파찰음			ㅈ[ʦ] ㅊ[ʦh]		
마찰음		ㅅ[s]			ㅎ[h]
류음		ㄹ[ɾ]			
비음	ㅁ[m]	ㄴ[n]		ㅇ[ŋ]	

2. 모음체계

고대조선어의 경우와 마찬가지로 자료의 부족으로 인하여 중고조선어의 모음체계를 재구하는것은 매우 어렵다. 그래서 중고조선어 모음체계의 실상파악은 고대조선어의 모음체계와 중세조선어의 모음체계를 비교, 참조하여 그 변화양상과 추세를 살피는데 주력하게 된다. 또한 몽고어차용어의 모음이 조선어에 어떻게 반영되였는가를 고찰하는것도 중고조선어의 모음체계를 연구함에 큰 도움을 준다.

고대조선어후반기에 생기여 점차 자립적인 음운의 자격을 지닌 ≪·≫와 ≪—≫는 이미 확고한 자리를 차지하고있었으며 ≪ㅏ≫, ≪ㅓ≫, ≪ㅗ≫, ≪ㅜ≫와 함께 기본모음으로 되였다. 이처럼 중고조선어의 모음체계는 고대조선어와 같이 7모음체계였던것으로 보고있다. 그러나 고대조선어에서와 같이 전설, 후설의 2분법적 대립이 아니라 전설, 중설, 후설의 3분법적대립을 보여줌으로써 중세조선어의 모음체계와 비슷한 대립양상을 갖추었다.

다음 이 시기 고대조선어시기에는 확립되지 않았던 겹모음계

렬이 확인된다. ≪ㅑ≫, ≪ㅕ≫, ≪ㅛ≫, ≪ㅠ≫ 등의 겹모음은
고대조선어후반기에 일부 등장되기도 하지만 중고시기에 와서는
확고한 자리를 차지하고 널리 쓰이게 된다. ≪계림류사≫의 자료
에 의하면 ≪ㅐ, ㅔ, ㅚ, ㅟ, ·ㅣ, ㅢ≫ 등과 ≪ㅘ, ㅝ≫ 등 겹모
음이 이 시기에 존재하였다.

이처럼 중고조선어시기에 홑모음으로 7모음이 있었고 겹모음
을 구성하는 반모음으로 ≪ㅣ≫와 ≪ㅜ≫가 있었다.

혀의 앞뒤 위치와 높낮이를 기준으로 중고조선어의 7모음체
계를 표로 보이면 아래와 같다. 이가운데 ≪ㅜ≫와 ≪ㅗ≫는 원
순모음이다.

혀의 위치 혀의 높이	전설모음	중설모음	후설모음
고모음	ㅣ	ㅜ	ㅗ
중모음	ㅓ	ㅡ	·
저모음		ㅏ	

3. 페음절의 류형

중고조선어에는 고대조선어에 이미 존재하였던 ≪ㄴ, ㅁ,
ㄹ, ㅅ≫ 페음절외에 ≪ㄱ, ㄷ, ㅂ≫, ≪ㅈ, ㅊ, △≫, ≪ㅇ≫ 등
의 페음절이 존재하였던것으로 보인다.

≪ㄱ, ㄷ, ㅂ≫ 페음절의 발생은 고대조선어후반기에 이미
진행되기 시작했다. ≪계림류사≫의 자료에 의하면 중고시기 조
선어어휘에 ≪ㄱ, ㄷ, ㅂ≫ 페음절이 나타났음을 알수 있다. 그
러나 ≪ㄴ, ㅁ, ㄹ≫ 페음절에 비하여 그 수가 훨씬 적은바 이는
≪ㄱ, ㄷ, ㅂ≫ 페음절이 ≪ㄴ, ㅁ, ㄹ≫ 페음절보다 뒤늦게 형
성되였다는 사정과 관련된다.

　　중고시기 조선어의 어음현상에서 중요한것은 종성위치에서
자음들의 대립이 유지되고있었다는 점이다. 이것은 종성자음의
내파화가 아직 일어나지 않았던 사정과 관련된다.
　　≪향약구급방≫의 자료에 의하면 ≪ㅅ≫종성과 ≪ㅈ≫종성은
확연히 구별되여 쓰인다. 즉 ≪ㅅ≫종성은 ≪叱≫로, ≪ㅈ≫종성
은 ≪次≫로 표기한것이다.

　　가) 臙脂俗云<u>你叱花</u>(넛곶)
　　　　鷄冠俗云<u>鷄矣碧叱</u>(돌기볏)
　　나) 薺苨俗云<u>獐矣皮</u>又云<u>獐矣加次</u>(놀이갖)
　　　　吉梗俗云<u>刀羅次</u>(도랒)

　　가)와 같은 ≪叱≫의 ≪ㅅ≫종성표기는 리두식표기에서부터 흔
히 나타나던 현상이다. 나)의 ≪次≫는 향찰자료에서 나타나지 않
는 종성표기자이다. ≪놀이갖≫에서의 ≪갖≫은 ≪가죽≫을 뜻하는
것으로서 ≪훈민정음≫ 종성해에서는 ≪갗≫으로 나타난다. 다음
≪도라지≫의 의미인 ≪도랒≫은 중세문헌에서 ≪도랒≫으로 나온다.
　　≪ㅊ≫종성은 ≪계림류사≫에서 ≪皮曰<u>渴翅</u>(갗)≫, ≪面曰<u>捺
翅</u>(낯)≫과 같이 ≪翅≫로 표기된다.
　　≪향약구급방≫에서 보다싶이 ≪ㅈ≫과 ≪ㅊ≫이 종성에서
구별되지 않고 모두 ≪次≫로 표기되고 그것은 중세에 ≪ㅅ≫종
성으로 되고말지만 ≪ㅅ≫종성과는 엄격히 구별되여 사용된다.
이와 같은 사실은 중고시기 ≪ㅅ≫종성이 내파화되지 않고 구별
되여 발음되였음을 말한다.
　　마찰음종성이 내파화되지 않는 조건에서 ≪ㅿ≫종성의 존재
도 상정할수 있는 문제이다. ≪훈민정음≫ 해례에서 ≪엿의 갗≫

에 대해서 지적한것은 ≪△≫종성의 존재가능성을 인정한것으로
되는데 실제로 중세조선어문헌에는 ≪웃브리≫, ≪웃비≫ 등과
같은 용례들이 나타난다.

≪계림류사≫에서 ≪△≫종성은 ≪子≫로 표기하였다. ≪剪
刀曰割子蓋≫에서 ≪割子蓋≫는 ≪가위≫의 고형인 ≪ᄀᆞᆲ개≫의
표기로 인정된다. ≪ᄀᆞᆲ개≫에서 ≪ㄱ≫의 탈락으로 중세문헌에
≪ᄀᆞᆲ애, ᄀᆞ새≫로 나타난다. ≪ᄀᆞ새≫는 후세에 와서 ≪가위≫로
되였는데 일부 방언에서는 ≪가새≫ 또는 ≪가시개≫로 나타난다.
≪가시개≫는 ≪ᄀᆞᆲ개≫와 관련이 있는것으로서 주목을 끈다.

≪계림류사≫에서는 ≪子≫로 ≪△≫종성을 표기한외에 ≪ㅈ≫
종성을 표기하기도 하였다. 그것은 청각인상의 류사성때문에 그렇
게 된것으로 보이며 이것으로 ≪△≫종성의 존재가 더욱 확증된다.

≪계림류사≫의 자료는 파찰음들인 ≪ㅈ, ㅊ≫ 페음절과 마찰
음들인 ≪ㅅ, △≫ 페음절이 이 시기에 존재하였음을 확인해준다.

이상의 자료를 종합할 때 중고어에서 마찰음종성의 내파화가
진행되지 않아 12세기까지만 하여도 ≪ㅅ, ㅈ, ㅊ, △≫ 등이 종
성위치에서 음운적인 대립을 유지하였었는데 13세기에 와서 ≪ㅈ≫
과 ≪ㅊ≫의 대립이 중화됨으로써 ≪ㅅ, ㅈ, △≫ 등만 종성에서
구별되였다고 할수 있다.

그리고 중고시기 ≪ㆁ≫이 자립적인 음운으로 자리잡았던만
큼 ≪ㄱ, ㄷ, ㅂ≫에 대응하는 비음계렬의 페음절로서 ≪ㆁ, ㄴ,
ㅁ≫계렬이 확립되였다.

그리하여 12세기 중고조선어의 페음절류형으로는 ≪ㄱ, ㄷ, ㅂ≫,
≪ㆁ, ㄴ, ㅁ≫과 ≪ㄹ≫, ≪ㅅ, ㅈ, △≫ 등이 존재하게 되였다.

제3절 중고조선어의 문법형태

중고조선어의 문법연구는 자료의 부족으로 어려움이 많다. 이 시기의 자료인 ≪향약구급방≫, ≪계림류사≫, ≪조선관역어≫ 등은 일종의 어휘집들이여서 문법체계를 알기 어렵다. ≪계림류사≫에서 나타난 일부 용례들에서 다음과 같은 문법현상을 찾아볼수 있다.

[종결토]
　-가라: 坐曰阿則<u>家囉</u>
　-라: 凡呼取物皆曰都<u>囉</u>
　-쇼서: 借物皆曰皮離<u>受勢</u>

[접속토]
　-어: 凡洗濯皆曰時<u>蛇</u>

[규정토]
　-ㄴ: 面美曰捺翅<u>朝勳</u>
　　　白米曰<u>漢菩薩</u>
　　　冷水曰時<u>根沒</u>

[호격토]
　-아: 父呼其子曰丫<u>加</u>

볼수 있는바 이상의 문법사항은 중세조선어와 큰 차이가 없었다.

고려시대 리두의 집대성인 ≪대명률직해≫(1395년)에서 중고조선어의 문법체계를 찾아볼수 있는데 정리하면 다음과 같다.

문법형태의 류형	≪대명률직해≫	중세조선어
격 토	亦, 是 矣 良中 以 乙 果 亦中	-이 -읫/의 -아히 -로 -을 -과 -여히
도움토	段, 叱段 良, 乙良 置 隱 分, 叱分 如 沙 式 耳亦	-ᄯᆫ -란 -도 -ᄂ/은 -ᄲᆫ -다이 -ᄭ -곰, -식 -ᄯ녀
바꿈토	是	이-
맺음토	齊	-뎌, -져
규정토	乎 在	-온 -견
이음토	旀 遣 乎矣	-며 -고 -오ᄃᆡ
시간토	去 在 乎 臥 有 行 敎	-거- -겨- -오- -노- -잇-, -이시- -니- -샨-, -샤-
존경토	白	-ᄉᆞᆸ-

제4절 중고조선어의 어휘

1. 문헌에 나타난 고유어의 실태

고려시기의 어휘들에서는 전시기와의 계승성이 보이며 또 그 후시기와의 련속성도 보인다.

鉛城本乃勿忽(≪삼국사기≫)
鉛俗云那勿(≪향약구급방≫)

여기서 보면 옛 고구려지명에 있던 ≪乃勿≫이나 고려말기의 ≪那勿≫이나 다 ≪연≫을 가리키는것으로서 큰 변화없이 계승되였음을 볼수 있다. 리조시기엔 ≪납≫(≪한청문감≫)으로 변하여 갔다.

≪삼국사기≫에 또한 ≪於支呑一云翼谷≫이라는 기록이 나오는데 여기서 ≪呑≫은 ≪마을≫을 뜻하는 말이다. ≪조선관역어≫에서도 역시 ≪村≫을 ≪呑≫이라 한다고 하였는데 이 어휘가 현재 비록 없어졌다고는 하지만 당시엔 천여년간 씌여졌음을 알수 있다.

≪고려사≫에 또한 ≪高伊者方言猫也≫, ≪阿只方言小兒之稱≫ 등과 같은 기록들이 나오는데 여기서 ≪高伊≫는 중세조선어의 ≪괴[koi]≫(고양이)에 대등하며 현재의 방언어휘와도 비슷하다. ≪阿只≫는 고대의 ≪閼智≫와 같으며 현대의 ≪아기, 아지≫와도 같다.

이렇게 고려어는 웃시대와 아래시기를 이어주는 어휘들을 많이 남겼는데 문헌상에 나타난 고유어휘들을 찾아보면 다음과 같다.

첫째, 삼국시기에 쓰이던 어휘들이 그대로 계속 쓰이고있다.

[한어]	[≪삼국사기≫] [≪삼국유사≫]	[≪계림류사≫]	[≪조선관역어≫]	[15세기말]
水	勿	沒	悶二	믈
文	斤乙	乞	根	글
玉	古斯	區戌	(主)	구슬
靴	洗	盛	火甚	신
鐵	素	歲	遂	쇠
石	突惡	突	朵二	돌ㅎ
猪	鳥斯	突	朵	돝
牛	首	燒	杓	쇼
齒	尼	你	你	니
母	阿莫	丫秘	額密	어미
子	阿旦	丫妲	阿得二	아들
大	韓,翰	漢,黑根	揹	한,큰
口	伊	邑	以	입

[한어]	[≪삼국사기≫] [≪삼국유사≫]	[≪조선관역어≫]	[15세기말]
邊	加阿	格自	ᄀᆞᆺ
海	波旦,波利	把剌	바다ㅎ,바를
岩	巴兮,巴衣	必賴	바회,바위
城	自,子兮	雜思	잣
梁(渠)	道	得要	돌(도랑)
熊	功木,公,固麻	果門	곰
鵝	巨老	格以	거유
兎	鳥斯	吐吉	톳기
推	密	悶勒	밀~
永	吉	吉大	길다
新	沙屍,首,沙	賽	새

黑	今勿	格悶	검을
綠	伐力	噴	프르다
龍	滅烏	米立	미르

　둘째, 고려시기문헌에는 ≪삼국사기≫나 ≪삼국유사≫에 수록
된 고대시기의 어휘보다 더욱 많은 수량의 고유어가 나타나고있다.
이들을 통하여 고려시기의 기본어휘들도 의연히 고유어로 일관되였
다는것을 보아낼수 있다. 그중의 일부를 례들면 다음과 같다.

[한어]	[≪계림류사≫]	[≪조선관역어≫]	[15세기]
天	漢捺	哈嫩二	하늘
月	姐	得二	둘
云	屈林	故論	구룸
雪	嫩	嫩	눈
霜	率	色立	서리
井	烏沒	五悶	우믈
面	捺翅	報思	ᄂᆞ치
耳	愧	貴	귀
舌	蝎	解	혀
身	門	磨	몸
腹	擺	拜	비
手	遜	算	손
早	阿慘	阿怎	아츰
今日	烏捺	我嫩	오늘
前日	記載		그제
後日	母魯		모레
夫	子丫秘	阿必	아비
男	沙喃	報自	ᄉᆞ나히

弟	丫兒	阿自	아ᅀ
祖	漢丫秘		한아비
叔伯母	丫子彌		아ᄌ미
絹	及	吉	깁
布	背	播	뵈
醬	密沮	自蓋	며주
鹽	蘇甘	所昏	소곰
米	菩薩	色二	뿔
匙	戌	速二	술
箸	折	哲	져
被	泥不	你卜二	니블
魚肉	姑吉	果吉	고기
花	骨	果思	곶
木	南記,南木	那莫	남기,나모
鷄	達	得二	둘,ᄃᆰ
犬	家稀	改	가히
馬	末	墨二	물

이상의 단어들은 중국사람에 의해서 기록된것들이다. 그러나 ≪향약구급방≫은 약재의 이름에 대하여 조선적인 한자차용표기법을 사용하여 표기하였다. 즉 리두식 음독법 혹은 의독법으로 조선말어휘를 표기하였다. 아래에 몇개 례를 보이면 다음과 같다.

蒼耳	刀古休伊(돗고마리)
鷄冠	鷄矣碧叱(둘기볏)
薺苨	獐矣皮(놀이갓)
柴胡	山叱水乃立(묏믈나리)

≪향약구급방≫보다 200여년후(1433년)에 나온 의약서 ≪향약집성방(鄕藥集成方)≫ 및 ≪향약집성방≫보다 좀 일찍 나온 ≪향약채취월령(鄕藥採取月令)≫과 대조하면 비록 표기글자의 차이와 의독음독간에 차이가 있기는 하지만 어디까지나 고유조선어어휘를 충실히 반영하였음을 볼수 있다.

[한 어]	[≪향약구급방≫]	[≪향약채취월령≫]	[≪향약집성방≫]
桔梗	道羅次	都乙羅叱	都乙羅叱
苦蔘	板麻	板麻	板麻
荒蔚子	目非也次	目非也只	目非也叱
百合	犬乃里花	犬伊日	介伊日伊

이상과 같이 고려시기에 고유어휘를 기본으로 어휘구성이 더 폭넓게 발달하였다.

셋째, 문헌자료들에 수사가 기본상 다 나타나고있는데 오늘날과 아주 비슷하다.

[한 어]	[≪계림류사≫]	[≪조선관역어≫]	[≪15세기≫]
一	河屯	哈那	ᄒ나ᅙ
二	途孛	覩卜二	두을
三	洒	色一	세ᅙ
四	迺(乃)	餒一	네ᅙ
五	打戌	打色	다슷
六	逸戌	耶沁	여슷, 여슷
七	一急	你谷	닐굽, 닐곱
八	逸答	耶得二	여듧, 여듧
九	鴉好	阿戶	아홉

十	噎	耶二	열ㅎ
二十	戌沒	色問二	스믈
三十	實漢		셜흔
四十	麻雨		마슨
五十	舜		쉰
六十	逸舜		여슌
七十	短		닐흔
八十	逸頓		여든
九十	鴉順		아흔
百	醞	里嫩	온
千	千	義詣	즈믄, 천
萬	萬	義萬	만

넷째, 용언적단어들에서도 그 후시기와 상사한것들이 대부분이며 형태변화도 다양하였다.

[한 어]	[≪계림류사≫]	[≪조선관역어≫]	[15세기]
下	恥~	底格大	디다
美	朝勳	朵根	됴흔
洗	時蛇	世色	싯어
黃	那論	努論	누른
白	漢	害	힌
讀	鋪~	播你	보니
寢	作之	雜嫩	자(다), 자는
興	你之	你戞, 你格剌	닐(다)
坐	阿則家羅	阿格剌	앉가라
來	烏羅	臥那剌	오라, 오나라

老	乃斤	勒根	늙은, 늙은
有	移實	以思大	이실, 이시다
小	胡根	哲根	효근, 져근
少	亞根	哲大	앚다, 젹다
多	覺合及	(哈大)	ᄀ득기
高	那奔	那大	높은, 높다
低	捺則~	赧戞大	ᄂ죽~, ᄂ갑다
深	及欣	吉大	깊은
淺	眼紙	呆戞大	얕다
熟	你格大	泥根	닉다, 닉은

다섯째, 고려시기에 벌써 접미사에 의한 단어조성법이 활발히 쓰이고있었다.

弼陀里(비둘+이) : 鴿
子丫秘(지압+이) : 夫
胡林(울+음) : 哭
屈林(굴+음) : 云
孛纜(블+ᄋ) : 風
沒審(므스+ㅁ) : 問此何
柯馬鬼(가막+이) : 鴉
哭利弓兒(그럭+이) : 眼
鳥子蓋(돗+개) : 斧

여섯째, ≪대명률직해≫에 사용된 리두표기에서 리조시기것이 아니고 고려시기의것임을 추측할수 있는 단어나 토를 볼수 있다.

≪伊(이)≫, ≪爲古(ᄒ고)≫, ≪乙奴(을로)≫, ≪厓(애)≫, ≪乎代(호듸)≫따위는 리조시기의것이나 ≪亦(이)≫, ≪爲遺(ᄒ

고)≫, ≪以(로)≫, ≪亦中(여희)≫, ≪爲乎矣(하오딕)≫와 같은 것은 고려시대에 형성된것으로 보인다. 이외에 다음과 같은 단어나 토들도 있다.

[리두어]	[현대어]
茂火(지북너)	더부러
不冬(안돌)	아니함
使内(브리)	시키는, 부리는
在(견)	ㄴ, 인
中(희)	에
是齊(이제)	이다
敎矣(이스되)	이시되
不喩(아닌디)	아니
仍于(지즈로)	인하여
新反(새로이, 새려)	새로
貌如(가르여, 가로혀)	대로(불완전명사)
導良(드듸여)	드디여

일곱째, 고려시대에만 쓰인 어휘들이 있다. 이러한것중 일부는 리조초기까지 쓰이다가 그후 소실되고말았다. 례를 들어 ≪醞(온)≫, ≪胡根(효근)≫ 등은 ≪백(百)≫, ≪작은(小)≫의 뜻으로 리조초기까지 쓰이다가 없어지고말았다. 그러나 ≪계림류사≫에서 발견되는 아래의 단어들은 고려시기이후엔 쓰인것이 발견되지 않는다.

明日曰轄載	谷曰丁蓋
雄曰體試	鳩曰于雄

婦曰了寸　　　　魚曰水脫
盜曰婆兒　　　　兄曰長官
女子曰漢吟　　　嫂曰長官漢吟

　　이상에서 우리는 고려시기 즉 중고조선어시기의 고유어휘들을 고찰하였다. 이 시기의 어휘들중 대부분이 오늘날까지 계승되고있으며 특히 기본어휘들은 더욱 그러하다. 하지만 기본어휘가운데 일부 외형에 음운적변화가 일어난 어휘들이 있다. 례하면 ≪南記(木)≫, ≪酥孛(酒)≫, ≪途孛(二)≫, ≪珂背(袴)≫, ≪寶姐(女兒)≫, ≪漢菩薩(白米)≫ 등은 중세에 ≪남기≫, ≪수울≫, ≪두을≫, ≪ᄀ외≫, ≪ᄯᆞᆯ≫, ≪힌ᄡᆞᆯ≫로 씌였다가 현재는 ≪나무≫, ≪술≫, ≪둘≫, ≪고의≫, ≪딸≫, ≪햅쌀≫의 형태로 고착되였다. 이런것들은 비록 기본어휘에 속하는 단어들이였지만 음절축약, 복자음의 된소리화 등 단어내부의 변화를 입었던것이다. 그러나 바로 이 점이 또한 조선어음운변천의 중요한 자료로 되고있는것이다.

　　중고조선어시기의 어휘는 조선어어휘체계의 형성 및 변화를 연구함에 있어서 아주 귀중한것으로 되고있다. 례하면 ≪계림류사≫에 ≪孫曰丫寸丫姐≫이라고 한 기록이 있다. 즉 손자를 ≪丫寸丫姐≫이라 불렀다는 뜻인데 리조시기의 문헌에 이와 관련된 기록으로 다음과 같은 말을 볼수 있다.

　　姪 아ᄎᆞ나돌 딜(同姓俗乎姪)
　　甥 아ᄎᆞ나돌 싱(又婿曰甥 又女之子曰甥)

—이상 ≪훈몽자회≫ 상, 31

아우와 아춘아돌왜 비록 이시나(**弟姪雖存**) (≪두시언해≫ 十一, 13)
종자는 아춘아돌이라(≪소학언해≫ 五, 22)

≪아춘아돌≫은 ≪아춘≫과 ≪아돌≫의 합성어이다. ≪아츤≫
는 ≪아즈≫와 같은 말로서 버금가는것을 가리켰다.

2. 과거제도의 시행과 한자어의 계속적증가

고려왕조는 불교와 유교를 그 통치에 리용하였다. 고려태조 왕
건은 부처가 왕실과 나라를 보호해준다고 하면서 불교를 내세울것
을 유언으로 남기기까지 하였다. 또한 중들의 신분적지위를 높여주
었으며 이름있는 중들을 왕사, 국사로 뽑아 국왕의 고문으로까지
삼았다. 불교가 국교로 되다싶이 한 결과 불교는 백성들의 생활속
에 깊이 침투되였고 불교어휘는 한자어형식으로 대량 류입되였다.

고려 광종 9년(958년)에 당나라를 모방하여 과거제도를 실시
하였다. 과거시험의 기본과목은 유교경전들이였다. 이에 앞서
930년에는 서경에 학교를 세우고 유교교육을 진행하기 시작했다.
성종때인 992년에는 개경에 국자감(国子監)을 세우고 지방에도
각 군현을 단위로 학교들을 꾸리고는 유교교육을 강화하였다. 국
자감의 학습내용은 한문과 유교경전이 위주로 되였다.

유교가 퍼짐에 따라 사학(私學)까지 나와 유교를 가르쳤다.
11세기에 개경에는 12개의 사학이 있었는데 그중 가장 유명한것
이 최충(崔冲)의 사학이였다.

이처럼 중앙과 지방, 국자감과 사학 등에서 유교를 내용으로 한
문위주의 교학이 진행되고 전국적으로 유교사상이 퍼짐에 따라 유교
는 사상으로서뿐만아니라 한문으로 고구려의 언어생활속에 침투하게
되였다. 하여 한자어휘는 고려시기에 와서 계속 증가되였다.

이 시기의 한자어들은 대체로 다음과 같은 세가지 부류로 나
뉜다.

1) 조선식한자어
《계림류사》에서 일부 례를 보이면 다음과 같다.

虹曰陸橋	神曰神通
雷曰天動	上曰頂
下曰底	商曰行身
遊子曰浮良人	吏曰主事
卓子曰食床	

이가운데서 어떤 단어들은 이후시기 조선어에서 계속 사용되
여 많은 새로운 단어 혹은 단어결합들을 이루었다. 례하면 다음
과 같다.

천동 > 천둥(天動)
　　천둥소리, 천둥지기, 천둥바라기, 천둥벌거숭이, 천동대신,
　　천동설
정(頂)
　　정수리, 정바기
부랑인(浮良人)
　　부랑자
주사(主事)
　　김주사, 박주사

2) 한어식한자어
역시 《계림류사》에서 일부 례를 보이면 다음과 같다.

<table>
<tr><td>千曰千</td><td>春夏秋冬同</td></tr>
<tr><td>萬曰萬</td><td>海曰海</td></tr>
<tr><td>溪曰溪</td><td>泉曰泉</td></tr>
<tr><td>田曰田</td><td>東西南北同</td></tr>
<tr><td>江曰江</td><td>羊曰羊</td></tr>
<tr><td>鶴曰鶴</td><td>人曰人</td></tr>
<tr><td>鹿曰鹿</td><td>蛇曰蛇</td></tr>
<tr><td>靑曰靑</td><td>黑曰黑</td></tr>
<tr><td>車曰車</td><td>帽子曰帽子</td></tr>
<tr><td>瓶曰瓶</td><td>旗曰旗</td></tr>
<tr><td>死曰死</td><td>茶曰茶</td></tr>
<tr><td>生曰生</td><td>兵曰兵</td></tr>
</table>

이러한 한자어들가운데 어떤것들은 고유어가 있음에도 불구하고 사용하였다. 례하면 《千》, 《溪》, 《泉》, 《江》, 《車》 등은 《즈믄》, 《내ㅎ》, 《심》, 《ᄀᆞ름》, 《술위》 등 고유어가 있음에도 한어식한자어가 그대로 사용되였다. 이처럼 한자어와 고유어가 병존하여 사용된 결과 조선어어휘체계내에 불필요한 동의어를 산생시키고 고유어휘와 한자어계렬에서 한자어계렬의 어휘가 증가되고 상승하는 현상을 초래하였다.

3) 한어차용어

이 시기 또한 한어어휘를 한어음 그대로 받아들여 사용한 어휘들이 있다. 이와 같은 단어들은 중국어 음과 뜻을 그대로 받아들인 한어차용어로서 그 수량은 많지 않다.

일부 단어들을 보이면 다음과 같다.

동: ≪계림류사≫에 ≪銅曰銅≫이라고 했는데 이는 한어중고
음을 그대로 음차한것이다.

銅 d'→ t'(성모)
　　ŋ→uŋ(운모)
퉁부플 티면 十二億사른미 몯고(≪석보상절≫ 六, 28)
퉁쇼(洞簫) (≪동문류해≫ 상, 53)
퉁노고자리(野隨) (≪동문류해≫ 하,16)

구슬: ≪조선관역어≫에 ≪珠≫를 ≪主≫로 읽는다 하였다.
이는 음 그대로 받아들인것임을 말해준다. 당시 차용했으나 단독
어로서 운명이 길지 못하여 후에 쓰이지 않게 된것 같다. ≪쥬
렴(珠簾)≫과 같은 단어안에만 남아있게 되였다.
바지, 바치: ≪계림류사≫에 다음과 같이 씌여있다.

工匠曰把指
農曰宰把指

이 단어는 리조시기에도 의연히 그대로 씌였다.

優 노롯바치 우(≪훈몽자회≫)
伶 노롯바치 령(동상)
玉工 옥바치(≪번역소학≫)
성녕바지와 흥정바지왜라(≪릉엄경언해≫)

≪동문류해≫(18세기)에 이르러 만주어 ≪faksi(匠人)≫를
≪-쟝이≫로 대역시킨것이 나온다.

泥水匠(미쟝이) : 니쉬박시
縧匠(씌쟝이) : 후리박시

≪匠人≫에 대하여 다음과 같은 기록이 있다.

갈 잘 밍글 쟝쉰이(快打刀子的匠人) (≪박통사언해≫ 초간본)
匠　쟝쉰 쟝(≪훈몽자회≫)
쟝인 위ᄒᆞᆫ 말(待招) (≪역어류해≫)
그림 잘 그리는 쟝인이(畵匠) (≪박통사언해≫ 중간본)

　　이상의것들에서 우리는 고려시기엔 ≪바치, 바지≫를 썼고
이 단어가 리조시기에도 쓰이다가 ≪匠人≫의 음역으로부터 온
≪쟝이 > 쟁이≫에 자리를 넘겨주었음을 알수 있다. ≪바치≫는 만
주어에서 ≪박시≫라 하며 몽고어에서도 [pakɕi] (박시)라 한다.
이것은 한어의 ≪博士≫를 차용한것이다. 한어에서는 다시 몽고
어 [pakɕi]를 차용하여 ≪把式≫라 하여 모종 기능이 있는 사람을
가리킨다. 조선어의 ≪바치≫의 최종어원은 한어에 있다.
　　고려시기에 한자어휘가 계속 증가되였다는것은 다음과 같은
데서도 알수 있다. ≪계림류사≫에서는 10%가 한자어라면 ≪화이
역어≫는 30%가 한자어이다. ≪화이역어≫에는 ≪書狀, 通事, 質
正, 金, 珊瑚, 水晶, 文書≫ 등 ≪계림류사≫에 소개되지 않았던
것도 있거니와 ≪계림류사≫에서 ≪金≫을 ≪那論歲(노른쇠)≫,
≪珠≫를 ≪區戌(구슬)≫로 고유어로 썼던것까지 ≪根≫, ≪主≫
로 써놓았다.

3. 몽고의 조선침략과 몽고어차용어

13세기초 봉건령주의 한사람이였던 테무진이 칭키스칸의 자

리를 차지하게 되면서 몽고는 비로소 하나의 통일된 면모를 갖추게 되였다. 몽고군은 아시아와 구라파의 많은 나라들에 대하여 침략을 발동하였다. 몽고침략자들은 13세기초로부터 조선반도에 대한 침략을 감행하다가 1231년부터는 대규모적침략을 시작하였다. 13~14세기에 걸친 몽고(후의 원나라)의 침입은 그들의 언어가 조선어에 차용될수 있는 사회적환경을 지어주었다.

1232년 7월 고려수도가 강화도로 옮겨감에 따라 그들의 영향은 더욱 깊어졌다. 그후 고려왕태자의 몽고방문, 원나라왕실과 고려왕실과의 혼인관계, ≪쌍성총관부≫와 ≪동녕부≫ 및 ≪정동행성≫의 설치 그리고 ≪다로가치≫를 비롯한 군사의 주둔 등은 언어면에서 상당한 영향을 주었으며 특히 통치배들의 언어에 더욱 큰 영향을 주었다.

≪고려사≫ 등에 나타난 몽고어관직명을 몇개 례들면 다음과 같다.

必闍赤, 必者赤(書記)	필자지
達魯花赤(鎭守官名)	다루가치
火兒赤(衛士)	화아지
時波赤(鷹匠)	시바우지
迂達赤(宿衛兵)	우달치
忽赤(衛士)	홀지
吹螺赤(吹打手)	취라치

이러한것들을 제외하면 몽고어차용어는 말과 매에 관한 이름들이다. 이것은 조선어에 없는 유목민의 특유한 요소들을 받아들인 결과로 보아진다. 특히 제주도에 몽고침략군의 목장이 있었다는 력사적사실을 보아도 그러하다.

이러한 차용어들은 오늘까지도 계속 조선어에 남아있으며 적지 않은것은 어음상의 큰 변동 없이 그대로 쓰이고있다.

① 말에 대한 어휘

[차 용 어]	[현대조선어]
아질게몰 (兒馬)	망아지
아질게양 (臊胡羊)	새끼양
졀다몰 (赤馬)	절따말
악대 (騸馬)	악대 (健犢, 去勢畜)
간쟈몰 (線臉馬)	간자말
가라몰 (黑馬)	가라말, 가라마
고라몰 (土黃馬)	고라말
굴헝몰 (栗色馬)	구렁말
공골몰 (黃馬)	공골말
월라몰 (花馬)	얼럭말
부루몰 (紅紗馬)	부루말 (백마)
셜아몰 (白馬, 銀褐馬)	은갈마, 서라말

② 마구에 대한 어휘

[차 용 어]	[현대조선어]
다갈 (馬蹄鐵)	대갈
지달 (絆)	지달쓰다 > 얽어매다
오랑 (肚帶)	오랑, 말배때끈
고들개 (鞦)	고들개
쟈갈 (嚼子蕎) (勒)	재갈, 자갈

③ 매에 대한 어휘

[차 용 어]	[현대조선어]
갈지게(黃鷹)	갈지개
숑골(海靑)	송골매, 참매
익더귀(兎鶻)	익더귀(새매의 암컷)
궉진(白角鷹)	새매의 한 종류
나친(鴉鶻)	난추니, 아골(鴉鶻) (새매의 수컷)
보라ᄆᆡ(秋鷹)	보라매
도롱태(弄鬥兒)	쇠황조롱이, 새매
구겨내(黃鸇子)	구지내
초고리(角鷹) (鶻)	작은 매

④ 군사와 군기에 대한 어휘

[차 용 어]	[현대조선어]
오노(오ᄂᆡ) (筈)	오늬, 오노
헐겁지(粉指子)	깍지, 각지(角指)
바오달(營)	군영(軍營)
사오리(凳)	등상(登狀), 발돋움
텰릭(帖里)	철릭

⑤ 음식과 의복에 대한 어휘

[차 용 어]	[현대조선어]
더그레(搭護)	호의(號衣)
타락(酡酪)	타락
슈라(水剌)	수라(임금에게 올리는 진지)

이러한 단어들중 일부는 다른 말로 바뀌였거나 뜻이 달라졌다. 례하면 ≪헐겁지≫는 ≪깍지≫로 바뀌고 ≪악대≫는 ≪말≫(騙馬)을 가리키던데로부터 ≪불깐 짐승≫을 가리키는 뜻으로 바뀌였다.

몽고어차용어들은 중고조선어에서는 구두로가 아니면 한자로 기록되여 전승되여왔다. 문자가 창제된후 만주족이 흥성해지고 만주(청)의 영향이 깊어짐에 따라 또다시 만주어로부터 재차 이러한 단어들이 들어오게 되였다. 그리하여 정음으로 적히게 되였다. 그러나 만주어의 몽고어차용어인 이 단어들은 큰 차이가 없다. 다시말해서 몽고어가 만주어를 통하여 왔다 하여도 몽고어와 큰 차이를 나타내지는 못하고있다. 아래에 ≪몽어류해≫와 ≪한청문감≫ 등의 대비를 통해 보기로 하자.

[몽고어]	[만주어]	[조선어]
모리	모린	몰
아질가모리	아질간모린	아질게몰
졀더모리	졀더모린	졀다몰
홍골모리	콩고로모린	공골몰
아락모리	알하모린	얼럭몰
하라모리	카라모린	가라몰
부구룰모리	부루루모린	부루몰
쿠렁모리	쿠런모린	굴헝몰
할쟌모리	칼쟈모린	간쟈몰

주지하다싶이 ≪몽어류해≫나 ≪한청문감≫에서는 몽고어와 조선어, 만주어와 조선어를 대역하였다. 이들 단어들의 몽고어, 만주어 어음은 차용한 조선어의 어음과 차이를 보인다. 이것은

이미 고려시기로부터 전승하여 장기간 사용해온 결과로 보아야
한다. 다만 후시기에 기록되였을뿐 ≪몽어류해≫나 ≪동문류해≫,
≪한청문감≫에서 처음 차입한것은 결코 아니다. 하여 이러한것
이 중고조선어시기의 차용어임은 의심할나위 없다.

몽고어차용어는 대부분 리조시기 문헌에 기록되였다. 그러나
그것은 고려시기에 차용되여 내려온것이다. ≪슈라(수라)≫는 조
선어에 들어와 임금의 밥을 가리켰다. ≪리두편람≫에는 ≪水剌
슈랄御供進支也≫라고 기록되여있고 ≪고금석림≫에는 ≪芝峰曰
我國鄕語最下不可解者謂御饌曰水剌或云水剌蒙古語也麗末公主爲麗
王后宮中習蒙古此稱云未知信否也剌音라≫라고 기록되여있다. 몽
고어의 차용어인 이 단어는 ≪낮수라(점심)≫, ≪낮곁수라(곁두
리)≫ 등 새 단어도 조성했는데 궁중용어로서만 씌였다.

몽고어차용어는 지금 남은것이 그렇게 많지 않다. 하지만 고
려시기에는 비록 문자로 기록된것은 적더라도 상당한 정도로 구
두어에 차용되였다. 례하면 고려말 리성계가 전라도 운봉(云峰)
에서 왜적을 물리칠 때 겨우 16세밖에 안돼보이는 적장(賊将)을
보고 모두들 ≪아기바톨(阿其拔都)≫이라고 했다는 기록이 있다.
≪룡비어천가≫에서는 ≪阿其方言小兒之稱也, 拔都或作拔突蒙古
語勇敢無敵之名也。≫라고 주해까지 달았다. ≪阿其≫는 조선말
≪아기≫를 말한것이며 ≪拔都≫는 중세몽고어 [ba'atur] (勇士) 의
차용어이다.

제5장
중세조선어

제1절 력사개황 및 자료

중세조선어라 함은 조선왕조의 건국으로부터 임진전쟁때까지의 약 200년동안의 조선어를 가리킨다.

1392년 리성계에 의한 리씨왕조의 건립은 고려왕조를 대체한 봉건적중앙집권의 새로운 재편성으로 된다. 리성계는 국호를 조선으로 고치고 1394년 10월에는 수도를 개경(개성)으로부터 한양(서울)으로 옮기고 그곳을 중앙집권적봉건통치의 중심지로 하였다. 한양은 본래 백제에 속해있다가 고구려에 속한 지대였다. 고려시대에도 송도(개성)와 한양은 거리가 그리 멀지 않아 언어적차이도 그리 심하지 않았다. 하여 고려왕조에서 리씨조선왕조에로의 교체 및 송도에서 한양으로의 수도의 이동은 수도가 조선반도의 동남 경주에 있던 신라가 기울어진후 반도중심의 개경에 고려의 수도가 서던 그때처럼 조선어의 력사에 심각한 변동을 주지 못하였다. 한양말이나 개경말이나 본래 다같은 방언구역에 있었고 10세기이후 근 5백년동안의 고려시기에 일정하게 굳어져왔기때문에 수도의 이동과 국권의 교체가 민족어의 기초를 근본적으로 동요시킬수 없었기때문이다.

리씨조선왕조는 사회성질에 있어서 본질상 고려와 다르지 않다. 그러나 리조의 봉건통치는 고려시기에 비해 권력을 더욱더 중앙에 집중시키고 특히 국왕의 전제권을 더욱 강화하는 방향에서 통치기구들을 편성해나갔다.

이러한 사회적배경은 민족어에 의한 언어생활의 령역을 가일층 확대하였고 백성들의 언어생활에서 고유한 자기 언어의 효력을 한층 높일수 있게 하였다. 두만강, 압록강 류역에 이르는 조선반도전역에서 조선어는 자기의 통용령역을 가질수 있게 되였다.

현실은 민족어의식이 그 어느때보다 더욱 명확하게 하였다. 이 시기에 와서 지역적방언이거나 계급적범위에서만 쓰이는 그러한 언어를 벗어나 민족공통어의 존재를 뚜렷이 확인하는것이 아주 필연적인 문제로 나서게 되였다. 이것은 리조의 통치자와 그리고 백성들앞에 다같이 나타난 문제였다. 단일민족국가인 경우 그것은 국가의 통일앞에 수요되는 언어적통일에 대한 욕구로부터 오는 자연적인 언어의식인것이다.

민족어의식은 당시 중국에 의존하고 또 한자와 한문만 쓰는데 대한 자주의식의 발로이기도 하였다. 민족어의식의 증장은 한자를 기본으로 한 리두거나 또는 한문이 조선어를 그대로 반영할수 없는데 대해 통절히 감촉하게 하였는바 이로부터 자기 문자에 대한 강렬한 욕구가 제기되였다. 이러한 욕구는 끝내 15세기중엽에 이르러 ≪훈민정음≫을 낳게 하였다.

≪훈민정음≫의 창제는 조선어문자생활의 획기적인 전환점으로 되였으며 민족문화발전에 큰 기여를 하게 되였다. 그보다도 민족어의 규범을 가져오며 민족어에 의한 언어생활의 통일성을 기할수 있게 함으로써 고유어활용의 새 분위기를 마련할수 있었다.

고유어활용의 새 분위기는 세종과 집현전학사들에 의하여 ≪훈민정음≫이 창제되고 또 그것을 활발히 사용해나가던 세종(1419~1450년)과 세조(1455~1468년)의 재위기간에 아주 농후하였다. 고유어사용의식이 높아감에 따라 세종조와 세조조에 대량의 조선어문헌들이 나타났다. ≪훈민정음언해≫, ≪룡비어천가≫를 선두로 하여 ≪석보상절≫, ≪월인천강지곡≫, ≪월인석보≫, ≪릉엄경언해≫, ≪금강경언해≫, ≪원각경언해≫, ≪묘법련화경언해≫, ≪불설아미타경언해≫, ≪목우자수심결언해≫, ≪구급방언해≫ 등이 다 그러한 책들이다.

세조이후에도 이러한 문헌들이 륙속 나왔는데 그중 성종시기의 ≪분류두공부시언해(두시언해)≫, ≪내훈≫, ≪악학궤범≫, 중종시기의 최세진의 ≪훈몽자회≫, ≪번역로걸대≫, ≪번역박통사≫, ≪시용향악보≫, ≪악장가사≫, 명종시기의 ≪백련초해≫, 선조시기의 ≪석봉천자문≫, ≪소학언해≫ 그리고 16세기말엽에 나온 소학과 사서의 언해가 그 대표적인것으로 된다. 이러한 가운데 ≪훈민정음언해≫, ≪월인석보≫ 등과 같은 조선어산문체서사어가 발생하였고 ≪룡비어천가≫, ≪월인천강지곡≫과 같은 특징적인 시가체가 발생발전할수 있었으며 이런 산문체와 시가체는 조선어를 세련시키고 풍부하게 하여주었다.

제2절   조선문자의 창제와 표기체계

1. 세종과 《훈민정음》의 창제

조선문자 훈민정음은 조선왕조 제4대 임금인 세종(世宗)대왕에 의하여 세종 25년(1443년) 즉 계해 12월에 창제되였다. 새로 만들어진 문자의 리론적기초와 사용원리를 밝혀낸 책이 문자창제 3년후인 세종 28년(1446년)에 편찬되였는데 이 책이 곧 《훈민정음》의 원본이다. 이 책을 《훈민정음해례본》이라고 일컫는다.

이 책은 첫머리에 세종이 지은 례의문(원문)이 있고 다음 원문에 대한 해석으로 되는 《제자해》, 《초성해》, 《중성해》, 《종성해》, 《합자해》, 《용자례》가 있으며 마지막에 정린지의 서문이 있다.

지금 우리가 《훈민정음》이라고 할 때 두가지 뜻을 내포하고있다. 즉 하나는 조선문자의 이름이요, 다른 하나는 조선문자에 대한 책이름이다.

문자의 창제자인 세종은 리씨조선의 제4대 임금이다. 세종의 본명은 도(裪)이고 자는 원정(元正)이며 휘호(徽号)는 세종장헌영문예무인성명효대왕(世宗庄宪英文睿武仁圣明孝大王)이다. 태조 6년(1397년) 4월 10일 한양에서 태종의 셋째아들로 태여나서 1419년에 즉위하여 재위 32년(1450년)만에 54세로 승하하였다.

학문을 숭상한 세종은 중국의 유학을 기본사상으로 하였다. 세종은 중국의 경학(经学)을 연구하였으며 이와 못지 않게 중국 고대사학에도 관심을 돌렸다. 세종 18년 《강목통감훈의(綱目通

鑒訓義)≫가 완성되였을 때 그는 ≪무릇 배움에는 경학이 근본이 되며 그야말로 마땅히 먼저할바다. 그러나 경학을 다스리고 사(史)에 통하지 않으면 그 배움이 넓지 못하나니 사학을 다스리려거든 강목 한책만 같음이 없다.≫고 하였는데 여기서도 그의 학문사상을 엿볼수 있다.

세종은 ≪성리대전(性理大全)≫도 애독하였다. 세종은 명나라 임금에게 특히 이 책을 요구하여 몸소 애독하고 간행도 하였다. 그는 세종 8년 12월 3일 ≪내 리학에 비록 능통하지 못하나 이미 읽어보았노라. …이제 또 이 책을 읽으니 자못 의심나는 곳이 있도다. 학문이란 진실로 무궁하다.≫라고 하기까지 하였다.

이처럼 세종은 사상면에서 유교의 신봉자였다. 그가 비록 사생활면에서 불교를 신앙하기도 했지만 그것은 그의 사상 전반을 대체할수 없다. 세종은 명나라와의 관계에서 문화를 수입하고 평화적으로 지내기를 주장했으며 그의 대명정책은 ≪지성사대(至成事大)≫ 즉 사대주의를 실시하는것이였다.

훈민정음의 창제에 있어서는 당시의 유일한 언어학이라고 할 중국음운학(中国音韵学)의 지식을 크게 활용하였다. 중국에서는 자고로 자음(字音)을 이분하여 고찰하는 방법이 발달하였는데 자음의 사성을 구분하여 의식하고 또 운별로 분류정리하는 법이 마련되였다. 이것이 운서(韵书)의 학(学)이다.

운서의 학은 수대에 이르러 륙법언(陸法言)에 의하여 집대성되여 중국운서의 대종(大宗)이라고 일컬어지는 ≪절운(切韻)≫(601)이 편찬되였다. 그후 력대중국에서는 시대에 따라 여러 운서가 편찬되였으니 ≪당운(唐韻)≫(唐), ≪광운(廣韻)≫(宋), ≪레부운략(禮部韻略)≫(宋), ≪집운(集韻)≫(宋), ≪고금운회거요(古今韻會擧要)≫(元), ≪중원음운(中元音韻)≫(元), ≪홍무정운(洪

武政韻) ≫(明) 등이 그것이다.

또 한편 당말 북송대에 걸쳐서는 36자모표의 완성과 함께 중국자음을 표로 표시하는 운도(韵图)의 학(学)이 발달하였다. ≪운경(韻鏡)≫(북송), ≪절운지장도(切韻指掌圖)≫(남송), ≪황극경세성음창화도(皇極經世聲音唱和圖)≫(북송) 등은 운도의 대표적인것들이다.

중국음운학에 대한 관심이 세종대에 들어와서는 더욱 고조되였다. 이것은 세종의 학문적경향에서 온것이였다. 세종은 다른 학문과 마찬가지로 중국음운학에 조예가 깊었었다.

중국음운학이외에도 세종대왕은 호학, 박학한 군주여서 음악, 리학 등에도 조예가 깊었었고 특히 리학은 훈민정음창제에 밀접한 영향을 주었다. 리학은 송명시대에 고도로 발달하였던 송명유가의 철학사상이였다. 리학의 창시인은 주돈이(周敦颐), 소옹(邵雍), 정호(程顥), 정이(程颐), 사마광(司马光) 등이며 리학을 집대성한 사람은 남송의 주희(朱熹)이다.6) 주희는 객관화된 봉건도덕인 ≪리(理)≫를 지고무상한 최고의 범주로 인정하고 천하만물은 ≪리≫에서 통일된다고 보았으며 ≪리≫는 영원한것으로서 우주보다 먼저 존재한 정신적실체인바 세상만물은 오직 ≪리≫로부터 파생되였다고 주장한다. 이들이 말하는 ≪리≫는 사물의 법칙 혹은 도리를 가리킨다.

이러한 리학에 립각하여 소옹 등 일부 학자들은 인간의 성음에 대하여 론하였는데 이로부터 중국의 전통적인 음운학과 음양오행설 그리고 태극설은 송대에 이르러 결부되게 되였던것이다.

─────────────────────

6) 실제상 리학은 주희 등을 대표로 하는 객관유심주의와 륙구연(陆九渊), 왕수인(王守仁)을 대표로 하는 주관유심주의를 다 포함한다. (≪현대한어사전≫ 2002년 증보본)

송학은 고려 충렬왕대에 안유(安裕)에 의하여 제창되기 시작하여 고려말에는 리제현(李齐贤), 정몽주(郑梦周)와 같은 리성학자(理性学者)까지 나오게 되였다. 그러나 조선에 크나큰 영향을 끼치기 시작한것은 조선시대에 들어와서의 일이였고 특히 ≪성리대전≫이 전래된 뒤부터의 일로 보인다.

송대 모든 학자들의 설을 집대성한 ≪성리대전≫은 ≪사서대전(四書大全)≫, ≪오경대전(五經大全)≫과 함께 명나라 제5대 성조대에 편찬된것인데 영락 13년(조선태종 15년, 1415년)에 출간되자 4년후인 세종 원년에는 벌써 조선에 전래되고있었다.

≪성리대전≫이 전래된 뒤 세종은 이를 깊이 고구하고 국내에서도 간행시키는 한편 각 향교에 비치까지 시키는 등 ≪성리대전≫의 보급에 상당한 열의를 보였다. 소옹의 ≪성리대전≫에는 리학만이 수록된것이 아니라 소옹의 ≪황극경세성음창화도≫와 이와 관련된 여러 학자들의 성음론이 상당한 부분에 걸쳐 수록되여있어서 세종대의 학자들은 ≪성리대전≫을 통하여 중국음운학과 송대리학을 함께 섭취한것으로 보인다.[7]

세종은 이런 력사적, 학문적 배경에서 정음창제의 집행자로 나섰던것이다. 이는 원문과 정린지의 서문에서 아주 똑똑히 밝혀지고있다.

세종은 ≪나라의 말씀이 중국과 달라 문자로써 서로 통하지 않으므로 어리석은 백성이 말하고저 할바가 있어도 마침내 제 뜻을 능히 펴지 못하는 사람이 많다.(國之語音, 異乎中國, 與文字不相流通, 故愚民有所欲言, 而終不得伸其情者多矣。)≫고 하면서 ≪이를 위하여 딱하게 여겨 새로 스물여덟자를 만드노니 사람마

---

7) 강신항(姜信沆), ≪국어학사≫(증보개정판), 1998년, 서울 보성문화사.

다로 하여금 쉽게 익혀 날로 사용함에 편안하게 하고저 할따름이
다. (予爲此憫然, 新制二十八字, 欲使人人易習, 便於日用矣。)≫라
고 하였던것이다. 이는 그의 정음창제의 동기와 목적을 말해준다.

정린지도 ≪훈민정음해례≫의 서문에서 한자의 부당성과 문
자창제의 필요를 다음과 같이 지적하고있다. ≪중국의 한자를 빌
어서 그 쓰임을 통하나 이는 둥근데 모난것을 끼움과 같이 이가
맞지 않으니 어찌 능히 통달하여 막힘이 없으랴. 요컨대 각각 자
기 처한바를 따라 편의케 할것이지 억지로 같게 할것이 못된다.
(假中國之字, 以通其用, 是猶枘鑿之鉏鋙也, 豈能達而無礙乎。要皆各
隨所處而安, 不可强之使同也。)≫

세종시기의 현실은 이러한 동기와 목적이 이룩되게 하였다.
일본, 녀진, 몽고 그리고 인도와의 접촉가운데서 표음문자의 우
월성을 느낀데다가 당시 명나라초기의 음운연구의 영향밑에서 조
선문자는 싹트기 시작하였다. 이리하여 훈민정음은 비로소 세종
25년 계해 12월에 창제되였다.

세종은 훈민정음을 창제하기에 앞서 세종 2년(1420년) 3월
16일 집현전을 신설하였다. 원래 고려시대부터 수문관(修文馆),
집현전(集贤殿), 보문각(宝文阁) 등이 있었는데 세종시기에 이르
러 이러한것들은 아무런 사업도 못하는 유명무실한것으로 되였
다. 세종은 이것들가운데서 집현전을 실질적으로 일하는 기관으
로 남기고 다른것은 정리해버렸다. 전임학사로 처음에는 10명을
두었다가 세종 4년에는 15명, 17년에는 30명으로 늘였고 18년에
는 20명으로 줄이였다.

집현전에서는 등과한 나어린 수재들을 학사로 하여 저술과
고제연구를 하게 하였다. 집현전은 주로 경연(经筵)과 서연(书
筵), 사관(史官), 사령제찬(辞令制撰), 중국고제연구 등 일을 담

당하였다. 언어면에서는 정음창제, 운회번역, 동국정운편찬, 사서언해편찬 등 일을 했는데 이는 실로 ≪훈민정음≫의 산실이라고도 일컬을수 있었다. 세종은 집현전내의 최항, 정린지, 박팽년, 신숙주, 성삼문, 강희안, 리개, 리선로 등 학사들의 도움을 받아 훈민정음을 창제하게 되였던것이다.

세종은 학사들을 학문에 열중하게 한외 또한 자기자신이 학문에 조예가 깊었다. 특히 세종은 중국의 음운학에 연구가 깊어 명나라의 초기운서 ≪홍무정운≫을 번역하게 하였고 또 이를 본따서 ≪동국정운≫을 만들게 하였다. 신숙주가 ≪홍무정운역훈≫ 서문에서 ≪우리 세종장헌대왕께서 운학에 류심하시고 그 저온을 깊이 연구하시여 훈민정음 약간자를 창제하셨다. (我世宗莊憲大王留心韻學, 窮研底蘊, 創制訓民正音若干字。)≫고 한것을 보거나 세종자신이 최만리 등에게 ≪너희들이 운서를 아느냐? 사성과 칠음에 자모는 몇이 있느냐? 만약에 내가 운서를 바로잡지 않는다면 그 누가 바로잡을것이냐?≫라고 말한것들을 보면 그의 운학에 대한 지식은 간단치 않았음을 알게 된다. 또 세종이 탐독한 ≪성리대전≫중의 ≪황극경세서(皇極經世書)≫는 그의 음운리론형성에 큰 영향을 미쳤던것이다. 그의 이러한 학문숭상의식과 실제적 연구는 끝내 집현전학사들의 옹위하에 훈민정음을 창제하기에 이르게 하였다.

세종은 서울을 떠나 청주 초수리약수터로 눈치료를 떠날 때에도 정음연구재료를 가지고 갔고 운회번역에 관련된 사람들이 수행하게 했다. 또한 훈민정음창제와 관련하여 중국사신이 올적마다 음운에 대하여 물어보았고 또 친히 사람을 중국에 띄우기까지 하여 음을 질정하였다. 특히 성삼문 등을 중국 료동에 여러번이나 보내여 당시 료동에 류적(流謫)하여있던 명나라 한림학사

(翰林学士) 황찬(黃瓚)에게 묻게 한것은 그 례가운데의 하나이다.

이상에서 세종의 중국음운학연구와 관련된 사실들을 간단히 말하였다.

세종이 만들어낸 훈민정음은 당시 한문의 세계였던 동아시아에서 한자와는 다른 표음문자의 탄생을 고하였다.

아래에 ≪훈민정음≫ 원문인 ≪어제훈민정음≫의 전문을 소개한다.

御製訓民正音, 國之語音, 異乎中國, 與文字不相流通, 故愚民有所欲言, 而終不得伸其情者多矣。予爲此憫然, 新制二十八字, 欲使人人易習, 便於日用耳。

ㄱ, 牙音, 如君字初發聲, 並書如虯字初發聲,

ㅋ, 牙音, 如快字初發聲,

ㆁ, 牙音, 如業字初發聲;

ㄷ, 舌音, 如斗字初發聲, 並書如覃字初發聲,

ㅌ, 舌音, 如呑字初發聲,

ㄴ, 舌音, 如那字初發聲;

ㅂ, 脣音, 如彆字初發聲, 並書如步字初發聲,

ㅍ, 脣音, 如漂字初發聲,

ㅁ, 脣音, 如彌字初發聲;

ㅈ, 齒音, 如卽字初發聲, 並書如慈字初發聲,

ㅊ, 齒音, 如侵字初發聲,

ㅅ, 齒音, 如戌字初發聲, 並書如邪字初發聲,

ㆆ, 喉音, 如挹字初發聲,

ㅎ, 喉音, 如虛字初發聲, 並書如洪字初發聲,

ㅇ, 喉音, 如欲字初發聲;

ㄹ, 半舌音, 如閭字初發聲,

ㅿ, 半齒音, 如穰字初發聲。

·如呑字中聲, 一如卽字中聲, ㅣ如侵字中聲, ㅗ如洪字中聲, ㅏ如
覃字中聲, ㅜ如君字中聲, ㅓ如業字中聲, ㅛ如欲字中聲, ㅑ如穰字中
聲, ㅠ如戌字中聲, ㅕ如彆字中聲。

終聲復用初聲。

ㅇ連書脣音之下, 則爲脣輕音, 初聲合用則並書, 終聲同。·一ㅗ
ㅜㅛㅠ, 附書初聲之下, ㅣ ㅏ ㅓ ㅑ ㅕ, 附書於右。凡字必合而成
音, 左加一點則去聲, 二則上聲, 無則平聲, 入城加點同而促急。

2. 훈민정음의 제자 및 리론기초

《훈민정음》은 그 제자원리나 어음리론면에서 일련의 과학
적독창성을 지니고있으면서 이따금 문자창제의 리론기초면에서
중국문화의 영향과 흔적도 보여주고있다. 이러한 중국문화의 흔
적은 독창적인 문자체계에 절대로 손색을 주지 않으며 오히려 그
시기의 선진적인 문화와 리론을 조선화한 성취라 일컬을수 있다.

《훈민정음》 해례본에 표현된 제반의 원리와 음운관계리론
은 15세기 조선의 음운연구의 집대성이라고 할수 있으며 이에 대
한 분석과 고찰은 당시 조선어음운 연구실적과 방법론을 리해하
는 하나의 첩경이 될수 있다.

아래에 몇가지로 나누어 설명한다.

첫째, 《훈민정음》은 《제자해(制字解)》에서 《정음 스물
여덟자는 각각 그 모양을 본따서 만들었다.(正音二十八字, 各象
其形而制之。)》라고 지적하고있다. 이렇게 말하고나서 자음자
17자는 발음기관의 모양을 모방하였음을 구체적으로 말하고있다.

[기본자]	[오음(五音)]	[상형(象形)]
ㄱ	어금이소리(牙音)	象舌根閉喉之形
ㄴ	혀소리(舌音)	象舌附上顎之形

ㅁ	입술소리(脣音)	象口形
ㅅ	이소리(齒音)	象齒形
ㅇ	목구멍소리(喉音)	象喉形

이렇게 발음위치에 따라 먼저 다섯개의 기본자를 만들고 그 다음 그에 기초하여 소리의 세기에 따라 가획자(加劃字)를 만들었다.

[5 음]	[기본자]	[1차가획자]	[2차가획자]
어금이소리	ㄱ	ㅋ	
혀소리	ㄴ	ㄷ	ㅌ
입술소리	ㅁ	ㅂ	ㅍ
이소리	ㅅ	ㅈ	ㅊ
목구멍소리	ㅇ	ㆆ	ㅎ

이외에 반혀소리와 반이소리는 발음기관의 형상을 본따면서도 그 음의 특성에 따라 가획하는 방법을 취하지 않았다는것과 (즉 혀소리와 이소리에 가획하지 않고) 어금이소리 ≪ㆁ≫은 혀뿌리가 목구멍을 막아 숨이 코로 나오는 모양을 고려하면서도 ≪ㅇ≫에 획을 더하는 방법으로 한것이 아님을 말하고있다. 따라서 ≪ㄹ≫은 혀를 굴리는 모양을, ≪ㅿ≫는 이와 혀끝이 마찰되면서 유성음으로 나오는것을, ≪ㆁ≫은 혀뿌리가 목구멍을 막아서 소리가 코로 나오는것을 조음적특징으로 반영하고있다.[8]

---

8) 初聲凡十七字。牙音ㄱ,象舌根閉喉之形;舌音ㄴ,象舌附上顎之形;唇音ㅁ,象口形; 齒音ㅅ, 象齒形; 喉音ㅇ, 象喉形。ㅋ比ㄱ,聲出稍厲,故加畫。ㄴ而ㄷ,ㄷ而ㅌ,ㅁ而ㅂ,ㅂ而ㅍ,ㅅ而ㅈ,ㅈ而ㅊ,ㅇ而ㆆ,ㆆ而ㅎ,其因聲加畫之義皆同。而唯ㆁ爲異。半舌音ㄹ。半齒音ㅿ亦象舌齒之形而異其體,無加畫之義焉。(≪訓民正音制字解≫)

이상에서 보면 자음의 제자는 조선어에 맞고 그 발음에 아주 적절한 모양을 본뜬것임이 틀림없다.

이처럼 ≪제자해≫에서 ≪각각 그 모양을 본따서 만들었다. (各象其形而制之。)≫고 하였으나 정린지가 쓴 서문에서는 ≪모양을 본뜨면서 중국의 고전을 모방하였다. (象形而字倣古篆。)≫고 하여 앞뒤가 서로 다른 서술을 하고있다.

이를 도대체 어떻게 보아야 하겠는가? 이 문제의 해명을 위하여 먼저 다른 기록들을 살펴보기로 하자.

≪세종실록≫에는 ≪글자는 고전을 본땄다. (其字倣古篆。)≫는 기록이 있다. 그리고 최만리(崔万理)의 갑자반대상소문에도 이러루한 말이 있다. 최만리는 훈민정음이 나오자 그것을 극구 반대해나섰는데 그는 세종 26년(1444년) 2월에 올린 상소문에서 ≪글자의 모양은 비록 옛 전문을 모방했다 하나 용음합자가 모두 고전과 반대된다. (字形雖倣古之篆文,用音合字盡反於古。)≫고 하였다. 리조실록의 기록이나 최만리의 상소문에 나온 ≪고전모방론≫은 정린지의 세종 28년의 말보다 시간적으로 다 앞서 있은 말이다.

이것을 자세히 분석해보면 중국의 옛 전자가 조선문자의 제작에 간접적으로 작용하고있음을 보아낼수 있다. 다시말해서 발음기관상형적원리가 확정된후 직접적으로 발음기관을 모방하여 자형으로 하는가 아니면 다른 어떤 형태를 매개로 하는가 하는 문제가 제기되였던것이다. 이리하여 그들은 전자(篆字)의 선획관

唯牙之ㆁ,雖舌根閉喉聲氣出鼻,而其聲與ㅇ相似,故韻書疑與喩多相混用。今亦取象於喉,而不爲牙音制字之始。蓋喉屬水,而牙屬木。ㆁ雖在牙而與ㅇ相似,猶木之萌芽生於水而柔軟,尙多水氣也。(≪訓民正音制字解≫)

넘에 의하여 문제를 고려해보았을수 있으며 전자의 해당 글자를 참조하였을수 있다. 비슷한것을 도입했다 하더라도 결과적으로 조선적인 새 글자를 발전시켰을따름이지 그대로의 인입을 말하지는 않는다. 그리고 이러한것도 전반 문자에 다 그러한것이 아니고 일부의 글자들에서 체현되고있었다. 그중에서 입술소리 ≪ㅁ≫과 이소리 ≪ㅅ≫을 례를 들어보자.

≪ㅁ≫이 입의 모양을 본땄다고 하는데 직접적인 상형은 네모꼴이 될수 없다.

여기서 우리는 전자를 련상하지 않을수 없다. ≪설문해자≫에서 ≪人所以言食也≫라 하고 상형에 귀속시킨 한자의 입구자(口)는 전자로 다음과 같다.

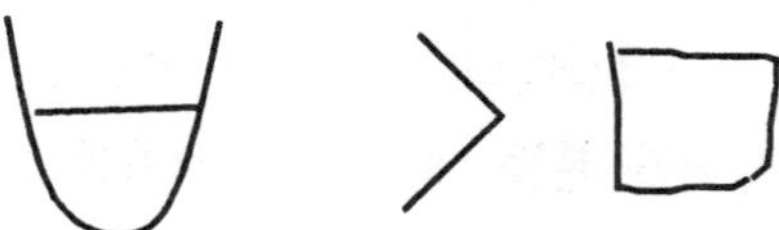

≪강희자전≫에서 보면 이 글자는 다음과 같은 모양도 가졌었다.

≪훈민정음≫의 ≪ㅁ≫은 상형과정에 바로 이러한것들의 선획을 도입했을수 있으며 아울러 ≪ㅂ≫ 등에서도 그것을 도입했을것이다. 한자에서도 입구자(口)는 상형이다. 조선어에서도 자모 ≪ㅁ≫은 상형이다. 조선글자의 상형과정은 전자거나 또는 그

후시기의 입구자를 참조하였다고 보아야 한다.

《∧》은 이모양을 본떴다고 하였다. 이 역시 전자의 관념을 도입했다고 볼수 있다.

《설문해자》에는 한자의 《齒》자에 대하여 《口齗骨也, 象口齒之形》이라고 하였다. 이 해석에서 보면 《齒》는 입과 이의 모양을 겸하고있다.

전자에서 이 글자의 가운데의 《∧》이 이를 가리킨다. 바로 이것을 본따서 조선글자상형의 《ㅅ》을 만들었다. 다시말해서 상형원리를 확정하고 이를 본뜰 때 중국의 전자를 도입했던것이다.

여기서 보건대 《고전을 모방했다》는것은 결코 무의미한 서술이 아니다. 이는 중국의 문자 즉 한자의 창조과정에 있었던 6서의 상형원리를 거슬러올라가 참조한 아주 훌륭한 착상이였다고 말하지 아니할수 없다.

이처럼 자음자들은 발음기관의 모양을 모방하면서 그 모방과정에 일부 글자들에서 전자의 형태를 매개로 하였다는것을 알수 있다. 이리하여 상형원리에 립각했지만 그림으로 표시하는 계단을 거치지 않고 처음부터 고도로 세련된 글자형태를 구비할수 있었다.

《훈민정음》 해례본이 발견되기 이전에 《고전모방설》을 주장했던 사람들은 《훈민정음》 제자해의 리론을 보지 못하고 자기나름으로 말하였는데 그들은 정음자의 일체를 고전에 련결시켰던것이다. 우리가 고전을 일부 참조했다는것은 모든 글자가 다 고전에서 왔다는 고전기원설과는 다른것이다. ≪훈민정음≫은 음운리론상에서도 아주 과학적인 관찰에 기초하였다.

≪훈민정음≫은 한어운서의 분류법을 직접적으로 인입하여 자음을 7음청탁으로 분류하였다.

7음이란 조음위치에서의 분류이며 청탁이란 동일부위에서의 기류의 성질에 의한 음향적측면을 고려한 조음양식의 분류이다. ≪제자해≫에서는 ≪또 청탁(맑고 흐림)으로 말하면 <ㄱ, ㄷ, ㅂ, ㅈ, ㅅ, ㆆ>는 전청이며 <ㅋ, ㅌ, ㅍ, ㅊ, ㅎ>은 차청이고 <ㄲ, ㄸ, ㅃ, ㅉ, ㅆ, ㆅ>는 전탁이며 <ㆁ, ㄴ, ㅁ, ㅇ, ㄹ, ㅿ>는 불청불탁이다.≫라고 하였다. 이러한것들을 도표로 보이면 다음과 같다.

청탁 \\ 7음	어금이	혀	입술	이	목구멍	반혀	반이
전청	ㄱ	ㄷ	ㅂ	ㅅ ㅈ	ㆆ		
차청	ㅋ	ㅌ	ㅍ	ㅊ	ㅎ		
전탁	ㄲ	ㄸ	ㅃ	ㅉ ㅆ	ㆅ		
불청불탁	ㆁ	ㄴ	ㅁ		ㅇ	ㄹ	ㅿ

≪제자해≫에는 또 다음과 같이 썼다. ≪<ㄴ, ㅁ, ㅇ>은 그 소리가 가장 거세지 않다. 때문에 순서로서는 비록 뒤에 있으나 모양을 본떠서 글자를 만드는데 있어서는 시초로 삼았다. <ㅅ, ㅈ>은 비록 다 전청이라도 <ㅅ>은 <ㅈ>에 비해 소리가 거세지 않다. 때문에 글자를 만드는 시초로 삼았다.≫ 이 단락과 이미 앞에서 말한 ≪<ㅋ>은 <ㄱ>에 비하여 소리가 조금 세다≫는 단락을 일별해보면 청탁에 의한 분류에 있어서 소리의 거센 정도를 표식으로 잡았다는것을 보아낼수 있다.

이렇게 《ㅁ, ㄴ, ㅇ》은 가장 거세지 않은 소리로서 불청불탁이며 《ㄱ, ㄷ, ㅂ, ㅈ》은 거센소리로서 전청이며 《ㅅ》은 《ㅈ》에 비해 거세지 않은 음으로서 전청이며 아울러 《ㅋ, ㅌ, ㅍ, ㅊ》은 전청보다 좀더 거센소리로서 차청이다.

《제자해》에는 또 다음과 같이 썼다. 《전청을 나란히 쓰면 전탁이 된다.》 그 전청의 소리가 엉키면 전탁이 되기때문이다. 오직 목구멍소리만은 차청으로 전탁이 된다. 그것은 대개 《ㆆ》는 소리가 깊어서 엉키지 않기때문이다. 《ㅎ》은 《ㆆ》에 비해 소리가 얕다. 때문에 엉키여 전탁이 된다. 여기서 《훈민정음》은 청탁에 의한 분류에서 소리의 엉킴도 표식으로 잡았음을 알수 있다. 거센 정도와 엉킨 정도에 의한것은 결국 자음을 음향학적측면에서 고려한것으로 즉 유기음과 무기음의 대립, 유성음과 무성음의 대립을 전제로 한것과 마찬가지로 된다. 이러루한것은 청탁 자체가 음향적속성을 체현하고있다는것을 말해준다.

《제자해》에는 다음과 같은것도 있다. 《<ㅇ>을 입술소리아래에 이어쓰면 입술 가벼운 소리가 되는것은 가벼운 소리로 입술이 잠간 합하고 목구멍소리가 많기때문이다.》, 《초성은 혹은 속이 비거나 속이 있고 혹은 날리거나 걸리며 혹은 무겁거나 가볍다.(初聲者, 或虛或實或颺或滯或重或輕。)》 그리고 《종성해》에서는 《소리에는 느림과 빠름의 차이가 있다.》고 하면서 《5음의 천천함과 급함이 각각 스스로 상대가 된다.》고 하였다.

이러루한것들을 개괄해보면 소리의 경중, 완급, 허실도 자음 분류의 표식에 참여되였음을 알수 있다.결국 자음은 한마디로 말하여 조음위치와 조음양식에서의 구별과 음향적구별을 표식으로 잡은것으로 된다.

《훈민정음》 합자해에는 《초성의 두자나 석자를 합하여 나

란히 씀은 우리 말에서 싸(땅)가 되고 빡(짝)이 되고 뜸(틈)이
되는것과 같다. 같은것끼리 나란히 씀은 우리 말에 <혀>는 <舌>
이 되고 <혀>는 <引>이 되며 <괴여>는 <爲我愛人>이 되고 <괴여>
는 <爲人愛我>가 되며 <소다>는 <覆物>이 되고 <쏘다>는 <射>가
되는것과 같다.≫고 하였다. 그리고 계속해서 ≪종성의 두자나
석자를 함께 씀은 우리 말에 흙(土)이 되고 낛(釣)이 되고 둛빼
(酉時)가 되는것과 같다.≫고 하였다.

이렇게 각자병서(各字并书) ≪ㆀ≫, 초성에 쓰인 합용병서
(合用並书) ≪ㅅ≫계렬과 ≪ㅂ≫계렬, 종성에 쓰인 합용병서 ≪ㄹㄱ≫,
≪ㄳ≫ 등을 들고있다. 이러한것들은 5음청탁분류와 원문의 초성
17자에 넣지 않았다. 경순음 ≪ㅸ≫도 물론 넣지 않았다. ≪훈민
정음해례≫의 ≪초성결(初聲訣)≫에 와서는 ≪23글자로써 자모를
이루니 만가지 소리가 모두 여기서 나오노라.(二十三字是爲母,
萬聲生生皆自此。)≫라고 하였다. ≪훈민정음≫은 결국 원문에
내놓은 초성 17자와 각자병서 ≪ㄲ, ㄸ, ㅃ, ㅆ, ㅉ, ㆅ≫을 포함
하여 초성체계에 넣었다.

둘째, ≪훈민정음≫ 제자해에서 모음자에 대하여 먼저 기본
자 셋을 만들고 그에 기초하여 나머지 8자는 이 기본자를 상하좌
우로 서로 조합하여 만들었다고 한다.[9]

· : 하늘의 둥근 모양
ㅡ : 땅의 평평한 모양
ㅣ : 사람의 선 모양

---

9) 中聲凡十一字。·舌縮而聲深，天開於子也，形之圓，象乎天也。 ㅡ
舌小縮而聲不深不淺，地闢於醜也，形之平，象乎地也。ㅣ舌不縮而聲淺，人生於
寅也，形之立，象乎人也。 此下八聲，一闔一闢。(≪訓民正音制字解≫)

초성의 제자원리가 발음기관의 상형에 있었다면 중성의 제자원리는 천지인 3재의 모상을 기초로 하고있는데 세 기본자의 자형과 3재모상의 원리는 이상과 같다.

기본자에 기초하여 나머지글자들은 이들을 합성하여 만들었다.

한번 합성한 글자: ㅗ, ㅏ, ㅜ, ㅓ

≪<ㅗ>는 <·>와 한가지나 입이 오무라진다. 그 모양은 곧 <·>가 <—>와 합한것이다. …<ㅏ>는 <·>와 한가지나 입이 벌어진다. 그 모양은 <ㅣ>와 <·>가 합하여 된것이다. …<ㅜ>는 <—>와 한가지나 입이 오무라진다. 그 모양은 <—>가 <·>와 합하여 된것이다. …<ㅓ>는 <—>와 한가지나 입이 벌어진다. 그 모양은 <·>가 <ㅣ>와 합하여된것이다.≫(≪제자해≫)

두번 합성한 글자: ㅛ, ㅑ, ㅠ, ㅕ

두번 합성한 글자들은 한번 합성한 글자에 ≪·≫를 다시 한번 결합하는 방법으로 이루어졌는데 이는 문자자형을 말하는것이다. 그 소리값으로 보면 이 ≪·≫는 ≪·≫음을 대표한것이 아니라 ≪ㅣ≫를 대표한다. 이에 대하여 ≪제자해≫에서는 다음과 같이 쓰고있다.

≪<ㅛ>는 <ㅗ>와 한가지나 <ㅣ>에서 일어나고 <ㅑ>는 <ㅏ>와 한가지나 <ㅣ>에서 일어나며 <ㅠ>는 <ㅜ>와 한가지나 <ㅣ>에서 일어나고 <ㅕ>는 <ㅓ>와 한가지나 <ㅣ>에서 일어난다.≫

≪해례≫의 작자들은 모음자 ≪·≫에서 혀가 끌려들고 소리가 깊은것은 ≪하늘(天)이 자(子)에서 열리기때문이며 그 모양이 둥근것은 하늘을 본떴기때문이다.≫라고 하고 ≪—≫에서 혀가 조

금 끌려들고 소리가 깊지도 얕지도 않은것은 ≪땅(地)이 축(丑)에서 열렸기때문이며 그 모양이 평행한것은 땅을 본떴기때문이다.≫라고 하였으며 ≪ㅣ≫에서 혀가 끌려들지 않고 소리가 얕은것은 ≪사람(人)이 인(寅)에서 생겼기때문이며 그 모양이 선것은 사람을 본떴기때문이다.≫라고 말하고있다.

이처럼 하늘과 땅과 사람의 형상에 모음자의 자형을 귀결시키고있다. 원래 ≪천지인3재(天地人三才)≫설은 먼 옛날부터 내려온것이다. 일찍 ≪주역(周易)≫의 ≪계사(系辭)≫ 하(下)에 ≪천도가 있고 인도가 있고 지도가 있어서 3재를 겸하면 짝으로 된다.(有天道焉, 有人道焉, 有地道焉, 兼三才而兩之。)≫라는 말이 나온다. 고대의 소박한 3재설은 이 시기에 이르러 이미 정음 창제에 응용되여있었다.

기본자 3자외의 자들에 대하여 3재설로 다음과 같이 설명하였다.

중성	천지인3재설
ㅗ	천지가 처음 사귐(天地初交之義)
ㅏ	천지의 쓰임이 사물에서 시작하여 사람의 힘을 입음(天地之用, 發於事物待人而成)
ㅜ	천지가 처음 사귐(天地初交之義)
ㅓ	천지의 쓰임이 사물에서 시작하여 사람의 힘을 입음(天地之用, 發於事物待人而成)

이렇게 말한 다음 ≪<ㅗ, ㅏ, ㅜ, ㅓ>는 하늘과 땅에서 시작하고 <ㅛ, ㅑ, ㅠ, ㅕ>는 <ㅣ>에서 일어나 사람을 겸하였다.(ㅗㅏ ㅜ ㅓ始於天地……ㅛ ㅑ ㅠ ㅕ起於ㅣ而兼乎人。)≫고 하였다.

≪훈민정음≫ 제자해는 비단 중성에서뿐만아니라 초중종 3성

에도 이 리론을 응용하였다.

≪초성에는 발동의 뜻이 있으니 하늘의 일이요, 종성에는 끝 맺는 뜻이 있으니 땅의 일이다. 중성은 초성의 남을 잇고 종성의 이룸을 받으니 사람의 일이다. (初聲有發動之義, 天之事也。終聲有止定之義, 地之事也。中聲承初之生, 接終之成, 人之事也。)≫

≪훈민정음≫에서 모음자는 자음자에 비하여 독창적인 일면이 있다. 음운리론상 중성자는 주로 심천합벽(소리의 깊고옅음, 입의 열고닫음)의 원리에 립각하였다.

심천: ① 혀를 끌어들이고 깊은 소리: ㅗ, ㅏ, ㅛ, ㅑ
② 혀를 조금 끌어들이고 깊지도 얕지도 않은 소리: ㅡ, ㅜ, ㅓ, ㅠ, ㅕ
③ 혀를 끌어들이지 않고 얕은 소리: ㅣ
합벽: ① 닫히는 소리: ㅗ, ㅜ, ㅛ, ㅠ
② 열리는 소리: ㅏ, ㅓ, ㅑ, ㅕ

이처럼 심천에 의해 3개 부류로 나누어지며 합벽에 의해서도 2개 부류(≪·, ㅡ, ㅣ≫는 합벽에 대한 특별한 지적이 없다.)로 나뉘여진다.

심천합벽의 원리에 립각하면서 아울러 입모양, 혀의 위치, 음양, 조합차수 등을 다 고려하였다. 제자원리를 서술할 때 이미 기본적인것을 인용하였으므로 여기서는 중복하지 않고 인용되지 않은 부분을 새로 인용하려 한다.

≪<ㅗ, ㅏ, ㅜ, ㅓ>는 하늘과 땅에서 시작한것이다. 초출이 된다. <ㅛ, ㅑ, ㅠ, ㅕ> 는 <ㅣ>에서 일어나서 사람을 겸한것이다. 재출이 된다. <ㅗ, ㅏ, ㅜ, ㅓ>에서 둥근점을 하나로 함은 처음 나온 뜻을 취한것이며 <ㅛ, ㅑ, ㅠ, ㅕ>에서 둥근점을 둘로

한것은 다시 나왔다는 뜻을 취한것이다. <ㅗ, ㅏ, ㅛ, ㅑ>에서
둥근점이 우나 밖에 놓인것은 그것이 하늘에서 나와서 양이 되기
때문이다. <ㅜ, ㅓ, ㅠ, ㅕ>에서 둥근점이 아래와 안에 놓인것은
그것이 땅에서 나와서 음이 되기때문이다. < · >가 이 8음에 다 있
는것은 양이 음을 이끌어 만물에 두루 흐름과 같다.≫(≪제자해≫)

도표로 앞에서 인용된 여러 단락의 내용을 종합하면 다음과
같다.

		혀 깊고 얕음	안끌어듦 (不縮)	조금 끌어듦 (小縮)	끌어듦 (縮)
			얕음(淺)	깊지도 얕지도 않음	깊음(深)
				음성모음	양성모음
입 (열고 닫음)					
입 (오무리고 벌림)			ㅣ	ㅡ	·
오무림 (蹙)	닫힘(闔)	초출(初出)		ㅜ	ㅗ
		재출(再出)		ㅠ	ㅛ
벌림(張)	열림(闢)	초출		ㅓ	ㅏ
		재출		ㅕ	ㅑ

여기서 ≪혀≫는 혀의 위치적상태를 말하며 ≪입≫(오무리고
벌림)은 입술모양을 말한다. 이 두가지는 모음의 조음적특성을
지적한것으로 된다. 깊고 얕음이란 음가를 말하며 ≪입≫(열고

닫음)은 구강의 열린 정도를 말한다. 이 두가지는 음향적표식으로 된다. ≪음양≫은 모음조화대립체계를 말하며 ≪초출재출≫은 모음음소의 증가를 말하는것으로 홑모음과 겹모음의 구별을 나타내는것으로 된다.

보건대 15세기 집현전학사들은 모음에 대하여 여러모로 고려하였는바 실로 모음의 제 방면을 다 포함시키고있다. 이러한 음운적고찰은 글자에 반영되여 중성자의 점과 선은 모두 일정한 뜻을 가지게 되였다.

≪ㅡ≫가 포함된것은 닫힌 음을, ≪ㅣ≫가 포함된것은 열린 음을 표시한다. ≪·≫는 음양을 표시하는데 ≪ㅡ≫나 ≪ㅣ≫의 우거나 오른쪽에 있으면 양성모음을, ≪ㅡ≫와 ≪ㅣ≫의 아래거나 왼쪽에 있으면 음성모음을 표시한다. ≪·≫자체는 양성이며 ≪ㅡ≫는 음성이며 ≪ㅣ≫는 중성이다.10) 두번 합성한 글자에서 처음의 ≪·≫는 그 음가가 문자로서의 ≪·≫와는 달리 선행모음 ≪ㅣ≫를 나타낸다. ≪·≫가 ≪ㅡ≫의 상하에 있으면 원순모음을 나타내며 ≪ㅣ≫의 좌우에 있으면 비원순모음을 나타낸다.

≪중성해≫에서는 이상의 11자를 기초로 한 2중, 3중, 4중 모음들을 언급하고있다. 그러한것들로는 다음과 같다.

2중모음 : ㅘ, ㆇ, ㅝ, ㆊ
3중모음 : ㆎ, ㅢ, ㅚ, ㅐ, ㅟ, ㅔ, ㆄ, ㅒ, ㆋ, ㅖ
4중모음 : ㅙ, ㆌ, ㅙ, ㆋ

≪합자해≫에서는 또 시골말과 아이들말에 쓰인다고 하면서

---

10) ≪훈민정음≫ 제자해: ≪ㅗ ㅏ ㅛ ㅑ之圓居上與外者, 以其出於天而爲陽也, ㅜ ㅓ ㅠ ㅕ之圓居下與內者, 以其出於天而爲陰也。≫

≪ㅣ≫와 ≪ㅡ≫의 두자를 들고있다.

이리하여 ≪정음 28자≫에 속한 모음자 11자를 내놓고도 20여개의 모음을 더 들고있다.

셋째, 이미 앞에서 말한바 있지만 문자체계로서의 ≪훈민정음≫의 가장 뚜렷한 특징은 그의 독창성과 과학성에 있다. ≪훈민정음≫에 있어서 글자는 그것이 표시하는 음소와 직접적이고도 체계적인 관계에 놓여있다. 이렇게 된것은 ≪훈민정음≫이 높은 음운리론의 기초상에서 이루어졌기때문이다. ≪훈민정음≫의 이러한 높이는 당시 세종을 비롯한 집현전학사들의 중국음운학에 대한 깊은 리해와 그에 기초한 독창정신과 갈라놓을수 없다.

15세기중엽 명나라와 중국의 그 이전 왕조에 성행했던 한어음운학은 조선에도 큰 영향력을 가지고 전파되였다. 중국음운학은 한자음에 관한 특수한 학문이였는데 조선에서도 한자를 사용한것만큼 그 리론을 연구하지 않으면 안되였다. 세종자신은 이를 깊이 연구하였으며 그것을 조선글자창제에 적용하였다. 허나 세종은 일보 전진하여 조선어음운에 대한 고찰로부터 출발하여 새로운 시도를 하였었다.

중국의 음운학이나 세종의 연구에 있어서 자음(字音)을 중심으로 다시말해서 음절을 중심으로 하여 리론을 벌려나간것은 다 마찬가지이다. 그러나 근본적차이는 이 음절에 대한 분석과 인식이 다른것이다.

중국음운학은 이른바 성운(声韵) 2분법으로서 어두자음을 성이라 하고 그 나머지 즉 모음과 어말자음은 다 통털어 하나의 운으로 하였다. 례:

冬 [동]   [t] (성모) + [ŋ] (운모)

獨 [독]   [t] (성모) + [ok] (운모)
都 [도]   [t] (성모) + [o] (운모)

이렇게 모음 하나만으로도 운모가 될수 있고 모음과 자음(음절말)이 결합된것도 운모가 될수 있었다.

《훈민정음》은 이 전통적분석법을 벗어나서 자음과 모음을 음절가운데의 위치에 따라 초성(初声), 중성(中声), 종성(终声)으로 분할하였는바 이것은 초중종3분법을 도입한것이다. 《해례》에서는 《초성은 곧 운서의 자모(初聲卽韻書之字母)》이고 《중성은 자운의 가운데 있으므로 거기에 초성과 종성이 합쳐져서 음을 이루고(中聲字, 居字韻之中, 合初終而成音。)》, 《종성은 초성과 중성을 받아 자운을 이룬다.(終聲者, 承初中而成字韻。)》라고 하였다. 음운학적으로 이렇게 3분법을 썼다 하더라도 그들은 또 《종성은 다시 초성을 쓴다.(終聲復用初聲。)》고 규정하였기에 실질상 초성과 종성은 같은것으로 된다. 이리하여 조선어 음운을 실질적으로 자음과 모음으로 분할한것 역시 현대의 각도에서 보아도 아주 정확한것이였고 과학적인것이였다.

《훈민정음》에서 말한 초성이란 자음이며 중성이란 모음이며 종성이란 받침이다.

훈(訓) ㅎ+ㅜ+ㄴ
민(民) ㅁ+ㅣ+ㄴ
졍(正) ㅈ+ㅕ+ㅇ
흠(音) ㅎ+ㅡ+ㅁ

《훈민정음》은 이렇게 창조적으로 중국의 음운리론에서 벗어나면서도 또 그에 얽매여있기도 하였다. 이것은 특히 초성의 어음분류와 리론기초에서 보아낼수 있다.

고대중국의 음운학자들은 발음위치에 따라 성모를 목구멍소리(喉音), 어금이소리(牙音), 혀소리(舌音), 이소리(齒音), 입술소리(唇音)로 나누었는데 이것을 보통 ≪5음≫이라 하였다. 송나라때에 이르러 반설음(半舌音)과 반치음(半齒音)을 갈라 ≪7음≫으로 하였다. 원명(元明) 이후시기에 또 입술소리가 중순(重唇)과 경순(轻唇)으로, 이소리가 정치(正齒)와 치두(齒头)로 분할되여 ≪9음≫이라고도 하였다.

중국음운학에서는 또 발음방법에 따라 ≪전청(全淸)≫, ≪차청(次淸)≫, ≪전탁(全浊)≫, ≪차탁(次浊)≫ 등으로 나누었다.

≪훈민정음≫은 그 창제시에 이러한 리론을 그대로 받아들였다. 오직 ≪경순(轻唇)≫이 극히 제한되고 정치와 치두가 조선어에서 분할되지 않기에 그런것들을 설정하지 않았을따름이다. ≪훈민정음≫ 제자해의 서술에 근거하여보면 초성은 7음청탁의 분류법을 도입하고있다.

≪훈민정음≫에서 정음자모의 대표자로 든 한자는 실질상 ≪동국정운≫의 23자모로 되여있다. 이제 송나라때의 ≪절운지장도≫의 ≪36자모도≫와 대비하여 도표로 보이면 다음과 같다.

七音	≪切韻指掌圖≫(淸濁)	≪切韻指掌圖≫(字母)	東國正韻	訓民正音
牙音	全淸	見	君	ㄱ
	次淸	溪	快	ㅋ
	全濁	羣	虯	ㄲ
	不淸不濁	疑	業	ㆁ
舌音	全淸	端 (知)	斗	ㄷ
	次淸	透 (徹)	呑	ㅌ
	全濁	定 (澄)	覃	ㄸ
	不淸不濁	泥 (娘)	那	ㄴ

音	淸濁			한글
唇音	全淸	幫	(非)	彆	ㅂ
	次淸	滂	(敷)	漂	ㅍ
	全濁	並	(奉)	步	ㅃ
	不淸不濁	明	(微)	彌	ㅁ
齒音	全淸	精	(照)	卽	ㅈ
	次淸	淸	(穿)	侵	ㅊ
	全濁	從	(牀)	慈	ㅉ
	全淸	心	(審)	戌	ㅅ
	半濁半淸	斜	(禪)	邪	ㅆ
喉音	全淸	影		挹	ㆆ
	次淸	曉		虛	ㅎ
	全濁	匣		洪	ㆅ
	不淸不濁	喩		欲	ㅇ
半舌音	不淸不濁	來		閭	ㄹ
半齒音	不淸不濁	日		穰	ㅿ

≪舌音, 唇音, 齒音≫에서 괄호안의것은 ≪舌上, 唇輕, 正齒≫에 속한것이다.

보다싶이 자음에 대한 분류는 완전히 중국의 음운학리론에 의한것이였다. ≪훈민정음≫ 초성 17자모의 순서도 7음청탁의 순서대로 정해졌으며 아울러 그러하기때문에 자모의 명칭도 정해지지 않았다. 이뿐만이 아니다. 다음의 문제에서도 중국음운학의 리론을 그대로 받아들였다는것을 알수 있다.

고대중국에서는 음악의 음계를 가리켜 ≪궁(宮), 상(商), 각(角), 치(徵), 우(羽)≫의 5성으로 나누었다. 점차 5성을 어음에 사용하였는데 처음에는 자음(字音)의 높낮이를 가리켰다. 즉 성조의 개념을 띠였다. 그러다가 당나라와 송나라 때에 이 5성을 성모의 발음부위와 배합하였다. 정초(鄭樵)의 ≪7음략(七音略)≫이거나 무명씨의 ≪절운지장도≫는 다 5음에 5성을 배합하였다. 원조의 황공소(黃公

紹)의 ≪운회(韻會)≫도 ≪궁, 상, 각, 치, 우≫와 36개 자모를 배합하였다. 이렇게 5성은 5음과 배합되여 성모의 발음부위를 나타내고있다.

≪훈민정음≫은 그 리론을 그대로 받아들였다. ≪제자해≫에는 다음과 같이 쓰고있다.

≪목구멍은 깊숙하고 미끄럽다. …음으로는 우이다. 어금이는 어긋지고 길다. …음으로는 각이다. 혀는 날카롭고 움직인다. …음으로는 치이다. 이는 단단하고 싹둑거린다. …음으로는 상이다. 입술은 모지고 붙었다. …음으로는 궁이다. (喉邃而潤,……於音爲羽。牙錯而長,……於音爲角。舌銳而動,……於音爲徵。齒剛而斷,……於音爲商。脣方而合,……於音爲宮。)≫

이리하여 훈민정음의 초성과 5성은 다음과 같은 관계를 이루게 되였다.

5성	5음	성질	음상
角	牙	錯而長	實
徵	舌	銳而動	轉而颺
宮	脣	方而合	含而廣
商	齒	剛而斷	屑而滯
羽	喉	邃而潤	虛而通

≪훈민정음≫에서 내놓은 중성(中声)은 한어음운학에는 없는 독자적명칭이다. 따라서 ≪훈민정음≫에 있어서 모음은 독창적으로 서술되지 않으면 안되였다. 중국 당나라말기에 중국에서 등운학(等韻学)이 나타났는데 송나라이후 더욱 활발히 발전하였다. 이 리론은 운모를 몇개 부류로 나누고 ≪운섭(韻摄)≫이라 하기도 하고 선행모음에 따라 ≪합구개구(合口开口)≫로 나누고 혀의

위치의 고저와 전후에 따라 ≪1, 2, 3, 4등≫으로 나누기도 하였다. ≪훈민정음≫은 이러한데 구애되지 않고 이미 앞에서 말한바와 같이 소리가 깊은가 옅은가, 입이 열리는가 닫히는가에 따라 즉 심천합벽(深浅闔辟)의 원리에 따라 독특하게 모음을 나누었다.

넷째, ≪훈민정음≫은 언어의 생성원리와 조직원리를 중국의 음양오행설로 설명하고있다. ≪훈민정음해례≫는 이런것들을 문자의 창제에 적용하였는바 5음과 5행, 5시, 5성, 5방을 결부하여 초성을 설명하고 음양, 태극으로 중성을 설명하였다. 따라서 송명리학은 정음제자 전반에 관통되고있다. ≪제자해≫의 첫머리에서부터 아래와 같이 시작되고있다.

≪세상만물의 리치는 하나의 음양오행일따름이다. 곤과 복의 사이가 태극이 되고 동과 정의 뒤가 음양이 된다. 이 세상에 존재하는 모든 생물유기체가 음양을 떠나 어떻게 있을수 있겠는가. 그러므로 사람의 말소리에도 다 음양의 리치가 있는것이지만 사람들이 그것을 미처 살피지 못하고있다. (天地之道, 一陰陽五行而已。坤復之間爲太極, 而動靜之後爲陰陽。凡有生類在天地之間者, 捨陰陽而何之。故人之聲音, 皆有陰陽之理, 顧人不察耳。) ≫

이렇게 시작된 ≪제자해≫는 곳곳마다에서 이 리치로 모든것을 설명하고있다.

이른바 중국에서의 ≪음양≫은 철학의 한개 범주로서 최초의 뜻은 일광(日光)의 향배를 가리켰다. 즉 해를 향한쪽을 양, 등진쪽을 음이라 하였다. 원래 이는 기후의 덥고추움에 씌였으나 고대철학가들에 의하여 사물의 정반(正反) 두 면에 사용되여 자연계의 두개 대립되는 물질세력을 가리키게 되였다. 이른바 ≪5행≫은 목(木), 화(火), 토(土), 금(金), 수(水) 다섯가지를 가리킨다. 중국 고대철학가들은 이로써 세계만물의 기원과 다양성의 통일에 대해 설명하려 시도하였다.

음양오행설(阴阳五行说)은 이상의 두개 설이 합류된것으로서 시초에는 소박한 유물론적자연관을 보여주었다. 후세에 이르러 유심론을 선양하는데 리용되였었다. 그중의 합리적부분은 유물론자들에 의해 계승되기도 하였다.11)

태극(太极) 역시 중국의 철학술어이다. 고대의 ≪주역(周易)≫ 계사(系辞) 상(上)에는 ≪태극이 있으면 량의를 생성하고 량의는 사상을 생성하고 사상은 팔괘를 생성한다.(易有太極, 是生兩儀, 兩儀生四象, 四象生八卦。)≫라고 하였다. 이는 태극은 만물을 파생한다고 본것이다.

송명리학의 개산조사는 북송의 주돈이인데 그는 ≪무극이태극(无极而太极)≫이라는 우주생성의 학설을 제기하였다. 그는 ≪태극≫을 우주의 근원으로 인정하고 태극이 움직이면 ≪양(陽)≫을 생성하고 움직임이 극한에 이르면 정지(静止)되며, ≪정(静)≫하면 ≪음(阴)≫을 생성하고 정(静)이 극한에 이르면 다시 움직이는바 일동일정(一动一静)으로 음양의 ≪이기(二气)≫를 생성하고 음양이기가 서로 교감(交感)하면 ≪금목수화토(金木水火土)≫의 오행(五行)을 생성한다고 인정하였다. 이기의 교감이 천지만물에 이르면 만물을 또 끝없이 생성하여 무궁무진한 변화를 일으킨다. 그는 태극은 또 ≪무극(无极)≫에서 산생된다고 하면서 ≪무극≫을 우주의 본체(本体)로 보았다. 그가 말한 ≪무극≫은 일종의 물질을 초월하여 존재하는 정신적실체(实体)를 가리키는것이다.

남송의 주희(朱熹)는 ≪주자어류(朱子語類)≫ 94권에서 ≪천지만물의 리를 총괄하는것이 태극이다.(總天地萬物之理, 便是太

---

11) ≪사해(辞海)≫, 1979년 축소판, 30페지, 412페지, 413페지.

極。)≫라고 하였다. ≪사상≫은 춘하추동을 가리키기도 하고 ≪수
화목금(水火木金)≫을 가리키기도 하며 태음(太阴), 태양(太阳),
소음(少阴), 소양(少阳)을 가리키기도 한다. ≪량의≫는 음양 혹
은 천지를 가리킨다. ≪팔괘≫는 ≪주역≫가운데의 8종의 기본도
식을 가리키는데 8괘의 기본구성성분은 ≪효(爻)≫로서 ≪효≫
는 두가지로 나뉘여진다. 즉 부호 ≪—≫로 표시되는 양효(阳爻)
와 부호 ≪--≫로 표시되는 음효(阴爻)로 나뉘는데 3개의 효가
1괘(卦)를 이룬다. 가장 기본적인것은 건(乾)괘와 곤(坤)괘인데
≪≡≫와 ≪≡≡≫로 표시된다. 8괘는 각각 천(天), 지(地), 뢰
(雷), 풍(风), 수(水), 화(火), 산(山), 택(泽)을 대표한다. 여
기서 ≪--≫은 음을, ≪—≫은 양을 가리키는데 이는 팔괘의 근
본으로 된다. 이 리론은 음양의 두 기체(气体)가 결합하여 만물
을 산생한다고 본다.

　이상과 같은 리론은 ≪훈민정음≫ 제자해 곳곳에 침투되여있다.
　≪훈민정음≫ 제자해에서는 ≪일반적으로 사람의 말소리가
있는것도 오행에 근본을 두었기때문인데 네 철에 어울려 어그러
지지 않고 5음에 맞아 틀리지 않는다. (夫人之有聲本於五行。故合
諸四時而不悖。葉之五音而不戻。)≫라고 하고는 그것을 하나하나
설명하였는데 도표로 보이면 다음과 같다.

5 음	5 성	5 행	5 시	5 방
목구멍소리(喉音)	우(羽)	물(水)	겨울(冬)	북(北)
어금이소리(牙音)	각(角)	나무(木)	봄(春)	동(東)
혀소리(舌音)	치(徵)	불(火)	여름(夏)	남(南)
이소리(齒音)	상(商)	쇠(金)	가을(秋)	서(西)
입술소리(唇音)	궁(宮)	흙(土)	늦여름(季夏)	정한 위치 없음(無定)

5행과 관련하여 다음의 구절은 정음창제자의 깊은 연구를 보여준다.

≪물은 만물을 낳는 근원이요, 불은 만물을 이루는 작용이니, 오행가운데서도 물과 불이 가장 큰것과 마찬가지로 목구멍은 소리를 내는 문이요, 혀는 소리를 가르는 고동이니 <5음>가운데서도 목구멍과 혀가 가장 중요하다. (水乃生物之源, 火乃成物之用。故五行之中, 水火爲大, 喉乃出聲之門, 舌乃辨聲之管, 故五音之中, 喉舌爲主也。)≫는것이다. (≪제자해≫)

≪훈민정음≫ 제자해에서는 음양과 태극으로 중성을 설명하였는데 그것을 도표로 보이면 다음과 같다.

중성	점	나온 곳	음양	태극
ㅗ ㅏ ㅛ ㅑ	우, 밖, (上, 外)	하늘 (天)	양 (陽)	
ㅜ ㅓ ㅠ ㅕ	아래, 안 (下, 內)	땅 (地)	음 (陰)	사람을 겸하여 량의에 참여 (兼乎人, 參兩儀)
·		하늘 (天)	양 (陽)	여덟음에 일관, 양이 음을 이끎(貫於八聲, 陽之統陰)

태극의 천지관념과 5행을 서로 련결시켜 모음 11자를 다음과 같이 설명하였다.

ㅗ初生於天, 天一生水之位也, ㅏ次之, 天三生木之位也; ㅜ初生於地, 地二生火之位也; ㅓ次地, 地四生金之位也。ㅛ再生於天, 天七成火之數也; ㅑ次之, 天九成金之數也; ㅠ再生於地, 地六成水之數也; ㅕ次之, 地八成木之數也。水火未離乎氣, 陰陽交合之初, 故闔, 木金陰陽之定質, 故闢。·天五生土之位也, 一地十成土之數也, ㅣ獨無位數者。

이 말을 도표로 보면 다음과 같다.

중성	나온 차례	서로의 관계
ㅗ	처음 하늘에서 (初生於天)	하늘이 첫번째로 물을 낸 자리 (天一生水之位)
ㅏ	ㅗ다음으로 (次之)	하늘이 세번째로 나무를 낸 자리 (天三生木之位)
ㅜ	처음 땅에서 (初生於地)	땅이 두번째로 불을 낸 자리 (地二生火之位)
ㅓ	ㅜ다음으로 (次之)	땅이 네번째로 쇠를 낸 자리 (地四生金之位)
ㅛ	두번째로 하늘에서 (再生於天)	하늘이 일곱번째로 불을 이루는 수 (天七成火之數)
ㅑ	ㅛ다음으로 (次之)	하늘이 아홉번째로 쇠를 이루는 수 (天九成金之數)
ㅠ	두번째로 땅에서 (再生於地)	땅이 여섯번째로 물을 이루는 수 (地六成水之數)
ㅕ	ㅠ다음으로 (次之)	땅이 여덟번째로 나무를 이루는 수 (地八成木之數)
·	하늘 (天)	하늘이 다섯번째로 흙을 내는 자리 (天五生土之位)
ㅡ	땅 (地)	땅이 열번째로 흙을 이루는 수 (地十成土之數)
ㅣ	사람 (人)	일정한 수와 자리가 없다 (獨無位數，未可以定位成數)

　　도표에서 보다싶이 ≪훈민정음≫ 해례는 천(天)에 ≪1, 3, 5, 7, 9≫를 붙이고 지(地)에 ≪2, 4, 6, 8, 10≫을 붙였으며 생(生)에 ≪1, 2, 3, 4, 5≫를 붙이고 성(成)에 ≪6, 7, 8, 9, 10≫을 붙였다. 그리고 수(水)에는 ≪1≫과 ≪6≫, 목(木)에는 ≪3≫과 ≪8≫, 화(火)에는 ≪2≫와 ≪7≫, 금(金)에는 ≪4≫와 ≪9≫, 토(土)에는 ≪5≫와 ≪10≫을 붙였다. 뿐만아니라 천(天)에다 ≪ㅗ, ㅏ, ㅛ, ㅑ, ·≫를 배치하고 지(地)에다 ≪ㅜ, ㅓ, ㅠ, ㅕ, ㅡ≫를 배치했다. 이렇게 음양을 표현시켰다.

　　이상의것을 자세히 고찰해보면 정음 중성의 모든 글자가 결부된 5행이 전개된것은 《수목화》 또는 《금수목》의 순서로 도는 경향을 나타내여 《목화토금수》의 하도좌회순행(河图左迴順行)을 하고있음을 발견하게 된다.

　　주지하다싶이 하도란 전설적존재로서 복희씨때 황하에서 나온 룡마의 등에 하도가 있었다는것이다.[12]

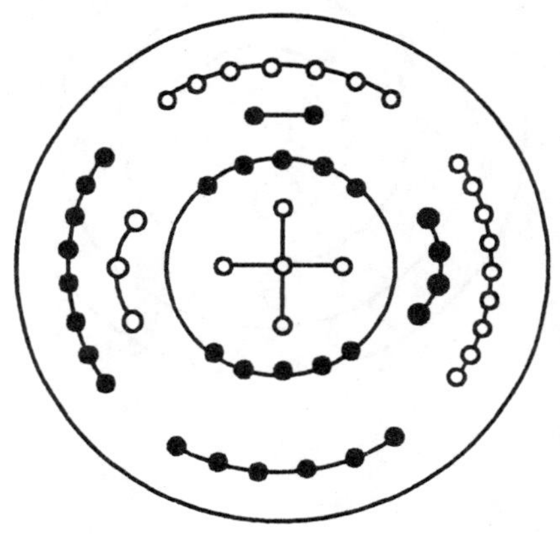

　　이 하도 그리고 락서에 의해서 복희씨는 팔패(八卦)를 만들었는데 이것이 곧 주역의 래원이라 한다.

　　우리가 알다싶이 정음창제초기에 중성의 순위는 《·, ㅡ, ㅣ, ㅗ, ㅏ, ㅜ, ㅓ, ㅛ, ㅑ, ㅠ, ㅕ》로 되였다. 《·, ㅡ, ㅣ》의 순위문제는 누구나 아는 사실이므로 이것의 설명은 할애하고 《ㅗ, ㅏ, ㅜ, ㅓ, ㅛ, ㅑ, ㅠ, ㅕ》의 순위는 우에서 설명한 수자들에 의해 표시되는 하도의 수적표현도와 일치하다.

　　하도의 수적표현도를 만들어보면 다음 그림 ①과 같다. 그리

---

12) 《易·大傳》曰：“河出圖，洛出書，聖人則之。”孔安國云：“河圖者，伏羲氏，王天下，龍馬出河，遂則其之，以畫人卦。”（朱熹《易學啓蒙》）

고 수적표현도에 ≪훈민정음≫을 대입한 모음도는 그림 ②와 같다.

그림 ①: 하도의 수적표현도

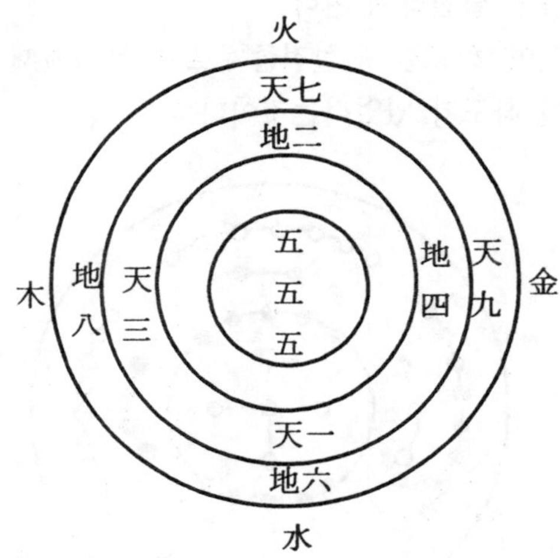

그림 ②: 모음도

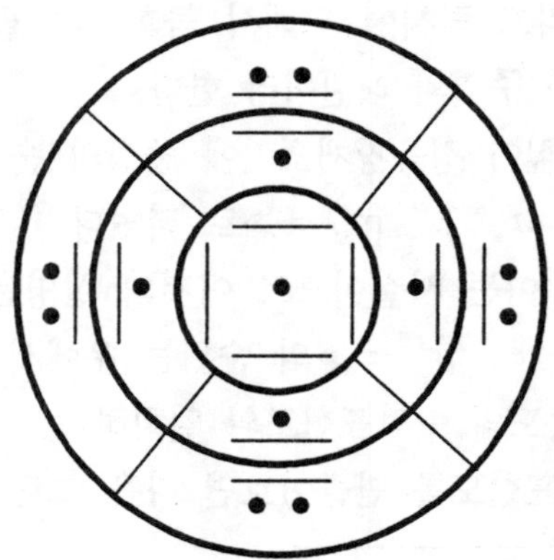

하도의 좌회순행법에 의해 왼쪽으로 돌아가면서 그 시작을
천1에서 잡았다. 지수(우수) 보다 천수(기수)를 먼저 놓고 천수에
서는 수가 적은것을 먼저 놓았다. 이로써 중성순위가 설명되며
일합일벽, 일양일음도 설명된다.13)

이상에서 설명한 하도와의 관계도 훈민정음이 바로 유구한
중국문화와 련계되고있으며 특히 역학(易学)과 련계되고있다는것
을 알려주고있다. 례:

가) 天一, 地二, 天三, 地四, 天五, 地六, 天七, 地八, 天九,
地十, 天數五, 地數五, 五位相得而各有合。天數二十有五, 地數三
十, 凡天之數五十有五, 此所以成變化, 而行鬼神也。(≪周易≫系
辭傳上九章)

나) 所謂天者, 陽之輕淸而位乎上者也。所謂地者, 陰之重濁而
位乎下者也。陽數奇, 故一三五七九, 皆屬乎天, 所謂天數五也。陰
數偶, 故二四六八十, 皆屬乎地, 所謂地數五也。天數地數, 各以類
而相交, 所謂五位之相得者然也。天以一生水, 而地以六成之。地以
二生火, 而天以七成之。天以三生木, 而地以八成之。地以四生金,
而天以九成之。天以五生土, 而地以十成之。(朱熹≪易學啓蒙≫)

다) 然≪河圖≫以生數爲主, 故其中之所以爲五者, 亦具五生數
之象焉。基下一点, 天一之象也；其上一点, 地二之象也；其左一点,
天三之象也；其右一点, 地四之象也；其中一点, 天五之象也。(朱熹
≪易學啓蒙≫)

하도자회순행과 ≪훈민정음≫에 제시된 수자에 의하여 종합
적인 모음도를 그려보면 다음과 같다.

---

13) 오봉협(吳风协), ≪한글하도기원론≫, 연길, 1950년 4호, ≪교육통신≫.

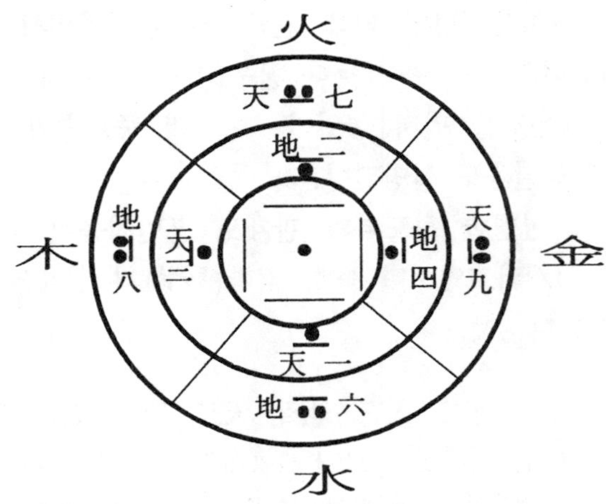

《훈민정음》은 중성뿐만아니라 초성과 종성에도 음양설을 씌워놓았다. 그것은 다음과 같다. 《초성을 중성에 대비하여 말하면 음과 양은 하늘의 리치이고 단단하고 부드러움은 땅의 리치이다. …초성과 중성, 종성의 합성된 글자로 말한다면 또 동과 정이 서로 근본이 되고 음과 양이 변하는 뜻이 있으니 동은 하늘이고 정은 땅이다. 동과 정을 겸한것이 사람이다. (以初聲對中聲而言之, 陰陽, 天道也; 剛柔, 地道也。……以初中終合成之字言之, 亦有動靜互根, 陰陽交變之義焉。動者, 天也, 靜者, 地也。兼乎動靜者, 人也。)》

중국음운학의 영향은 《훈민정음해례》의 제자해나 서문에서도 찾아볼수 있다. 소옹의 《황극경세서》나 《절운지장도》의 구절들을 《훈민정음해례》와 대비해보면 그 상사함을 발견하기 어렵지 않다.

가) 天有陰陽, 地有剛柔, 律有闢翕, 呂有唱和, 一陰一陽交而日月星辰備焉, 一柔一剛交而金木水火備焉……。(《황극경세서》)

나)　天地之道，一陰陽五行而已。坤復之間爲太極，而動靜之後爲陰陽。凡有生類在天地之間者。捨陰陽而何之。(≪훈민정음해례≫ 제자해)

다)　音非有異同，人有異同；人非有異同，方有異同，謂風土殊而呼吸異故也。(≪황극경세서≫)

라)　然四方風土區別，聲氣亦隨而異焉。(≪훈민정음해례≫ 서문)

마)　故始牙音，者之象也，其音角，其行木；次曰舌音，夏之象也，其音徵，其行火；次曰脣音，季夏之象也，其音宮，其行土；次曰齒音，秋之象也，其音商，其行金；次曰喉音，冬之象也，其音羽，其行水，所謂五音之出，猶四時之運者此也。(≪절운지장도≫ 辨字母次第例)

바)　配諸四時與沖氣，五行五音無不協。維喉爲水冬與羽；牙迺春木其音角；徵音夏火是舌聲；齒則商秋又是金；脣於位數本無定，土而季夏爲宮音。(≪훈민정음해례≫ 제자해 결)

이상의 례문들에서 우리는 ≪훈민정음≫의 제자원리에 대한 해석은 중국의 운서나 등운서(等韵书)들과 일맥상통함을 알수 있다.

3. 중세조선어의 표기체계

1) 문자의 서사규칙과 자모배렬

≪훈민정음≫은 창제된 문자를 서사생활에서 음절식철자를 하도록 하였다. 이를 위해서 일자일음절의 서법규정을 하였다. ≪훈민정음≫은 완전한 음절단위의 표기를 위해서 초성, 중성, 종성을 합처 쓰도록 규정하고있다.

凡字必合而成音。(≪례의≫)

初中終聲，合而成字。(≪합자해≫)

완전한 음절을 구성키 위해서는 ≪자음＋모음＋자음≫의 형식을 갖추어야 한다고 본것이다. 그리하여 모음만으로 또는 ≪모음＋자음(받침)≫으로 구성되는 음절에도 표기상으로는 반드시 초성을 붙이도록 하였다. 이때 쓰이는 초성자가 소리값은 없지만 엄연히 후음의 기본자로 설정된 ≪ㅇ≫이다. 례컨대 ≪오, 아, 우, 어≫나 ≪옥, 악, 욱, 억≫따위가 그것이다.

이러한 규정은 고유어보다 한자음표기에 더욱 엄격히 적용되였다. 이른바 ≪동국정운≫식한자음표기가 그 전형적인 례인데 자음이 없는 초성의 자리에 ≪ㅇ≫을 붙이는것은 물론이고 자음이 없는 종성의 자리에도 반드시 ≪ㅇ≫이나 ≪ㅱ≫을 붙이도록 하였다. 례:

初 총   歌 강   句 궁   魚 엉
勞 롱   驕 굠   愁 쓩   蚪 끃

≪례의≫에서는 이러한 규정외 ≪초성을 어울려 쓸것이면 나란히 쓴다.(初聲合用則並書。)≫고 규정하고 ≪종성도 마찬가지다(終聲同)≫라고 하였으며 ≪<ㆍ, ㅡ, ㅗ, ㅜ, ㅛ, ㅠ>는 초성 아래 붙여쓰고 <ㅣ, ㅏ, ㅓ, ㅑ, ㅕ>는 오른쪽에 붙여쓴다. (ㆍㅡㅗㅜㅛㅠ附書初聲之下, ㅣㅏㅓㅑㅕ附書於右。)≫라고 규정하였다.

이처럼 음절단위로 초성, 중성, 종성이 합하여 글자―한 음절단위―를 이룬다는 전제밑에 ≪훈민정음≫ 합자해에서는 서사규칙들을 더 구체적으로 규정하였다.

① 초중종 3성이 있어야 글자가 되며 따라서 초성은 중성우에 쓰거나 중성 왼쪽에 쓴다.(初中終三聲, 合而成字。初聲或在中聲之上, 或在中聲之左。) 례:

君 군, 業 업

② 중성에서 둥근자(≪ · ≫)와 가로금자는 초성아래에, …세로금자는 초성 오른쪽에 쓴다.(中聲卽圓者橫者在初聲之下,……縱者在初聲之右。) 례:

呑 튼, 卽 즉, 侵 침

③ 종성은 초성과 중성이 합한 아래에 쓴다.(終聲在初中之下。) 례:

君 군, 業 업

④ 초성을 둘이나 셋을 어울려 쓸 때는 옆으로 나란히 쓴다.(初聲二字三字合用並書。) 례:

짜(地), 딱(隻), 뽐(隙)

같은 초성자를 어울려 써도 나란히 쓴다.(各字並書。) 례:

혀(引), 괴여(人愛我), 쏘다(射)

⑤ 중성을 둘이나 셋을 어울려 쓸 때도 옆으로 붙여쓴다.(中聲二字三字合用。) 례:

과(琴柱), 홰(炬)

⑥ 종성을 둘이나 셋을 어울려 쓸 때도 옆으로 나란히 쓴다.(終聲二字三字合用並書。) 례:

흙(土), 낛(釣), 둚 때(酉時)

이렇게 어울려 쓰는것은 초성, 중성, 종성이 마찬가지인바 왼쪽에서 오른쪽의 방향으로 나란히 쓴다.(合用 書, 自而右, 初中終三聲皆同。)

이밖에 초성을 상하로 이어쓰는 이른바 ≪련서(连书)≫에 대하여 ≪례의≫에서는 ≪<ㅇ>을 입술소리아래 이어쓰면 입술 가벼운 소리가 된다.(ㅇ連書脣音之下, 則爲脣輕音。)≫고 하였고 ≪합자해≫에서는 ≪<ㅇ>을 <ㄹ>아래에 이어쓰면 반설경음이 된다.(ㅇ連書ㄹ下, 爲半舌輕音。)≫고 하여 초성련서법을 말했다. 례:

봉, 릉

≪훈민정음≫에 제정된 28자는 창제당시에 글자의 명칭을 갖고있지 않았다. 다만 한자에 비해서 그 한자의 어느 부분의 음에 해당한다는것만 밝혔을따름이다. ≪훈민정음≫에서는 초성의 배렬은 7음의 순서 및 청탁에 따라하였다.

ㄱ ㅋ ㆁ; ㄷ ㅌ ㄴ; ㅂ ㅍ ㅁ; ㅈ ㅊ ㅅ; ㆆ ㅎ ㅇ; ㄹ;   △
(어금이)   (혀)   (입술)   (이)   (목구멍) (반혀) (반이)

어금이, 혀, 입술, 목구멍 소리 글자들 안에서는 전청, 차청, 불청불탁의 순서로 배렬하였고 이소리글자에서는 ≪ㅈ, ㅅ≫이 전청이고 ≪ㅊ≫은 차청이며 불청불탁은 없다. 중성의 배렬은 기본자, 초출자, 재출자의 순서로 하였다.

· ㅡ ㅣ; ㅗ ㅏ ㅜ ㅓ; ㅛ ㅑ ㅠ ㅕ
(기본자)   (초출자)   (재출자)

1527년 최세진의 ≪훈몽자회≫에 이르러 ≪훈민정음≫의 글자는 명칭을 갖게 되였고 자모의 순서도 변화되였다.

최세진은 ≪훈민정음≫의 ≪ㆆ≫를 취소하고 27자로 글자를 규정하였다. 배렬순서에 있어서 초성은 초성과 종성에 다 쓰이는것과 초성에만 쓰이는것을 크게 분할하고 그다음 5음[牙舌脣(半舌)齒(半齒)喉]의 순서와 기본자, 가획자, 이체자의 순서도 고려하였다.

초성:

ㄱ   ㄴ   ㄷ   ㄹ   ㅁ   ㅂ   ㅅ   ㆁ

(기역) (니은) (디귿) (리을) (미음) (비읍) (시옷) (이응)

—이상 초성과 종성에 쓰임

ㅋ   ㅌ   ㅍ   ㅈ   ㅊ   ㅿ   ㅇ   ㅎ

(키) (티) (피) (지) (치) (싀) (이) (히)

—이상 초성에만 쓰임

모음에서는 기본자를 뒤에 놓았다. (기본자에서는 ≪ㆍ, ㅡ, ㅣ≫순서를 바꿔 ≪ㅡ, ㅣ, ㆍ≫로 하였다.)

중성:

ㅏ ㅑ ㅓ ㅕ ㅗ ㅛ ㅜ ㅠ ㅡ ㅣ ㆍ

(아)(야)(어)(여)(오)(요)(우)(유)(으)(이)(ᄋ)

2) 철자법

≪훈민정음≫ 창제자들이 초중종성이 반드시 어울려야 글자가 된다고 한것은 우선 그들이 새로 제정한 한자음을 념두에 두

고 한것이였다고 볼수 있다.

고유조선어의 경우 문장속에서 단어의 형태를 고정하여가지고 어간과 토의 계선을 종성에서 명확히 구별하여 쓰지 않았다. 어간적 단어로 나타낼 필요가 없는 경우 ≪훈민정음≫창제시의 정음문헌들에서는 표음주의철자법을 기본으로 하였다. 여기서 표음주의철자법을 기본으로 하였다는것은 모든 경우에 소리나는대로 적었다는것이 아니라 고유어에서 모음우에서 받침을 내려씀으로써 음절문자단위로는 어간과 토를 구분할수 없게 하였다는것이다. 례:

가) 체언과 토

말ᄊᆞ미(말ᄊᆞᆷ + 이)
노미(놈 + 이)
文문은 글와리라(글왈 + 이라)
而ᅀᅵᆫ 입겨지라(입겿 + 이라)
耳ᅀᅵᆼᄂᆞᆫ ᄯᆞᄅᆞ미라(ᄯᆞᄅᆞᆷ + 이라)
올ᄒᆞ녀긔(올ᄒᆞ녁 + 의)

나) 용언과 토

ᄀᆞᄐᆞ니라(ᄀᆞᇀ + ᄋᆞ니라)
連련은 니슬씨라(닛 + 을씨라)
두터브니(두텁 + ᄋᆞ니)
열브니(엷 + ᄋᆞ니)
노ᄑᆞᆫ소리라(높 + ᄋᆞᆫ)
ᄆᆞᆺᄂᆞ가ᄫᆞᆫ소리라(ᄆᆞᆺᄂᆞ갑 + ᄋᆞᆫ)

—이상 ≪훈민정음언해≫

중세조선어에서는 하철을 일관하면서도 부분적으로 상철하여 형태를 고정시킨것도 없지는 않다.

표음주의철자원칙은 한자를 혼용한 정황에서 꼭 그대로 관철될수 없었다. 그리하여 고유조선어의 경우에 그것이 적용되였을 뿐 한자어휘인 경우 모음우에서 웃형태부의 받침이 내려와 발음된다 하여도 하철하지 않았다. 그것은 한자혼용 경우 한자자체에서 그 소리를 떼여내여 적을수 없기때문이다. 한자를 정음으로 음을 적어 한자와 정음이 병기될 경우에도 병기된 정음에서 하철하지 않았다. 례:

윈녀긔 흔 <u>點뎜</u>을 더으면(≪훈민정음언해≫)
일마다 <u>天福</u>이시니(≪룡비어천가≫ 1장)

중세조선어에서는 자음동화현상도 철자법에 반영되였다. 자음동화현상이 표기에 수용되였다는것은 소리나는대로 적은 표음주의철자원칙이 체현된것이라 하지 아니할수 없다. 례:

有情을 어버 <u>돈녀</u>(≪월인석보≫ 九, 61)
可히 <u>건나</u> 가리로다(可超越) (≪두시언해≫ 초, 十六, 37)
<u>이튼날</u> 城의 가 뵈고(≪소학언해≫ 六, 7)
虎狼올 <u>전노라</u>(≪두시언해≫ 초, 八, 29)
혓그티 웃닛머리예 <u>다ᄂᄂ니라</u>(≪훈민정음언해≫)
돌우희 <u>인ᄂ니</u>(≪분문온역이해방≫ 7)
곶 <u>됴코</u> 여름하ᄂ니(≪룡비어천가≫ 2)
ᄆᆞ숨 <u>슬턴</u> 싸홀(傷心處) (≪두시언해≫ 초, 二十一, 13)

이상의 례문들에서 ≪돈녀≫는 형태를 밝힌다면 응당 ≪둗녀≫ (원형 ≪둗니다≫)로 되여야 할것이지만 자음동화를 입어 소리가

변한것을 그대로 적은 까닭에 ≪돈녀≫로 표기된것이다. 이같이
자음동화된것대로 표기한것은 다음과 같은것들이다.례:

    걷나>건나(원형 ≪걷나다≫, 현대어 ≪건너다≫)
    이튿날>이튼날(원형 ≪이튿날≫, 현대어 ≪이튿날≫)
    젛노라>전노라(원형 ≪젛다≫, 현대어 ≪저어하다≫)
    닿ᄂ니라>단ᄂ니라>다ᇿ니라(원형 ≪닿다≫, 현대어 ≪닿다≫)
    잇ᄂ니>인ᄂ니(원형 ≪이시다>잇다≫, 현대어 ≪있다≫)
    둏고>됴코(원형 ≪둏다≫, 현대어 ≪좋다≫)
    슳던>슬턴(원형 ≪슳다≫, 현대어 ≪슬퍼하다≫)

    중세조선어에서는 사이소리의 표기도 문자로써 하였다. 사이
소리 표기로써 삽입자모를 사용하였는데 다음과 같은 두가지 류
형으로 갈라볼수 있다.
    한가지는 원칙적으로 우의 음절의 말음과 같은 성질의 음(牙
舌脣喉)에 속하는 파렬음을 삽입자모로 하는것인데 이는 주로 한
자어사이에서 준수되였다. 례:

    洪(嫭)ㄱ字, 平生ㄱ뜯(ㅇ—ㄱ)
    君(군)ㄷ字, 몃間ㄷ지븨(ㄴ—ㄷ)
    侵(침)ㅂ字, 사룹ㅃ뜨디(ㅁ—ㅂ)
    漂(푷)ㅸ字, (ㅱ—ㅸ)
    那(낭)ㆆ字, 先考ㆆ뜬들(ㅇ—ㆆ)

             —이상 ≪훈민정음언해≫, ≪룡비어천가≫

    다른 한가지는 이소리 ≪ㅅ≫, 반이소리 ≪ㅿ≫, 목구멍소리
≪ㆆ≫와 련관된것으로서 이런것들은 주로 고유어사이에서 일어

나는 사이소리표기에 씌였다. 례:

즘겟가재(모음과 ≪ㄱ≫사이) (≪룡비어천가≫)
아바닚뒤(≪ㅁ≫과 ≪ㄷ≫사이) (≪룡비어천가≫)
입시울쏘리(≪ㄹ≫과 ≪ㅅ≫사이) (≪훈민정음언해≫)
鐵圍山쓰ᅀᅵ(≪ㄴ≫과 ≪ㅅ≫사이) (≪월인석보≫ 一, 28)

이처럼 ≪ㅅ≫은 모음(또는 유향자음)과 무성음사이에 씌였
다. 모음(또는 유향자음)과 유향음(혹은 모음)사이에는 ≪ㅅ≫과
구별하여 ≪ㅿ≫를 썼다. 례:

나랏 일홈(모음과 모음사이)
後ᅀ 날(모음과 유향자음사이)
눖므를(유향자음과 유향자음사이)

            —이상 ≪룡비어천가≫

≪ㅅ≫과 ≪ㅿ≫는 이상과 같이 아주 규칙적으로 대응되여
씌였다.
고유어 ≪ㄹ≫말음아래에는 삽입자모 ≪ㆆ≫를 사용하였다.
(한자어에서는 모음아래 씌였다. 례: 那ㆆ字) 례:

하놇뜨디시
갏길히
도라오싫제

            —이상 ≪룡비어천가≫

이러한 사이소리표기에 쓰인 삽입자모들은 ≪훈민정음≫ 창

제초기에 이렇게 쓰이다가 그후 ≪ㅅ≫ 하나만 남게 되였다.

이상에서 중세조선어의 철자법에 대하여 간략히 고찰하였다. 그러나 중세조선어의 표기에 있어서 이상의 표기와 다른 표기도 나타나고있다. 다시말해서 이상의 철자법규범과 일부 어긋나는것도 있다.

우선, 고유어휘의 경우임에도 불구하고 어간의 끝자음을 아래로 옮기는 하철을 하지 않은것들이 일부 보인다.

눌은 남기 (≪룡비어천가≫ 84)
狄人이 굴외어늘 (≪룡비어천가≫ 4)

이런 례는 일정한 어음적조건에서만 나타났는바 일련의 어음론적과정의 반영이라고 할수 있다.[14) 그리고 자음동화의 경우 그것이 동화되였음에도 철자상에서 형태를 고정시킨것이 나타난다. 이는 이미 형태주의원칙이 고려되고있었음을 시사해준다. 례:

攻戰에 돋니샤(≪룡비어천가≫ 113)
안죰 걷뇨매 어마님 모르시니(≪월인석보≫ 二, 24)

또 삽입자모를 사용함에 있어서 한자어와 고유어사이에 사용할것을 고유어들사이에 사용했거나 고유어사이에 사용할것을 한자어와 고유어사이에 사용한것들이 있다. 례:

狄人ㅅ서리예(≪룡비어천가≫ 4)
英主ㅿ알픽(≪룡비어천가≫ 16)
사ᄛᄠ드리리잇가(≪룡비어천가≫ 15)

이러루한 삽입자모의 례는 례외로 볼수밖에 없다.

---

14) 김영황, ≪조선어사≫, 김일성종합대학출판사, 1997년.

3) 한자음

중세의 조선어한자음은 두가지 계통으로 표기되였다. 하나는 이른바 ≪동국정운(東國正韻)≫의 한자음표기이고 다른 하나는 그 당시 현실 한자음을 표기한 ≪훈몽자회(訓蒙字會)≫ 등 자서의 음이다.

(1) ≪동국정운≫의 한자음

≪훈민정음≫을 창제한 이후 언문청(谚文厅)을 설치하고 ≪동국정운≫이란 한자운서를 편찬하였다. ≪세종실록≫에 의하면 1447년(세종 29년 정묘 9월)에 ≪동국정운≫ 6권을 편찬완성하였다. ≪훈민정음≫이 창제되기전에 한자를 유일한 서사도구로 하는 과정에 조선한자음은 이미 자기 체계를 가지게 되였는데 중국음과는 다른것이였다. 그런데 ≪동국정운≫은 전통적인 음을 고려하면서도 중국운서에 맞추어 한자음을 교정하였다.

이 책의 편찬에는 신숙주, 최항, 성삼문, 박팽년, 리개, 강희안, 리현로(李賢老), 조변안(曹变安), 김증(金曾)이 참가했으며 신숙주가 서문을 썼다.

≪동국정운≫에서 이들 편찬자들이 중국의 ≪운회≫에 기준하여 한자음을 계통적으로 교정한것은 사실이지만 그렇다고 하여 중국운서의 체계에로 완전히 돌아간것이 아니며 전통적인 조선음과의 타협적인 방법으로 교정하였던것이다. 이러한것은 서문의 다음과 같은 말들에서도 알아볼수 있다.

≪우리 동방은 산과 강이 스스로 한개 구역을 이루고있으며 풍기가 중국과 더불어 같지 않으니 숨을 내쉬고 들이쉬는것이 어찌 중국과 합치되겠는가? 그러므로 말소리가 중국과 더불어 같지 않은것은 당연한 리치이다. (吾東方表里山河自爲一區, 風氣已殊於中國。

呼吸豈與華音相合歟，然則語言之所以與中國異者，理之然也。)≫

≪설두, 설상, 순중, 순경, 치두, 정치의 류와 같은것은 우리 나라 한자음에서는 분류할수 없으니 그것 역시 자연스러운 일인데 하필 36자모에 구애되여야 하겠는가? (如舌頭舌上脣重脣輕齒頭正齒之類，於我國字音未可分辨，亦當因其自然，何必泥於三十六字乎?)≫

비록 이러한 점은 있다 하여도 ≪동국정운≫음은 비현실적이고 인위적인것이였으므로 오래가지 못하였다. 세조대에 이르기까지는 모든 문헌에서 사용되였으나 성종대에 와서 일부 불경언해에 사용되다가 폐지되고말았다.

≪동국정운≫은 91운 23자모로 하였는데 매 운부는 평성, 상성, 거성, 입성의 순서로 배렬하고 매개 운에는 정음자로 음이 표시되였다. 매개 운부는 다시 23자모순서에 따라 배렬되였다. 23자모는 훈민정음 초성 17자에 각자병서 6자를 더한것이다. 그 순서는 ≪ㄱㅋㄲㆁ, ㄷㅌㄸㄴ, ㅂㅍㅃㅁ, ㅈㅊㅉㅅㅆ, ㆆㅎㆅㅇ, ㄹㅿ≫로 되였다.

≪동국정운≫의 교정음은 다음과 같은 두가지 특성을 가지고있다.

첫째, 자모에서 전탁자 ≪ㄲ, ㄸ, ㅃ, ㅆ, ㅉ, ㆅ≫와 ≪ㆆ(影母)≫를 쓰고있다.

覃 땀   步 뽕
族 쪽   熟 쑥

이는 고유어나 전통적인 한자음과는 다른것이다.

둘째, 모든 경우에 종성을 갖추고있다. 이는 ≪훈민정음≫의 초중종성이 합하여야 글자가 된다는 말과 일치하다. 그러나 ≪동국정운》은 종성에 고유어나 전통적한자음에 쓰인 ≪ㄱ, ㅂ, ㅇ, ㅁ, ㄴ≫이외에 ≪ㅭ≫, ≪ㅇ≫, ≪ㅱ≫ 등의 종성을 쓰고있다. 이가운데서 ≪ㅇ≫과 ≪ㅱ≫는 일정한 자기의 음가도 없는 형식 종성일따름이다. ≪ㅭ≫는 전통적인 한자음에서 이미 ≪ㄹ≫로 발음되는것들을 교정한것이다. ≪훈민정음≫ 종성해에 ≪ㄹ≫은 ≪ㄷ≫이 변하여 가볍게 된것이라고 하고 ≪그 소리가 느리여 입성이 되지 않는다. (其聲舒緩不爲人也。)≫고 하면서 고유어에는 쓸수 있어도 한자음에는 쓸수 없다고 하였다. 그들이 ≪ㄷ≫으로 고치지 못한것은 그 당시에 이미 형성된 추세를 돌려세울수 없었기때문이다. 그리하여 그들은 타협적인 방법으로 ≪ㅭ≫로 하였던 것이다. 이에 대하여 ≪동국정운≫ 서문에는 다음과 같이 썼다.

≪질과 물의 제운에는 마땅히 종성을 단모(ㄷ)를 써야 하나 속습에 래모(ㄹ)를 쓰므로 그 소리가 느즈러져서 입성에 맞지 않는데 이것은 사성이 변한것이다. (質物諸韻宜以端母爲終聲，而俗用來母，其聲徐緩，不宜入聲，此四聲之變也。)≫

≪질과 물의 제운에는 영모(ㆆ)로 래모(ㄹ)를 보충하여 풍속에 인하여 바름에 돌아오니 구습의 그릇됨이 이제 이르러 모조리 고치여졌다. (又於質物諸韻，以影補來，因俗歸正，舊習謬謬，至是而悉革矣。)≫

이러한 특이한 종성을 례로 들면 다음과 같다.

標 픃　　　之 징　　　失 싎

≪훈민정음언해≫에 쓰인 한자를 종성에 따라 보이면 다음과 같다.

한자 \ 종성	ㄱ	ㆁ	ㄴ	ㅭ	ㅁ	ㅂ	ㅱ	ㅇ
한자	國得百卽則促欲	相姓上常成終聲情正皇洪用穰輕江中通同幷平	言君吞文民憫便半伸新屑安漢訓連然人	不八發彆必別舌戌一日	南覃点談凡侵音	急業十習揖合人	虯斗頭漂復有右喉流	閭而二耳如　此制使初書所左齒慈邪　矣與予爲易於下乎虛　御加去語愚牙故其快多那乃帝步附彌無之字者

　　≪동국정운≫의 한자음은 전통적으로 쓰이던 당시의 실제음과는 다른것이 많다. 그 례를 들면 다음과 같다.

초성:　考　콜　고비족쵸
　　　　妃　콩펑　
　　　　族　쪽쑴　
　　　　焦　딴　탄

중성: 勝　셩　승
　　　萬　먼　만
　　　某　뭉　모
　　　開　캥　기
　　　階　갱　계

종성: 括　괋　괄
　　　尼　닝　니
　　　稻　돟　도
　　　鳩　궇　구
　　　卒　좒　졸

(2) ≪훈몽자회≫의 한자음

　≪훈몽자회≫는 최세진(崔世珍)이 아동들에게 한자를 가르치기 위하여 1527년에 지은 한자자서인데 한자 3,360자를 모아 음과 뜻(训)을 달고 다시 필요할 경우에 한문으로 적당한 주석을 간략히 달아준 책이다. ≪훈몽자회≫는 상, 중, 하 3권으로 되여 있다. 책의 처음에 ≪훈몽자회인(引)≫이 있으며 그다음 ≪범례≫가 있고 ≪목록≫이 있다. ≪목록≫은 천문, 지리, 화품(花品) 등 33개 항목으로 되였다. ≪범례≫중의 ≪언문자모≫에 관한 부분은 조선어자모를 새롭게 배렬하고 자모명칭을 규정해줌으로써 조선어력사연구에서 아주 귀중한 자료로 된다.

　≪훈몽자회≫는 한자음표기를 함에 있어서 ≪동국정운≫의 한자음을 밀어놓고 그 당시에 실제로 발음된 전통음에 립각하였다. 한자전통음을 체계적으로 정리함과 아울러 규범화한것으로는 ≪훈몽자회≫가 처음이라고 말할수 있으며 이로 하여 또 그 의의가 있게 된다. 물론 ≪삼강행실도언해≫(1481년) 등 책들에

서 일찍 전통음을 표기했지만 그것은 전문적인 한자자서가 아니였으며 글속에 산재한 한자에 음을 단것이였다.

전통음이란 기원전으로부터 한자를 수입하여 쓰는 과정에 조선어어음체계에 복종하면서 이루어진 조선어한자음이다. 전통음은 고려시기인 10세기좌우에 정리된 음이며 아울러 그 이전시기와 계승성을 갖고있는 음이다. 바꾸어말하면 조선적인 한자전통음이라 할수 있다. 이 전통적인 음은 원류를 한어에 두고있지만 중국음의 변화와는 관계없이 자립성을 고수했으며 조선어어음체계에 제약되면서도 자기로서의 특수한 체계를 완고히 고수했으며 조선어방언의 지방적차이와는 관계없이 거의 전조선적인 통일을 고수해왔다.

《훈몽자회》는 《동국정운》음의 교란을 물리치고 이러한 전통적인 음을 정리하였다.

아래에 《동국정운》의 교정음, 현대음과 비교하여 《훈몽자회》의 한자음을 몇개 들어보려 한다.

[《동국정운》]		[《훈몽자회》]	[현대음]
口	쿰ㅇ	구	구
強	깡	강	강
地	떵	디	지
父	뿡	부	부
心	씸	심	심
特	뜩	특	특
表	뵴ㅇ	표	표
去	컹	거	거

—이상 초성대비

根	근	근	근
習	씹	습	습
段	똰	단	단
飯	뻔	반	반
賊	쪽	적	적

—이상 중성대비

達	똟	달	달
發	벓	발	발
固	공	고	고
手	슣	슈	수
毛	몯	모	모

—이상 종성대비

보다싶이 ≪훈몽자회≫의 전통적인 음은 현대음과 기본적으로 일치하다.

이와 같이 ≪훈몽자회≫는 전통음에 기초한 한자음규범에 공헌했으며 따라서 오늘에 이르기까지의 한자음 보존과 계승에 기여하였다.

(3) 전통한자음의 변화

고려시기에 정리된 전통적인 한자음은 비록 큰 흔들림이 없이 전승되여 내려왔지만 조선어어음변화의 견제를 받지 않을수 없었다. 례를 들어 16세기까지 존재했던 ≪△≫와 18세기까지 존재하였던 ≪·≫는 그 변화가 한자음에도 반영되여 ≪△≫는 탈락되고 ≪·≫는 ≪ㅏ≫로 대체되였다.

미 > 매(妹)   ᅀᆞ > 아(兒)

한편 극히 개별적이지만 전통음은 ≪동국정운≫ 한자음의 영향밑에 변화된것들도 있었다.

母   모(≪자회≫)
      무(≪주해천자문≫)
巾   건(≪자회≫)
      근(≪주해천자문≫)
土   토(≪자회≫)
      투(≪맹자언해≫)
務   무(≪자회≫)
      모(≪시경언해≫)
畝   묘(≪새옥편≫)
      무(≪자전석요≫)

이상의 례에 나타난 ≪동국정운≫음으로부터 침투된 음들은 현대에 이르러 불규칙적 낡은 음으로 되고 전통음이 다시 쓰이고 있다. 이러한것들은 전통음이라고 하여 고정불변의것이 아니라는것을 설명함에는 유족하다. 현대에 이르기까지 전통음의 주요한 변화는 아래의 두가지에 있다.

첫째, 앞자음의 구개음화

중세조선어에서는 극히 개별적인것들을 내놓고는 ≪ㄷ, ㅌ≫의 구개음화가 되지 않았다. 고유조선어의 구개음화가 점차 실현됨에 따라 한자음도 17세기후 ≪ㄷ, ㅌ≫이 ≪ㅈ, ㅊ≫으로 변화되기 시작하였다. (19세기말부터 20세기중엽까지도 조선 서북지방

과 동북지방의 일부에서는 이러한 현상이 일어나지 않았다. 현대
에 이르러 과학문화의 전파와 교육의 발전으로 하여 이런 폐쇄성
은 깨뜨러졌다.)

그럼 《훈몽자회》에서 초성이 《ㄷ, ㅌ》인 한자음은 모조
리 《ㅈ, ㅊ》으로 변하였단 말인가? 그렇지 않다.

《훈몽자회》의 《ㄷ, ㅌ》 초성의 한자들은 모두 자모 《端
(단)》, 《知(지)》조의 글자들이다. 이 두조의 한자음초성이 모
두 《ㄷ, ㅌ》인데 그중 단조 4등자와 지조 3등자들이 《ㅣ》 또
는 《ㅣ》 선행모음과 결합되였다. 현대에 이르러 이들은 구개음
화를 실현하였다. 그외 단조 1등자와 지조 2등자의 대부분은 의
연히 《ㄷ, ㅌ》으로 되였으며 2등의 일부가 구개음화되였다.

[《훈몽자회》]			[현 대 음]	
端透定 1	ㄷ	ㅌ	ㄷ ㅌ	
知徹澄 2	ㄷ	ㅌ	ㄷ ㅌ, ㅈ ㅊ	
知徹澄 3	ㄷ	ㅌ	ㅈ ㅊ	
端透定 4	ㄷ	ㅌ	ㅈ ㅊ	

례:

地	디> 지(4등)	張	댱> 장(3등)
天	텬> 천(4등)	雉	티> 치(3등)
茶	다> 다(2등)	東	동> 동(1등)
嘲	됴> 조(2등)	湯	탕> 탕(1등)

둘째, 《ㅣ》모음의 기피현상

중성에서는 《ㅣ》모음 기피현상이 일어나 선행모음탈락에
의한 홑모음화가 일어났다. 구개음화의 결과 《댜, 뎌, 됴, 듀》

가 ≪쟈, 져, 죠, 쥬≫로, ≪탸, 텨, 툐, 튜≫가 ≪챠, 쳐, 쵸, 츄≫로 변하게 되였다. 그런데 현대에 이르는 과정에 이러한 한자들은 모두 ≪ㅏ, ㅓ, ㅗ, ㅜ≫로 바뀌면서 ≪ㅣ≫를 탈락시켰다. 원래 구개음화에 속하지 않았던 다시말해서 본디 ≪ㅈ, ㅊ, ㅅ≫ 초성을 가졌던것까지 모두 ≪ㅣ≫모음을 기피하여 탈락시켰다.

[≪훈몽자회≫]			[현대음]
場 댱	> 쟝		> 장
築 튝	> 축		> 축
寫 샤			> 사
主 쥬			> 주
借 챠			> 차

제3절 중세조선어의 음운체계

1. 자음체계

중세조선어의 음운체계를 분석하고 도출해냄에 있어서 ≪훈민정음해례≫의 음운에 대한 직접적인 기술과 정음으로 기록된 중세의 문헌자료들을 떠날수 없다. 언어사적으로 중고조선어에서 중세조선어에로 넘어오는 기간, 조선어자음체계에는 일정한 변화들이 나타나게 된다. 이미 중고에 산생된 거센소리(유기음)는 이 시기에 와서도 계속 발전하여갔으며 된소리체계도 이 시기에 와서는 산생되여있었다. 그리고 ≪ㅿ≫, ≪ㅸ≫도 언어사적으로는 잠시적이였지만 이 시기에 음운으로 등장되여있었다.

≪훈민정음≫이 창제된후 고유어표기에 쓰인 글자들은 다

음과 같다.

　　단일구성자: ㄱ ㅋ ㆁ, ㄷ ㅌ ㄴ, ㅂ ㅍ ㅁ, ㅈ ㅊ ㅅ, ㆆ ㅎ
　　　　　　　 ㅇ, ㄹ ㅿ
　　복합구성자: ㅲ, ㅳ, ㅄ, ㅶ, ㅷ, ㅺ, ㅼ, ㅽ, ㅾ, ㅴ, ㅵ
　　　　　　　 (합용병서)
　　　　　　　 ㄲ, ㄸ, ㅃ, ㅉ, ㅆ, ㆅ, ㅇㅇ, ㄴㄴ (각자병서)
　　　　　　　 ㅸ (련서)

이것이 15세기 고유조선어표기에 초성으로 쓰인 전부의 글자들이였다.

조선문자는 음운문자(자모문자)로서 현대조선어에 있어서는 음운과 문자가 일치되고있다. 그러나 중세조선어에 있어서 음운과 문자는 일치된것이 아니였다. 다시말해서 우에 제시된 글자들이 다 음운으로서의 자격을 가진것이 아니였다. 그 주요한 원인은 어음의 결합적변화에도 문자가 부여되였고 또 인위적인 한자음에도 문자가 부여되고있었기때문이다.

그럼 아래에 구체적으로 보기로 한다.

순한소리 ≪ㄱ, ㄷ, ㅂ, ㅅ, ㅈ, ㅎ≫, 거센소리 ≪ㅋ, ㅌ, ㅍ, ㅊ≫, 류음과 비음 ≪ㄴ, ㄹ, ㅁ≫은 15세기에도 그 문자와 음운은 오늘과 일치하였다. 여기서 문제로 제기되는것은 단일구성자에서의 ≪ㆁ≫, ≪ㆆ≫, ≪ㅿ≫ 및 복합구성자에서의 병서자와 련서자들이다.

(1) ≪ㆁ≫과 ≪ㅇ≫

현대조선어에서는 ≪ㅇ≫을 받침으로도 쓰고 초성위치에도 쓰고있다. 중세조선어에서 음절식절차를 하기 위한 형식적첨가물로 초성위치에 씌였고 또 ≪동국정운≫ 한자음의 종성에도 씌였다. 그러나 이러한 경우에 ≪ㅇ≫은 모두 음가가 없다.

≪ㆁ≫은 형식자모가 아니였다. 이것은 오늘의 ≪ㅇ≫받침에 해당하는 글자로서 음가 [ŋ]을 표시한다. 례:

당당이(마땅히)
쉬궁(시궁창)

≪ㆁ≫은 어중음절의 첫소리로 쓰인 례가 있다. 례:

바올(≪월인석보≫ 十八, 39)

이 경우에도 이것은 받침이 하철된것이다. 례:

방올(鈴) (≪법화≫ 二, 72)

≪ㆁ≫은 그후 문자로서는 없어지고 그 자리에 ≪ㅇ≫이 두루 쓰이게 되였다.

(2) ≪ㆆ≫

이 자모는 문자로는 사용되였지만 음운으로서의 존재는 아니였다. 고유어에서 소리끊음을 나타내는 일종의 된소리표기의 삽입자모로만 씌였다. 례:

지브로 도라오싫제(≪룡가≫ 18)
갏길히 입더시니(≪룡가≫ 19)

이 글자는 주로 ≪동국정운≫ 한자음에 씌였다. ≪동국정운≫ 한자음에서 이 자모는 초성에도 쓰이고 삽입자모로도 쓰이였다. 례:

安한, 挹흡

那ㆆ字, 先考ㆆ뜯들

  《동국정운》 서문에 《질물(質物)의 제운에서는 영모로써
래모를 보충하여 풍속에 따라 바로 돌아가게 한다.》고 씌여있는
데 이는 《동국정운》 한자음에서 본래의 [t]종성을 되살리기 위
해 이미 변화된 《ㄹ》받침에 《ㆆ》를 덧붙였음을 말해준다. 례:

  失싫   悉싫   八밣   日싫

  보다싶이 《동국정운》 한자음입성자에서의 《ㆆ》는 고유어
삽입자모와는 다른 성격을 가진다.
  이러루한 사실들은 《ㆆ》는 한자음 영모(影母) [ʔ]의 표기
임을 말해줄뿐이다. 고유어에서 삽입자모로만 쓰이고 인위적인
한자음에서 주로 씌였다는것은 그것이 중세의 조선어의 자립적음
운이 아니였다는것을 말해준다.

  (3) 《ㅿ》
  이 자모는 중세조선어에 존재한 하나의 음운이였다.
  우선 《ㅿ》는 고유어에서 주로 어중의 유성음사이에 쓰이고
있는데 극히 희소하게는 어두에도 사용되고있다. 어중에 쓰인 례:

  製는 지슬씨니(《훈민정음언해》)→단어와 토사이
  모미 겨ᅀᅳ렌 덥고(《월인석보》 一, 26)→단어내부
  첫나래 讒訴를 드러(《룡가》 12)→단어내부 형태부사이
  種種方便으로 두ᅀᅥ번 니르시니(《석보상절》 六, 6)→합성어내부

  이 음은 받침으로도 사용되였는데 이때 역시 유성음사이에
나타났다. 례:

엻의 갖(≪훈민정음해례≫ 종성해)
첫盟誓 일우리라(≪월인천강지곡≫ 114)

이 음은 다음과 같은 례들에서 어두에 나타나기도 한다.

설설 흐르ᄂ 믌겨레(≪몽산화상법어략록≫ 43)
陽氣 섬섬 노ᄂ거시니(≪금강경삼가해≫ 五, 27)

이 자모는 한자전통음과 ≪동국정운≫음에 다 씌우고있다. 례:

ᅀᅵ십릿 짜히니(≪번역박통사≫ 상, 11)
ᅀᅵᆫᄭᅵ 모ᄅ거든(≪구급간이방≫ 一, 4)
ᅀᅵᆫ졍 ᅀᅡ마 가(≪번역박통사≫ 상, 67)
ᅀᅵ삼빅번을 닐거(≪번역소학≫ 八, 35)
어듸셔 ᅀᅵᆼ실 하더뇨(≪번역박통사≫ 상, 66)

여기서 ≪ᅀᅵ십≫, ≪ᅀᅵᆫᄭᅵ≫, ≪ᅀᅵᆫ졍≫, ≪ᅀᅵ삼빅≫, ≪ᅀᅵᆼ실≫
은 한자어 ≪二十≫, ≪人氣≫, ≪人情≫, ≪二三百≫, ≪生日≫
에 대한 전통음표기이다.

而ᅀᅵᆼᄂ 입겨지라(≪훈민정음언해≫)
憫민然ᅀᅧᆫ은 어엿비 너기실씨라(동상)
如ᅀᅧᆼᄂ ᄀ툴씨라(동상)
人ᅀᅵᆫ은 사ᄅ미라(동상)
二ᅀᅵᆼ十씹八밣은 스믈여들비라(동상)
耳ᅀᅵᆼᄂ ᄯᆞᄅ미라 ᄒ논뜨디라(동상)

여기서 ≪而≫, ≪然≫, ≪如≫, ≪人≫, ≪二≫, ≪耳≫는
그 음이 ≪ᅀᅵᆼ≫, ≪ᅀᅧᆫ≫, ≪ᅀᅧᆼ≫, ≪ᅀᅵᆫ≫, ≪ᅀᅵᆼ≫, ≪ᅀᅵᆼ≫으로
표기되고있는데 이는 ≪동국정운≫음의 표기이다.

자모 《△》가 《ㅅ》과 통용된 례들이 적지 않게 나타나고 있다. 례:

앗이 모딜오도(《룡가》 103)
迦葉의 앗이라(《석보상절》 十三, 2)
쑵이 엿이 드외ᄂ니라(《룽엄경언해》 八, 120)
엿이 獅子ㅣ 아니며(《월인석보》 二, 76)
어버시(《내훈》 三, 50)
어버ᅀᅵ(《석보상절》 六, 3)

이처럼 《△》가 《ㅅ》과 통용되였다 하여 결코 《ㅅ》의 표기를 대치했을뿐 변별적자질을 가지지 않았다는것이 아니다. 단어형태내에서 《ㅅ》과 《△》가 교체되는것은 그 어떤 규칙적인것이 아니였다. 따라서 《△》는 《ㅅ》과 같은 어음적조건에서 음운론적대립을 이루고있었다. 례:

거싀(《법어략록》 36) : [명] 거위(회충)
거ᅀᅵ(《정속언해》 35) : [명] 가시(나무~)

만약 《△》가 《ㅅ》과 음운론적대립을 이루지 않았다면 이런 구별이 동일한 어음조건에서 어려운것이다. 이로 보아 《△》는 《ㅅ》과 대립되는 독립적인 음운이였음을 알수 있다.

이상의 모든 사실은 《△》가 15세기 음운으로 존재하였다는 것을 말해준다. 이 음은 《훈민정음》에서 《반치음(半齒音)》으로 되였으며 《불청불탁(不淸不濁)》에 속해있다. 이로써 이 소리는 《ㅅ, ㅈ, ㅊ》들과 같은 이소리계렬의 음이지만 또 이들과 구별되는 유성자음임을 알수 있다. 국제음성기호로 표시하면 《ㅅ》과대립되는 유성자음 [z]로 된다.

(4) ≪ᄫ≫

이 음은 중세조선어에 존재한 하나의 음운이였다.

≪ᄫ≫는 고유어거나 언해와 운서의 중국음표기에는 쓰이고 있지만 전통한자음에는 쓰이지 않고있다.

≪홍무정운역훈(洪武正韻譯訓)≫에서 중국음표기에 쓰인것을 례로 들면 다음과 같다.

芳 방　　　風 퐁　　　費 비
付 부　　　番 판　　　福 복

당시 중국어에서 이 한자들의 성모는 [f]로 되고있다. 이 음은 웃이와 아래입술사이에서 나는 스침소리이다.

≪ᄫ≫에 대하여 최세진은 ≪번역로걸대박통사범례≫에서 ≪合脣作聲爲ㅂ, 而曰脣重音, 爲ㅂ之時, 將合勿合吹氣出聲爲ᄫ, 而曰脣輕音, 制字加空圈於ㅂ下者卽虛脣出聲之義也。≫라고 하였다.

여기서 입술을 닫으려다 닫지 않고 입술을 비워가지고 소리를 낸다고 한것은 ≪ᄫ≫가 [f]와는 좀 다른 음이라는것을 말해준다.

≪훈민정음해례≫ 제자해에서는 ≪ㅇ連書脣音之下則爲脣輕音者, 以輕音脣乍合而喉聲多也。≫라고 했다. 여기서도 입술을 가볍게 잠간 합쳐서 발음한다고 하였는바 이러한 기록들은 ≪ᄫ≫가 중국음 [f]와는 달리 두 입술사이에서 나는 스침소리라는것을 말해준다. 다시말해서 중국어의 [f]를 15세기 중국어운서에서는 런서자 ≪ᄫ≫로 대응시켜 표기했음을 알수 있다.

그럼 ≪ᄫ≫의 음운적성질은 무엇인가?

이 음은 단어의 첫소리나 끝소리로 쓰인 일이 없으며 오직 어중에서만 쓰이고있다. 그것도 유성음사이에서만 씌였다. 례:

스フ봃 軍馬를 이길씨(≪룡가≫ 35)
ㅎᄫᅡ 나ᅀᅡ가샤(동상, 35)
軍馬ㅣ 드ᄫᅵ시니이다(동상, 98)

—이상 어근내부

仁政을 도ᄫᅵ니이다(≪룡가≫ 96)
더브면 노가(≪월인석보≫ 九, 23)
셔며 안ᄌᆞ며 누브며(≪석보상절≫ 六, 33)

—이상 어근과 토사이

글발로 말이ᅀᅳ볼들(≪룡가≫ 26)
믈우흿 대버믈(동상, 87)
눖므리 ᄀᆞ른비 ᄀᆞ티 ᄂᆞ리다(≪월인석보≫ 一, 36)

—이상 합성어내부

이처럼 제한된 어음적조건의 범위에서 씌였다 하여 ≪ㅸ≫를 ≪ㅂ≫의 변종이라고 볼수 없다. 그리고 ≪ㅂ-ㅸ≫의 교체라고 보기도 어렵다.

만약 ≪ㅂ≫의 변종이라면 유성음사이에서 ≪ㅂ≫이 모조리 ≪ㅸ≫로 되여야 할것이다. 그러나 그렇게 되지 않았을뿐만아니라 ≪ㅸ≫와 ≪ㅂ≫이 동일한 어음적환경에서 단어의 의미를 구별시키는 능력을 갖고있는것을 찾아볼수 있다. 례:

만히 머구듸 봇그며 구버 겼곳 먹더니(≪월인석보≫ 二十一, 54)
가지 절로 구버 오나눌(동상, 二, 36)
겨지비 고ᄫᅵ녀 對答ᄒᆞᅀᆞ보듸 고ᄫᅵ니이다(≪월인석보≫ 七, 10)
數를 혜면 千萬이 고ᄫᅵ니이다(동상, 二十一, 54)

여기서 ≪구버(烤)≫와 ≪구버(曲)≫, ≪고ᄫᆞ니이다(美)≫와 ≪고ᄇᆞ니이다(數)≫가 서로 구별되는것은 꼭같은 어음조건에서 ≪ᄫ≫와 ≪ㅂ≫의 구별이 있기때문이다.

이와 같이 ≪ᄫ≫가 ≪ㅂ≫의 변이형태가 아니며 ≪ㅂ≫과 대립되는 독립적인 음운이라는것을 설명해준다.

이상의것들을 모두어 보면 ≪ᄫ≫는 ≪ㅂ≫이 터침소리인데 반하여 스침소리이며 이 면에서 다같은 입술소리지만 구별된다. 그리고 어중의 유성음사이에만 출현되는것으로 보아 역시 유성자음이였음이 똑똑하다. 국제음성기호 [β]에 해당한다.

(5) ≪ㆅ≫

이 자모는 주로 ≪동국정운≫의 한자음과 ≪홍무정운역훈≫과 같은 중국음표시에 사용되였다. 고유조선어에서는 모음 ≪ㅕ≫와만 음절결합을 하였으며 어두와 어중에 다 쓰이고있다.

어두의 례:

ᅘᅧ爲引(≪훈민정음해례≫ 합자해)
고티 ᅘᅧ며 뵈 ᄧᅡ 옷 ᄆᆡᆼ글며(≪삼강행실도≫ 렬녀도, 2)
토ᄇᆡ로 ᅘᅧ주기니(동상, 충, 15)
蘇油燈을 ᅘᅧᄃᆡ(≪월인석보≫ 十, 119)

어중의 례:

ᄆᆞᄅᆞᆯ 넌즈시 치ᅘᅧ시니(≪룡가≫ 87)
拔은 ᄲᅢᅘᅧᆯ씨니(≪월인석보≫ 서, 10)
迴向은 도ᄅᆞᅘᅧ 向ᄒᆞᆯ씨니(동상, 二, 60)
됴ᄒᆞᆫ ᄡᅵ 내ᅘᅧ ᄂᆞ니(동상, 二, 76)

緣을 그처 드위혀 照ㅎ야(≪영가집언해≫ 하, 39)

이 음은 미약하게나마 하나의 음운으로 존재할수 있었다. 그 것은 다음과 같은데서 엿볼수 있다.

各自幷書如諺語혀爲舌而혀爲引(≪훈민정음해례≫ 합자해)

여기서 보면 ≪ㅎㅎ≫는 단어의 의미구별기능을 가지고 ≪ㅎ≫과 음운론적인 대립을 이루고있다. ≪ㅎㅎ≫는 ≪ㅎ≫보다 발음위치가 앞인 혀바닥뒤부분의 스침소리 [x]로 된다.

(6) ≪ㅇㅇ≫

앞에서 이미 지적한 ≪ㅇ≫이 음가가 없는것이기에 그것을 병서한 ≪ㅇㅇ≫도 음가가 없다고 보아야 할것이다.

≪ㅇㅇ≫는 모음 ≪ㅣ≫, ≪ㅕ≫, ≪ㅛ≫, ≪ㅠ≫와 결합되여 씌였다. 례:

使는 히여 ㅎ논 마리라(≪훈민정음언해≫)
ᄂᆞ미 소내 쥐여 이시며(≪월인석보≫ 二, 11)
生死ㅅ 미요ᄆᆞᆯ 그르게 ㅎᄂᆞ니라(동상, 十八, 52)
간대로 愛想애 미욘 다시니(≪릉엄경언해≫ 一, 43)
드트릐 얽미유미 아니 ᄃᆞ욀씨라(≪석보상절≫ 六, 29)
네물 메윤 寶車(≪월인석보≫ 十三, 19)
사ᄅᆞ미게 믜옌 고ᄃᆞᆯ 굿아라(≪몽산화상법어략록언해≫ 19)
帝釋손ᄃᆡ 미예 ᄂᆞ니라(≪석보상절≫ 十三, 9)

≪ㅇㅇ≫는 음운은 아니지만 상형태의 특수한 표식으로 사용되였다. 이것은 다음과 같은데서 나타난다.

괴여*爲我愛人*, 而괴여 *爲人愛我*(《훈민정음해례》 합자해)

그리하여 《ㅇㅇ》중의 앞의 《ㅇ》은 《이》가 줄여진것으로 추측할수 있다. 례:

  괴이여 〉 괴여
  미이여 〉 미여

(7) 《ㄴㄴ》

이 역시 독립적인 음운을 나타내지 못하는것이다. 이는 일종 소리달라지기의 표음주의적인 기록에 불과하다. 례:

  놋샳쥬믈 슬ㄴㄴ니(*自傷面皺*) (《릉엄경연해》 二, 9)
  眞實흔 性을 일ㄴㄴ니라(동상, 二, 2)
  혓그티 웃닛머리예 다ㄴㄴ니라(《훈민정음언해》)

여기서 《슬ㄴㄴ니》, 《일ㄴㄴ니라》, 《다ㄴㄴ니라》는 각각 《슳ᄂ니》, 《잃ᄂ니라》, 《닿ᄂ니라》가 어음변화된것을 그대로 표기하고 받침을 하철한것에 불과하다.

닿ᄂ니라〉 단ᄂ니라〉 다ㄴㄴ니라

(8) 각자병서

된소리자모(각자병서) 《ㄲ, ㄸ, ㅃ, ㅉ, ㅆ》은 중세의 문헌들에서 주로 《동국정운》 한자음에 쓰이고있다. 례:

  枝낑(《동국정운》 十八, *貲紫恣*)
  覃땀(《동국정운》 十四, *感紺閤*)
  此삥(《동국정운》 十八, *貲紫恣*)

暫짬(≪동국정운≫ 十四, 感紺閤)
拾썹(≪동국정운≫ 十五, 箱劍劫)

　이러한 한자음은 현실음이 아닌 인위적인 한자음으로서 모두 전탁자에 속하는것들이다. 중국운서의 전탁자들이 전통한자음에서 청음(전청, 차청)으로 표기되여있었지만 ≪동국정운≫음에서는 그와 달리 전탁자를 따로 설정하고 각자병서로 표기하였다. 이것은 오직 운서적표식일뿐 결코 된소리체계가 음운으로서 꼭 한자음체계내에 존재하였기때문이 아니였다. 청음자들과 전탁자들을 운서적으로 구별하기 위한 일종의 표식을 각자병서로 표기한것에 불과하다.15)

　고유어에서는 어떠한가?

　고유어표기에 각자병서는 그리 잘 쓰이지 않았지만 그 용례들이 다소 나타나고있다. 례:

便安히 노쓥고(≪석보상절≫ 九, 22)
구쳐 뵈쓥고 조쫍바 오니(≪월인천강지곡≫ 178)
부텨를 想홀쩌권 이 무슨미 ……隨形好ㅣ라(≪월인석보≫ 八, 21)
몯홀꺼시라(≪석보상절≫ 六, 38)
ㄱ는 엄쏘리니(≪훈민정음언해≫)
눈쯔슨룰 뮈우디 아니ᄒᆞ야(≪릉엄경언해≫ 二, 109)

---

15) ≪동국정운≫ 서문에서는 ≪以四聲定爲九十一韻二十三母以御製訓民正音定其音≫이라 하였는데 그 23자모는 다음과 같다.

七音 清濁	牙	舌	脣	齒	喉	半舌	半齒
全淸	ㄱ	ㄷ	ㅂ	ㅈ ㅅ	ㆆ		
次淸	ㅋ	ㅌ	ㅍ	ㅊ	ㅎ		
全濁	ㄲ	ㄸ	ㅃ	ㅉ ㅆ	ㆅ		
不淸不濁	ㆁ	ㄴ	ㅁ		ㅇ	ㄹ	ㅿ

須達이 올똘 아르시고(≪석보상절≫ 九, 20)
아디 몯홀뻬라(≪법화경언해≫ 一, 135)

례들에서 보면 각자병서가 된소리로 발음되였다고 보지 않을 수 없다.

례문의 ≪노쑵고≫, ≪조쫍바≫는 원래 ≪놓습고≫, ≪좇즙바(좇줍아)≫이므로 앞음절의 끝소리가 ≪ㅎ≫, ≪ㅊ≫이고 뒤음절의 첫소리가 ≪ㅅ≫, ≪ㅈ≫일 경우 뒤음절의 첫소리가 된소리로 되는것은 당연한것이기때문이다. 례문의 ≪몯홀꺼시≫, ≪올똘≫, ≪몯홀뻬라≫, ≪想홀쩌권≫ 같은것은 앞음절의 끝소리 ≪ㄹ≫과 ≪거시(것이)≫, ≪돌≫, ≪배라≫, ≪저권(적원)≫의 결합에서 일어난 된소리현상을 적은것이다. 례문의 ≪엄쏘리≫, ≪눈쯧슝≫ 같은것은 합성어사이에서 일어나는 된소리현상을 표기한것이다. 이러한 현상은 조선어의 발음규칙에 맞으며 각자병서가 된소리를 표기한것임이 분명함을 말해준다.

그러나 이상의 례들에서 보면 그러한 된소리표기는 오직 형태부사이이거나 합성어사이의 어음변화에 사용되고있었다는것을 알 수 있다. 그것은 된소리로 표기된 원래의 형태가 순한소리였다는 데서도 알수 있다. 다음과 같은 례들은 그것이 어음변화현상을 표기한것임을 더욱 똑똑히 보여준다.

홇저긔(≪월인석보≫ 二十一, 159) : 想홀쩌권
뚫거시(≪석보상절≫ 九, 五) : 몯홀꺼시라
눈즛싀(≪월인석보≫ 二, 41) : 눈쯧슝
ᄃ외싦돌(≪월인석보≫ 一, 3) : 올똘
홇배이셔도(≪훈민정음언해≫) : 몯홀뻬라
엀소싀(≪월인석보≫ 二十三, 80) : 엀쏫싀(≪월인석보≫ 一, 29)

이것은 원래 ≪ㆆ+ㄱ≫, ≪ㆆ+ㄷ≫, ≪ㆆ+ㅂ≫, ≪ㆆ+ㅅ≫, ≪ㆆ+ㅈ≫으로 표기되던것을 ≪ㄲ, ㄸ, ㅃ, ㅆ, ㅉ≫으로 표기한것이다. 목구멍소리 ≪ㆆ≫는 삽입자모로 사용되였던것이다.

모두어말하면 각자병서는 어중의 어음변화에 된소리의 표기로 씌였을뿐 어두에 나타나지 않고있다. 따라서 중세조선어에서 각자병서가 된소리를 나타내기는 하였으나 순한소리체계와 완전히 병행되는 음운체계로까지 되지 못하였다고 보게 된다.

15세기의 각자병서의 사용에서 나타난 문제는 된소리체계 산생의 과정에 나타난 하나의 단계라고 보아야 할것이다.

(9) 합용병서

초성자의 각자병서가 같은 자모를 나란히 쓴것이라면 합용병서는 다른 자모를 나란히 쓴것이다. 합용병서는 2자, 3자로 합용되여있는데 먼저 나타나는 자음을 고찰해보면 ≪ㅅ≫계렬과 ≪ㅂ≫계렬의 두가지로 나누어진다.

≪ㅅ≫계렬의 례:

ㅺ→쑴(꿈)
ㅼ→따 ㅎ(땅)
ㅽ→뼈(뼈)
ㅿ→따 히(사나이)
ㅆ→싸홈(싸움)

≪ㅂ≫계렬의 례:

ㅲ→띄(때)
ㅳ→뜯(뜻)

ㅄ→ᄲ (씨)

ㅄ→ᄶ (짝)

ㅲ→ᄩ다 (튀다)

ㅄ→ᄈ (틈)

ㅄ→ᄰ다 (찌다)

이제 이 두 계렬에 대하여 각각 분석해보기로 한다.

【≪ㅂ≫계렬】

첫째, 손목의 ≪계림류사(鷄林類事)≫에 ≪白米曰漢菩薩≫, ≪女兒曰寶姐≫이라는 기록이 있다. 이는 중세어 ≪ᄡᆞᆯ(菩薩)≫, ≪힌ᄡᆞᆯ(漢菩薩)≫, ≪ᄹᆞᆯ(寶姐)≫에 대한 기록이다. 하나의 음절에 두개의 한자가 사용되였는데 첫자 ≪菩, 寶≫는 ≪ㅂ≫의 표기이다. 두개의 한자가 다 발음되듯이 ≪ㅄ≫, ≪ㅲ≫도 발음되였으리라는것은 의심될것 없다.

둘째, 현대어 ≪햅쌀, 좁쌀, 찹쌀, 멥쌀≫, ≪웁씨, 볍씨≫ 등 단어들의 종성 ≪ㅂ≫은 ≪ᄡᆞᆯ≫, ≪ᄡᅵ≫ 등의 첫머리자음 ≪ㅂ≫의 잔재인것이다. ≪ᄡᆞᆯ≫이나 ≪ᄡᅵ≫가 앞단어와 함께 결합될 때 ≪ㅄ≫중의 ≪ㅂ≫이 앞단어의 받침으로 적히고 ≪ㅅ≫은 그아래서 된소리로 변했던것이다. 이러한 단어들은 명사뿐만 아니라 동사나 형용사에도 그 례가 남아있다.

ᄡᆞ다 → 휩싸다

ᄠᅳ다 → 부릅뜨다

        첩떠보다

셋째, 중세어 ≪거슬ᄠᅳ다≫와 ≪거슯즈다≫는 다같이 ≪거슬다≫의 뜻이지만 표기는 다르다. ≪ᄡ≫가 첫째 경우에는 합용병서 그대로 있으나 둘째 경우에는 ≪ㅂ≫은 웃음절의 받침으로 되였는데 만약 ≪ᄡ≫가 어떤 하나의 음운이였다면 절대로 ≪ㅂ≫과 ≪ㅈ≫이 분리될수 없는것이다. 이와 마찬가지로 ≪뼈디다(터지다)≫, ≪뛰다(튀다)≫, ≪쁘다(트다)≫ 등 단어에 나타난 ≪ㅳ≫도 각각 발음되지 않고서는 그 어떤 다른 하나의 음운으로(된소리나 기타 음) 발음될수 없는것이다.

이상과 같이 ≪ㅂ≫계렬의 합용병서는 어두에서 각각 발음된 자음결합이라는것을 알수 있다.

【≪ㅅ≫계렬】

이미 말했지만 현대어의 어떤 파생어나 합성어들이 앞에 오는 접두사나 단어가 개음절로 끝날 경우 그 음절말에 ≪ㅂ≫종성을 첨가하는 현상이 있다. 례를 들면 ≪입때, 접때(빼); 홉뜨다, 칩뜨다, 부릅뜨다(뜨다); 좁쌀, 찹쌀, 멥쌀, 입쌀, 햅쌀(쌀); 볍시, 팝씨, 욉씨(씨); 몹쓸(쓰다); 휩쓸다(쓸다); 휩싸다(싸다); 사립짝(짝); 짭짤하다(짜다)≫와 같은것들이다. 이러한 단어들은 중세의 어두자음군 ≪ㅂ≫계렬의 존재를 확인해준다. 그러나 이러한 단어들은 중고시기에는 ≪ㅂ≫초성의 어떤 음절이 존재했었다는것을 보여주는 례들도 있다.

○ 白米曰漢菩薩
○ 女兒曰寶姐(≪계림류사≫)

이에 비하여 ≪ㅅ≫계렬합용병서의 경우는 다르다. ≪ㅅ≫계렬에 속하는 단어들은 ≪ㅂ≫계렬의 단어처럼 어원적으로 ≪ㅅ≫초성이나 ≪ㅅ≫초성의 어떤 음절을 지니고있었을 가능성

을 보여주는 유흔을 찾기 어렵다. 바꾸어말해서 원래의 ≪ㅅ≫
계렬합용병서의 어휘들은 그앞에 접두사나 단어가 붙게 되면
≪ㅅ≫이 되살아나는 흔적을 찾아볼수가 없다. 그러므로 ≪ㅅ≫
계렬합용병서의 경우 ≪ㅅ≫을 후두페쇄를 뜻하는 일종의 상징
적기호로 보아야 할것이다. 후두페쇄는 뒤의 장애음의 된소리화
를 의미한다.16)

중세에 ≪ㆆ+ㄱ≫이 어중된소리 ≪ㄲ≫과 일치했다는것을
이미 말한바 있다. ≪열ㅎㆌ 욇ㄱ장≫(≪월인석보≫ 一, 47)에서
≪ㆆ≫가 규정형 ≪ㄹ≫뒤에서 나는 ≪ㄲ≫의 표기였다면 ≪오ᄡᆞ
낤ㄱ장≫(≪석보상절≫ 六, 37)에서의 ≪ㅅ+ㄱ≫ 역시 어음적조
건에서 ≪ㆆ≫와 다를바 없는 ≪ㄲ≫의 표기라고 보아야 할것이
다.17) 이런 까닭으로 ≪흔ㄱ술ㅅ장≫(≪번역박통사≫ 상, 1)에서
의 합용병서 ≪ㅺ≫은 틀림없는 어중된소리표기일것이다.

같은 원인으로 ≪ㆆ+ㅅ≫의 경우에도 그것이 된소리 ≪ㅆ≫
의 표기임은 아주 자명한 일이다. 동일한 ≪릉엄경언해≫에 나타
난 다음의 례는 ≪ㅆ≫이 각자병서로 표기되였다 하더라도 그것
은 ≪ㅅ+ㅅ≫의 합용병서가 결과적으로 각자병서화되였다고 보
지 아니할수 없다. 례:

다 行홂 사ᄅᆞᄆᆞ로 ᄆᆞᅀᄆᆞᆯ 불겨(一, 21)

行홀 싸ᄅᆞᄆᆞ로 信을브터 向ᄒᆞ야(八, 22)

---

16) 김종훈외, ≪한국어의 역사≫, 대한교과서주식회사, 서울, 1998년.
17) ① 하ᄂᆞᇙᄠᅳ들(≪룡비어천가≫ 86), 하ᄂᆞᆳ벼리(≪룡비어천가≫ 50), 하ᄂᆞᆺᄠᅳ
    디(≪두시언해≫ 중간, 十九, 17)
  ② 하ᄂᆞᆳᄃᆞ래(≪구급간이방≫ 一, 22), 하ᄂᆞᆺᄃᆞ래(≪사성통해≫ 하, 67)
  ③ 닐욇ㄱ장(≪월인석보≫ 서, 20), 하ᄂᆞᆳㄱ자이(≪월인석보≫ 一, 32)

여기서 특별히 ≪ㅆ≫에 대해 말하는 원인은 ≪ㅆ≫이 어두에도 나타났기때문이다. 이는 의미분화의 기능까지 보여주는것임을 시사해준다. 례:

소다 爲覆物(≪훈민정음해례≫)
쏘다 爲射(≪훈민정음해례≫)

그런데 어두에 나타난 이러한 ≪ㅆ≫은 합용병서로부터 연유한것이라고 말하기는 어렵지만 다음과 같이 여러 형태로 나타나고있는것 역시 사실이다.

화를 혀 西ㅅ녀그로 되롤 <u>소놋다</u>(≪두시언해≫ 초간, 二十三, 21)
활 <u>쏘라</u> 가져(≪번역박통사≫ 상, 54)

이것은 ≪쏘다≫, ≪쏘다≫, ≪소다≫가 아직 그 어느것으로도 확고히 굳어지지 않았음을 보여준다. 이러한 례는 ≪쓰다→쯔다→스다(書)≫, ≪싸호다→빠호다→사호다(鬪)≫에서도 나타난다.

보다싶이 합용병서에서 연유했든 그렇지 않은것이든 동일한 ≪ㅆ≫형태로 표기되고 동일하게 된소리를 표기하였다고 보아야 할것이다. 다만 합용병서에 연유하지 않은 ≪쏘다≫, ≪싸호다≫, ≪쓰다≫ 등에서의 ≪ㅆ≫은 불안정한 음운으로 15세기에 ≪ㅅ≫과 서로 혼용되고있었다.

중세에 받침 ≪ㅅ≫은 다음 음절의 초성이 ≪ㄱ, ㄷ, ㅂ, ㅅ≫일 때에도 ≪닷가〉다까≫, ≪어엿비〉어여쎄≫처럼 하철할수 있었다. 사이소리가 하철되여 된소리를 조성하는것과 마찬가지로 이러한 하철현상이 이루어낸 ≪ㅅ≫계렬합용병서도 된소리의 표

기였음은 틀림없다.[18)]

　　각자병서의 설명에서 이미 말한바 《훈민정음》 창제당시 전청
초성이 전청받침을 만날 때, 전청초성이 《ㆆ》를 가운데 두고 규정
형 《ㄹ》을 만날 때, 그리고 전청초성이 이른바 사이소리를 만날
때 된소리화하여 각자병서로 기록된것들이 있었다. 그런데 16세기의
문헌들에서는 이러한 경우에 《ㅅ》계합용병서를 쓰고있다.[19)]

　　　묽겨레(《두시언해》 초간,七, 9)：믈쎨(《소학언해》 五, 23)
　　　　　　　　－1481－　　　　　　　　　　　　　－1587－
　　　묽고기(《구급방언해》 하, 57)：믈쏘기(《소학언해》 五, 40)
　　　　　　　　－1466－
　　　즈릆길(《석보상절》 九, 6)：즐음낄(《소학언해》 四, 41)
　　　　　　　　－1447－
　　　볏부리(《구급간이방》 六, 24)：病쌀휘(《소학언해》 五, 3)
　　　　　　　　－1489－
　　　ᄒᆞ줈그레(《금강경삼가해》 三, 3)：열권쓸(《소학언해》 五, 108)
　　　　　　　　－1482－
　　　믌가온ᄃᆡ(《두시언해》 초간,十五, 44)：무을까온대(소학언해》 六, 80)
　　　星橋ㅅ바미(《두시언해》 초간, 二十, 26)：ᄒᆞ룻쌔미(《소학언
　　　해》 六, 101)
　　　새뱃밥지일(《두시언해》 중간,석호리)：(나죄쌔븨논(번역소학》
　　　夕食 10, 28)

　　　　　　　　　　　　　　　　　　　－1518－
　　　荊州ㅅ고을(《번역소학》 十, 8)：외방쏘을(《번역소학》 十, 14)

─────────────────

18) 이기문, 신정판 《국어학개설》, 태학사, 2002년판, 139쪽.
19) 허웅, 《국어음운학》, 샘문화사, 1991년판, 471쪽.

등잔브레(≪구급방언해≫ 상, 41) : 등잔쌀(≪번역로걸대≫ 상, 56)
　　　　　　　　　　　　－16세기초－

　이상의 사실은 원래 어음변화에 나타나던 각자병서를 16세기초에 ≪ㅅ≫계합용병서로 대치하고있음을 보여주며, 여기서 ≪ㅅ≫이 후두페쇄를 뜻하는것임을 보여준다. 이런 ≪ㅅ≫계합용병서는 15세기에 이미 어두에 나타났는바 ≪ㅆ≫이외에 각자병서가 어두에 나타나지 않던 시기에 이미 어두의 된소리를 표기하고있었음을 명백히 말해준다. 이로써 중세에 된소리는 독립된 음운의 지위를 가진것으로서 주로 ≪ㅅ≫계합용병서가 그 표기를 담당하고있었음을 알게 되며 16세기초에 이미 그것이 거의 완성되였음을 알게 된다.

　이상의 서술들을 개괄해보면 우선 이 시기에 ≪훈민정음≫ 초성 17자에는 들어있으나 정음창제후부터 임진전쟁까지 약 150년동안만 씌였던 ≪ㅿ≫(반치음)이 음운으로서 중세에 존재하였다는것을 말하게 되며 훈민정음 초성 17자와 ≪동국정운≫ 23자모에 모두 포함되지 않았던 이른바 련서(連书)자 ≪ㅸ≫가 비록 정음 창제후 얼마 안가서 소실되였지만 음운으로서 존재하였다는것을 말하게 된다.

　다음으로 훈민정음 17자에는 들어있었지만 ≪ㆆ≫(후음)은 음운으로서 존재하였다기보다 인위적인 ≪동국정운≫ 초성에 씌였을뿐 고유어에서는 사이소리표기의 일종 부호적역할만을 하였음을 지적하게 된다.

　중세조선어의 자음체계에서 문제시되는것은 각자병서와 합용병서이다. 각자병서는 애초 ≪동국정운≫ 한자음에서 한자의 탁음초성을 표기하기 위해 제정되였다.

그런데 중세조선어 고유어에서 환경적인 요인에 의해서 파렬음이나 파찰음 그리고 마찰음따위가 된소리화되는 현상을 나타낸 표기로 씌였다. 즉 규정형 《ㄹ》을 잇는 《ㄱ, ㄷ, ㅂ, ㅈ, ㅅ》따위가 《ㄲ, ㄸ, ㅃ, ㅉ, ㅆ》으로 표기된 경우가 이에 해당하며 합성어를 구성할 때 그사이에 끼여든 사이시옷이 그뒤의 무성자음을 된소리로 변화시키는 경우도 이에 해당한다. 비록 각자병서가 어중에서 된소리를 나타냈다고는 하지만 이는 된소리의 발전과정을 말해주는 좋은 례에 불과한것이 아닐수 없다.

합용병서는 《ㅂ》계와 《ㅅ》계로 갈라보아야 할것이 제기된다. 《ㅂ》계는 그것이 어두자음군임을 증명할수 있으나 《ㅅ》계는 그러한 증명을 하기 어렵다. 정음창제자들이 《ㅂ》계와 《ㅅ》계를 꼭같이 합용병서에 귀속시켰지만 그들은 문자적인 립장에서 그렇게 하였을뿐 음운적인 립장에서는 아무런 설명이 없다. 그리하여 된소리는 이른바 《ㅅ》계합용병서로 표기되는것이 원칙이였고 때로는 각자병서도 결과적으로 된소리를 표기하게 되는 경우에 이르게 되였다고 보아야 할것이다. 따라서 중세조선어가 중고조선어와 크게 다른 점으로 된소리의 등장을 말하게 된다. 된소리는 곧 자음끼리의 련접관계를 통해서 산생, 발달한것으로 추측하게 되는데 중세에 이미 의미분화적기능까지 갖추게 됨으로써 독립된 음운의 지위를 가졌다고 본다. 그러나 여기서 똑똑히 지적해야 할것은 된소리표기방법은 《ㅅ》계합용병서를 위주로 하면서 각자병서가 《ㅅ》계된소리와의 사이에서 된소리 방향으로 변화하고있었음을 보아낼수 있다.

각자병서와 관련하여 같은 전탁계렬의 각자병서 《ㅎㅎ》는 미약하게나마 음운의 독립지위를 가졌었다.

중세조선어의 자음체계를 도표로 보이면 다음과 같다.

조음방법 \ 조음위치	량순음	치조음	경구개음	연구개음	후두음
파렬음	ㅂ,ㅍ,ㅽ [p']	ㄷ,ㅌ,ㅼ [t']		ㄱ,ㅋ,ㅺ [k']	
파찰음			ㅈ,ㅊ,ㅉ [ts']		
마찰음	ㅸ	ㅅ,ㅆ [s'],ㅿ		ㆅ	ㅎ
류 음		ㄹ			
비 음	ㅁ	ㄴ		ㆁ	

2. 모음체계

고유어표기에 쓰인 중성자들을 렬거하면 다음과 같다. ≪훈민정음해례≫에 의하면 이 글자들은 다음과 같이 나누어진다.

가) 중성 11자에 속한것: ·, ㅡ, ㅣ, ㅗ, ㅏ, ㅜ, ㅓ, ㅛ, ㅑ, ㅠ, ㅕ

나) 두자의 합용자(二字合用者): ㅘ, ㅝ

다) 하나의 중성과 ≪ㅣ≫가 상합된자(一字中聲之與ㅣ相合者):·ㅣ, ㅢ, ㅚ, ㅐ, ㅟ, ㅔ, ㅚ, ㅒ, ㅖ, ㅖ

라) 두자의 중성과 ≪ㅣ≫가 상합된자(二字中聲之與ㅣ相合者): ㅙ, ㅞ

현대조선어에 음운으로 존재하고있는 ≪ㅡ, ㅣ, ㅗ, ㅏ, ㅜ, ㅓ≫는 기본모음으로 그때에도 사용되였으며 ≪ㅛ, ㅑ, ㅠ, ㅕ, ㅘ, ㅝ, ㅢ≫ 등도 지금 겹모음으로 사용되고있으므로 더 의론할 필요가 없다. 그러나 소실된 기본모음 ≪·≫가 어떤 음운이였는가, ≪ㅚ, ㅐ, ㅟ, ㅔ≫가 겹모음인가 홑모음인가에 대하여 의론해보아야 한다. 그에 따라 ≪·ㅣ≫, ≪ㅚ,ㅐ, ㅟ, ㅔ≫, ≪ㅙ, ㅞ≫의 성질도 결정되게 될것이다.

(1) ≪·≫

이 모음은 중세조선어의 기본모음의 하나로서 독립적인 음운이였다. ≪훈민정음해례≫에서 다음과 같이 지적하였다.

≪<·>는 혀가 오그라지고 소리가 깊다… <ㅡ>는 혀가 조금 오그라지고 소리가 깊지도 얕지도 않다… <ㅣ>는 혀가 오그라지지 않고 소리가 얕다…(·舌縮而聲深……ㅡ舌小縮而聲不深不淺……ㅣ舌不縮而聲淺……)≫

보다싶이 ≪·≫는 혀가 오그라지고 소리가 깊은바 이로써 혀가 조금 오그라지고 소리가 깊지도 얕지도 않은 ≪ㅡ≫와 혀가 오그라지지 않고 소리가 얕은 ≪ㅣ≫와 구별되는 음이다. ≪훈민정음해례≫에는 또 다음과 같이 썼다.

≪<ㅗ>는 <·>와 한가지나 입이 오무라진다… <ㅏ>는 <·>와 한가지나 입이 벌어진다. (ㅗ與·同而口蹙……ㅏ與·同而口張。)≫

여기서 보면 ≪·≫는 그 혀의 모양이 ≪ㅏ≫나 ≪ㅗ≫와 같은데 입술의 모양은 ≪ㅏ≫처럼 벌어지지도 않고 ≪ㅗ≫처럼 오므라지지도 않는 음이다. 바꾸어말해서 혀가 오그라지고 소리가 깊은 면에서는 ≪·, ㅗ, ㅏ≫가 같으나 입을 벌리고 오무리는데 있어서는 ≪ㅗ≫나 ≪ㅏ≫와 다른 음이다.

여기서 우리는 ≪·≫는 뒤모음계렬에 속한 음이며 ≪ㅏ≫와 ≪ㅗ≫의 중간음임을 알게 된다. 국제음성기호로 표시하면 [ʌ]로 된다.

(2) ≪ㅐ, ㅔ, ㅚ, ㅟ≫

이 모음들과 같은 계렬에 속하였던 ≪·ㅣ≫는 ≪ㅐ, ㅔ, ㅚ, ㅟ≫ 등이 겹모음이면 자연적으로 겹모음인것이 증명되는 셈이다.

≪ㅐ, ㅔ, ㅚ, ㅟ≫는 ≪훈민정음≫에서 ≪ㅣ≫와의 상합자

(相合者) 계렬에 배비되여있는데 이는 도대체 무슨 까닭이겠는가?

첫째, 훈민정음 28자중 모음자는 11자인데 이 11자는 기본모음인 홑모음이 아니면 긴밀정도가 강한 겹모음(ㅑ, ㅕ, ㅛ, ㅠ)들이다. 그런데 ≪ㅐ, ㅔ, ㅚ, ㅟ≫는 이들과 같은 계렬에 들지 못하고있다. 이는 이 모음들이 11자에 속한 모음과 달리 홑모음이 아니며 두 모음음소사이의 긴밀정도도 상대적으로 약한 겹모음이라는것을 예시해준다.

둘째, ≪훈민정음해례≫ 중성해에는 다음과 같이 썼다.

一字中聲之與ㅣ相合者十, ㆍㅡㅢㅚㅐㅟㅔㅛㅒㅠㅖ 是也, 二字中聲之與ㅣ相合者四也, ㅙㅞㆇㆈ 是也, ㅣ於深淺闔闢之聲幷能相隨者, 以其舌展聲淺而便於開口也。

보다싶이 ≪ㅐ, ㅔ, ㅚ, ㅟ≫는 ≪하나의 중성이 <ㅣ>와 서로 어울린≫것으로 ≪ㅏ, ㅓ, ㅗ, ㅜ≫에 각각 ≪ㅣ≫가 어울려 된것이다. 그리고 ≪ㅣ≫는 ≪혀를 펴고 소리가 얕아서 입을 열기가 편하기때문에≫, ≪깊고 얕고 닫히고 열린 소리들에 아울러 능히 서로 좇을수 있다.≫ 이것은 ≪ㅐ, ㅔ, ㅚ, ㅟ≫는 후행모음 ≪ㅣ≫를 가진 겹모음이라는것을 똑똑히 말해주고있다.

셋째, ≪하나의 중성이 <ㅣ>와 서로 어울린 10개≫ 모음중에는 현대조선어에서 의연히 겹모음인 ≪ㅢ≫가 포함되여있다. 같은 계렬에 속하였던 ≪ㅢ≫가 오늘도 겹모음이라는 이 사실은 중세조선어에서 다같이 겹모음이였던 ≪ㅐ, ㅔ, ㅚ, ㅟ≫가 중세이후 먼저 홑모음화하고 ≪ㅢ≫는 아직 겹모음으로 남아있다는것을 말해준다. 오늘 방언들에서 ≪ㅢ≫를 ≪ㅡ≫, ≪ㅔ≫, ≪ㅣ≫ 등으로 발음하는것은 바로 ≪ㅢ≫도 홑모음화의 과정에 있다는것을 보여주는 표현일것이다.

넷째, 일부 어휘들의 력사적변화과정과 오늘 방언들에서의 그
표현으로 보아도 ≪ㅐ, ㅔ, ㅚ, ㅟ≫는 겹모음이였음이 확실하다.

가) 가히(≪훈몽자회≫ 상, 19)→가이→개

수비(≪석보상절≫ 九, 2)→수이(쉬이)→쉬

괴외ᄒ다(≪석보상절≫ 六, 28)→고요하다

(koioi ~→koioi→koio)

괴(≪훈몽자회≫ 상, 18)→고양이

(koi→koi+aηi→koiaηi)

나) 새(鳥)→사이(황해, 평남, 강원, 충북, 충남)

개(狗)→가이(황해, 평남, 평북, 강원, 충북)

귀(耳)→구이(평남, 평북)

게(蟹)→거이(평남, 평북, 황해, 강원)

　　그이(강원, 경기, 충남, 충북)

　　경이(제주)

　　깅이(제주)

　　귀이(평북, 평남, 황해)

　　궤(황해, 경기, 충남, 경북)

　　갱이(전남)

다음과 같은 례들은 겹모음이 다시 두 음절로 분화되였다가 또
다시 홑모음에로 과도하는 과정을 보여주는것들이라고 보여진다.

외(黃瓜)(≪훈몽자회≫ 상, 13)→오이(표준어)

오이→우이(충남)

　　에(함북, 경남)

　　외(평남, 함남, 함북, 강원, 충남, 충북, 전남, 전북)

위(경남, 경북)
왜(함남, 함북, 강원, 경남)
웨(함북, 충남, 충북, 경남, 제주)

다섯째, ≪계림류사≫에서는 ≪猫曰鬼尼≫, ≪犬曰家稀≫라고 했으며 ≪화이역어≫에서는 ≪蟹≫를 ≪格以≫라 한다고 했다. 그리고 ≪고려사≫에서는 ≪高伊者方言猫也≫라고 했다. 이러한것도 ≪개≫를 ≪가히≫, ≪게≫를 ≪거이≫라고 한 증거로 된다. 특히 ≪괴(고양이)≫를 ≪鬼尼≫, ≪高伊≫라 한것은 ≪괴≫가 겹모음으로 발음되였다는것을 말해주는 증거로 되면서 오늘 방언에서의 여러 형태의 근원을 설명해주는 증거로도 된다.

가) 고내(함남, 함북)→鬼尼
   고냥이(강원)→鬼尼
   고내기(경남, 경북)→鬼尼
   고내이(평남, 평북, 강원, 경북)→鬼尼
   고냉이(평남, 강원, 충북, 제주)→鬼尼
   고넹이(제주)→鬼尼
   고내(함남, 함북)→鬼尼
나) 고이(황해, 경기, 충남, 충북)→高伊
   고애(함북, 함남, 강원)→高伊
   고애이(함북, 함남)→高伊
   고얘(함북, 함남)→高伊
   고얭이(함남, 강원)→高伊
   괴(충남, 전남)→高伊
   괴이(황해)→高伊

꿩이(황해, 경기, 경남, 전남)→高伊[20]

여섯째, 중세조선어에서 명사어간이 ≪ㅐ, ㅔ, ㅚ, ㅟ≫로 끝나면 보통 주격토 ≪ㅣ≫가 따로 붙지 않는다. 이것은 곧 이런 어간모음이 겹모음이여서 마지막 음소 ≪ㅣ≫와의 중복을 기피한 까닭이다. 례:

불휘기픈 남근(≪룡가≫ 2)
불근새 그를 므러(≪룡가≫ 7)
쇠 하건마른(≪룡가≫ 90)
그르메 瑠璃굳더시니(≪월인석보≫ 二, 17)

일곱째, 중세에 나온 한조(汉朝) 대역운서들에서 중국어의 ≪ai, ui≫[21] 등을 ≪ㅐ, ㅟ≫로 표기했는데 이 역시 겹모음으로 읽힌 근거로 된다.

[≪홍무정운역훈≫]		[≪신화자전≫]
太	태	tai(중국어병음자모)
耐	내	nai(중국어병음자모)
退	튀	tui(중국어병음자모)
歲	쉬	sui(중국어병음자모)

이상의 여러가지 증명에 의해서 ≪ㅐ, ㅔ, ㅚ, ㅟ≫는 오늘날과 같은 홑모음인것이 아니라 겹모음이라는것을 알수 있다. 이에 따라서 ≪·ㅣ≫와 ≪ㅐ, ㅔ, ㆎ, ㆌ≫는 자연히 삼중겹모음이라는것이 도출된다.

---

20) 김병제, ≪방언사전≫, 과학백과사전출판사, 평양, 1980년.
21) 중국어병음방안으로 전사함.

중세조선어의 모음체계는 중고조선어와 같이 7모음체계였다. 여기에 ≪ㅗ, ㅏ, ㅜ, ㅓ≫앞에 붙어 상향겹모음을 조성하는 반모음 [j]가 있었는데 이 반모음은 겹모음인 ≪ㅐ≫와 ≪ㅔ≫ 앞에도 붙어 삼중겹모음 ≪ㅒ≫나 ≪ㅖ≫를 만들기도 한다. 또 이 반모음은 하향겹모음 ≪ㆎ, ㅐ, ㅔ, ㅚ, ㅟ, ㅢ≫와 하향삼중겹모음 ≪ㅙ, ㅞ≫의 후행모음으로 나타나기도 했다. 여기서 우리는 오늘날 홑모음인 ≪ㅐ≫나 ≪ㅔ≫가 중세에는 하향겹모음이였음을 특히 지적하게 된다.

중세조선어의 반모음에는 또 [w]가 있었다. 이 반모음은 상향겹모음 ≪ㅘ≫, ≪ㅝ≫를 조성하였다.

모두어말하면 중세조선어에는 7개의 홑모음에 2개의 반모음이 있었고 이들로써 이루어진 이중겹모음과 삼중겹모음이 있었다.

중세조선어의 기본모음의 하나인 ≪·≫는 16세기에 들어서면서 변화되기 시작하여 18세기에 이르러 그 음가가 소실되여가는 과정을 밟았다. 16세기의 ≪소학언해≫(1587년)에서는 원래의 ≪ᄒᆞᆰ≫이 ≪흙≫으로 표기된것을 찾아볼수 있다.

중세조선어의 모음체계를 이상의 분석들에 근거하여 다음과 같이 개괄할수 있다.[22]

홑모음: ·, ㅡ, ㅣ, ㅗ, ㅏ, ㅜ, ㅓ
2중모음: ㅛ, ㅑ, ㅠ, ㅕ, ㅘ, ㅝ(상승)
　　　　 ㆎ, ㅢ, ㅚ, ㅐ, ㅟ, ㅔ (하강)
3중모음: ㅙ, ㅒ, ㆊ, ㅖ, ㅙ, ㅞ

---

22) ≪·≫는 ≪월인석보≫로부터 자형이 ≪ˎ≫과 같이 변화하였다.

3. 어음변화 및 어음의 결합적특성

1) 모음조화

중세조선어의 어음변화중에서 가장 대표적인 현상은 모음조화(母音调和)이다. 모음조화현상은 현대조선어에 비하여 중세에는 더 규칙적이였고 그 범위도 더 넓었다.

모음조화의 견지에서 중세조선어의 모음은 3개의 계렬로 나누어진다.[23]

양성모음: ·, ㅗ, ㅏ (ㅛ, ㅑ, ·ㅣ, ㅚ, ㅐ, ㅘ, ㅒ, ㅙ, ㅛㅣ)
음성모음: ㅡ, ㅜ, ㅓ (ㅠ, ㅕ, ㅢ, ㅟ, ㅔ, ㅝ, ㅖ, ㅞ, ㅠㅣ)
중성모음: ㅣ

이 3계렬의 모음은 양성모음은 양성모음끼리, 음성모음은 음성모음끼리 규칙적으로 어울렸다. 이때 중성모음은 어느쪽 모음과도 결합할수 있었다.

이 현상은 어근적단어내부에서와 어간내부 형태부사이에서도 나타나며 어간과 토사이에서도 나타났다. 어근적단어의 례를 들면 다음과 같다.

【양성＋양성】 말쏨, 나모, 다ᄅ다
【중성＋양성】 비ᄅ, 니마, 비록
【음성＋음성】 번게, 서르, 어듭다
【중성＋음성】 기름, 기드리다, 시들다
【양성＋중성】 ᄃ리, 가리맛, 미야지
【중성＋중성】 미리, 비치다, 시기다
【음성＋중성】 머리, 어딜다, 저리다

---

23) ≪ㅗㅏㅛㅑ之圓居上與外者　以其出於天而爲陽也。ㅜㅓㅠㅕ之圓居上與內者　以其出於地而爲陰也。≫　(≪훈민정음해례≫)

체언의 격토에서는 주격토, 구격토, 호격토를 제외한 다른 격토와 도움토(는/은, 는/은)가 어간과 모음조화를 일으킨다.

용언토들에서는 《아/어/여》로 시작되는 토(례: 아도/어도, 아셔/어셔, 아라/어라)와 규정토(올/을, 은/은)들이 용언어간과 모음조화를 일으킨다. 례:

도바, 여희여(아/여)
굿어, 앉아셔(어/아셔)
맛나라, 두어라(아라/어라)
고돌, 두플(올/을)

어간내부 형태부사이의 모음조화는 주로 결합모음과 상토 《오/우》에서 나타난다. 례:

빌먹으라 오시니(《월인석보》 一, 5) (-으-)
方國이 해 모드니(《룡가》 11) (-ᄋᆞ-)
法을 나토며(《석보상절》 十三, 33) (-오-)
ᄆᆞᅀᆞᆯ 뮈우시니(《룡가》 102) (-우-)

모음조화는 고대로 올라갈수록 더욱 엄격히 지켜졌던것으로 추측되지만 정음이 창제되던 15세기중엽에 이르러서는 이미 이 규칙에서 벗어난 례들을 적지 않게 찾아볼수 있다.

어느(何)   몬져(先)
연즈니(置上)   벼로(硯)

그리고 한자어의 경우는 그 구성에서 애초 모음조화의 규칙 을 적용받지 못하고있다.

天下 천하　　方國 방국　　卜年 복년

　모음조화의 파괴는 16세기이후로 더욱 확산되는데 한 단어
내부에서조차 원래 양성모음이였던것이 음성모음화한 례를 곧잘
찾아볼수 있다.

나모(木) >나무　　　　　가온듸(中) >가운데
비호다(學) >배우다　　　　사괴다(交) >사귀다

　더우기 18세기중반에 와서 ≪·≫모음이 소실된 결과 이분법적
대립에 기초한 모음체계의 균형이 깨짐으로써 모음조화의 파괴는
더욱 가속되여 오늘에 이르고있다.

2) 어음의 첨가와 탈락
(1) 사이소리현상
　중세조선어에서도 두 형태부사이에서 일어나는 사이소리현상
이 존재하였다.
　중세조선어에서는 이러한 사이소리현상에 의해 덧생기는 소
리를 적는데 ≪ㄱ, ㄷ, ㅂ, ㅸ, ㅅ, ㅿ, ㆆ≫ 등 자모가 사용되
였다. 이러한 자모들은 규칙적으로 일정한 어음환경에 따라 부동
하게 사용되였다. 이처럼 여러 형태로 쓰이던 삽입자모는 중세에
이미 ≪ㅅ≫ 하나로 통일되여가고있었다. ≪룡비어천가≫에서 규
칙적으로 사용되던 여러 삽입자모는 그후 쓰이지 않게 되였으며
그중에서도 엄격히 구별되여 쓰이던 ≪ㅅ≫과 ≪ㅿ≫도 ≪월인석
보≫(1459년)에 와서는 거의 ≪ㅅ≫ 하나로 통일되여가다가 ≪두
시언해≫에 이르러 오직 ≪ㅅ≫ 하나로만 남게 되였다.

(2) ≪ㄱ≫음의 탈락현상

중세조선어에서 모음 ≪ㅣ≫나 ≪ㅣ≫를 마지막 음소로 하는 겹모음과 자음 ≪ㄹ≫아래에서 ≪ㄱ≫음이 탈락하는 현상이 있었다. 이러한것은 특히 ≪ㄱ≫을 첫소리로 하는 토들에서 나타나고있다. 례:

果實와 믈와(≪월인석보≫ 一, 5)
狄人이 굴외어늘(≪룡가≫ 4)
其中에 알오져(≪석보상절≫ 서, 3)
精舍 밍굴오(≪월인석보≫ 一, 6)
사롬 드외에 ᄒ시리라(≪월인석보≫ 一, 8)
三十年 天子ㅣ어시니(≪룡가≫ 31)

례에서 ≪ㄹ≫아래에서 ≪과≫, ≪고져≫, ≪고≫ 등 토가 ≪와≫, ≪오져≫, ≪오≫로 되였고 ≪ㅣ≫나 ≪외≫ 아래에서 ≪거시니≫, ≪거늘≫, ≪게≫ 등 토가 ≪어시니≫, ≪어늘≫, ≪에≫로 되였다. 이러한 토들에는 ≪과, 고, 게, 거, 긔≫ 등 토들이 대개 포함되고있다.

≪ㄱ≫음의 탈락현상은 합성어에서도 흔히 있었다. 례:

ᄇ애=梨浦(≪룡가≫ 三, 13) (ᄇ개)
ᄀ래올=楸洞(동상, 十, 19) (ᄀ래골)
굴아마괴=鶌(≪사성통해≫ 상, 29) (굴가마괴)

≪ㄱ≫음의 탈락현상은 한 형태부내부에서는 일어나지 않으며 존경토 ≪시≫와 같은 일부 토아래에서도 일어나지 않는다. 례:

스ᄀ볼 軍馬를 이길씨(≪룡가≫ 35)
보시고 더디시나(동상, 27)

3) 자음동화

　어떤 자음이 특정한 어음환경에서 린접자음의 영향을 받아 그 소리가 변하는것은 어느 언어에나 공통한 현상이다. 그런데 중세에는 이 동화현상을 표기에 수용하여 소리나는대로 적는것이 일반화되여있었다.

　표기에 반영된 자음동화의 대표적인 례로는 ≪ㄴ≫으로 이어지는 ≪ㄷ, ㅅ, ㅎ≫ 등이 역행동화(逆行同化)를 입어 ≪ㄴ≫으로 변화되는 경우를 들수 있다. 례:

걷나가(渡) >건나가	받는(受) >반는
듣논(聽) >든논	이틋날(翌日) >이튼날
냇믈(川) >낸믈	엇먹는>언먹는
젛노라(恐) >전노라	닿느니라(接) >다느니라

　≪ㅎ≫을 잇는 ≪ㄱ≫이 ≪ㅋ≫으로 변화되는것을 반영한 표기도 있다. 례:

둏고(好) >됴코	슳거니(哀) >슬커니

　일부 어휘는 자음동화의 결과로 나타난 형태가 굳어져 어형(语形) 자체가 변화된 례들도 있다. 례:

걷나다(渡) >건나다	돈니다(行) >다니다
갓나히(孩) >간나히	혼쁴(與) >홈쁴

　자음동화를 반영한 표기는 15세기부터 이미 나타나기 시작했지만 17세기에 와서는 더욱 확산된다.[24]

---

24) 김종훈외, ≪한국어의 역사≫, 대한교과서주식회사, 1999년.

4) 두음법칙

어두(语头)에 ≪ㄹ≫이나 ≪ㄴ≫ 같은 특정한 음이 오는것을 피하여 해당 음을 탈락시키거나 다른 음으로 변화시키는것을 가리키는 이른바 두음법칙은 알타이계 언어들에서 공통적으로 찾아볼수 있는 특징적인 어음현상으로 알려져있다.

그러나 중세조선어에서는 이러한 두음법칙이 표기상으로 완전히 무시되고있다. 먼저 ≪ㄹ≫의 경우를 보면 고유어휘나 한자어에서 이 음이 어두에 위치하고있는 례를 다수 찾아볼수 있다. 례:

라귀(驢)	로새(騾)	렴통(心)
량식(糧食)	라졸(羅卒)	류두(流頭)

또 현대조선어에서는 ≪ㅣ≫나 ≪ㅑ, ㅕ, ㅛ, ㅠ, ㅖ≫따위의 겹모음앞에서 ≪ㄴ≫이 탈락하는것이 원칙이지만 중세조선어에서는 그렇지 않다. 례:

녀름(夏)   니마(額)   니블(衾)   닐다(起)

두음법칙을 무시한 이런 표기는 단순히 형태음소적표기를 의도했던데서 기인한것으로는 보이지 않는다. ≪ㅣ≫나 ≪ㅕ≫따위의 겹모음으로 이어지는 어두모음형(≪ㅇ≫형)과 어두 ≪ㄴ≫형이 의미분화의 기준으로 작용하고있는 례를 간혹 찾아볼수 있기 때문이다. 례:

여름(實)	녀름(夏)	입(口)
닙(葉)	일다(成)	닐다(起)

두음법칙은 18세기이후부터 나타나기 시작했고 1930년대 철

자법이 규정되여 나오면서 두음법칙의 적용을 받는 발음을 표준
어로 인정케 되였다. 그러나 20세기중엽 광복이후 조선에서는 두
음법칙이 무시되고있다.[25]

5) 혀앞소리와 모음 ≪ㅣ≫의 결합

현대조선어에서는 모음 ≪ㅣ≫나 반모음 ≪ㅣ≫를 선행모음
으로 하는 겹모음과 혀앞소리 자음들의 결합이 아주 어렵다. 그
러나 중세조선어에서는 이러한 결합이 가능하였으며 자유로왔다.

중세조선어에서는 ≪ㅅ≫, ≪ㅈ≫, ≪ㅊ≫과 ≪ㄷ≫, ≪ㅌ≫,
≪ㄴ≫ 같은 혀앞소리 자음과 모음 ≪ㅣ≫, ≪ㅑ≫, ≪ㅕ≫, ≪ㅛ≫,
≪ㅠ≫, ≪ㅖ≫가 결합되는데 아무런 지장도 받지 않았다. 례:

    쟈릭(袋)   져비(燕)   죠개(蛤)   쥬먹(拳)   졔(自)
    챵즈(腸)   쳔쳔히(慢) 쵸(燭)   츄마(裳)   쳬ᄒ다(~ㄴ쳬)
    샤공(篙)   셤(島)   쇼(牛)   슈박(西瓜) 셰다(白)
    댜릭다(短) 뎌ᄒ(笛)   됴ᄒ다(好) 듁슌(筍)   뎨(那)
    부텨손(卷栢) 고텨다(醫了) 튱나모(椿)   톄(~ᄒ다)(裝)
    냑간(약간) 녀름(夏)   뇽지(亮子) 뉴월(六月) 녜다(行)[26]

특히 ≪ㄷ≫, ≪ㅌ≫은 ≪ㅣ≫나 반모음 ≪ㅣ≫앞에서 구개
음화되지 않고 자유롭게 결합되고있었다. 례:

    디다(負)   → (현대) 지다
    디나다(過)   → (현대) 지나다
    티다(打)   → (현대) 치다
    팁다(寒)   → (현대) 칩다(춥다)

---

25) 김종훈외, ≪한국어의 역사≫, 대한교과서주식회사, 1999년.
26) 류창돈, ≪리조어사전≫, 연세대학출판부, 1990년 제8판.

히도디(日出) → (현대) 해돋이

그러나 현대조선어에서 그냥 ≪디≫, ≪티≫로 표현되는것들도 있는데 이는 중세에 홑모음이 아니라 겹모음이였던것들이다. 즉 겹모음 ≪ㅢ≫(·ㅣ)로부터 ≪ㅣ≫로 변한 모음앞에 있는 ≪ㄷ≫, ≪ㅌ≫은 비구개음화하고있다. 례:

마듸(ᄆᆡ듸)(節)　　→ (현대) 마디
반듸(螢)　　　　→ (현대) 반디
어듸(어듸)(何處)　→ (현대) 어디
드듸다(드듸다)(踏)→ (현대) 디디다
견듸다(견듸다)(忍)→ (현대) 견디다
무듸다(鈍)　　　→ (현대) 무디다
틔ㅅ글(塵)　　　→ (현대) 티끌
틔눈(鷄眼)　　　→ (현대) 티눈

6) 입술소리와 모음 ≪ㅡ≫의 결합

현대조선어에서 입술소리 ≪ㅂ, ㅍ, ㅁ≫과 모음 ≪ㅡ≫와의 결합은 기본상 불가능하다. 그러나 중세조선어에서는 이러한 음절결합이 가능하였다.[27] 례:

가) 브르다(飽)　→ (현대) 부르다
　　브섭(廚)　　→ (현대) 부엌
　　블(火)　　　→ (현대) 불
　　븕다(紅)　　→ (현대) 붉다
나) 프르다(靑)　→ (현대) 푸르다

---

27) ≪조선말대사전≫(사회과학출판사, 평양, 1992년)에서 보면 토 ≪므로≫와 외래어외에는 어두에서 ≪ㅂ, ㅍ, ㅁ≫과 결합된 ≪ㅡ≫가 없다.

플(草)   → (현대) 풀
플다(解)   → (현대) 풀다
픗ᄂ믈   → (현대) 픗나물
다) 므서리(眠霜)→ (현대) 무서리
므지게(虹)   → (현대) 무지개
믈(水)   → (현대) 물
믈다(咬)   → (현대) 물다

이러한 음절결합은 중세기에는 자유로왔으나 그후 입술소리의 조음영향을 입어 ≪ㅡ≫가 원순모음 ≪ㅜ≫로 변하였다.

그러나 현대조선어의 입술소리아래의 ≪ㅜ≫가 모두 ≪ㅡ≫로부터 변화된것은 아니다. 기원적으로 본디 입술소리아래에 모음 ≪ㅜ≫가 결합된것은 여기에 속하지 않는다.례:

무덤(墓)   → 무덤   붇(筆) → 붓
품기다(噴) → 풍기다

7) 자음과 겹모음 ≪ㅢ≫의 결합

중세조선어에서는 겹모음 ≪ㅢ≫앞에 여러 자음들이 결합되였지만 현대에 이르러서는 이러한 결합은 극히 제한된다. 현대조선어에 이르러 ≪ㅎ≫이나 ≪ㄴ≫밖의 자음들과 결합되였던 ≪ㅢ≫는 대개 ≪ㅣ≫로 변해버렸다.례:

긔별 → (현대) 기별   킈 → (현대) 키(身)
듸 → (현대) 데(ㄴ듸)   틔 → (현대) 티
기릐 → (현대) 길이   믜다 → (현대) 미워하다
비븨다→ (현대) 비비다   픠다 → (현대) 피다(開)
싁다 → (현대) 시다   즹경이→ (현대) 진경이

츼다 → (현대) 치우치다

제4절 중세조선어의 문법적형태

1. 품사
1) 명사
(1) 보통명사와 고유명사

보통명사: 사룸, 나라ㅎ, 강, ᄆᆞᄉᆞᆯㅎ, ᄆᆞᅀᆞᆷ, 겨슬, 쇠, 댓닙,
　　　　　칙력(册历), 뫼(山)

고유명사: 셔볼, 漢陽, 쫄애山, 西京, 大同江

어떤 고유명사는 중세조선어에서 이미 보통명사로도 사용되여 이중성을 띠고있다.례:

어느 전츠로 두 셔울흘 보리오(≪두시언해≫ 十, 37)
네 셔울 므슴 일 이셔 가는다(≪번역로걸대≫ 상, 7)

첫번째 례에서 이미 ≪두 셔울ㅎ≫이라고 썼으니 이는 리조의 서울만 가리키는것이 아니며 두번째 례에서의 ≪셔울≫은 북경을 가리키는것이니 역시 리조의 서울이 아니다. (≪셔볼≫이 ≪셔울≫로 변해 쓰이였다.)

이처럼 고유명사로서의 ≪셔울≫이 보통명사로도 쓰인것은 이미 첫 정음문헌인 ≪룡비어천가≫에서 나타난다.례:

셔볋 긔벼를 알씨 ᄒᆞᄫᅡ 나ᅀᅡ가샤(≪룡가≫ 35)
셔볋 賊臣이 잇고(동상, 37)

셔볼 도즈기 드러(동상, 49)

첫째 례문의 ≪셔볼≫은 중국 당나라 수도를 가리키며 둘째 례문의 ≪셔볼≫은 한나라의 수도를 가리키며 셋째 례문에서도 역시 당나라의 수도를 가리킨다. 고유명사 ≪셔볼≫은 15세기에 이미 보통명사로도 씌였다는것을 알수 있다.

(2) 완전명사와 불완전명사

불완전명사는 완전명사가 추상화되면서 형성되였다. 현대조선어에서 쓰이고있는 적지 않은 불완전명사들은 중세에도 이미 쓰이고있다. 례:

이, 줄, 만, 쑨, 적, 제, 것, 번, 바, 분, 쓰름(따름), 듸(데), 녁(녘), 만, 닷(탓), 양, 즈슴(즈음)

15세기에 가장 전형적인 불완전명사로는 ≪드≫, ≪스≫를 들수 있다.

≪드≫는 격형태와 결합되여 다음과 같이 쓰인다.

주격: 디(드 + ㅣ)

　　　일ᄒᆞ얀디 오라니

　　　(일한지가 오래니) (≪삼강행실도≫)

대격: 둘(드 + ㄹ)

　　　釋迦佛 드외싫둘 普光佛이 니르시니이다

　　　(석가불 되실줄을 보광불이 말하셨습니다) (≪월인천강지곡≫)

위격: 듸(드 + 의)

　　　몰애 힌듸 새 ᄂᆞ라 도라오놋다

　　　(모래가 흰곳에 새가 날아 돌아오는구나) (≪두시언해≫)

조격: 드로

　　　이런드로 金剛♀로 가줄비시고

　　　(이런 까닭으로 금강으로 비유하시고) (≪금강경언해≫)

지정형에서는 다음과 같이 쓰이고있다.

지정형: 둔(드+ㄴ)

　　　願흔둔 내 生生애 그딋가시 드외아지라

　　　(원컨대 내 평생에 그대의 처가 되고싶다) (≪월인석보≫)

≪드≫나 ≪스≫는 불완전명사 ≪것≫과 류사한 의미 즉 사물일반을 나타내였다.

≪스≫도 격형태와 결합되여 다음과 같이 쓰이고있다.

주격: 시, 씨(스+ㅣ)

　　　겨머서 아비 업슬시 孤ㅣ오

　　　(어려서 아비 없는것이 孤이오) (≪원각경언해≫)

대격: 슬(스+ㄹ)

　　　ᄂᆞ물 업시울슬 닐오듸 增上慢이라

　　　(남을 업신여기는것을 말하여 增上慢이라) (≪묘법련화경언해≫)

위격: 싀, 쎄(스+·ㅣ)

　　　새로 알외욜주리 업슬싀

　　　(새로 알릴 까닭이 없으므로) (≪금강경삼가해≫)

원인접속형으로도 된다.

스뭇디 아니훌쎄

(통하지 아니하는 까닭에) (≪훈민정음언해≫)

지정형과 서술형에서는 다음과 같이 쓰인다.

지정형: 다토리 업슬손 다문 인가 너기노라
          (다툴것이 없는것은 다만 이것인가 여기노라) (≪루항사≫)
서술형: 訓은 ᄀᆞᄅ칠씨오 (≪훈민정음언해≫)

15세기 조선어에도 불완전명사의 특수종류인 단위명사가 있
었다. 단위명사는 셈의 단위를 나타낸다.

    百千디위 ㅂ려도(≪월인석보≫ 권 21, 216장)
    쌸리 짓는 그른 즈믄 마리오(≪두시언해≫ 초, 21, 42)

    여기서 첫번째 례의 ≪디위≫는 ≪번(回)≫의 뜻으로 단위명
사로 쓰이고있다.
    그러나 두번째 례의 ≪마리≫는 자립명사가 단위명사처럼 쓰
인것이다. 이렇게 완전명사가 계산의 단위로 쓰이면서 단위명사
처럼 쓰이는 일이 15세기에 흔히 있었다. 15세기에는 수량수사가
명사우에 자유롭게 쓰이고있었는데 이는 현대와 다르다. 이 경우
해당 명사는 단위명사와 같이 쓰이고있다. 례:

    두막대, 여슷놀, 닐굽곳, 마순사슴, 즈믄ᄀᆞ롬, 五百銀돈, 네우물

(3) 활동체명사와 비활동체명사
    활동체명사와 비활동체명사는 격형태가 첨가됨에 있어서 확
연히 구별을 가진다. 례:

    겨룻 사ᄅᆞ민게 미츠면(≪릉엄경언해≫ 三, 82)
    南녁 늘그늬게 섯겟노니(≪두시언해≫ 초, 八, 4)
    菩薩의 묻ᄌᆞ보듸(≪원인석보≫ 二, 11)

날ᄃ려 니ᄅ샤ᄃᆡ(동상, 서, 11)
須達이손ᄃᆡ 보내여(≪석보상절≫ 六, 16)

우의 례들에서 토 ≪이게≫, ≪의게≫, ≪ᄭᅴ≫, ≪손ᄃᆡ≫, ≪ᄃ려≫ 등은 활동체명사에 붙어 사용되였다. 이러한 형태와는 달리 ≪애/에/예≫는 비활동체명사에 쓰인다. 례:

ᄇᆞᄅᆞ매 아니뮐ᄊᆡ(≪룡가≫ 2)
님금 金華省에 지이니라(≪두시언해≫ 초, 二十四, 41)
놀애예 일훔 미드니(≪룡가≫ 16)

중세조선어의 일부 명사는 토와 결합할 때 어근아래에 자음 ≪ㅎ≫이 첨가되였다. 대체로 이러한 ≪ㅎ≫음은 모음이나 향음 자음아래에 개입되였다.

가) 모음으로 끝난 어근: 고ㅎ(鼻), 나라ㅎ(國), 뎌ㅎ(笛), ᄃ르ㅎ(野), 뫼ㅎ(山), 바다ㅎ(海), 세ㅎ(三), 우ㅎ(上), 자ㅎ(尺), 터ㅎ(基), ᄒ나ㅎ(一)

나) ≪ㄹ≫로 끝난 어근: 갈ㅎ(刀), 눌ㅎ(刃), 돌ㅎ(石), ᄆᆞ술ㅎ(村), 별ㅎ(崖), 스믈ㅎ(二十), 하놀ㅎ(天)

다) ≪ㅁ≫으로 끝난 어근: 암ㅎ(雌), 움ㅎ(穴)

라) ≪ㄴ≫으로 끝난 어근: 안ㅎ(內), 위안ㅎ(園), 긴ㅎ(綬)

마) 한자어어근: 보ㅎ(褓), 쇼ㅎ(褥), 수ㅎ(藪)

이렇게 ≪ㅎ≫음이 첨가되는 명사도 어떤 경우에나 그냥 어간과 토사이에 ≪ㅎ≫이 첨가되는것이 아니다. 15세기에 일부 그것이 첨가되지 않는 경우도 있었다. 례:

갈와 鎖(≪룽엄경언해≫ 권 6, 28장)
이 길로(≪남명집언해≫ 상, 28)

≪ㅎ≫음은 토와의 결합에서 흔히 토와 한음절로 굳어져 나타난다. 례:

내히 이러 바르래 가느니(≪룡가≫ 2)
赤島안행 움흘 至今에 보습느니(≪룡가≫ 5)
네 모콰 아라우히(≪월인석보≫ 1, 29)

합성어사이에도 ≪ㅎ≫첨가자음이 결합되였는데 그것이 력사적으로 굳어진것도 있다. 례:

안팎(≪석보상절≫ 九, 4)   <안ㅎ+밖
암톩(≪구급방언해≫ 하, 17) <암ㅎ+돍
수톩(동상, 상, 75)   <수ㅎ+돍
수컷(≪언해태산집요≫ 7)   <수ㅎ+것

2) 수사
(1) 수량수사와 순서수사

수량수사:

ㅎ나ㅎ, 둘ㅎ, 세ㅎ, 네ㅎ, 다ᄉᆞᆺ, 여슷, 닐굽, 여듧, 아홉, 열ㅎ, 스믈ㅎ, 셜흔, 마ᅀᆞᆫ, 쉰, 여쉰, 닐흔, 여든, 아흔, 온(百), 즈믄(千)

수량수사는 수량의 단위를 나타낼 때 어음론적인 변화를 가져왔다.

ㅎ나ㅎ>흔, 둘ㅎ>두, 세ㅎ>셋, 서, 석
네ㅎ>넷, 너, 넉, 다ᄉᆞᆺ>닷, 대

여슷 > 엿, 예, 스믈ㅎ > 스므

례:

닷되(五升) (≪두시언해≫ 초, 十五, 37)
대자(五尺) (≪삼강행실도≫ 효자, 19)
엿량(六兩) (≪번역박통사≫ 초상, 73)
예자(六尺) (≪릉엄경언해≫ 七, 12)
스므낫(二十枚) (≪분문온역이해방≫ 5)

수량수사에는 개략적인 수량을 나타낼 때 쓰이는 합성수사들
이 있다.

혼두(1~2), 두서(2~3), 서너(3~4), 너덧(4~5), 대엿(다엿,
5~6), 여닐굽(예닐굽,6~7), 닐여듧(7~8), 여다홉(8~9), 열
다엿(15~16), 여나믄(여라믄,十餘), 스므나믄, 셜흔나믄(셜흔
라믄), 마순나믄, 쉬나믄, 여든남은(八十餘)

개략수사는 9×9식 승법으로 이루어지기도 하였다.

두네(2×4), 두여슷(2×6), 두닐굽(2×7), 세닐굽(3×7), 네닐
굽(4×7), 두어열(2×10)

순서수사는 수량수사에 ≪차히≫를 붙여 이루어졌다. 례:

둘차히, 세차히, 네차히, 다숫차히…열차히, 열ㅎ나차히…스믈
차히…셜흔차히…

≪차히≫는 ≪자히≫, ≪짜히≫, ≪채≫, ≪차≫, ≪재≫,
≪자≫ 등의 어음변종들을 가지고있다. 례:

ᄒᆞ낫재(≪소학언해≫ 五, 10)
둘재(동상, 五, 17)
넫재(동상, 五, 100)
둘차(≪월인석보≫ 一, 20)
세차(≪금강경삼가해≫ 二, 33)
둘채(≪구급간이방≫ 三, 48)
세채(≪은중경≫ 7)
여듧번짜히(≪월인석보≫ 一, 49)
닐흔ᄒᆞ나자히(동상 二, 59)

한자로 된 순서수사는 접두사 ≪제(第)≫에 한자수사를 붙였다. 이는 현대와 마찬가지였다.

(2) 단순수사와 합성수사

단순수사란 하나의 어근으로 이루어진 수사를 가리킨다. 례:

ᄒᆞ나ᄒ, 열ᄒ, 스믈ᄒ, 마ᅀᅳᆫ, 여든, 온, 즈믄

합성수사란 두개 또는 그이상의 어근으로 이루어진 수사를 가리킨다. 례:

흔두, 두서, 여닐굽, 여다홉, 여나믄, 쉬나믄, 두네, 두여슷

적지 않은 합성수사는 두 수사의 합성으로 이루어져 이러저러하게 어음외각이 조금씩 변한것이지만(례: 흔＋두<ᄒᆞ나＋둘) ≪여나믄≫, ≪쉬나믄≫ 같은것은 수량수사에 동사 ≪남다≫의 없음형이 합성되여 이루어졌다. 례:

열ᄒ＋남다＞여＋남은＞여나믄

쉰+남다>쉬+남은>쉬나믄
여든+남다>여드+남은>여드남은

(3) 고유수사와 한자어수사

중세조선어의 고유수사에는 현대에 없는 ≪온(百)≫, ≪즈믄(千)≫이 있다.례:

온 사룸 두리샤(遂率百人)(≪룡가≫ 58)
頃은 온畝ㅣ니(≪석보상절≫ 六, 25)
百 온 빅(≪훈몽자회≫ 하, 34)
즈믄디위 變ᄒ야도(千變)(≪금강경삼가해≫ 三, 5)
훈번 듣줍고 즈므늘 알오(一聞千悟)(≪법화경언해≫ 三, 142)
千 즈믄 쳔(≪훈몽자회≫ 하, 34)

고유수사는 ≪ᄒ나≫로부터 ≪온≫, ≪즈믄≫까지 있었으나 수자계산에서 ≪훈즈믄 아홉온 아흔 네ᄒ≫(1994년)와 같이 사용한 례가 보이지 않는다.

한자어수사는 현대와 별차이가 없었다. 수량수사뿐만아니라 순서수사에도 ≪뎨일, 뎨이(第一, 第二)…≫와 같이 사용하였다.례:

九는 아홉이라(≪월인석보≫ 一, 33)
百은 오니라(동상, 一, 6)
一은 ᄒ나히라(≪훈민정음언해≫)
二는 둘히라(동상)
三은 세히오(≪월인석보≫ 一, 15)
五는 다숫시오(동상, 一, 6)
第五十에 니를면(동상, 十七, 45)
二十八은 스믈여들비라(≪훈민정음언해≫)

ᄆᆞ리 뎨일 보븨니(馬是第一寶貝) (≪번역박통사≫ 상, 43)

3) 대명사

(1) 인칭대명사

중세조선어에서 인칭대명사는 이야기하는편과 듣는편에 따라
1인칭과 2인칭으로 나눌수 있다.

1인칭	단수	나(내)
	복수	우리, 우리(ᄃᆞᆶ)
2인칭	단수	너, 그듸
	복수	너희, 너희(돌)

인칭대명사에서 2인칭 ≪그듸≫는 ≪그디≫, ≪그ᄃᆡ≫로도
표현되며 ≪너≫보다는 약간 존경하는 색채가 있다.례:

그ᄃᆡᆺ 아바니미 잇느닛가(≪석보상절≫ 六, 14)
그디 子息업더니 므슷罪오(≪월인석보≫ 一, 17)
그ᄃᆡᄂᆞᆫ 보디 아니 ᄒᆞᄂᆞ다(≪두시언해≫ 초, 八, 24)

(2) 지시대명사

대상의 거리 대 상	근칭	중칭	원칭
일반적인 대상	이	(그)	뎌
장소	이어긔	그어긔	뎌어긔

≪그≫는 아직 완전히 중칭을 나타낸다고 보기 어렵다. 현대
처럼 가깝지도 않고 멀지도 않은 거리관계를 나타내는것이 아니
라 이러한 거리에는 관계없이 쓰이고도 있었기때문이다. 례:

<u>내</u> <u>그</u>에 모딜언마룬(≪룡가≫ 121)

이 례문에서 ≪내≫(1인칭)와 ≪그≫가 관계되고있는데 이는 가장 가까운 거리인것이다.

처소표시의 지시대명사는 대명사 ≪이, 그, 뎌≫에 장소의 뜻을 가진 ≪어긔＞어긔≫(所)가 결합된것이다. ≪이어긔, 그어긔, 뎌어긔≫는 각기 ≪여기, 거기, 저기≫를 의미하는데 중세조선어에서 이와 비슷한 의미의 대명사로 또 ≪이에, 그에, 뎌에≫, ≪예, 게, 뎨≫ 등도 사용되였다. ≪이어긔, 뎌어긔≫는 ≪여긔, 뎌긔≫로 바꿔우기도 하였다. 례:

가며 머므럿는 <u>뎌어긔</u>와 <u>이어긔</u> 消息이 업도다(≪두시언해≫ 十一, 16)
<u>그어긔</u> 쇠 하야(≪월인석보≫ 一, 24)
내 <u>여긔</u> 갈 일호니 後에 예 와 어두리라(≪남명집언해≫ 상, 36)
이 개야미 <u>의</u>에셔 살며(≪석보상절≫ 六, 37)
<u>게</u> 가 몯 나시리라(≪월인석보≫ 二, 11)
네 날ᄃ려 <u>뎌것</u> 경티를 니ᄅ고려(≪번역박통사≫ 상, 67)
여긔도 虛空이오 뎨도 虛空이니(≪남명집언해≫ 상, 50)

(3) 의문대명사

사물종류	대 명 사
사람	누, 아모
사물	어느, 므슥, 아모
분량	현마, 언마, 몃
장소	어듸, 아모듸
시간	어느제

례:

二百戶를 어느 뉘 請ᄒ니(≪룡가≫ 18)
아뫼어나 와 내 머릿바기며 …도라ᄒ야도(≪월인석보≫ 권 一, 13)
어늬 구더 兵不碎ᄒ리잇고(≪룡가≫ 17)

≪어느≫는 ≪어ᄂ≫, ≪어누≫ 등 변종을 가지고있으며 부
사, 관형사로도 쓰이고있다.

聖人神力을 어ᄂ 다 술ᄫ리(≪룡가≫ 87)
어느 고ᄃᆯ 從ᄒ야 오니잇고(≪법화경언해≫ 五, 97)

≪므슥≫은 ≪므슴, 므스것, 므슷≫ 등 변종을 가지고있으며
관형사로도 사용되였다.

橫死ᄂ 므스기잇고(≪석보상절≫ 九, 35)
므슴 慈悲 겨시거뇨(≪석보상절≫ 六, 6)
그듸 子息업더니 므슷 罪오(≪월인석보≫ 一, 7)
正法像法末法이 현매라 ᄒ샤미리(≪룽엄경언해≫ 一, 17)

≪언마≫는 ≪어느≫와 불완전명사 ≪마≫가 결합되여 이루어
졌으며 변종으로 ≪언머≫를 가진다.

언맛 福ᄋᆯ 得ᄒ리잇고(≪월인석보≫ 十七, 44)
언머의 흥판식 훌다(≪번역박통사≫ 상, 10)

≪멋≫은 중세에 벌써 ≪몇≫으로 나타나고있다.

이젠 멋고 (今엔 幾何也오) (≪법화경언해≫ 五, 178)
네 나히 며츤 삑 恒河ㅅ 므를 본다(≪룽엄경언해≫ 二, 8)

≪어듸≫는 ≪어드메, 어드러, 어듸≫ 등의 변종을 가지고있다.

어듸 머러 威不及ᄒ리잇고(≪룡가≫ 47)
이 ᄯᅡ히 어드메잇고(≪월인석보≫ 八, 94)
王이 어드러 가시니잇고(≪월인석보≫ 十, 14)
내 어듸 가리오(≪삼강행실도≫ 렬녀도, 3)
어므듸도 마ᄀ 듸 업서(≪월인석보≫ 서, 8)

≪어느제≫는 ≪어느≫와 불완전명사 ≪제≫가 합성되여 시간
을 가리키는 의문대명사로 쓰이기 시작하였다.

어느제 내 몸이 놀개이셔(≪두시언해≫ 一, 14)

15세기에도 ≪언제≫로 쓰이고있다.

언제 새어든 부텨를 가 보ᅀᆞ보려노(≪석보상절≫ 六, 19)

(4) 재귀대명사
재귀대명사란 자신에 대하여 다시 돌이켜 지시하는 대명사이
다. 여기에는 ≪제(혹은 저)≫, ≪저희≫, ≪ᄌᆞ갸≫가 속한다. 례:

廣熾 짓거 제 가져가아(≪월인석보≫ 二, 9)
이웃나라히 背叛ᄒ거든 저희 가 티고(≪석보상절≫ 十一, 36)
부텻소놀 손소 자ᄇᆞ샤 ᄌᆞ걋 가ᄉᆞ매 다히시고(≪월인석보≫ 十, 9)
照이 體 저 업다ᄒᆞ물(≪원각경언해≫ 상, 一, 一, 67)

4) 동사
(1) 타동사와 자동사

타동사의 례:

보다(見) : 如來 보디 몯고 堂밧 보리 잇ᄂᆞ뎌(≪릉엄경언해≫ 一, 50)
얻다(得) : 넷날애 바리를 어더(≪월인천강지곡≫ 88)
싯다(洗) : 本心을 시서(≪릉엄경언해≫ 九, 95)
딩굴다(作) : 出世홇 因을 딩ᄀᆞᆯ샤(≪릉엄경언해≫ 五, 5)
잎다(吟) : 그를 이퍼셔 正히 너를 思憶ᄒᆞ노라(≪두시언해≫ 초, 八, 43)

자동사의 례:

가다(去) : 내 孫子조차 가게 ᄒᆞ라(≪석보상절≫ 六, 9)
오다(來) : 아비 오거늘 보고(≪월인석보≫ 十七, 19)
나다(出) : 밧긔 나아 걷니더시니(≪석보상절≫ 二, 31)
녹다(融) : 一切 두려이 노가(≪법화경언해≫ 四, 133)
얼다(凍) : 믈ᄀᆞᆫ 서리예 큰 모시 어니(≪두시언해≫ 초, 二十一, 36)

중세조선어에서도 현대조선어처럼 자동사와 타동사를 겸하는
동사가 있다.

겄다(折)
(타) 고ᄇᆞᆫ 곳 것고(≪석보상절≫ 十一, 41)
(자) 두 갈히 것그니(≪룡가≫ 36)

짓다(喜)
(타) 功 일우믈 깃는 젼ᄎᆞ로(≪릉엄경언해≫ 九, 70)
(자) 諸天이 다 깃ᄉᆞᄫᅵ니(≪월인석보≫ 二, 8)

두위티다(飜)
(타) 北寇를 두위텨 ᄇᆞ리고져 ᄒᆞ고(≪두시언해≫ 중, 三, 3)
(자) ᄇᆞᄅᆞ미 두위티며 ᄒᆡ 올ᄆᆞ며(≪두시언해≫ 초, 十六, 54)

옮다(轉)

 (타) 蓬閣애 마ᅀᆞᆯ 올몬 后에(≪두시언해≫ 초, 二十四, 59)
 (자) 六百年天下 ㅣ 洛陽애 올ᄆ니이다(≪룡가≫ 14)

(2) 자립적동사와 보조적동사

자립적동사의 례:

놓다(奠) : 고즐 <u>노ᄒ시며</u> 白疊을 <u>노ᄒ샤</u>(≪월인천강지곡≫ 42)
더으다(添) : 시르믈 <u>더으리랏다</u>(≪두시언해≫ 초, 十五, 31)
둪다(蓋) : 마리를 퍼 <u>두퍼시ᄂᆞᆯ</u>(≪월인석보≫ 一, 16)
묻다(問) : 도ᄌᆞ기 겨신ᄃᆡᆯ <u>무러</u>(≪룡가≫ 62)
어울다(合) : 合은 <u>어울씨라</u>(≪훈민정음언해≫)

보조적동사는 그 대부분이 자립적<u>으로</u> 쓰이는 한편 보조적으로도 쓰이고있다. 보조적동사를 의미에 따라 례를 보이면 다음과 같다.

소원을 나타내는것:

지다: 五百사ᄅᆞ미 弟子ㅣ 두외아<u>지이다</u>(≪월인석보≫ 一, 9)

행동의 지속을 나타내는것:

가다: 殘花ᄂᆞᆫ ᄒᆞ마 업서<u>가ᄂᆞᆫ</u> 고지라(≪남명집언해≫ 상, 5)
오다: 네가 妻子를 마자<u>오거늘</u>(≪두시언해≫ 초, 八, 40)
이시다: 됴ᄒᆞᆫ 香 퓌우고<u>잇거니</u>(≪석보상절≫ 二十四, 26)

행동을 끝까지 함을 나타내는것:

나다: 如來를 念ᄒᆞ야 恭敬ᄒᆞᅀᄫᆞ면 다 버서<u>나리라</u>(≪석보상절≫

九, 25)

내다: 勞度差ㅣ또 흔 쇼롤 지서내니(≪석보상절≫ 六, 32)
브리다: 恩惠롤 니져브리샤(≪석보상절≫ 六, 6)
두다: 므를 기러두고사 가리라(≪월인석보≫ 七, 9)
놓다: 도깃 醬은 자바다가 디여논ᄂᆞ다(≪두시언해≫ 초, 二十二, 20)

시험적인 행동을 나타내는것:

보다: 目連이 耶輸ㅅ宮의 가보니(≪석보상절≫ 六, 2)

상태의 형성을 나타내는것:

디다: 뫼히여 돌히여 노가디여(≪월인석보≫ 一, 48)

보조적동사에는 이런것외에도 피동, 사동, 부정 등을 나타내는것들이 있다.례:

教化ᄂᆞᆫ ᄀᆞᄅᆞ쳐 어딜에 두외율씨라(≪월인석보≫ 一, 19)→게 두외다
사름마다 수비 알에 ᄒᆞ야(≪월인석보≫ 서, 12)→게 ᄒᆞ다
法듣ᄃᆞᆯ 아니ᄒᆞ리라(동상, 二, 36)→ᄃᆞᆯ 아니ᄒᆞ다
보도 몯ᄒᆞ며 듣도 몯거니(≪석보상절≫ 二十四, 28)→도 몯ᄒᆞ다
이 ᄠᅳᆮᄅᆞᆯ 닛디 마ᄅᆞ쇼셔(≪룡가≫ 116)→디 말다

(3) 단일동사와 합성동사

단일동사의 례:

뮈다(動), 넘다(踰), 두다(置), 가다(去), 믈다(咬), 젛다(恐),
츠다(佩), 치다(育)

합성동사의 례:

힘쓰다(≪두시언해≫ 초, 八, 7) <명사+동사
덥돌다(≪구급간이방≫ 六, 70) <형용사+동사
횟돌다(≪월인석보≫ 서, 4) <부사+동사
빌먹다(≪석보상절≫ 六, 14) <동사+동사
죽살다(≪두시언해≫ 초, 八, 67) <동사+동사
나아오다(≪두시언해≫ 초, 七, 11) <동사+아+동사
니러셔다(≪롱가≫ 84) <동사+어+동사

합성동사에서 두 어근이 형태를 취하지 않고 직접 결합하여 ≪빌먹다, 죽살다≫ 형식으로 이루어지는것은 중세조선어에서 비교적 특징적인 현상이였다.

5) 형용사

대상의 성질, 상태를 풀이하여 나타내는 단어들의 부류인 형용사는 의미-기능적측면에서 몇가지로 다시 분류해볼수 있다.

≪븕다, 누르다, 눗갑다, 둘다, 서늘ᄒ다≫와 같은것은 감각으로 지각되는 성질이나 상태를 나타내는 부류이고 ≪브즐우즐ᄒ다, 반갑다, 고ᄅ외다, 용속ᄒ다, 튱직ᄒ다≫와 같은것은 인물의 성격이나 심리상태를 나타내는 부류이며 ≪둏다, 그르다, 올ᄒ다, 쉽다, 쟒다≫ 등은 성질이나 상태에 대한 평가를 나타내는 부류이고 ≪이러ᄒ다, 그러ᄒ다, 뎌러ᄒ다, 엇더ᄒ다, 아므라ᄒ다≫ 등은 성질이나 상태를 기리키기만 하는 부류이다.

형용사 역시 동사와 마찬가지로 단일어간인가 합성어간인가에 따라 단일형용사와 합성형용사로 나눌수 있다.

단일형용사의 례:

샌르다(速), 퍼러ᄒ다(靑), 하다(大, 多), 밉다(辛), 희다(白),
츠다(涼), 칩다(寒), 달다(異)

합성형용사의 례:

힘세다(≪월인석보≫ 二, 6) [명사＋형용사]
븓질긔다(≪훈몽자회≫ 하, 30) [동사＋형용사]
감ᄑᆞ르다(≪릉엄경언해≫ 一, 47) [형용사＋형용사]
어히업다(≪첩해신어≫ 四, 14) [부사＋형용사]

중세조선어에서도 현대조선어에서와 마찬가지로 형용사는 문
법적특성이 동사와 비슷하면서도 동사와는 다른 특성들을 가지고
있다.

일반화된 뜻에서 동사는 동작이나 상태의 과정이라면 형용사
는 성질이나 상태의 표식이다. 따라서 동사는 과정적이며 형용사
는 비과정적이다. 이러한 특성으로 하여 절대다수의 형용사는 과
정적인 행동과 관련이 있는 명령형과 권유형의 형태를 가지지 못
하며 절대다수의 형용사는 시간형태 ≪ᄂ≫(현재) 등을 취하지
못하며 ≪ᄂ≫와 관련된 ≪ㄴ다＜ᄂ다≫, ≪ᄂ＜ᄂ니≫ 등도 취
하지 못한다.

이러한 차이는 절대적인것이 아니였다. 중세조선어에서는 형
용사가 시간형태 ≪ᄂ≫를 자유롭게 취하는 례들이 보인다. (물
론 현대에도 적게 이런 현상이 있지만) 례:

여름 하ᄂ니(≪룡가≫ 2)
ᄇᆞ룸도 업ᄂ니라(≪월인석보≫ 一, 50)

목수미 오라ᄂ니(동상, 一, 37)
구루미 어듭ᄂ다(≪릉엄경언해≫ 四, 44)
六根이 ᄀᆺᄂ니(≪법화경언해≫ 三, 13)

이런 형용사들은 문장속에서 그대로 또는 일정한 토를 첨가
하여 동사와 같은 어휘-의미론적특성을 얻을수 있다.

붉다: 天性은 볼ᄀ시니(≪룡가≫ 71)
　　　 둘이 붉ᄂ니(≪선가구감언해≫ 상, 39)
하다: 활쏘리 하건마른(≪룡가≫ 45)
　　　 여름하ᄂ니(≪룡가≫ 2)
슳다: 三分이 슬ᄒ샤(≪월인천강지곡≫) 【슬퍼하다】
　　　 筌두미 ᄀ장 슬ᄒ니라(≪월인석보≫ 서, 23) 【슬프다】
블다: 鶴ᄋᆯ 브노니(羨鶴)(≪두시언해≫ 초, 七, 12) 【부러워하다】
　　　 비블오믈 求호맨(≪두시언해≫ 초, 二十, 9) 【부르다】
굳다: 구든 城을 모ᄅᆞ샤(≪룡가≫ 19) 【굳다】
　　　 쟝ᄎ 굳ᄂ니(≪원각경언해≫ 상, 二之二, 105) 【굳어지다】

이렇게 문장속에서 그대로 또는 토를 첨가하여 행동성을 얻
을수 있는바 형용사는 상토를 취하면 타동사적의미를 얻는다. 이
는 현대어보다 더 생산적인 현상이였다. 례:

높다 > 높이다 (-이-)
녈다 > 녀토다 (-오-)
붉다 > 불기다 (-이-)
굳다 > 구티다 (-히-)

중세조선어에는 수효가 아주 적은 보조형용사가 있다. 이제

그 례를 들어보이면 다음과 같다.

희망과 추측을 나타내는것:

식브다: ㄱ장 우르고져 식브니(≪두시언해≫ 초, 十六, 46)
    다ᄃ론가 식브거늘(≪구급간이방≫ 六, 16)

≪식브다≫는 그 변종으로 ≪싣브다≫, ≪십브다≫, ≪십다≫
등을 가지고있다.례:

힝뎍은 모나 프러디디 말오져싣븐거시라(≪번역소학≫ 八, 1)
죽고져십브거든 나ᅀㅏ오라(≪삼강행실도≫ 렬녀도, 13)
음식 먹고시븐 ᄆᆞ음이 업서(≪태평광기≫ 一, 49)

부정을 나타내는것:

아니ᄒ다: 一切有情이 나와 다ᄅ디 아니케 ᄒ오리라(≪석보상절≫ 九, 4)
몯ᄒ다: 비록 得ᄒ야도 足디 몯거니와(≪월인석보≫ 九, 11)

상태를 나타내는것:

잇다: 須達이 病ᄒ얫거늘(≪석보상절≫ 六, 44)
겨시다: 곳 닐굽 줄기를 가져겨샤ᄃᆡ(≪월인석보≫ 一, 9)

중세조선어에서 ≪잇다≫, ≪없다≫는 동사와 형용사의 어느
하나에 귀속시키기 어렵다. 그래도 ≪잇다≫(이시다)는 거의 동
사에 가깝고 ≪없다≫는 형용사의 쓰임과 같다. 따라서 ≪아(어,
여)있다≫형식의 ≪잇다≫는 그것이 행동의 결과에 이루어진 상
태의 지속을 나타내므로 보조형용사에 귀속시키게 된다.

6) 관형사

분량관형사의 례:

온(全), 온갖, 모든(諸), 여러, ᄀ즌, 죠고맛(小), 대도흔(全),
뭇(郡), 효근(小), 아니한(少), 하나한(多)

성질관형사의 례:

새(新), 어느, 녀느(他, 別), 뜬(零, 他), 쫀(零, 他), 므슴
(何), 민(最), 잇ᄀ젓(此), 왼, 올흔(右), 첫(初), 진딋(眞), 녀
나믄(別), 녯(古)

관형사는 다른 품사들로부터 이루어진 단어부류이다. 다른
품사들로부터 직접적으로거나 혹은 형태가 첨가되여 이루어진 례
들을 몇개만 들면 다음과 같다. 례:

다시 <u>새</u>룰 비허(更雨新者) (≪법화경언해≫ 三, 94)
이 나래 <u>새</u>룰 맛보고(≪두시언해≫ 초, 十五, 23)
<u>새</u>기슬 一定ᄒ얫도다(동상, 七, 1)
<u>새</u> 出家흔 사ᄅ미니(≪석보상절≫ 六, 二)

례문에서 첫 두 ≪새≫는 명사, 세번째 ≪새≫는 관형사, 네
번째 ≪새≫는 부사이다. 관형사나 부사의 ≪새≫는 명사 ≪새≫
로부터 직접 전성된것이다. 례:

方國이 해 <u>모드</u>니(≪룡가≫ 11)
<u>모든</u> 하놀히 얻즈바(≪월인천강지곡≫ 91)
<u>모든</u> 번돌히 일후믈(≪번역박통사≫ 상, 24)

레문에서 ≪모드니≫는 동사이며 ≪모든/모든≫은 관형사이다. 이는 동사에 규정토가 붙어 이루어진것이다. 즉 ≪몬＋은＞모든＞모든≫의 과정을 밟고있다. 례:

므서시 쓰리오(≪로걸대언해≫ 하, 56)
쫀 남진에 난 즈식(≪역어류해≫ 보, 33)

레문에서 ≪쓰리오(쓰다—異)≫는 동사이고 ≪쫀≫은 관형사이다. 이 역시 ≪쓰＋ㄴ＞쫀≫으로 이루어진것이다.

관형사는 이처럼 2차적인 단어부류이기에 중세조선어에서만도 관형사가 다른 품사로 쓰이는 일이 적지 않았다. 즉 원 품사와 새로 생긴 관형사가 공존하는 현상이 적지 않았다.

어느/어느:
어느 뉘 請ᄒᆞ니(≪룡가≫ 18) [관형사]
어느를 닐온 政法眼고(≪금강경삼가해≫ 二, 68) [대명사]
어느 다시 디나가리오(≪두시언해≫ 초, 七, 9) [부사]

녀느/년ㄱ:
녀느 사ᄅᆞ미 供養ᄆᆞ차ᄂᆞᆯ(≪월인석보≫ 一, 13) [관형사]
四海ᄅᆞᆯ 년글 주리여(≪룡가≫ 20) [명사]

7) 부사
부사도 관형사와 마찬가지로 형태변화를 하지 않는다. 그러나 부사는 일부 경우에 토가 붙을수 있었다. 례:

져고마도 모ᄅᆞ리이며(≪석보상절≫ 十三, 42)
이리곰 火災호ᄆᆞᆯ 여듧번 ᄒᆞ면(≪월인석보≫ 一, 49)

중세조선어의 부사는 체언과 용언의 각종 품사들로부터 이루어졌는바 관형사와 마찬가지로 역시 2차적인 단어부류이다. 례:

새(명사)   > 새려 [부사]
며(대명사)   > 며리 [부사]
돌다(동사)   > 도로 [부사]
젹다(형용사) > 젹곰 [부사]

중세조선어 부사에서 비교적 특징적인 현상은 체언이나 용언 어간이 아무런 형태도 취하지 않고 직접 부사로 쓰인것이다.

가) 눖ㄱ장이 가시라(≪금강경삼가해≫ 五, 31)
　　하늜짜히 ㄱ장 震動ᄒ니(≪월인천강지곡≫ 21) [명사>부사]
나) 나ᄒ싫 둘 거의어늘(≪월인석보≫ 二, 27)
　　거싀 죽게 ᄃ외얫더니(≪삼강행실도≫ 효자,19) [명사>부사]
다) 嘉祥이 몬졔시니(≪룡가≫ 7)
　　몬져 아들 求ᄒ다가(≪원각경언해≫ 서, 46) [명사>부사]
라) 비취샤매 비르스샤(≪법화경언해≫ 一, 4)
　　일로부터 비릇 가리라(≪두시언해≫ 초, 十六, 31) [동사>부사]
마) 서르 ᄉᄆᆺ디 아니ᄒᆯ씨(≪훈민정음언해≫)
　　世界를 ᄉᄆᆺ 비취샤(≪석보상절≫ 六, 18) [동사>부사]
바) 병이 ᄂ외어든(≪구급간이방≫ 一, 108)
　　ᄂ외 죽사리 아니ᄒ야(≪월인석보≫ 一, 31) [동사>부사]
사) 바ᄅ게 ᄒᄂᆫ 거시니(≪원각경언해≫ 하, 3~1, 96)
　　바ᄅ 드러 묻ᄌᆞᄫᆞ디(≪석보상절≫ 六, 20) [형용사>부사]
아) 놉고 고ᄃᆞ며(≪석보상절≫ 十九, 7)
　　邦本이 곧 여리ᄂᆞ니(≪룡가≫ 120) [형용사>부사]
자) 獼猴 ᄀᆮ도소이다(≪월인석보≫ 七, 12)

눈 곧 디니이다(≪룡가≫ 50) [형용사＞부사]

이러한 부사에는 또 ≪달(異), ㄱ른(橫), 그르(誤), 지즐(壓), 다믓(與), 하(多), 일(早)≫ 등이 있다. 이는 용언어근이 그대로 부사로 쓰이는 현상이 비교적 돌출하였다는것을 말해준다.

적지 않은 중세조선어의 부사는 현대어에 쓰이지 않고있다. 그 례들을 더러 보이면 다음과 같다. 례:

ㄱ람(替), 가식야(更), 과굴이(急)
ㄴ외야(更), 날호야(徐), 다믓(與)
당시롱(還), 매(何), 모로매(須)
시러(得, 能), 아야로시(겨우), 외오(誤)
이대(善), 지즈로(仍), 해(多)
모디(須), 키(大), 오으로(全)
미이(尤), ㄱ느리(細), 픗비리(富)
제여곰(各), 술의여(只), 다므기(並)
안득(非), 스외(甚), 바히(全), 바젓(少)
니르(皆), 믓(極), 독(助)
굿(必), 아ᅀᅳ라히(遠)
츠기(憐), 순직(猶)

8) 감탄사
중세조선어의 감탄사에는 다음과 같은것들이 있다. 례:

의 슬프다 셜우믈 ㅁᅀᅳ매 얼규니(≪영가집언해≫ 서, 15)
의 男子아 엇던이룰 爲ᄒᆞ야 이 길헤 든다(≪월인석보≫ 二十一, 118)
德이여 福이라 호늘 나ᅀᅳ라 오소이다. 아으 動動다리(≪악학궤범≫ 동동)
舍利弗이 술보디 엥 올ᄒᆞ시이다(≪석보상절≫ 十三, 47)

아소 님하 도람드르샤 괴오쇼셔(≪악학궤범≫ 정과정)
어와 아븨즈이여 處容아븨 즈이여(≪악학궤범≫ 처용)
위 날조차 몃부니잇고(≪악장가사≫ 한림별곡)

조선어감탄사에는 처음부터 느껴서 나오는 말소리로 이루어
진 고유의 감탄사외 다른 품사로부터 전성되여 이루어진 파생된
감탄사도 있다. 중세이후 2차적으로 파생된 감탄사의 례를 몇개
들면 다음과 같다.례:

魯肅이 오냐 ᄒ고 믈러가서(≪삼역총해≫ 四, 12)
이바 楚ㅅ 사룸들아 네 님금이 어듸가니(≪청구영언≫ 吳氏本, P. 1)
이보오 벗님늬야 흔드지나 마르되야(동상, P. 80)

이상 례들속의 ≪오냐≫, ≪이바≫, ≪이보오≫ 등은 감탄사
로 과도되였지만 그것이 실질적 다른 품사로부터 전이된것임이
확연히 알리고있다.

2. 형태

1) 중세조선어의 형태적특징

중세조선어의 문법적형태와 이러한 형태들의 변화에는 현대
조선어와 일부 다른 점들이 존재한다.

첫째, 일부 명사나 동사에 토가 붙을 때 녹아붙는 현상이 있
었다. 이 경우 어간은 모음으로 끝나고 토가 모음으로 시작되였
다. 이러한 현상은 격토인 경우에 아주 돌출하였다.

우선 어간이 ≪ᄋ≫, ≪으≫로 끝난 명사가 모음으로 시작하
는 토앞에서 ≪ᄋ≫, ≪으≫가 탈락되면서 격토나 기타 체언토가
줄기에 들어가 붙는것을 례로 들수 있다.례:

나라흘 아ᅀ 맛디시고(≪월인석보≫ 一, 五)
샹이 모딜어도(≪룡비어천가≫ 103)
내 아ᅀᆞᆯ 보니(≪두시언해≫ 초간, 8, 39)
샹이 사랴슈믈(≪두시언해≫ 8, 35)
아ᅀ 爲弟(≪훈민정음해례≫)
내 아ᅀᅵ 주리며 치워(≪두시언해≫ 초간, 8, 34)
주근 형이며 아ᅀᅴ 쫄 둘 홀(≪번역소학≫ 9, 36)
아ᅀᅵ며 누의를(≪번역소학≫ 9, 36)
어딘 아ᅀᆞᆫ 軍 도오믈 雄壯히 ᄒᆞᄂᆞ니(≪두시언해≫ 초간, 8, 44)

례를 들어 보여주는바 ≪아우≫의 옛 어근은 ≪아ᅀ≫이다. 그런데 격토를 취하면 ≪ᄋᆞ≫가 떨어지고 주격에서 ≪아ᅀᅵ≫, 속격에서 ≪아ᅀᅵ≫ 혹은 ≪아ᅀᅴ≫, 대격에서 ≪아ᅀᆞᆯ≫, 기타 체언토에서 ≪아ᅀᆞᆫ≫, ≪아ᅀᅵ며≫로 되여 격토들이 줄기에 들어가 붙였다.

이러한 변화에는 ≪여ᅀ≫, ≪ᄀᆞᄅ≫, ≪ᄢᆞ≫, ≪ᄒᆞᄅ≫, ≪ᄆᆞ르≫ 등 명사들과 불완전명사 ≪ᄃᆞ≫, ≪ᄉᆞ≫ 등이 속한다. 격토 또는 기타 체언토에 어울린 례를 들면 다음과 같다.

ᄀᆞᄅ → 굴ᄋᆞ로, 굴이라(ᄀᆞᄅᆞ로, ᄀᆞ리라)
여ᅀ → 엿의, 엿은, 엿이니(여ᅀᅴ, 여ᅀᆞᆫ, 여ᅀᅵ니)
ᄢᆞ → ᄢᅵ, ᄢᅵ라, ᄢᅴ
ᄉᆞ → 시, 시라(ᄊᆞ, ᄊᆞ라)
ᄃᆞ → 디, 디라

≪ᄒᆞᄅ≫, ≪ᄆᆞᄅ≫는 주격 ≪홀리≫, ≪몰리≫, 대격 ≪홀롤≫, ≪몰롤≫, 속격 ≪홀릭≫, ≪몰릭≫ 등으로 되는데 이것은 ≪ᄒᆞᄅ≫, ≪ᄆᆞᄅ≫가 격토를 취하면 ≪ᄋᆞ≫가 떨어지고 ≪ᄅ≫

이 대신 교체되여 ≪흘ㄹ≫, ≪몰ㄹ≫로 되였기때문이다.

어간이 ≪이≫로 끝난 명사에서 ≪이≫가 떨어지면서 격토가 들어가 녹아붙을수 있었다.

아비 → 아비(속격)
아기 → 아기(속격)
가히 → 가히(속격)
늘그니→ 늘그늬(속격)
어미 → 어믜(속격)

어간과 토가 녹아붙는 명사에는 또 모음이 탈락되면서 ≪ㄱ≫이 덧생기는것도 있다. 례:

木 나모 목(≪훈몽자회≫ 하, 3)
<u>남기</u> 니러서니이다(≪룡비어천가≫ 84)
<u>남기셔</u> 우는 미야미(≪두시언해≫)
빗근 <u>남굴</u> 느라나마시니(≪룡비어천가≫ 86)
寶樹는 보비옛 즘게<u>남기라</u>(≪월인석보≫ 8, 9)
어본 <u>남기</u> 새닢 나니이다(≪룡비어천가≫ 84)
분디 <u>남ㄱ로</u> 갓곤(≪동동≫)
불휘기픈 <u>남ㄱ</u> ㅂㄹ매 아니뮐씨(≪룡비어천가≫ 2)

례들에서 보다싶이 ≪나모≫의 ≪모≫가 모음으로 된 토 ≪이, 이셔, 올, 이라, 의, 으로, 은≫ 앞에서 ≪모≫의 모음 ≪오≫가 떨어지고 그대신 ≪ㄱ≫이 교체되였다. 따라서 어간과 토의 계선이 녹아붙게 되였다.

이러한 변화에는 ≪구무≫, ≪녀느≫ 등이 속한다.

구무 → 굼기, 굼긔, 굼글, 굼기라, 굼그로
녀느 → 년기, 년글

토가 어간줄기에 녹아붙는 현상은 개별 용언적단어에도 존재
하였다.

≪시므다(심다)≫는 자음으로 시작된 토우에서는 ≪시므는,
시므고≫ 등으로 그 교착성이 아주 명백하나 모음으로 시작된 토
우에서는 모음 ≪으≫가 탈락되면서 자음 ≪ㄱ≫이 덧생겨 어간
과 토가 녹아붙게 된다.

시므는, 시므고 → 심거, 심군, 심곰

이러한 변화에는 동사 ≪ᄌᆞ므다(鎖)≫ 등이 있다.

둘째, 문법적형태에도 모음조화법칙이 작용하여 양성토계렬
과 음성토계렬이 대칭되고있었다. 여기에는 주로 격토의 대부분
과 기타의 일부 토들이 활약적이였다.

모음조화란 단어안에서 또는 단어와 토의 결합에서 선행음절
의 모음과 후행음절의 모음이 류사한 모음들끼리 서로 어울리는
일종의 조화적동화현상이다

모음조화의 견지에서 모음은 양성, 음성, 중성의 3개 류형으
로 나뉘여진다. 양성모음에는 모음 ≪·, ㅗ, ㅏ≫와 이것들이
포함된 겹모음이 속하고 음성모음에는 모음 ≪ㅡ, ㅜ, ㅓ≫와 이
것들이 포함된 겹모음들이 속하며 중성모음에는 오직 ≪ㅣ≫ 하
나뿐이다. 모음조화란 곧 이 류형들 내부의 모음들끼리 서로 어
울리는 현상이다. 바꾸어말해서 양성모음은 양성모음끼리, 음성
모음은 음성모음끼리 어울리며 중성모음은 음양에 다 어울릴수
있는것을 말한다. 례:

하늘, 말씀, 아들, 나모, 번게, 서르

이상의 단어들은 현대에는 ≪하늘, 말씀, 아들, 나무, 번개, 서로≫와 같이 서로 다른 류형의 모음으로 되고있지만 15세기에는 우에서 보인바와 같이 다같은 류형의 모음으로 되여있다.

이러한 모음조화법칙은 어간과 토사이에도 준수되여 어간의 끝모음이 양성인가, 음성인가에 따라 양성토와 음성토가 따로 씌였으며 어간의 끝모음이 중성이면 음양토가 다 올수 있었다. (주로 양성토가 왔다.) 례:

놀애롤 브르리 하딕(≪룡비어천가≫ 13)
블근새 그를 므러(≪룡비어천가≫ 7)
하나비룔 하늘히 브리시니(≪룡비어천가≫ 19)
義旗를 기드리ᅀᄫᅡ(≪룡비어천가≫ 10)

여기서 보면 ≪놀애≫의 마지막 음절이 개음절이고 양성모음이기에 대격토 ≪롤(양성, 음성 ≪를≫에 대칭)≫을 썼고 ≪그를(글을)≫에서는 ≪글≫이 페음절이고 음성모음이기에 대격토 ≪을(음성, 양성 ≪올≫에 대칭)≫을 썼다. 그리고 ≪하나비≫와 ≪義旗(의기)≫의 마지막 음절이 중성이므로 ≪하나비≫에는 양성대격토 ≪롤≫을 썼지만 ≪의기≫에는 음성대격토 ≪를≫을 썼다.

이상과 같이 한 형태소가 음성조건에 따라 이형태로 나타나지만 이들사이의 의미나 문법기능이 완전히 동일하기때문에 각각 독립된 형태소로 분류하지 않는다.

음양이 대칭된 토계렬은 다음과 같은 토들에서 나타나고있다.

어간 음절 토	양성		음성	
	개음절	폐음절	개음절	폐음절
속격	이	이	의	의
여격	애 이게	애 이게	에 의게	에 의게
위격	애셔 애게셔	애셔 애게셔	에셔 의게셔	에셔 의게셔
대격	를(ㄹ)	올	를(ㄹ)	을
조격	로	으로	로	으로
도움토	눈(ㄴ)	은	는(ㄴ)	은
시칭토	앳, 앗 얫, 얏	앳, 앗	엣, 엇 옛, 엿	옛, 엇
상토	오	오 호	우	우 후
이음토	아	아	어	어

　　모음조화법칙은 단어의 형태조성적짜임에도 표현되였다. 단어의 형태조성짜임에서는 일정한 조건밑에서 결합모음이 수요된다. 자음으로 끝난 어간과 자음으로 시작된 토사이라는 이 어음조건하에서 그 자음과 자음사이에 결합모음이 들어가게 된다.

　　중세에도 현대와 마찬가지로 결합모음 ≪으≫가 씌였다.

빌머그라 오시니(빌먹으라) (≪월인석보≫ 一, 5)
點이 업스면(없으면) (≪훈민정음언해≫)

　　보다싶이 ≪으≫는 현대보다 사용범위가 좁아 어간모음이 음성(혹 중성)일 때에만 씌였다. 이와 대칭을 이루어 어간모음이 양성(혹 중성)일 때에는 양성모음으로 된 결합모음 ≪ᄋᆞ≫가 씌였다.

> 海東六龍이 ᄂᆞᄅᆞ샤(놀ᄋᆞ샤) (≪롱가≫ 1)
> 寢室이페 안즈니(앉ᄋᆞ니) (≪롱가≫ 7)

셋째, 15세기 조선어의 토들은 기본방향에서 자기의 의미를 나타내고있으면서도 한 형태가 여러가지 의미를 나타내고있기도 하였다. 이리하여 토의 미분화적현상을 산생시키고있는데 이는 하나의 특징이 아닐수 없다. 이러한 례들을 격토들에서 들어보면 다음과 같다.

주격이 대격으로 쓰인 례:

> 理ㅣ求혼 ᄆᆞ숌이실씨(≪금강경언해≫ 17)

주격이 구격으로 쓰인 례:

> 金象이 象우희 오ᄅᆞ락내리락 ᄒᆞ샤 生佛이 ᄀᆞᆮᄒᆞ시며(≪월인석보≫ 21,204)

속격이 위격으로 쓰인 례:

> 새벼리 나진 도도니(≪룡비어천가≫ 101)
> 山미틔 軍馬 두시고(≪룡비어천가≫ 58)

여격이 구격으로 쓰인 례:

> 나랏말ᄊᆞ미 中國에 달아(≪훈민정음언해≫)

대격이 조격으로 쓰인 례:

다슷꿈을 因ᄒᆞ야(≪월인천강지곡≫ 其八)
닐굽고줄 因ᄒᆞ야(≪월인천강지곡≫ 其八)

조격이 대격으로 쓰인 례:

부텨 說法ᄒᆞ신다마다 다 能히 놀애로 브르ᅀᆞᇦ느니라(≪월인석보≫ 1, 15)

이상의 례들이 보여주다싶이 격토들은 자기의 격의미의 범위를 초월하여 다른 격의 의미를 나타내고있다. 이는 격토의 의미가 미분화적이였던 고대의 잔존현상이 아닐수 없다.

넷째, 현대조선어에서는 용언의 규정형과 체언에 붙는 격토가 서로 어울리는 현상이 없다. 그러나 15세기 조선어에서는 이러한 결합이 가능하였다. 마치도 규정형의 한정을 받는 불완전명사처럼 격토가 용언규정형아래에 직접 붙어 사용될수 있었다. 례:

가) 아ᄃᆞᆯ 늘구믄 소사나시늬 德일우샴 오라샤몰 가줄비시니(≪법화≫ 5, 115)
나) ᄒᆞᇩ光明이 믄득 번ᄒᆞ거늘 보니(≪월인석보≫ 2, 51)
다) 德이여 福이라 호ᄂᆞᆯ 나ᅀᆞ라 오소이다(≪동동≫)
라) 威化振旅ᄒᆞ시ᄂᆞ로 興望이 다 몯ᄌᆞᇦ나(≪룡비어천가≫ 11)

이상의 례들에서 ≪소사나시늬≫, ≪번ᄒᆞ거늘≫, ≪威化振旅ᄒᆞ시ᄂᆞ로≫는 각각 ≪솟아나(다)≫, ≪번ᄒᆞ(다)≫, ≪威化振旅ᄒᆞ(다)≫에 먼저 주체존경토 ≪시≫ 또는 시간토 ≪거≫가 붙고 거기에 규정형 ≪ㄴ≫이 붙은후 다시 거기에 격토가 붙은것이다.

(솟아나+시+ㄴ)+의 > 소사나시늬

(威化振旅ㅎ + 시 + ㄴ) + ㅇ로 > 威化振旅하시ᄂ로
(번ㅎ + 거 + ㄴ) + 을 > 번ㅎ거늘

≪호늘≫은 ≪ㅎ다≫의 어간에 첨가모음 ≪오≫가 붙고 거기에 규정형 ≪ㄴ≫이 붙은후 다시 격토와 결합된것이다.

(하 + 오 + ㄴ) + 을 > ᄒ오늘 > 호늘

격토가 용언규정형아래에 직접 붙었다는것은 용언의 규정형 ≪ㄴ≫, ≪ㄹ≫이 마치 용언의 체언형처럼 앞의 용언을 동명사와 같이 만들었다는것을 말해준다. 례를 들어 ≪ㄴ≫의 경우 중세조선어에서 ≪얼다(配)≫에 규정형 ≪ㄴ≫이 붙어 ≪얼운(長者)≫이 되는데 여기에 체언토가 붙어 사용되면서 점차 ≪얼운≫은 명사로 변화되였다.

그위실 가 다른 겨집 어러늘(≪삼강행실도≫ 렬녀도, 2)
얼우니며 져므니 이 經 듣고(≪석보상절≫ 十九, 一)
얼운 아히 업시(≪분문온역이해방≫ 1)
마ᅀᆞᆷ됴ᄒ신 얼우신하(≪번역박통사≫ 상, 58)

보는바와 같이 ≪얼 + 우 + ㄴ > 얼운≫, ≪얼우 + 시 + ㄴ > 얼우신≫의 과정을 겪어 오늘에는 ≪어른≫, ≪어르신≫으로 표기되고있다.

규정형 ≪-ㄹ≫의 경우를 보면 다음과 같다.

날이 다ᄋ도록(≪소학언해≫ 六, 92)
다ᄋ 업시 호리라(≪릉엄경언해≫ 一, 4)
眞實로 슬프도다(≪금강경언해≫ 후서, 14)
놀애롤 노외야 슬픐 업시 브르ᄂ니(≪두시언해≫ 초간, 25, 53)

ᄉ랑티 <u>아니여</u>(≪은중경언해≫ 12)
劫ㅅ因이 아닗 <u>아니며</u>(≪륙조법보단경언해≫ 상, 47)

보다싶이 ≪다ᄋ다≫, ≪슬프다≫, ≪아니다≫가 규정형 ≪-ㄹ≫로 인해 ≪없다≫, ≪아니다≫ 앞에서 동명사처럼 쓰이고있다.

다섯째, 단어형성에서 현대와 다른 특징적현상들이 있다. 그 중에서도 용언어간의 부사적사용과 용언어간이 직접적으로 합성되는 현상은 특히 특징적이다.

단어의 형성에서 명사가 그대로 용언어간이 되거나 동사 혹은 형용사의 어간이 그대로 부사가 되는 이른바 품사전성의 방법이 독특하다. 단일어휘형태소로 된 명사가 용언적문법형태소를 취하면서 그대로 용언어간이 된다.

(명사) ᄀᄆ래【ᄀ믈+애】아니 그츨쎄(≪룡비어천가≫ 2)
(동사) ᄀᄆ라【ᄀ믈+아】비 아니 오는 ᄶ히 잇거든(≪월인석보≫ 10,84)
(명사) 깃 기섯는 곳고리(≪두시언해≫ 초간, 15,7)
(명사) 깃 기섯거니와【깃+엇+거니와】(≪남명집언해≫ 하, 16)
(명사) 너추렛【너출+엣】여르미 나니(≪월인석보≫ 1,43)
(동사) 친藤草ㅣ너추렛도다【너출+어+잇+도다】(≪두시언해≫ 초, 16,14)

여기서 ≪ᄀ믈다≫, ≪깃다≫, ≪너출다≫는 ≪ᄀ믈≫, ≪깃≫, ≪너출≫ 등 명사어간이 그대로 동사어간으로 된것이다.

(명사) 네 되 드ᄂ니라(≪삼강행실도≫ 충실도, 19)
(동사) 量은 하며 져구믈 되는【되+는】것이라(≪월인석보≫ 9, 7)

여기서 명사어간 ≪되(升)≫가 그대로 동사 ≪되다(量)≫로 되였다.

　　어휘형태소와 문법형태소로 이루어진 용언이 문법형태소를 버리고 직접 부사로 되여 다음에 오는 용언과 문장론적관계를 발생한다.

　　(용언) <u>바르게</u> ᄒᄂᆞᆫ거시니(≪원각경언해≫ 하, 3～1, 96)
　　(부사) <u>바ᄅ</u> 自性을 ᄉᄆᆞᆺ아ᄅᆞ샤(≪월인석보≫ 서, 18)
　　(용언) <u>빙브르긔</u> ᄒᆞ고사(≪석보상절≫ 9, 9)
　　(부사) <u>빙브르</u> 듣과라(≪두시언해≫ 초, 7, 14)
　　(용언) 부텨 向ᄒᆞᄉᆞᄫᅡ 손 <u>고초샤</u>(≪월인석보≫ 1, 52)
　　(부사) 흔발로 <u>고초</u> 드듸여 셔샤(≪월인석보≫ 1, 52)
　　(용언) 되 征伐호ᄆᆯ <u>ᄀᆞ초아</u> ᄒᆞ놋다(≪두시언해≫ 초, 7, 25)
　　(부사) ᄆᆞᄉᆞᆷ 조초 <u>ᄀᆞ초</u> 얻긔 호리라(≪석보상절≫ 9, 10)

　　단어의 형성에서 용언의 어휘형태소가 직접 부사로 되는 현상외 용언의 두 어휘형태소가 직접 결합되여 새 단어를 합성하는 현상도 현대에 비하여 생산적이였다. 현대에는 토 ≪-아/어≫ 또는 ≪-고≫를 중간에 개재(介在)하여야 할 합성용언이 토의 개재를 수요하지 않았기때문이다. 례:

　　나래해 빌어그라 오시니(≪월인석보≫ 1, 5)
　　그듸 이제 죽살짜해 가ᄂᆞ니(≪두시언해≫ 초, 8, 67)
　　눈귀예 듣보미 업거든(≪월인석보≫ 21, 126)
　　것고즐 쳔(扦) (≪훈몽자회≫ 하, 5)
　　마시며 딕머구믈(≪두시언해≫ 초, 21, 32)

　　여기서 ≪빌먹다≫, ≪죽살다≫, ≪듣보다≫, ≪것곳다≫, ≪딕먹다≫는 현대의 ≪빌어먹다≫, ≪죽고살다≫, ≪듣고보다≫, ≪꺾어꽂다≫, ≪찍어먹다≫에 해당한다.

여섯째, 어간과 토의 결합적특징으로 첨가음을 중간에 개입하는 현상이 있었다. 체언과 격토의 결합에는 첨가자음 ≪ㅎ≫이 개입되고 용언과 토사이에는 첨가모음 ≪오/우≫가 개입되였다.

아래의 례에서 보다싶이 용언의 체언형 ≪ㅁ≫이 용언의 기본줄기에 붙을 때 동반되는 ≪오/우(요/유)≫가 바로 첨가모음이다.

뮈윰, 뿜, 굴히윰, 마곰/머굼

이상의 례에서 보다싶이 ≪ㅁ≫과 어간사이에는 첨가모음 ≪오/우(요/유)≫가 들어가있다. 이것은 현대에는 볼수 없는것이다.

이러한 첨가모음은 기타의 토들앞에서도 나타나는 특징적현상이였다. 례:

마고듸/머구듸(막오듸/먹우듸)
(현대: 막되/먹되)
마고려/머구려(막오려/먹우려)
(현대: 막으려/먹으려)

존칭토 ≪시≫아래에 ≪ㅁ≫이 올 경우에는 첨가모음이 ≪아≫로 변하였다. 례:

가샴 겨샤매 오늘 다ᄅ리잇가(≪룡비어천가≫ 26)

≪오/우≫는 선행하는 음절의 말음이 자음인 경우에는 선행음절의 모음조화에 따라 ≪오≫와 ≪우≫로 다르게 씌였다.

막다 → 마고듸   잡다 → 자보며(捕)
먹다 → 머구듸   죽다 → 주구며

또 선행하는 음절이 모음인 경우에는 복잡한 양상을 보이는
데 다음과 같다.

가) 어간말음이 ≪ㅏ, ㅓ, ㅗ, ㅜ≫이면 ≪오/우≫가 표기되
지 않고 축약된다.

·가 ·다 → :가-   ·오 ·다 → :오-   주 ·다 → :주-

나) 어간말음이 ≪·≫나 ≪ㅡ≫이면 이들이 탈락하고 ≪오/
우≫가 련결된다.

쓰다 → 뿌며(用)   트다 → 토며(乘)

다) 어간말음이 ≪ㅣ≫로 끝나면 ≪오/우≫와 융합되여 ≪요/
유≫가 련결된다.

ᄇ리다 → ᄇ료며(棄)   그리다 → 그류며(畵)

라) 어간말음이 ≪ㅐ, ㅚ, ·ㅣ, ㅔ, ㅟ, ㅢ≫로 끝나면 ≪요/
유≫가 련결된다.

ᄃ외다 → ᄃ외요며   뷔다 → 뷔유며(動)
여희다 → 여희유며

이 첨가모음은 근대조선어에 이르러 소실되였다. 첨가모음에
용언의 체언형이 붙은것과 결합모음뒤에 명사파생접미사가 붙은
것을 구별해야 한다. 량자는 형태상으로 하나는 ≪옴/움≫이고
하나는 ≪음/음≫이다. 이때 전자는 용언의 기능을 갖고서 명사
처럼 쓰이는 점에서 의미상으로도 명사로만 쓰이는 후자와 구별
된다. 바꾸어말하면 전자는 동명사적이며 후자는 완전한 파생명

사이다. 례:

> 됴흔 삐 심거든 됴흔 <u>여름 여루미</u> **前生**앳 이릐 **因緣**으로 **後生**
> 애 됴흔 몸 드외어나(≪월인석보≫ 1, 12)
> 곶 됴코 <u>여름</u> 하ᄂ니(≪룡비어천가≫ 2)
> <u>거름 거루미</u> 곤 ᄀᆞᆮ시며(≪월인석보≫ 2, 57)
> 닐굽 <u>거르믈</u> 거르시고(≪석보상절≫ 6, 17)[28]

례문에서 ≪여룸≫은 ≪열(다) +우+ㅁ>열움≫으로 ≪열매
가 열다(結)≫의 뜻을 나타내며 ≪여름≫은 ≪열(다) +으+ㅁ>
열음≫으로 ≪열매(果實)≫를 가리킨다. ≪거룸≫은 ≪걷(다) +
우+ㅁ>걸움≫으로 ≪걸음을 걷다(行)≫의 뜻을 나타내고 ≪거름≫
은 ≪걷(다) +으+ㅁ>걸음≫으로 ≪보법(步法)≫을 가리킨다.

체언과 격토가 어울릴 때에 첨가자음 ≪ㅎ≫이 중간에 개입
되였다.

첨가자음이 개입되는 단어들은 토가 붙지 않고 단독으로 쓰
일 때거나 속격표지 ≪ㅅ≫이 뒤에 올 때는 원형 그대로 나타났
다.례:

> 石: 돌 셕(≪훈몽자회≫ 상, 4)
>
> 雲母는 돐 비느리니(≪월인석보≫ 2, 35)
>
> 刀: 갈 도(≪신증류합≫ 상, 28)
>
> 믈 블 갈 모딘것과(≪석보상절≫ 9, 24)
>
> 國: 나라 니ᄅ스리롤(≪석보상절≫ 6, 7)
>
> 地: ᄯᅡ디(≪훈몽자회≫ 상, 1)

---

28) 15세기에 ≪춤(츠다), 우숨(웃다), 우룸(울다)≫과 같이 동명사적
인것이 그대로 파생명사로 굳어진 례도 있다.

川: 내우르니(≪두시언해≫ 초, 15, 11)

　　냇물 마숨ㄱ티ᄒᆞ야(≪두시언해≫ 초, 15, 40)

三: 세 사롤 마치시니(≪룡비어천가≫ 32)

山: 뫼 爲山(≪훈민정음해례≫ 용자례)

그러나 토가 어울리면 이러한 단어들뒤에는 ≪ㅎ≫이 개재되였다.례:

石: 石은 돌히오 [돌+ㅎ+이+오](≪석보상절≫ 9, 24)

刀: 두 갈히 것그니 [갈+ㅎ+이](≪룡비어천가≫ 36)

國: 國은 나라히라 [나라+ㅎ+이라](≪훈민정음언해≫)

地: 짜흔 그뒷 모기 두고 [짜+ㅎ+은](≪석보상절≫ 6, 26)

三: 세흘 어울워 [세+ㅎ+을](≪월인석보≫ 18, 49)

山: 뫼해 살이 박거늘 [뫼+ㅎ+애](≪월인천강지곡≫ 41)

川: 너븐 내해 [내+ㅎ+애](≪두시언해≫ 초, 22, 23)

첨가자음은 주로 체언과 격토사이에 첨가되면서 일부 기타 토앞에도 간혹 첨가되였다. 례:

이: ᄂᆞᄂᆞᆫ 돌히 ᄃᆞ외야(≪룽엄경언해≫ 8, 101)

올: 디새와 돌홀 ᄃᆞ토아 자바(≪영가집언해≫ 하, 80)

애: 모미 솟ᄃᆞ라 돌해 드르시니(≪월인석보≫ 7, 55)

ᄋᆞ로: 돌ᄒᆞ로 텨든(≪석보상절≫ 19,31)

과: 돌콰[돌+ㅎ+과] 훌굴 보디 몯ᄒᆞ리로다(≪두시언해≫ 초, 25, 12)

의: 열희 ᄆᆞᅀᆞᆷ을 하늘히 달애시니(≪룡비어천가≫ 18)

고: 어듸라 더듸던 돌코(돌+ㅎ+고)(≪악장가사≫ 청산별곡)

이라: 深山은 기픈 뫼히라 [뫼+ㅎ+이라](≪월인석보≫ 5, 5)

이상에서 보다싶이 ≪ㅎ≫은 주격 ≪이≫, 대격 ≪올≫, 여격 ≪애≫, 조격 ≪으로≫, 구격 ≪과≫, 속격 ≪의≫ 그리고 물음토 ≪고≫, 바꿈토 ≪이≫ 앞에 첨가되였다. 근대조선어에 이르러 첨가자음 ≪ㅎ≫은 소실되였다.

일곱째, 중세조선어에서는 대상을 렬거하거나 동종성분이 겹침관계에 있을 때 같은 형태로써 렬거되는 대상이거나 겹침성분이 여러개가 중복되는 특징을 갖고있다. 례:

가) 토 ≪와/과≫: 구룸 올옴과 새 ᄂ뇸과 ᄇ룸뮈욤과 드틀니룸과 나모와 뫼콰 내콰 프성귀와 수룸과 즁싱괘 다 物이라 너 아니니라(≪릉엄경언해≫ 2, 34)

나) 토 ≪이나≫: 比丘ㅣ나 比丘尼나 優婆塞나 優婆夷나 보니마다 다 절ᄒ고(≪석보상절≫ 19, 29)

다) 토 ≪이어나≫: 거슬쁜 양ᄒᄂ 難이어나 星宿ㅅ變難이어나 日食月食難이어나 時節그른 바룸비難이어나 ᄀ믌難이어나(≪석보상절≫ 9, 33)

라) 토 ≪이며≫: 아뫼어나 와 내 머릿바기며 눉ᄌᅀᅴ며 骨髓며 가시며 子息이며 도라ᄒ야도(≪월인석보≫ 1, 13)

마) 토 ≪애/에/예≫:
어와 아븨즈ᅀᅵ여 處容아븨즈ᅀᅵ여
滿頭揷花 계오샤 기울어신 머리예
아으 壽命長願ᄒ샤 넙거신 니마해
山象이슷 깅어신 눈섭에
愛人相見ᄒ샤 오샬어신 누네
風人盈庭ᄒ샤 우글어신 귀예
紅桃花ᄀ티 븕거신 모야해
五香 마튼샤 웅긔어신 고해

아으 千金 머그샤 어위어신 이베
白玉琉璃ᄀ티 ᄒᆞ여신 닛바래
人讚福盛ᄒᆞ샤 미나거신 특애
七寶계우샤 숙거신 엇게예
吉慶계우샤 늘의어신 ᄉᆞ맷길헤
설믜 모도와 有德ᄒᆞ신 가ᄉᆞ매
福智俱足ᄒᆞ샤 브르거신 빅예
紅鞓계우샤 굽거신 허리예
同樂太平ᄒᆞ샤 길어신 허튀예
아으 界面도ᄅᆞ샤 넙거신 바래
누고 지ᅀᅥ 셰니오 누고지ᅀᅥ 셰니오
바ᄂᆞᆯ도 실도 어ᄢᅵ 바ᄂᆞᆯ도 실도 어ᄢᅵ
處容아비를 누고 지ᅀᅥ 셰니오

례문 가)에서 구격토가 무려 10번이나 나타났다. 10개의 대
상이 렬거되였을뿐만아니라 렬거된 마지막 단어에도 구격토가 사
용되였다. 현대어에는 극히 개별적경우외 이런 경향이 없다. 례
문 나), 다), 라)에서 렬거된 대상이 4~5개씩 된다. 이들은 모
두 현대어에 비하여 렬거된 대상이 수적으로 많다. 마)에서는 토
≪애/에/예≫가 무려 17차나 똑같은 구조의 확대성분에 붙었다.
이런 현상은 현대에도 없는것은 아니지만 례문에서와 같이 그렇
게 많이 중복되지는 않는다. 모두어말하면 렬거되는 대상이 현대
어보다 더 제한없이 자유로운 결합을 할수 있은 경향을 보아낼수
있다.
  용언토의 사용에서도 겹침관계에 있는 수식어와 피수식어의
관계에서 몇개의 수식어가 중복되여 하나의 피수식어를 수식하는
특이한 수식구성을 이루는것이 보편적이였다. 례:

늘근 늘근 브륧 사ᄅᆞ미 잇ᄂᆞ니(≪월인석보≫ 13, 23)
ᄡᅟᅳᆯᆫ 고기 잡ᄂᆞᆫ 대로 빙ᄀᆞ론 거시라(≪석보상절≫ 13, 22)

첫번째 례문은 규정토 셋이 겹쳐있다. 현대어에서라면 처음의 규정어는 ≪늙고≫로 되여야 할것이다. 결국 ≪늘근≫, ≪늘근≫, ≪브륧≫은 하나의 ≪사름≫을 수식하고있다. 두번째 례에서 ≪고기 잡ᄂᆞᆫ≫, ≪대로 빙ᄀᆞ론≫은 각각 ≪것≫을 수식하고있다. 문장성분으로 보면 이들은 같은 형태와 성격을 가지는 2개의 문장성분이 나란히 겹쳐 동종성분을 이룬것이다. 겹침성분이 여러개 중복되는 현상은 수식어에서만 나타나는것이 아니다. 례:

曲禮예 닐오ᄃᆡ 모다 飮啖홀제 비 브르디 말며 모다 밥 머글제 손 ᄲᅮᄶᅵ 말며 밥 물의디 말며 바블 겻ᄀᆞ ᄡᅥ먹디 말며 그 지업시 마시디 말며 飮啖을 소리나게 말며 ᄲᅧ를 너흐디 말며 고기를 도로 그르세 노티 말며 ᄲᅧ를 가희게 더뎌 주디 말며 구틔여 어더머구려 말며 밥 흗디 말며 기장바블 머구ᄃᆡ 져로 말며 羹ㅅ거리를 후려 먹디 말며 羹을 沙鉢애셔 고텨 마초디 말며 닛삿 ᄲᅵ르디 말며 젓국 마시디 마롤디니…(≪내훈≫ 언행장 제1)

례문에서 ≪曲禮예 닐오ᄃᆡ≫ 뒤부분은 인용문이다. 복잡한 형식의 합성복합문이다. 이중에서 ≪모다 밥 머글제≫에 관련되는 접속술어 14개는 모두 똑같은 단어 ≪말다≫에 똑같은 이음토 ≪며≫로 되여있다. 물론 이 술어들은 확대된 성분으로 조성되였다. 이들은 모두 ≪모다 밥 머글제≫뿐아니라 문장에 나타나지 않은 주어에 대하여 상관관계의 성격, 방식에서 동일성을 가지고 있으며 문법적형태와 문장론적기능도 일치하다. 마지막 ≪말다≫

는 귀일관계에 의해 토 ≪며≫를 취하지 않고 ≪올디니≫를 취하
였을따름이다.

2) 문법형태

중세조선어에는 체언토로서 격토, 도움토, 복수토, 체언의
용언형토가 있으며 용언토로서 존경토, 시간토, 규정토, 맺음토,
수식토, 이음토, 상토, 용언의 체언형토가 있다. 이외에 이러한
류형의 토들보다 독특한 강조토가 있다.

여기서 격토, 맺음토, 이음토, 규정토, 수식토는 위치토이며
복수토, 도움토, 상토, 존경토, 시간토, 체언의 용언형토, 용언
의 체언형토는 비위치적인 토이다.

(1) 격토

중세조선어의 격형태는 아직도 보다 완성된 격체계로 발전하
는 과정에 있었다. 그러한것은 아직 일부 격토는 산생되지 않았
고 일부 격토는 분화중에 있었거나 또 일부 격토는 형태가 고정
되지 않고있는것들에서 나타나고있다. 이리하여 격체계는 완성중
에 있는 반면에 격토의 대칭적형태들의 수효는 현대조선어보다
더 많았다.

① 주격

진술의 임자로 되는 인물이나 대상을 나타내는 주격토는 고
대에는 ≪이≫ 하나뿐이였다. 중세조선어시기에 이르러 ≪이≫와
그의 변종인 ≪ㅣ≫에 의하여 주격은 표현되였다. 따라서 ≪이≫
는 페음절아래, ≪ㅣ≫는 개음절아래에 쓰이게 되여 교착조건을
달리하였다. 례:

海東六龍이 ᄂᆞᄅᆞ샤(≪룡비어천가≫ 1)
도즉 五百이 그윗거슬 일버서(≪월인석보≫)
이 道士ㅣ 精誠이 至極ᄒᆞ단디면(≪월인석보≫)
이어긔 쇠 하나 쇼로 쳔사마 흥졍ᄒᆞᄂᆞ니라(≪월인석보≫)
烽火ㅣ 셕ᄃᆞᆯ룰 니어시니(≪두시언해≫ 春望)

≪ㅣ≫는 개음절아래에 쓰이므로 한자로 된 단어아래에서 단독
적으로 표시될수 있었지만 고유어와 결합될 때에는 례구중의 ≪쇠
(쇼+ㅣ)≫와 같이 앞단어와 한음절을 이룬다. 어간말음이 모음
≪아, 어, 오, 우, ᄋᆞ≫로 끝난 경우에 이런 현상이 일어난다. 례:

양지 셩가시더니(≪월인석보≫ 1, 42)
내 님금 그리샤(≪룡비어천가≫ 50)
하놇ᄠᅳ들 뉘 모ᄅᆞᅀᆞᄫᆞ리(≪룡비어천가≫ 86)

≪ㅣ≫는 어간말음이 ≪이≫거나 ≪ㅣ≫를 포함하고있는 모
음인 경우에는 붙지 않는다. (에, 외, 애, 위, 이 등) 따라서 이
러한 단어들에서는 절대격과 주격이 일치하게 된다.

불휘기픈 남ᄀᆞᆫ 브ᄅᆞ매 아니뮐쎄(≪룡비어천가≫ 2)
블근 새 그를 므러 寢室이페 안ᄌᆞ니(≪룡비어천가≫ 7)

≪ㅎ≫을 가진 명사인 경우에 그것이 어간말음이 ≪ㅣ≫를 포
함한 모음일지라도 주격토가 붙으며 아울러 ≪히≫로 표시된다.

내히 이러 바ᄅᆞ래 가ᄂᆞ니(≪룡비어천가≫ 2)

주격토 ≪ㅣ≫는 중세말기에 주격토 ≪가≫가 산생됨에 따라
≪가≫와 함께 공존하다가 소실되고 그 자리에 ≪가≫가 전일적

으로 씌우게 되였다. 력사상 주격토라고 볼수 있는 ≪가≫는 다음의 문헌들에 나타난다.

　　≪동동≫(고려가요) : 새셔가 만호애라
　　≪송강자당내간≫: 츤구드릐 자니 빙가 세니러서(1572년)
　　≪인현왕후어필≫: 두드럭이가 블의에 도다 브어 오르니(1550년)

　　물론 이런 구절들에 대하여 같지 않은 의론들도 있는것만은 사실이다.

　　② 속격
　　중세조선어의 속격은 우선 활동체명사에서 발달되였으며 부분적으로는 추상적의미를 가지는 비활동체명사에도 씌였다. 례:

　　넷 사르민 그를 이제 보리로다(≪두시언해≫ 16, 13)
　　열희 므슴물 하늘히 달애시니(≪룡비어천가≫ 18)

　　여기서 보다싶이 활동체명사 ≪사름≫에 속격토 ≪이≫가, ≪열ㅎ≫(사람을 가리킴, 열사람)에 속격토 ≪의≫가 붙어있다.
　　이처럼 중세조선어에서도 대상의 소속관계를 나타내거나 어떤 표식을 규정할 때에는 토 ≪의≫와 그에 대칭되는 양성토 ≪이≫를 썼다.
　　그러나 15세기 조선어에서는 본래 사이소리표기에 쓰는 삽입자모도 속격의 기능을 놓았다. 이는 현대어에 없는 현상이다. 례:

　　자걋 오소른 밧고(≪월인석보≫ 1, 5)
　　우부터 如來ㅅ 니르샨 善法은(≪금강경언해≫ 서, 6)
　　부텨와 菩薩왓 像이 다 金色光올 펴샤(≪월인석보≫ 8, 23)

비활동체명사들은 일반적으로 속격토 ≪의/이≫를 가지지 않았다. 그러면 비활동체명사들이 장소, 시간, 특징, 련관 등의 규정적관계를 나타낼 때에는 어떤 형태를 취하였겠는가?

이 경우에 여격토(애/에/예)에 삽입자모 ≪ㅅ≫을 결합한 형태 ≪앳/엣/옛≫으로써 속격의 기능을 놀게 하였다. 례:

올흔소냇 고줄 노히눌(≪월인석보≫ 7, 54)
무롓고즌 서늘흔 저긔 두둘게 듯고(≪두시언해≫ 3, 31)
百歲옛 사르믈 ㄱ른쳐 닐오듸(≪법화≫ 5, 115)
鴨江앳 將軍氣를 아모 爲ㅎ다 ㅎ시니(≪룡비어천가≫ 39)

이러한 례는 극히 례외적으로 활동체명사에도 나타나고있다. 례:

聖人엣 아드리라(≪월인석보≫ 2, 23)

≪애(에, 예)≫와 ≪ㅅ≫의 결합관계에서 속격의 기능을 놀게 한 기본요인은 삽입자모에 있다고 보아야 할것이다.

속격토 ≪의/이≫는 런체격으로 쓰이는외 련용적으로 쓰이여 행동의 방향, 행동수행의 장소, 행동의 리탈점, 시간, 원인 등의 의미를 나타내기도 하였다. 례:

이 지븨 자려ㅎ시나(≪룡비어천가≫ 102)
英主ㅿ 알픠 내내 붓그리리(≪동상≫ 16)

주격토 ≪ㅣ≫가 속격의 의미를 나타내기도 하였다. 례:

牛頭는 쇠 머리라(≪월인석보≫ 1, 27)
臣下ㅣ 말 아니 드러(≪룡비어천가≫ 98)

이러한것은 15세기 격토의 미분화적현상을 설명해준다.

③ 여격

고대에 올라갈수록 활동체와 비활동체에 따른 여격형태가 따로 있지 않았다. 그러나 15세기 조선어에 이르러 여격은 활동체와 비활동체에 따라 형태를 서로 달리하였다.

비활동체명사에 쓰인것들:

에(음성어간아래) :
　九重에 드르샤(≪룡비어천가≫ 110)
　다솟곳 두고지 空中에 머믈어늘(≪월인천강지곡≫ 7)
애(양성어간아래) :
　긴 녀릆 江村애 일마다 幽深ᄒ도다(≪두시언해≫ 초간, 강촌)
　逃亡애 命을 미드며(≪룡비어천가≫ 16)
예(≪ㅣ≫로 끝난 어간아래) :
　野人ㅅ서리예 가샤(≪룡비어천가≫ 4)
　놀애예 일홈 미드니(≪룡비어천가≫ 16)

레들에서 보다싶이 15세기 여격토 ≪애/에/예≫는 행동수행의 장소나 리탈점도 나타낼수 있었는바 이는 위격과의 미분화적상태가 아직 보존되고있는것이 아닐수 없다.

활동체명사에 쓰인것들:

의게(음성어간아래) :
　호강호 사ᄅ미 박셩의게 참해ᄒ면 전가입게오(≪경민편≫ 第六, 隣里)
　열하어든 나밧스승의게 나아가 밧긔셔 이시며(≪소학언해≫ 권1, 立教)

이게(양성어간아래) :

　　또 사르믹게 머디 아니ᄒᆞ야(≪금강경언해≫ 후서, 13)

ㅣ게(속격기능의 ≪ㅣ≫와 ≪게≫) :

　　내게 엇뎨 브트리오(≪금강경언해≫ 후서, 14)

ᄭᅴ(존경의 뜻) :

　　아ᄃᆞ닚긔 袞服 니피ᅀᆞᄫᆞ니(≪룡비어천가≫ 25)

　　아자바님내ᄭᅴ 다 安否ᄒᆞᅀᆞᆸ고(≪석보상절≫ 권 6, 1장)

　　世尊ᄭᅴ 술ᄫᅩ듸(≪월인석보≫ 제8)

　　다 王ᄭᅴ 가져오라(≪월인석보≫ 제1)

쎄(존경의 뜻) :

　　無量千萬佛쎄 ᄒᆞᆫ 善根ᄋᆞᆯ 심거(≪금강경언해≫ 33)

이상의 여격토들은 속격토(혹은 삽입자모), 대명사, 여격토 ≪에≫의 축약으로 이루어졌다. 례:

　　의 ＋ 그에 ＞ 의게 ＞ 에게
　　인 ＋ 그에 ＞ 익게 ＞ 에게
　　ㅅ ＋ 그에 ＞ 쎄　　＞ 께
　　ㅅ ＋ 거긔 ＞ ᄭᅴ　 ＞ 께

15세기에도 이런 과정을 보여주는 례들이 나타나고있다. 례:

　　나믹그에 가리이다(≪월인석보≫ 2, 6)
　　내그에 모딜언마른(≪룡비어천가≫ 121)
　　王ㅅ그엔 가리라(≪월인석보≫ 7, 20)
　　여러 帝ㅅ거긔 사ᄆᆞ차 가리로소니(≪두시언해≫ 7, 28)

15세기 조선어의 여격은 련체적으로 쓰일수도 있었다. 례:

져비는 짐대예 가마귈 조차(≪두시언해≫ 2, 8)

④ 위격

고대에 올라갈수록 위격의 문법적관계는 여격에 의해 표시되였다. 15세기에 이르러 위격은 다음과 같이 표시되였다.

애셔(양성어간아래) :

　王女돌히 虛空애셔 온가짓 풍류ᄒ며(≪월인석보≫ 2, 32)

에셔(음성어간아래) :

　二禪天에셔 ᄆ리 나아(≪월인석보≫ 1, 49)

예셔(≪ㅣ≫로 끝난 어간아래) :

　이 소리ᄂᆞᆫ 우리 나랏소리예셔 열ᄇᆞ니(≪훈민정음언해≫)

활동체명사에 붙는 위격토로는 ≪의게셔≫, ≪ㅣ게셔≫, ≪쎄셔≫, ≪의셔≫가 있었다. 례:

쇠게셔 졋나고 져제셔 酪나고(≪법화≫ 5, 155)
南宗六祖의셔 날씨 南印이라 ᄒᄂ니라(≪원각경언해≫ 서, 7)
즘싱의게셔 다ᄅᆞ기ᄂᆞᆫ(≪경민편≫ 28)
ᄒᆞᆫ가지로 曾祖 쎄셔 나시면(≪가례언해≫ 一, 17)

위격토는 여격토에 ≪셔≫가 붙어 형성되였다. ≪셔≫는 ≪이시다(有)≫에서 온 ≪이셔(有)≫에 래원을 둔다. 례:

洛水예 山行가이셔(≪룡비어천가≫ 125)

≪에(애, 예) + 이셔 > 에이셔 > 에셔 > 에서≫

이릃나래 나라해이셔 도ᄌ기자쳐 바다가아(《월인석보》 1, 6)

⑤ 대격

대격은 현대조선어와 비교적 일치하다고 볼수 있으나 그 형태상에서 현대에 비하여 대칭되는 양성토를 더 가지고있었다.

을: (폐음절아래) 음성어간아래
　블근 새 그를 므러(《룡비어천가》 7)
　天命을 모ᄅ실ᄊᆡ(《룡비어천가》 13)
올: (폐음절아래) 양성어간아래
　ᄎ마 能히 ᄂ출 對ᄒ야셔(《두시언해》 茅屋爲秋風所破歌, 초간)
　聖孫올 내시니이다(《룡비어천가》 8)
를: (개음절아래) 음성어간아래
　我后를 기드리ᅀᄫᅡ(《룡비어천가》 10)
　中興主를 셰시니(《룡비어천가》 11)
롤: (개음절아래) 양성어간아래
　션비롤 ᄃᆞᅀᆞ실ᄊᆡ(《룡비어천가》 80)
　놀애롤 브르리 하디(《룡비어천가》 13)

《롤/올》, 《를/을》은 중성어간아래에서는 두루 쓰일수 있었다. 례:

이 피롤 사ᄅᆞᆷ ᄃᆞ외에 하시리라(《월인석보》 1, 7)
義旗를 기드리ᅀᄫᅡ(《룡비어천가》 10)

대격토에는 개음절어간에 직접 쓰이는 《ㄹ》도 있었다. 례:

ᄇ야미 가칠 므러(《룡비어천가》 7)
세 살로 세샐 쏘시니(《룡비어천가》 57)

⑥ 조격

조격토는 현대와 비슷하다.

로(개음절, ㄹ아래) :
　　하리로 말이ㅅ본들(≪룡비어천가≫ 26)
　　긴바딋 저주믈 어느 줄로 ㅅᄆ츠려뇨(≪두시언해≫ 茅屋爲
　　秋風所破歌, 초간)

으로(폐음절아래, 음성어간, 중성어간 아래) :
　　請으로 온 예와 싸호샤(≪룡비어천가≫ 52)
　　다른 이브로 흔가짓소리 ᄒ샤(≪룡엄경언해≫ 8, 5)

ᄋ로(폐음절아래, 양성어간, 중성어간 아래) :
　　天子氣를 行幸ᄋ로 마ᄀ시니(≪룡비어천가≫ 39)
　　하ᄂ기브로 안ᄉ바(≪월인석보≫ 2, 39)

이러한 조격형태는 원인이나 방향을 나타낼수도 있었다. 례:

威化振旅ᄒ시ᄂ로 興望이 다 몯ᄌ바나(≪룡비어천가≫ 11)
지브로 도라오싫제(≪룡비어천가≫ 18)

이러한 조격토들에는 강조형토 ≪셔≫와 ≪뻐≫가 붙어쓰이
기도 했다. 례:

增으로셔 減ᄒ고(≪월인석보≫ 2, 47)
雲霞ᄀᄐ흔 기브로뻐 볏면(≪두시언해≫ 16, 67)

≪셔≫는 이미 말한바와 같이 ≪이시다(有)≫에 래원을 두고
있고 ≪뻐≫는 ≪쓰다(用)≫에 래원을 두고있다. 즉 이러한 용언
의 이음형들에서 이루어진것이다.

⑦ 구격

고대에 소급하면 구격토는 ≪과≫ 하나로만 되였다. 15세기에 이르러 ≪과≫와 ≪와≫는 분화되여있었지만 ≪과≫가 개음절에 쓰이거나 ≪과≫의 어음변종 ≪와≫가 페음절(ㄹ)아래 쓰이기도 하였다. 례:

지믈과 긔용과 술위과 믈과 죵울(≪려씨향약언해≫ 36)
果實와 믈와 좌시고(≪월인석보≫ 1, 5)

두번째 례의 ≪와≫는 본래 ≪과≫로 된것이지만 ≪ㄹ≫아래에서 토의 첫소리 ≪ㄱ≫이 탈락된 어음현상이다. 구격토 ≪와≫의 분화는 바로 이러한 력사과정에 형성되고 이후 개음절아래에 규칙적으로 쓰인것이다. 구격토의 사용에서 현대와 다른 특징적현상이 있다.

첫째, 세개이상의 대상을 렬거할 때에도 다른 표현수단을 쓰지 않고 다 구격토를 붙인다. 례:

·와ㅡ와ㅣ와ㅜ와ㅛ와ㅠ와란 첫소리 아래 브텨쓰고(≪훈민정음언해≫)

둘째, 렬거된 마지막 단어에도 구격토를 붙이며 아울러 다른 격토와 합성토를 이룬다. 례:

히와 둘와 별왜(와+이)다 붉디 아니ᄒ야(≪월인석보≫ 2, 15)
文字와로 서르 ᄉᄆᆺ디 아니ᄒᆯ씨(≪훈민정음언해≫)

셋째, 15세기 조선어에서 구격토는 현대조선어보다 더 넓은 범위에서 다른 토들과 합성될수 있었다.

象과 물괘(구격+주격)
根과 **識**과의(구격+속격)

부텨와 菩薩왓(구격 + 삽입자모)
옷과 법과애(구격 + 여격)
향과 곳과롤(구격 + 대격)
돗귀와 톱과로(구격 + 조격)
王의와(여격 + 구격)
하늘콰 따쾌여(구격 + 호격)
ㅑ와 ㅕ와란(구격 + 도움토)
佛와 法와 僧괘라(구격 + 용언형)

넷째, 대명사 ≪나, 누≫따위에는 ≪ㄹ≫이 덧나면서 ≪와≫가 붙는다. 례:

四衆이 울워러 仁과 날와 보ᄂᆞ니(≪석보상절≫ 13, 25)
눌와 다뭇 議論ᄒᆞ리오(與誰論) (≪두시언해≫ 초, 8, 46)

⑧ 호격
호격형태에는 ≪아, 야, 여, 이여≫ 그리고 ≪하≫가 있었다.

아(폐음절아래) :
형아 아히야(정철, ≪훈민가≫)
내 알와라 小子아(≪론어언해≫ 2, 29)

야(개음절아래) :
白鷗야 ᄂᆞ디마라(정철, ≪관동별곡≫)
됴타됴타 須菩提야(≪금강경언해≫ 11)

여(감동, 영탄, 존경) :
자고니러 우러라 새여(≪청산별곡≫ 고려가요)
須菩須여 쁘데 엇더뇨(≪금강경언해≫ 58)

이여(감동, 영탄, 존경):
　　됴ᄒ실쎠 **大雄 世尊**이여(≪법화경언해≫ 5, 94)
　　어딜쎠 **觀世音**이여(≪릉엄경언해≫ 권 6, 65)

중세조선어에는 현대에 없는 호격토 ≪하≫가 있는데 이는 높임의 호격토이다. 례:

님금하 아르쇼셔(≪룡비어천가≫ 125)
들하 노피곰 도ᄃ샤(≪악학궤범≫ 정읍사)

(2) 도움토
중세조선어의 련관범주를 나타내는 도움토들을 아래에 의미에 따라 몇개 나누어보려 한다.

① 대조: 는/는, 은/은
② 제한: 곳/옷, 븟/봇, 만, 뿐
③ 포함: 도, 조차
④ 시말: 브터, ᄀ장
⑤ 망라: 마다
⑥ 선택: 나/이나
⑦ 특수: 사
⑧ 지적: 란/으란
⑨ 개산: 나마
⑩ 균등: 곰/옴
　　……

이제 몇개의 례구들을 들어보면 다음과 같다.

나는 어버ᅀᅵ 여회오(≪석보상절≫ 권 6, 5장)

ᄂᆞᄆᆞᆯ 주규려커늘 **天地之量**이실씨(≪룡비어천가≫ 77)

여슷 아들<u>란</u> ᄒᆞ마 갓 얼이고(≪룡비어천가≫ 권 6, 13장)

臣下<u>란</u> 忠貞을 **勸**ᄒᆞ시고 **子息**<u>으란</u> **孝道**롤 **勸**ᄒᆞ시고 나라<u>ᄒᆞ란</u> **大平**을 **勸**ᄒᆞ시고(≪월인석보≫ 권 8, 29장)

乃終ㄱ 소리<u>도</u> ᄒᆞᆫ가지라(≪훈민정음언해≫)

아비를 보라가니 어미<u>도</u> 몯보아(≪월인석보≫ 권 8, 101장)

이 각시<u>ᅀᅡ</u> 내 얻니는 ᄆᆞᅀᆞ매 맛도다(≪석보상절≫ 권 19, 30)

우리둘히 이러틋ᄒᆞᆫ **妄量**앳 **授記<u>ᅀᅡ</u>** ᄡᅳ디 아니ᄒᆞ오라라(≪석보상절≫ 권 19, 30)

生<u>곳</u> 이시면 **老死苦腦** ㅣ 좃ᄂᆞ니(≪월인석보≫ 권 2, 22장의 1)

이 보비<u>옷</u> 가져이시면(≪월인석보≫ 권 8, 11장)

사름<u>마다</u> 수비 아라(≪석보상절≫ 서, 6장)

머리 조ᅀᅡ ㅡ千디위<u>나마</u> 절ᄒᆞ고(≪월인석보≫ 권 23, 82장)

ᄭᅮᆷ<u>봇</u> 아니면 어느 길헤 다시 보ᅀᆞᄫᆞ리(≪월인석보≫ 권 8, 82장)

銀돈 ᄒᆞᆫ낟<u>곰</u> 받ᄌᆞᄫᆞ니라(≪월인석보≫ 1, 9)

ᄒᆞᄅᆞ **五百**디위<u>옴</u> 길이더니(≪월인석보≫ 8, 91)

도움토는 체언뿐만아니라 격토, 용언토에도 붙어쓰이고 부사에도 붙어씌였다. 례:

뒤<u>헤는</u> 모딘 도죽(≪룡비어천가≫ 30)

ㅡ격토에 붙음

머리셔 <u>보고도</u> ᄯᅩ 부러 가 절ᄒᆞ고(≪석보상절≫ 19, 30)

ㅡ이음토에 붙음

그듸내 ᄀᆞᆺ비<u>ᅀᅡ</u> 오도다마른 (≪석보상절≫ 23, 53)

ㅡ부사에 붙음

(3) 복수토

15세기 조선어의 복수표시는 토 ≪들ㅎ≫와 ≪내≫가 담당하
였다.

≪들ㅎ≫(들) 례:

이 사름들히(들ㅎ이) 다 神足이 自在ᄒᆞ야(≪석보상절≫ 6, 18)
우리들히 다 ᄒᆞᄆᆞᅀᆞᄆᆞ로 죽ᄃᆞ록(≪월인석보≫ 9, 61)
너희들히 ᄒᆞᄆᆞᅀᆞᄆᆞ로 信解ᄒᆞ야(≪석보상절≫ 13, 62)
衆生들히 信根이 ᄀᆞᆺ디 몯ᄒᆞ야(≪월인석보≫ 9, 46)
百姓들 一千나믄 사ᄅᆞ미 出家ᄒᆞ고(≪월인석보≫ 2, 76)
무더멧 神靈 들희게 니ᄅᆞ고(≪월인석보≫ 9, 35)
門들흘 다 구디 줌겨 뒷더시니(≪석보상절≫ 6, 2)

이상의 례들과는 달리 높임의 자질이 부여되는 대명사에는
복수표시로 ≪내(네)≫가 붙어쓰이는것이 보통이다. 례:

그듸냇 말ᄀᆞᆮ디 아니ᄒᆞ니(≪석보상절≫ 11, 19)
그듸내 各各 ᄒᆞ아둘옴 내야(≪석보상절≫ 6, 9)
自中은 ᄌᆞ걋냇中이라(≪월인석보≫ 1, 40)

높임의 자질이 부여되는 명사에도 쓰인다. 례:

어마님내 뫼ᅀᆞᆸ고 누의님내 더브러(≪월인석보≫ 2, 6)
아바닔긔와 아ᄌᆞ마닔긔와 아ᄌᆞ바님내 ᄭᅴ 다 安否ᄒᆞᇦ고(≪석보상절≫ 6,1)
녀느 夫人냇 아ᄃᆞᆯ 네히(≪월인석보≫ 2, 4)
百千衆生ᄋᆞᆯ 잘 濟渡ᄒᆞ시ᄂᆞᆫ 분내러시니(≪석보상절≫ 13, 4)
王이 부텨와 즁님내ᄭᅴ 供養ᄒᆞᅀᆞᄫᅩ려ᄒᆞ더니(≪월인석보≫ 7, 41)

현대에 이르러 ≪들≫이 광범위하게 쓰임에 따라 ≪내≫는 소극적이 되고말았다.

(4) 이음토

중세조선어 이음토들의 접속방식에 따라 토를 라렬하고 례구를 들면 다음과 같다.

① 한가지이상의것을 라렬하는 이음토: -고, -곡(≪고≫의 강조형), -며, -며셔, 면셔[29]

가) 고히 길오 놉고 고드며(≪석보상절≫ 19, 7)
나) 날 브리곡 머리 가디 말라(≪석보상절≫ 11, 37)
다) 法 念ᄒ며 즁 念ᄒ며(≪월인석보≫ 8, 47)
라) 우숨 우스며셔 주규믈 行ᄒ니(≪두시언해≫ 6, 39)

② 서로 상반됨을 보이는 이음토: -나, -건마른, -아도/어도, -고도, -거니와

가) 人鬼도 하나 數업슬씨(≪월인천강지곡≫ 26)
나) 믈깊고 빈업건마른 하늘히 命ᄒ실씨(≪룡비어천가≫ 34)
다) 나라해 도라오샤도 주올아비 아니ᄒ샤(≪석보상절≫ 6, 4)
라) 사ᄅᆞ미 무레 사니고도 즁싱마도 몯ᄒ이다(≪석보상절≫ 6, 5)
마) 그지업시 受苦ᄒ거니와 부텨는 죽사리 업스실씨(≪월인석보≫ 2, 16)

③ 양보를 나타냄을 보이는 이음토: -건뎡, -ㄹ만뎡, -ㄹ션뎡, -ㄴ뎡, -ㄴ들

---

29) ( )안의것은 현대의 뜻을 대역한것이다.

가) 녯聖人냇 보라몰 보미 맛당건뎡 모딘 杜撰올 마롫디니 아란
    다(≪몽산법어언해≫ 20)

나) 님과 나와 어러주글만뎡 情든 오눐밤 더듸 새오시라(≪악장
    가사≫ 만전춘)

다) 됴케훌션뎡 엇뎨 구틔여 지블 이웃ㅎ야 살라ㅎ리(≪두시언
    해≫ 20, 29)

라) 諸天을 아니 다 니를쑨뎡 實엔 다 왜쎠니라(≪석보상절≫ 13, 7)

마) 使者롤 보내신돌 七代之王올 뉘 마ㄱ리잇가(≪룡비어천가≫ 15)

④ 조건이나 가정을 보이는 이음토: -댄(면), -ㄴ덴, -온딘
(면), -란듸(ㄹ것 같으면), -거든, -면

가) ㅎ다가 보미 이 物인댄 네 쏘 어루 내 보몰 보리라(≪릉엄
    경언해≫ 2, 35)

나) 일로 혜여 보건덴 므슴 慈悲 겨시거뇨(≪석보상절≫ 6, 6)

다) 이 祥瑞롤 보ᅀᆞᆸ온딘 아래와 다ᄅᆞ디 아니ㅎ시니(≪석보상절≫ 13, 36)

라) 어우러 精舍 지스란듸 일후믈 …孤獨園이라 ᄒ라(≪석보상
    절≫ 6, 40)

마) 商德이 衰ᄒ거든 天下롤 맛ᄃ시릴씨(≪룡비어천가≫ 6)

바) 바ᄂᆞᆯ 아니 마치시면 어비아ᄃᆞ리 사ᄅᆞ시리잇가(≪룡비어천가≫ 52)

⑤ 설명, 리유, 원인을 나타내는 이음토: -니, -ㄹ씨, -어/
아/여, -ㄴ대, -거늘, -관듸(기에), -라

가) ᄒᆞᆫ 아ᄃᆞ롤 나ᄒ니 사ᄋᆞᆯ 몯차셔 말ᄒ며(≪월인석보≫ 21, 55)
    大德하, 사ᄅᆞ미 다 모다 잇ᄂᆞ니 오쇼셔(≪석보상절≫ 6, 29)

나) 불휘기픈 남ᄀᆞᆫ ᄇᆞᄅᆞ매 아니 뮐씨 곶됴코 여름 하ᄂᆞ니(≪룡
    비어천가≫ 2)

다) 어리여 아디 몯ᄒ닐 爲ᄒ야(≪금강경언해≫ 서, 8)

라) 받님자히 怨ᄒ야 그믈로 자본대 鸚鵡ㅣ 닐오ᄃᆡ(≪월인석보≫ 2,12)

마) ᄀᆞᄅ매 비 업거늘 얼우시고 ᄯᅩ 노기시니(≪룡비어천가≫ 20)

바) 이 엇던 神靈 이시관ᄃᆡ 내 시르믈 누기시ᄂᆞᆫ고(≪월인석보≫ 21, 21)

사) 罪지은 모미라 하ᄂᆞᆯ해 몯가노니(≪월인석보≫ 21, 201)

⑥ 맞세움이나 인용을 나타내는 이음토: -ᄃᆡ(되), -오ᄃᆡ

가) 말ᄊᆞ믈 술ᄫᆞ리 하ᄃᆡ 天命을 疑心ᄒ실ᄊᆡ(≪룡비어천가≫ 13)

   經에 니ᄅᆞ샤ᄃᆡ 부톄 須菩提ᄃ려(≪금강경언해≫ 서, 7)

   山이 이쇼ᄃᆡ 일후미 鐵圍니(≪월인석보≫ 21, 74)

   俱夷 묻ᄌᆞᄫᆞ샤ᄃᆡ 므스게 ᄡᅳ시리(≪월인석보≫)

나) 目連이 술ᄫᅩᄃᆡ 太子 羅候羅ㅣ …부텨 ᄀᆞ트시긔 ᄒ리이다.
   (≪석보상절≫ 6, 3)

   大瞿曇이 天眼ᄋᆞ로 보고 虛空애 ᄂᆞ라와 묻ᄌᆞᄫᅩᄃᆡ 그ᄃᆡ 子息
   업더니 므슷 罪오(≪월인석보≫ 1,5)

⑦ 앞뒤일을 비교하는 이음토: -곤, -노니(는것보다)

가) ᄂᆞ미 供養ᄋᆞᆯ 讚弄 ᄒ야 허러도 오히려 이 報ᄅᆞᆯ 얻곤 ᄒ믈며
   各別히 모단 보ᄅᆞᆯ 내야 허루미ᄯᆞ녀(≪월인석보≫ 21, 90)

나) ᄂᆞ미 겨집 ᄃᆞ외노니 출히 뎌 고마 ᄃᆞ와야지라(≪법화경언해≫ 2, 28)

⑧ 희망, 의도, 목적을 보이는 이음토: -고져, -과뎌(고자),
-려, -라(러)

가) 善男子善女人이 뎌 부텻世界예 나고져 發顯ᄒ야사ᄒ리라
   (≪석보상절≫ 9,11)

나) 一切衆生이 다 解脫ᄋᆞᆯ 得과뎌 願ᄒ노이다(≪월인석보≫ 21,8)

다) 그듸 精舍지수려 터흘 굿 始作ᄒ야 되어늘(≪월인석보≫ 6,35)
라) 나라해 빌머그라 오시니(≪월인석보≫ 1, 5)

⑨ 한가지 일이 다른 일로 바뀌는것을 보이는 이음토: -다가, -ㄹ(자마자), -락(자마자), -ㄴ다마다(자마자), -다가며, -거ᅀᅡ(ㄴ 뒤에야 비로소)

가) 두 히 돋다가 세 히 도ᄃ면(≪월인석보≫ 1, 48)
나) ᄒ오ᅀᅡ 볼 구피락 펼씨예(≪월인석보≫ 21, 4)
다) 亂離ᄒ저긔 ᄯᅩ 모ᄃ락 흗노니(≪두시언해≫ 8, 57)
라) 湖南애 나그내 ᄃ외야신다마다 보물 다내요니(≪두시언해≫ 17, 16)
마) 나다가며 本來 잇ᄂ니 뉘 ᄒ오ᅀᅡ 업스리오(≪월인석보≫ 13, 31)
바) 밀므리 사ᄋ리로디 나거ᅀᅡ ᄌᄆ니이다(≪룡비어천가≫ 67)
사) 한비 사ᄋ리로디 뷔어ᅀᅡ ᄌᄆ니이다(≪룡비어천가≫ 67)

⑩ 어느쪽이나 상관이 없음을 나타내는 이음토: -나, -거나

가) 오나 가나 다 새지비 兼하얫도소니(≪두시언해≫ 7, 16)
나) 됴ᄒ 몸 ᄃ외어나 구즌 몸 ᄃ외어나 호미(≪월인석보≫ 1, 12)

⑪ 수단, 방식을 보이는 이음토: -아/어/여/야

가) ᄇ야미 가칠 므러 즘겟가재 연ᄌ니(≪룡비어천가≫ 7)
나) 도ᄌ기 ᄠᅳᆮ몰라 몯나니(≪룡비어천가≫ 60)
다) 피무든 홀굴 파가뎌 精舍애 도라와(≪월인석보≫ 1, 7)
라) 工夫를 ᄒ야 ᄆᅀ몰 뼈(≪몽산법언해≫ 4)

(5) 존경토

존경범주는 조선어에 고유한 형태론적범주이다. 조선어의 존

경형태는 서술형에서 조성된다. 이러한것은 현대조선어나 중세조선어나 다 마찬가지로 된다.

그러나 중세조선어의 존경토는 행동이나 상태의 임자를 존경하는 토외에도 행동의 객체를 존경하는 토가 있었다. 이 점은 현대와 다른 점이다.

① 주체존경토

주체존경이란 주어가 가리키는 인물이 화자에게 높임의 대상이 될 때 실현된다. 이 경우에 행동이나 상태의 주체에 대한 존경의 토에는 ≪시≫가 있었다.

如來 太子時節에 나를 겨집 사무<u>시니</u>(≪석보상절≫ 6, 4)

이 례문에서 ≪시≫는 주어명사 ≪如來≫를 존경한것이다.

≪시≫는 접속토 ≪아/어≫, ≪오딕/우딕≫가 붙어 ≪샤≫로 되며 체언형 ≪ㅁ(옴/움)≫앞에서는≪샴≫이 된다.

野人ㅅ 서리예 가<u>샤</u> 野人이 골외어늘 德源 올무<u>샴</u>도 하눐쁘디시니(≪룡비어천가≫ 4)
海東六龍이 ᄂᆞᄅ<u>샤</u>(≪룡비어천가≫ 1)
木連이ᄃ려 니ᄅ<u>샤딕</u>(≪석보상절≫ 6, 1)
부텨 敎化ᄒ<u>샴</u>(≪월인석보≫ 1, 1)

이 례문에서 ≪가샤≫, ≪올무샴≫의 주어명사는 표면에 나타나있지 않다. 그러나 이것은 익조(翼祖)의 사실을 쓴것이다. 따라서 익조의 행동이기에 ≪시≫를 쓴것이다.

큰 화리 常例아니<u>샤</u>(≪룡비어천가≫ 27)

이 례문에서 ≪활≫은 존경의 대상이 아니지만 간접적으로 ≪활≫의 소유자를 존경하고있다.

② 객체존경토

객체존경이란 보어가 가리키는 명사가 주어명사보다 높을 때 실현된다. 이 경우에 행동의 객체를 존경하는 토 역시 어간과 서술토사이에 놓이게 된다.

객체존경토에는 ≪ᄉᆞᆸ≫과 그외에 ≪ᄉᆞᆸ≫의 어음적변종들이 있다.

ᄉᆞᆸ: 어간의 끝소리가 ≪ㄱ, ㅂ, ㅅ, ㅎ≫이면 이 토가 쓰인다. 례:

막ᄉᆞᆸ거늘, 닙ᄉᆞᆸ고, 빗ᄉᆞᆸ더니, 노ᄊᆞᆸ고(<놓+ᄉᆞᆸ+고)

ᄌᆞᆸ: 어간의 끝소리가 ≪ㅈ, ㅊ, ㄷ≫이면 이 토가 쓰인다. 례:

마ᄍᆞᆸ더니(맞+ᄌᆞᆸ+더니), 좇ᄌᆞᆸ고져, 듣ᄌᆞᆸ게

ᅀᆞᆸ: 어간의 끝소리가 모음이나 유성자음 ≪ㄴ, ㅁ≫일 때 쓰인다. 례:

보ᅀᆞᆸ건대, 아ᅀᆞᆸ게(<알ᅀᆞᆸ게, 삼ᅀᆞᆸᄂᆞ닌)

≪ᄉᆞᆸ(ᄌᆞᆸᅀᆞᆸ)≫은 자음우에서 쓰인다. 이 토들이 모음토우에나 결합모음우에 올 경우 ≪ㅂ≫이 ≪ㅸ≫로 바뀐다. 례:

돕ᄉᆞᄫᆞ니, 싯ᄉᆞᄫᅡ, 먹ᄉᆞᄫᆞ니
얻ᄌᆞᄫᅡ, 좇ᄌᆞᄫᆞ니, 마ᄍᆞᄫᅵ

구초사바, 안수바, 삼수보리라

가) 采女ㅣ 하놄기부로 太子룰 쓰려 안수바(≪월인석보≫ 2, 43)

이 례문에서 ≪采女≫가 ≪太子≫보다 낮은 인물이기때문에 보어인 태자를 존경하기 위하여 ≪수바≫를 쓴것이다.

나) 無色諸天이 世尊씌 저숩다 혼 말도 이시며(≪월인석보≫ 1, 36)

이 례문에서 ≪世尊≫이 주어명사인 ≪無色諸天≫보다 높은 인물이기때문에 ≪숩≫이 씌우고있다.

다) 大瞿曇이 슬허 쓰리여 棺에 녀쏩고(≪월인석보≫ 1, 7)

이 례문에서 ≪녀쏩고≫의 객체는 나타나지 않았다. 원래 ≪보살≫이 보어위치에 출현되지 않았을따름이다.

라) 부텻 舍利와 經과 佛像과란 긶西ㅅ녀긔 노숩고(≪월인석보≫ 2, 73)

≪사리, 경, 불상≫은 인물이 아니지만 규정어 ≪부텨≫가 존경의 대상이기때문에 ≪숩≫을 쓰고있다.

현대조선어에는 객체존경이 거의 없으며 다만 어휘론적수법으로 이와 비슷한 객체존경의 의미를 조성할 때가 있다. 례:

선생님에게 말씀드리다.

중세의 객체존경토 ≪숩≫은 이후시기에 ≪습≫으로, ≪숩≫은 ≪욥≫을 거쳐 ≪ㅂ≫으로 되여가지고 ≪니이다≫, ≪니이까≫ 등과 결합되여 종결토 ≪습니다/ㅂ니다≫, ≪습니까/ㅂ니까≫를 조성한다.

≪ᄉᄫ≫, ≪ᅀᄫ≫, ≪ᄌᄫ≫는 ≪ᄫ≫의 소실에 의해 ≪ᄉ오≫, ≪ᅀ오≫, ≪ᄌ오≫로 되였고 ≪ᅀ오≫는 다시 ≪ᅀ≫의 소실에 따라 ≪ᄋ오≫를 거쳐 ≪오≫로 되였다. 례:

님을 그리ᅀ와(≪악학궤범≫ 정과정)
님금 두ᅀᆞ고(≪두시언해≫ 1, 1)
님금을 섬기ᅀᆞ오면(≪두시언해≫ 7, 15)

현대어의 ≪하와≫, ≪하오니≫, ≪하였사오니≫, ≪하시오니≫ 등에서의 ≪와≫, ≪오≫, ≪사오≫ 등은 바로 이렇게 형성된것이다. 이렇게 중세에 존재했던 객체존경토는 원래 ≪ᄉᆞᆲ다(말씀드린다)≫라는 동사에서부터 왔다. 일찍 향가나 기타 리두문헌에 나타나고있었다. 례:

爲白齊―ᄒᆞᄉᆞᆲ제

(6) 맺음토
중세조선어의 맺음토를 먼저 법에 따라 주요한것을 들어보면 다음과 같다.

① 알림법토

-다: 닐굽히 너무 오라다(≪월인석보≫ 7, 2)
-니라: 네 아비 ᄒᆞ마 주그니라(≪월인석보≫ 17, 21)
-라: 일홈난 고줄 비터라(≪월인석보≫ 1, 13)
-오마: 내 너ᄃᆞ려 ᄀᆞᄅ쵸마(≪번역박통사≫ 상, 10)
-이다: 비록 사ᄅᆞ미 무레사니고도 즘ᇰ이마도 몯호이다(≪석보상절≫ 6, 5)

알림법토의 어떤것은 감탄의 의미를 나타내기도 한다.

-도다: 제 아디 몯ᄒ<u>도다</u>(≪금강경언해≫ 후, 11)
-ㄹ쎠: 내 아ᄃ리 어딜<u>쎠</u>(≪월인석보≫ 2, 7)
-ㄴ뎌: 오은 ᄠ들 보디 몯ᄒ<u>ᄂ뎌</u>(≪육조단경언해≫ 서, 7)
-애라: 目連이 닐오ᄃᆡ 몰라 보<u>애라</u>(≪월인석보≫ 23, 86)

② <u>물음법토</u>

-가: 이 ᄯ리 너희 죵<u>가</u>(≪월인석보≫ 8, 94)
-고: 얻논 藥이 므스것<u>고</u>(≪월인석보≫ 21, 215)
-여: 앗가ᄫᆞᆫ ᄠ디 잇ᄂ니<u>여</u>(≪석보상절≫ 6, 25)

이 토는 시칭토 ≪니≫, ≪리≫와 어울려 ≪니여(>녀)≫,
≪리여(>려)≫로도 된다. 여기에는 감탄의 뜻이 있다.

子孫ᄋᆞᆯ 議論ᄒ<u>리여</u>(≪월인석보≫ 1, 7)
功德이 하<u>녀</u> 져그녀(≪월인석보≫ 1, 7)
-뇨, 니오: 이제 어듸 잇ᄂ<u>뇨</u>(≪월인석보≫ 9, 36)
　　　　　다시 줄 ᄠ디 엇더ᄒ<u>니오</u>(≪두시언해≫ 초, 7, 40)
-료, 리오: 病이 기프시니 엇뎨 ᄒ<u>료</u>(≪석보상절≫ 11, 18)
　　　　　엇뎨 겨르리 업스<u>리오</u>(≪월인석보≫ 서, 17)
-ㄴ다: 가던새 가던새 <u>본다</u>(≪악장가사≫ 청산별곡)
-ㄹ다: 어느저긔 도라올<u>다</u>(≪두시언해≫ 22, 30)

이 토는 규정형 ≪ㄴ, ㄹ≫에 ≪다≫가 붙어서 된것이다.

-잇가(니잇가, 리잇가): 녀<u>代之王</u>ᄋᆞᆯ 뉘 마<u>ᄀ리잇가</u>(≪룡비어천가≫ 15)

물음법토 ≪가, 고≫는 ≪니, 리≫ 아래서 ≪ㄱ≫이 탈락되였다.

목수미 그 能히 오라리아(≪두시언해≫ 1, 8)
엇뎨 가며 오미 이시리오(≪월인석보≫ 서, 2)

③ 추김법토

-져, 쟈: 五欲올 모솜 ᄀ장 平後에사 出家ᄒ져(≪월인석보≫ 7, 1~2)
　　　　흔듸 녀졋 期約이이다(≪악장가사≫ 리상곡)
　　　　婚姻ᄒ쟈 期約ᄒ얏더니(≪속삼강행실도≫ 렬녀도, 2)
-쟈스라: 호믜 메고 가쟈스라(정철, ≪단가≫)
　　　　山中을 미양 보랴, 東海로 가쟈스라(≪송강가사≫ 관동별곡)
-사이다: 아비 이시며 어미 이샤 一定ᄒ사이다(≪월인석보≫ 8, 83)
-져라: 모돈 형뎨들히 의론ᄒ져라(≪번역박통사≫ 상, 1)
-새: 사룸 브려 지촉하새(≪순천 김씨묘 출토간찰≫, 1570년전후)

④ 시킴법토

-라: 다 王끠 가져오라(≪월인석보≫ 1, 9)
　　올흔녀긔 브텨쓰라(≪훈민정음언해≫)
-아쎠/어쎠: 내 보아져 ᄒ느다 슬바쎠(≪석보상절≫ 6, 14)
　　　　엇뎨 부톄라 ᄒ느닛가 그 ᄠ들 닐어쎠(≪석보상
　　　　절≫ 6, 16)
-쇼셔: 님금하 아르쇼셔(≪룡비어천가≫ 125)
-고라: 내 願을 일티 아니케 하고라(≪월인석보≫ 1, 13)
-고려: 내 아기 위ᄒ야 어더 보고려(≪석보상절≫ 6, 13)

≪라≫는 이음형에 붙어 현대처럼 쓰이기도 하였다.

네 바리를 어듸 가 어든다 도로 다가 두어라(≪월인석보≫ 7, 8)
네 願다히 ᄒᆞ야라(≪석보상절≫ 24, 14)

조선어에 고유한 형태론적범주의 하나인 계칭범주는 이야기하는 사람과 이야기를 듣는 사람과의 사회적관계를 나타낸다. 계칭은 법범주의 체계와 대응체계를 가진다.

15세기 조선어에서 계칭범주는 현대처럼 발달하지 못했으며 적지 않은 맺음토들은 계칭의 대립이 없었다. 례:

네 이 겨지비 고ᄫᆞ니여(≪월인석보≫ 7, 10)
이 두사ᄅᆞᆷ이 眞實로 네 항것가(≪월인석보≫ 8, 94)
네 엇뎨 아료미 업스뇨(≪릉엄경언해≫ 10, 83)
네 바리를 어듸 가 어든다(≪월인석보≫ 7, 8)
큰 형님, 됴ᄒᆞᆫ 은으로 주고려(≪번역로걸대≫ 상, 64)
큰 형님, 네 어드러로셔브터 온다(≪번역로걸대≫ 상, 1)
네 됴히 잇거라(≪번역로걸대≫ 하, 72)
네 겨지븨 고보미 엇더ᄒᆞ더뇨(≪월인석보≫ 7, 12)

례에서 보다싶이 대명사 ≪네≫(혹은 ≪형님≫)와 맞물려 씌운 몇개의 맺음토들이 구분없이 다양하게 씌울수 있는 원인이 바로 그들사이에 계칭적대립이 없었기때문이다.

중세조선어의 계칭은 대체로 존대와 비존대로 나눌수 있으며 구체적으로 보면 ≪ᄒᆞ라≫계렬, ≪ᄒᆞ쇼셔≫계렬 그리고 반말계렬로 나눌수 있다.

≪ᄒᆞ라≫계렬: 이 계렬은 비존대를 나타낸다. 례:

-노라: 소리쑌 듣노라(≪석보상절≫ 6, 15)
-ㄴ다: 네 겨집 그려 가던다(≪월인석보≫ 7, 10)

-라: 后에 뉘읏붐 업게 ᄒ라(≪석보상절≫ 23, 11)
-다: 蓮花를 ᄇ리라 ᄒ시다(≪석보상절≫ 11, 31)
-니라: 福 바티라 ᄒ니라(≪석보상절≫ 6, 19)
-뎌: 이 劫 일후므란 賢劫이라 ᄒ뎌(≪월인석보≫ 1, 40)

≪ᄒ쇼서≫계렬: 이 계렬은 존대를 나타낸다. 례:

-이다: 聖孫을 내시니이다(≪룡비어천가≫ 8)
-잇가: 어듸 가시ᄂ니잇가(≪남명집언해≫ 상, 52)
-사이다: 어미이샤 一定ᄒ사이다(≪월인석보≫ 8, 83)
-쇼서: 世尊하, 날 爲ᄒ야 니ᄅ쇼서(≪월인석보≫ 1, 17)

≪ᄒ쇼서≫계렬에는 이상에 례를 든것보다 좀 차이있는 높임을 나타내는 다음과 같은것들도 있다.

-ㅇ다: 내 그런 ᄠ들 몰라 ᄒ댕다(≪석보상절≫ 24, 32)
        ᄆᅀᅢ 來往ᄒ야 넛디 몯ᄒ리로쇵다(≪내훈≫ 2, 하, 37)
-ㅅ가: 그딋 아바니미 잇ᄂ닛가(≪석보상절≫ 6, 14)
-아쎠: 내 보아져 ᄒᄂ다 솔바쎠(≪석보상절≫ 6, 14)

반말계렬: 이 계렬은 비존대계칭에 속하지만 좀 구별되는바 ≪ᄒ라≫계렬보다는 높이기도 어렵고 ≪ᄒ라≫계렬처럼 낮추기도 어려운 경우에 썼다.

-니: 부텻긔 받ᄌ바 므슴호려 ᄒ시ᄂ니(≪월인석보≫ 1, 10)
-리: 므스게 ᄡ시리(≪월인석보≫ 1, 10)
-고라: 내 願을 일티 아니케 ᄒ고라(≪월인석보≫ 1, 13)

≪니≫, ≪리≫는 접속토로 쓰일수도 있었다. 례:

불근새 그를 므러 寢室이페 안직니 聖子革命에 帝祜ᄅᆞᆯ 뵈ᅀᆞᆸ니(≪룡비어천가≫ 7)

아래에 15세기 조선어의 법범주에 망라되는 맺음토형태들을 계칭과 관련시켜 대응시키면 다음과 같다.

법\계칭	알림	물음	추김	시킴
ᄒᆞ쇼셔	이다 ㅇ다	잇가 ㅅ가	사이다	쇼셔 아쎠(어쎠)
ᄒᆞ라	노라 르쎠 다 ㄴ뎌 니라 애라 라 오마 도다	ㄴ다 ㄹ다 가 고 여(니여, 리여) 뇨(니오) 료(리오)	져(쟈) 쟈ᄉᆞ라 져라	라(어라)
반 말	니 리	니 리	새	고라 고려

(7) 시간토

중세조선어의 시제는 다음과 같은 형태로 표현되였다.

① -ᄂᆞ: 이 토는 이야기하는 순간에 진행되고있는 행동이나 상태를 나타낸다. 즉 현재진행의 시간을 나타낸다. 례:

곶됴코 여름 하ᄂᆞ니(≪룡비어천가≫ 2)
邦本이 곧 여리ᄂᆞ니(≪룡비어천가≫ 120)

이 토는 맺음토 ≪니≫와 유착되여 ≪ㅣ≫가 탈락되면서 ≪ᄂᆞ≫으로 되였다. ≪ᄂᆞ≫으로 된 다음 다른 맺음토와 결합하여 쓰이

거나 또는 그 자체로 규정토로 넘어가거나 하였다. 례:

> 玉 다듬<u>는</u> 거시라(≪월인석보≫ 2, 28)
> 네 므슴므로 빗호<u>는</u>다(≪번역로걸대≫ 상, 6)
> 거긔나 가잇<u>는</u>가(≪송강가사≫ 관동별곡)

② -니: 이 토는 이미 나타난 사실을 지적함으로써 시간적으로 선행한 사실을 나타낸다. 즉 완료, 확정을 표시하는 토이다. 례:

> 洛陽애 올므<u>니</u>이다(≪룡비어천가≫ 14)
> 聖孫을 내시<u>니</u>이다(≪룡비어천가≫ 8)

≪니≫는 그 자체로도 맺음토가 될수 있었다. 례:

> 西水ㅅ ㄱ싀 져재 곧ᄒ<u>니</u>(≪룡비어천가≫ 6)

≪니≫는 ≪ㅣ≫의 탈락에 의해 ≪ㄴ≫으로 되여 맺음토 ≪다≫와 결합하여 쓰이거나 또는 그 자체로 규정토로 넘어가기도 하였다.

③ -리: 이 토는 앞으로 나타날 사실을 지적함으로써 시간적으로 뒤에 있을 사실을 나타낸다. 즉 미래, 추측의 의미를 표시한다. 례:

> 號롤 釋迦牟尼라 ᄒ<u>리</u>라(≪월인석보≫ 1, 15)
> 이 피를 당다이 사름두외에 ᄒ시<u>리</u>라(≪월인석보≫ 1, 8)

≪리≫는 그 자체로도 맺음토가 될수 있다. 례:

> 劫劫에 어느 다 슬ᄫ<u>리</u>(≪월인석보≫ 1)

《리》는 《ㅣ》의 탈락으로 《ㄹ》로 되여 맺음토 《다》와 결합하여 쓰이거나 또는 그 자체로 규정토로 넘어가기도 하였다. 그리고 《리》 그대로 추측, 의지, 가능의 양태적의미를 가지고 쓰이게 되였다.

④ -더: 이 토는 과거의 어떤 시간을 기준으로 하여 아직 완료되지 않은 행동을 나타내는 과거지속의 의미를 표시한다. 례:

瓶ㄱ 소배 ᄀ초아 뒷더시니(《월인석보》 1, 10)
투구 세사리 녜도 쏘 잇더신가(《룡비어천가》 89)

《더》의 변종으로서 《다》, 《드》가 있었다. 례:

내 롱담ᄒ다라(《석보상절》 6, 24)
아기 밧쌍이 자드니 블다혀주라ᄒ니(《송강자당내간》)

《더》는 근대조선어에 이르러 《드》로 나타나기도 한다. 례:

셔울 머글거시 노든가 흔든가(《로걸대언해》 상, 8)
네 어듸잇든다(《박통사언해》 하, 30)

[참고]
셔울 머글거슨 노던가 흔던가(京裏吃食貴賤)(《번역로걸대》 상, 9)

《더》는 시간토 《니》, 《리》 그리고 체언의 용언형 《이》와 결합되여 쓰일수 있었는데 이 경우 《리》, 《이》 뒤에서 《러》로 되였다. 례:

前世生ㅅ 怨讐ㅣ러라(《월인석보》 1, 6)
無量光明이러시니(《법화경언해》 5, 82)

罪 호마 일리러니(≪룡비어천가≫ 123)

이때 ≪리러≫는 미래확증의 의미를 가진다. ≪더≫와 ≪니≫는 결합되여 과거회상의 양태적의미를 가진다. ≪더니≫는 또 ≪던≫으로 되여 맺음토에 결합되여 쓰일수 있었으며 또는 그대로 규정토로 넘어가 과거지속의 의미를 나타내기도 하였다. 례:

네 모르던다(≪월인석보≫ 21, 195)
夫人이 자바겨시던 남기라(≪월인석보≫ 2, 30)

현대에 이르러 이 토는 주체존경토의 뒤에 오나 15세기에는 ≪시≫의 앞에 왔다.

遮陽ㄱ 세쥐 녜도 잇더신가(≪룡비어천가≫ 88)
(옛날도 있으시던가)

⑤ -거: 이 토는 현재에 완료된 행동을 나타내며 행동, 상태에 대한 가상을 나타내는 양태적의미도 가진다. 례:

東이 니거시든 西夷 브라ㅿ 녕니(≪룡비어천가≫ 38)
내 니거지이다 가샤(≪룡비어천가≫ 58)

동사 ≪오다≫에는 ≪거≫가 붙지 않고 ≪ᄂ≫의 변종인 ≪나≫가 붙었다. 례:

西예 오나시든(≪룡비어천가≫ 38)

≪거≫의 변종으로 ≪가≫가 있다. 례:

ㅁ더니 너기<u>가</u>니와(≪월인석보≫ 10, 4)

≪거≫는 모음 ≪ㅣ≫와 자음 ≪ㄹ≫아래서 ≪어≫로 되였다. 례:

兄ㄱ뜨디 일<u>어</u>시놀(≪룡비어천가≫ 8)
三十年 天子 ㅣ<u>어</u>시니(≪룡비어천가≫ 31)

이 토는 ≪더≫와 마찬가지로 ≪시≫앞에 씌였으나 그후 순서가 바뀌였다.

오라디 몯<u>거</u>시든(≪법화경언해≫ 5, 119)
(오래지 못하<u>시거</u>든)

이상의 시간토들을 종합하면 아래와 같다.

형태＼시간	현재진행	과거완료	미래진행	과거지속	현재완료
토	ㄴ	니	리	더	거

현대조선어의 절대적시간형태에서의 과거형은 15세기에 형성되기 시작하였는데 다음과 같이 표시되였다.

-앳:
　　精舍애 안<u>잿</u>더시니【앉＋앳】(≪월인석보≫ 1, 2)
-엣:
　　石壁에 수<u>멧</u>던 네넷글 아니라도【숨＋엣】(≪룡비어천가≫ 86)

-앳:
　　보디 몯호며 듣디 몯ㅎ<u>얏</u>다라(≪법화경언해≫ 5, 95)

-옛:

　버텅에 비취옛는 프른 프른 절로 붋비치 드외옛고(《두시언
　해》 초간, 6)

-잇:

　瓶ㄱ 소배 ᄀ초아 뒷더시니 【두+잇】(《월인석보》 1, 10)

　이상의 형태는 원래 토 《아/야, 어/여》에 《이시다(有)》
의 어간 《이시》가 첨가되였거나 어간에 직접 《이시》가 붙어
된것이다. 이러한 과정은 문헌들에서도 나타난다.

가) ᄒᆞ오ᅀᅡ 안자잇더시니(《월인석보》 1, 6)
　　精舍애 안잿더시니(《월인석보》 1, 2)
나) 赤眞珠ㅣ 드외야잇ᄂᆞ니라(《월인석보》 1, 22)
　　봄비치 드외옛고(《두시언해》 초간, 6)
다) 空中에 머므러잇거늘(《월인석보》 1, 14)
　　흐린 술盞ᄋᆞᆯ 새려 머믈웻노라(《두시언해》 권 10, 중간, 登高)
라) 흔 말도 몯ᄒᆞ야 잇더시니(《석보상절》 6, 7)
　　고줄조차 ᄂᆞ죽ᄒᆞ얫도다(《두시언해》 중간, 7)
마) 우리도 病馬 뒷노소니(《석보상절》 23, 54)

　이처럼 《아+이시>아+잇>얫》, 《야+이시>야+잇>
얫》, 《어+이시>어+잇>엣》, 《여+이시>여+잇>옛》 과
정을 겪은후 《앗, 엇, 얏, 엿》으로 되였다. 례:

뭇근 쟐은 半만 지즐여 저졋도다(《두시언해》 2, 8)
半만 치우믈 이긔디 몯ᄒᆞ얏다(《두시언해》 8, 42)
흔딕 녜쟈 ᄒᆞ얏더니(《송강가사》 사미인곡)
새닙 나니 綠陰이 질렷눈딕(《송강가사》 사미인곡)

半壁靑燈은 눌 위ᄒᆞ야 볼<u>갓</u>ᄂᆞᆫ고(≪송강가사≫ 속미인곡)

동사 ≪ᄒᆞ다≫도 이상과 같은 과정을 거쳐 ≪ᄒᆞ얫 > ᄒᆞ얏≫으로 되고 다른 한 방면 ≪ᄒᆞ + 이시 > ᄒᆞ잇 > 힛≫의 과정을 거쳐 ≪했≫으로 되였다. 리두토의 다음과 같은것들이 그것을 말해준다.

爲有旀	→ ᄒᆞ이시며
爲有	→ ᄒᆞ잇
爲有遣	→ ᄒᆞ잇고

≪얫(얏, 엣, 엿)≫은 ≪아 + 이시≫가 줄어 되였지만 의연히 ≪이시(有)≫가 나타내는 지속의 의미를 포함한 완료의 의미를 나타냈다. 그러나 ≪앗(얏, 엇, 엿)≫으로 되면서 지속의 의미는 약화되고 과거완료의 의미만 남게 되였다.

현대조선어의 절대적시간형태에서의 미래형은 15세기에 아직 산생되지 않았다. 중세이후시기 ≪사씨남정기≫나 ≪춘향전≫ 등 책들에서 나타난 례들을 보면 다음과 같다.

지하에서 밋<u>겟</u>노라(≪사씨남정기≫ 14)
ᄉ무여한이<u>겟</u>노라(≪사씨남정기≫ 66)
본관정체를 생각ᄒᆞ야 지엇<u>겟</u>다(≪춘향전≫ 121)

≪겟≫은 가상, 의지 등의 양태적의미를 가졌던 토 ≪거≫와 밀접히 련계되여 산생되였거나 혹은 ≪게 ᄒᆞ다≫의 완료형 ≪게 ᄒᆞ엿~≫이 변하면서 후기에 산생된것으로 본다.

(8) 규정토
문장에서 용언과 용언형으로 된 체언이 다른 대상적단어의

특징을 규정할 때 규정토를 사용하게 된다. 중세조선어에도 이러
한 규정토들은 이미 형성되여있었으며 그 역시 현대와 마찬가지
로 상대적시간을 나타낼수 있었다.

-ㄴ: 이 토는 동사에서 과거를 나타낸다. 례:

모매 브튼 일로(≪룡비어천가≫ 104)
이 사긴 쁘들 보면(≪금강경언해≫ 서, 6)
죽다가 살언 百姓이(≪룡비어천가≫ 25)

그러나 형용사, 체언의 용언형에서는 현재를 나타낸다. 례:

먼 두들겐 노폰 남기 하도다(≪두시언해≫ 13, 15)
한 獼猴들히 조차가(≪월인석보≫ 7, 17)
보빈들 아디 몯ᄒ며(≪금강경언해≫ 서, 7)

어 토는 자음아래에서 ≪은/은≫으로 된다.

-ㄹ: 이 토는 용언에서 미래를 나타낸다. 례:

드리예 뼈딜 ᄆᆞᄅᆞᆯ(≪룡비어천가≫ 87)
차반 밍ᄀᆞᆯ 쏘리 워즈런ᄒ거늘(≪석보상절≫ 6, 16)
高 노폴 고(≪석봉천자문≫ 22)

이 토는 자음아래서 ≪을/올≫로 쓰인다.
의문을 나타내는 ≪ㄴ다, ㄹ다, ㄴ가, ㄹ가≫ 등은 원래 모
두 규정토 ≪ㄴ, ㄹ≫에 맺음토가 붙어 된것이다.

-는: 이 토는 현재를 나타낸다. 례:

므레 줌는 香이라(≪월인석보≫ 2, 29)

아못 일도 잘ᄒᄂᆞᆫ 사ᄅᆞᄆᆞᆯ(≪월인석보≫ 2, 46)

이 토는 선행어간의 음양구별에 따라 ≪는/ᄂᆞᆫ≫으로 갈라 쓰인다.

-던: 이 토는 과거지속의 의미를 나타낸다. 례:

夫人 자바 계시던 남기라(≪월인석보≫ 2, 30)
업던 번게를 하늘히 볼기시니(≪룡비어천가≫ 36)

중세조선어에서 삽입자모가 규정형을 조성할수 있었다. 례:

슬ᄒᆞ야 여희오졋 ᄆᆞᅀᆞᄆᆞᆯ(≪법화경언해≫ 6, 17)
光明이 비취닷 ᄯᅳ디오(≪월인석보≫ 2, 9)

여기서 ≪여희오졋≫과 같이 이음토 ≪고져 > 오져≫의 뒤에 붙거나 ≪비취닷≫과 같이 맺음토 ≪다≫뒤에 붙어 규정형을 이루었다. 그러나 삽입자모는 시간적의미를 나타내지 못하였다.

규정토를 도표로 정리하면 다음과 같다.

시간	토	품사
현재	ᄂᆞᆫ/는	동사
	ㄴ, 은/은	형용사, 용언형
과거	ㄴ, 은/은	동사
미래	ㄹ, 올/을	동사, 형용사
과거지속	던	동사, 형용사

(9) 수식토

수식토란 문장안에서 용언이 다른 용언의 표식을 수식하기 위하여 취하는 형태이다. 수식토를 가진 용언은 상황어로 되거나 상황적결합관계에 놓인다. 수식토가 붙은 용언은 다만 수식성만이 그의 기본표식으로 된다.

15세기 수식토에는 다음과 같은것들이 있었다.

-게: 向公이 피나게 우러(≪두시언해≫ 25, 47)
　　브레 드마 묽게 ㅎ야(≪월인석보≫ 10, 119)
　　목수믈 일케 ㅎ야뇨(≪월인석보≫ 21, 219)

이 토는 ≪긔≫로도 나타나며 ≪ㅣ≫와 ≪ㄹ≫ 아래서 ≪에, 의≫로도 된다. 례:

브텨 ㄱᄐ시긔 ᄒ리이다(≪석보상절≫ 6, 4)
便安킈 ᄒ고져(≪훈민정음언해≫)
사롬마다 수비 알에 ᄒ야(≪월인석보≫ 서, 12)
化人은 世尊ㅅ神力으로 드외의 ᄒ샨 사르미라(≪석보상절≫ 6, 7)

-ㄹ스록(ㄹ수록) :
　　사괴논 ᄠᅳ든 늘글스록 쏘 親ᄒ도다(≪두시언해≫ 21, 15)

-ᄃ록(도록) :
　　그 ᄯ니미 몯보ᄃ록 가디(≪석보상절≫ 11, 29)
　　未來際 뭇ᄃ록 몯 니ᄅ 劫에(≪월인석보≫ 21, 18)
　　늘그늬 허튈 안고 이리ᄃ록 우는다(≪월인석보≫ 8, 101)

이 토와 같은 뜻으로서 ≪디옷≫, ≪디록≫ 등이 있는데 이들은 기원이 다같다.

디+로>디오+ㅅ>디옷:
　　눕디옷 목수미 오라ᄂ니(≪월인석보≫ 1, 37)

디+로>디로+ㄱ>디록:
　　가<u>디록</u> 罔極ᄒ다(≪송강가사≫)

-둧(둗) :
　　너비 펴아가미 슬위띠 그우<u>둧</u> ᄒᆞᆯ씨(≪석보상절≫ 13, 4)
　　이러<u>틋</u> ᄒᆞᆫ 굴근 菩薩(≪월인석보≫ 7, 62)

이 토는 ≪ㄴ둧≫ 등<u>으로도</u> 쓰이고있다.

가)　東溟을 박ᄎᆞ<u>ᄂᆞᆫ둧</u> 北極을 괴왓<u>ᄂᆞᆫ둧</u> 놉흘시고 望高臺 의로올
　　샤 穴望峰(≪송강가사≫ 관동별곡)
나)　炎涼이 째룰 아라 가<u>ᄂᆞᆫ둧</u> 고텨오니(≪송강가사≫ 사미인곡)

(10) 상토
중세조선어의 능동상은 따로 문법적표현수단을 가지지 않았
다. 그리고 중세조선어에서 피동상과 사역상은 형태상 차이를 가
지지 않는다. 이런 상형태는 자동사, 타동사 그리고 형용사에 있
었다.

① 사역상

-이:
가)　ᄀᆞᄆᆞ래 아니 그츨씨(≪룡비어천가≫ 2)
　　한비롤 아니 그<u>치</u>샤(≪룡비어천가≫ 68)
나)　우리 始祖ㅣ 慶興에 사르샤(≪룡비어천가≫ 3)
　　城밧긔 닐굽 덜 일어 즁 살<u>이</u>시고(≪월인석보≫ 2, 77)
다)　그 龍올 자바 ᄲᅳ저 머거늘(≪석보상절≫ 6, 32)
　　穀食을 주서 어ᄉᆡ롤 머<u>기</u>거늘(≪월인석보≫ 2, 12)

-기:

가) 뫼ㅅ고래 수머 겨샤(≪석보상절≫ 6, 4)

　　沙婆佛身은 勝을 숨기시고(≪월인석보≫ 18, 72)

나) 鹿皮오ᄉᆞᆯ 바사(≪월인석보≫ 1, 16)

　　투구 아니 밧기시면(≪룡비어천가≫ 52)

-히:

가) 無憂樹ㅅ 가지 굽거늘(≪월인석보≫ 2, 33)

　　慈悲ᄅᆞᆯ 구피샤(≪월인석보≫ 7, 30)

나) 평안히 몯 안자(≪월인석보≫ 2, 42)

　　노피 안치시고(≪월인석보≫ 8, 92)

-오/우, -호/후:

가) 東征에 功이 몯 이나(≪룡비어천가≫ 41)

　　太子ㅣ 道理 일우샤(≪석보상절≫ 6, 5)

나) 話頭ㅣ 自然히 나ᄃᆞ면(≪몽산법어언해≫ 8)

　　神通力을 나토샤(≪월인석보≫ 서, 6)

여기서 ≪낟다(現)≫의 어간에 ≪호≫가 붙어 ≪낟호≫가
≪나토≫로 되였다.

다) 오라거사 씌야(≪월인석보≫ 21, 22)

　　ᄇᆞᄅᆞ미 수를 씌오ᄂᆞ니(≪두시언해≫ 15, 26)

라) 녀트며 깁푸미 곧디 아니커늘(≪월인석보≫ 17, 22)

　　녀토시고 쏘 기피시니(≪룡비어천가≫ 20)

② 피동상

-이:

가) 行陳을 조츠샤(≪룡비어천가≫ 112)

모든 사른미 막다히며 디새며 돌흐로 텨든 조치여 드라 머
리 가(≪석보상절≫ 19, 31)

나) 初禪三天은 네 天下를 두퍼잇고(≪월인석보≫ 1, 34)

　七寶ㅣ 짜우희 차 두피고(≪월인석보≫ 8, 18)

다) 三乘을 크게 여르시며(≪월인석보≫ 서, 7)

　흔 부체 열의곰훌씨(≪월인석보≫ 7, 9)

-히:

가) 鐵絲로 주름 바고이다(≪악장가사≫ 정석가)

　밞바닸 그미 짜해 반득기 바키시며(≪월인석보≫ 2, 57)

나) 다돈 이피 열어든(≪월인천강지곡≫ 其178)

　東門이 도로 다티고(≪월인석보≫ 23, 80)

-기:

가) 金函에 담수바(≪월인석보≫ 10, 14)

　믈 담곪거시 업스릴씨(≪월인석보≫ 1, 39)

나) 罪人의 모믈 숨무며(≪월인석보≫ 21, 80)

　衆生이 글난 鑊소배 드러 므리 숫글허 숨기더니(≪월인석보≫
　23, 81)

이상과 같이 상토에 ≪이, 기, 히, 오, 우(호, 후)≫ 등이
있으며 이들간에 결합된 ≪이오, 이우≫도 있다.

-이오:

　사룸브려 八千里象을 틔와(튼다—틔오다) (≪월인석보≫)

-이우:

　느믠 주규려커늘(죽다—죽이우다) (≪룡비어천가≫ 77)

　내 너흴 업시우디 아니ᄒ노니(없다—없이우다) (≪법화경언해≫ 6, 80)

-히우:

偏姓을 구튜리라(굳다―굳히우다(固))(≪룡비어천가≫ 71)

중세조선어에도 분석적수법에 의한 상형태가 조성되고있다. 사역상은 ≪-게(긔) ᄒ다≫에 의하여, 피동상은 ≪-어디다≫에 의하여 표현된다.례:

내 아ᄃ리 목수믈 일케 ᄒ야뇨(≪월인석보≫ 21, 219)
座를 ᄂ호아 앉긔 ᄒ면(≪월인석보≫ 17, 51)
ᄇᄅ매 竹筍이 젓거몟고(≪두시언해≫ 15, 8)
드트리 ᄃ외이 버아디거늘(≪석보상절≫ 6, 31)

(11) 바꿈토

중세조선어에도 품사적성격을 변경시켜주는 기능을 노는 토가 있다. 그것이 곧 바꿈토이다.

체언이 용언의 성격을 띠게 하는것을 체언의 용언형토라 하고 용언이 체언의 성격을 가지게 하는 토를 용언의 체언형토라 한다.

① 체언의 용언형

-이(폐음절아래):

몯아ᄃ른 調達이오 아ᇫ 아ᄃ른 阿難이라(≪월인석보≫ 2, 1)

-ㅣ(개음절아래):

三十年 天子ㅣ어시니(≪룡비어천가≫ 31)
所는 배라(≪훈민정음언해≫)

이 토는 ≪애, 에, 외, 위, 의, 이≫ 등 ≪이≫ 혹은 ≪ㅣ≫

를 그 후행모음으로 포함하고있는 모음으로 끝난 명사뒤에서는
나타나지 않는다. 이때에는 어근끝소리 ≪ㅣ≫에 의해 대체된
다.례:

树는 즘게라(≪월인석보≫ 2, 30)
현 千里ㄴ들 아디 몯건마른(≪법화경언해≫ 6, 31)
ㄱ는 엄쏘리니(≪훈민정음언해≫)

중세조선어의 ≪이≫는 용언토아래에도 씌였다.례:

나빗 소리롤 듣논둧ᄒ얘리(≪두시언해≫ 16, 30)
미친 이리 이셔이다(≪송강가사≫ 속미인곡)
길홀 몯 녀리로소이다(≪월인석보≫ 8, 70)

그리고 ≪이≫는 체언토아래에도 결합되여 쓰일수 있었고 부
사에도 쓰일수 있었다.례:

嘉祥이 몬졔시니(≪룡비어천가≫ 7)
人人은 사롬마대라(≪월인석보≫ 서, 6)
天人은 하놀과 사롬패라(≪월인석보≫ 1, 17)

② 용언의 체언형

-ㅁ:

齒頭와 正齒왜 굴히요미 잇ᄂ니라(≪훈민정음언해≫)→굴히윰
흘루미 이 ᄀ호몰 어엿비 너기시며(≪금강경언해≫ 서,11)→흘룸, ᄀ홈
안좀 걷뇨매 어마님 모른시니(≪월인석보≫ 2, 24)→안좀, 걷뇸
비븨유믈 因ᄒ야(≪룽엄경언해≫ 2, 27)→비븨윰
수비 니겨 날로 뿌메(≪훈민정음언해≫)→뿜

15세기 조선어에서는 ≪ㅁ≫이 용언어간에 붙을 경우 이상의 례들에서 볼수 있는바와 같이 첨가모음 ≪오/우, 요/유≫를 앞에 가졌다.

-기:
  겨집 出家ᄒ기를 즐기디 말라(≪월인석보≫ 10, 18)
  太子ㅣ 글비호기 始作ᄒ샤(≪석보상절≫ 3, 8)
  須達이 …布施ᄒ기를 즐겨(≪석보상절≫ 6, 13)

-디:
  내 겨지비라 가져가디 어려볼써(≪월인석보≫ 1, 13)
  나리 져믈시 나가디 슬ᄒ야(≪삼강행실도≫ 렬녀도, 16)
  죽사릿 因緣은 듣디 몯ᄒ료려다(≪월인석보≫ 1, 11)

체언형의 ≪디≫는 원래 불완전명사로부터 발전하여왔다. 15세기에만도 ≪디≫는 체언형의 토로 쓰이면서 불완전명사로도 씌였다. 례:

온디 아니라(≪월인석보≫ 8, 9)
極樂國ᄯ홀 어둘 보ᄂ디니(≪월인석보≫ 9, 8)

원래 ≪기≫는 ≪디≫로부터 분화된것이다. 따라서 ≪기≫는 갈라져나온후 체언형의 토로 되고 ≪디≫는 부정의 이음토로 되였다. 이처럼 현대조선어의 체언형 ≪기≫나 부정형 ≪지(디>지)≫는 원래 단일한 ≪디≫였다. 례:

먹디 됴ᄒ며 쓰디 됴ᄒ거시(≪칠대만법≫ 14)→먹기 좋으며
軍士를 내야가 이긔디 몯ᄒ야셔(≪두시언해≫ 초간, 6, 측상)→이기지 못하여셔

다음의 례는 ≪디≫에서 ≪기≫로 변한 과정을 보여준다.

가) 엇디 이리 잡디 어려우뇨(≪번역로걸대≫ 상, 45)

    엇디 이리 잡기 어려오뇨(≪로걸대언해≫ 상, 41)

나) ᄀ장 보디 됴ᄒ니라(≪번역박통사≫ 상, 5)

    ᄀ장 보기 됴ᄒ니라(≪박통사언해≫ 상, 6)

이처럼 원래 ≪디≫이던것이 ≪기≫로 변하였다.

다) 아디 몯ᄒ리로다(≪두시언해≫ 중간, 6, 옥화궁)

    아디 어려본(≪석보상절≫ 13, 40)

라) 먹디 말며(≪내훈≫ 1, 언행장 제1)

    먹디 됴ᄒ며(≪칠대만법≫ 14)

이 례들에서 동일한 ≪디≫로 되여있는것들이 현대에 와서
는 ≪지≫와 ≪기≫로 갈라진다. (≪지≫는 ≪디≫의 구개음화)
≪슬ᄒ다, 어렵다, 아쳗다, 둏다, 싫다, 쉽다, ᄒ다≫ 등의 평가
형단어앞에서는 ≪기≫로 변하고 ≪아니ᄒ다, 몯ᄒ다, 말다≫ 등
의 부정형앞에서는 ≪디≫ 그대로 있다가 구개음화하여 ≪지≫로
되였다.

(12) 강조토

강조토란 이미 이루어진 일정한 문법적형태에 덧붙어서 그
형태의 문법적의미를 더 정밀화하고 두드러지게 강조해주는 기능
을 노는 토이다. 조선어의 강조토는 체언토나 용언토에 다시 교
착하여 사용된다.

① 체언토에 붙는 강조토

-셔(로셔) :

  나실 나래 하늘로셔 셜흔두가짓 祥瑞ᄂ리며(≪석보상절≫ 6, 17)

減으로셔 增홀 스시(≪월인석보≫ 2, 47)

-뼈(로뼈) :

雲霞곧흔 기보로뼈 맛면(≪두시언해≫ 16, 67)

般若智로뼈 얼굴 삼고 萬行 고즈로뼈 文을 사무니(≪금강경삼

가해≫ 2, 15)

벋을 親히 홀 道로뼈 흐니(≪소학언해≫ 서제)

-다가(을다가) :

ㄱ래는 學生을다가 스승끽 숢고(≪로걸대언해≫ 6)

다른 사른미 우리를다가 므슴 사른몰 사마보리오(≪번역로걸대≫)

② 용언토에 붙는 강조토

-셔 :

  (고셔) 제 한 過를 짓고셔 또 梵行 아닌 일 닐어(≪원각경언

      해≫ 하, 3)

  (아셔) 大同江 너븐디 몰라셔(≪악장가사≫ 서경별곡)

  (야셔) 이긔디 몯ㅎ야셔 모미 몬겨 주그니(≪두시언해≫ 권

      6, 초간, 촉상)

  (어셔) 萬里예 ㄱ올홀 슬허셔 상녜 나그네 두외요니(≪두시언

      해≫ 권 10, 중간, 등고)

  (여셔) 이비 므르고 피 드려셔(≪두시언해≫ 두견행)

-이(둣이) :

누녯 가시 아사 브리둣시 그 샤옹올 버으리와드니(≪두시언

해≫ 25, 9)

이러트시 고텨 두외샤미 몯 니르혜리러라(≪월인석보≫ 1)

-고(긋고) :

　三寶애 나ᅀᅡ가 븓긋고 ᄇ라노라(≪석보상절≫ 서, 6)

-곰(어곰) :

　시러곰 어두운 틔 ᄀ초아 두리아(≪두시언해≫ 8, 70)

　※ 실다: 얻다 例: 得은 시를씨라(≪훈민정음언해≫)

　눌 보리라 우러곰 온다(≪월인석보≫ 8, 86)

≪곰(옴)≫은 체언이나 부사에 직접 붙을수도 있었다.

　이리곰 火災호ᄆᆯ 여듧번ᄒ면(≪월인석보≫ 1, 49)

　노피곰 도ᄃᆞ샤 머리곰 비춰오시라(≪악학궤범≫ 정읍사)

현대조선어의 ≪하여곰≫의 ≪곰≫이 바로 이 토에 의하여 형성된것이다.

　令 ᄒ여곰 령(≪류합≫ 하, 9)

　사ᄅᆞᄆ로 ᄒ여곰 (令人) (≪두시언해≫ 1, 30)

　ᄯᅩ 여긔 둘로 ᄒ여곰 ᄀ라 도라오게 ᄒ여(卻著這里的兩個替廻
　來) (≪로걸대언해≫ 상, 51)

≪금≫은 벌써 중세이후에 나타나고있다.

可히 다시금 소기기를 ᄒ디 몯홀거시니라(≪어제소학언해≫ 六, 32)

-근여:

　ᄒ盞 먹새근여, ᄯᅩ ᄒ盞 먹새근여 곳것거 算노코 無盡無盡 먹
　새근여(≪송강가사≫ 장진주사)

중세조선어에는 강조를 나타내기 위한 어음형태도 있었다.

례:

어드웍 牟이 두외야(≪릉엄경언해≫ 2, 18)
工夫를 하약 무슴믈 뻐(≪몽산화상법어략록≫ 4)
子細히 스랑ᄒ약 哀慕믈 忝히 말라(≪릉엄경언해≫ 2, 54)
오늘록 后에 이 길흘 붋디 말라(≪월인석보≫ 21, 119)
일록 后에 疑心마오 가져가라(≪월인석보≫ 2, 13)
四禪天으롯 우흔 세 災업수디(≪월인석보≫ 1, 50)
二禪天으롯 우흔 이 世界 여러번 고텨 두외야ᅀᅡ(≪월인석보≫ 1, 38)

이 례들에서 ≪ㄱ≫, ≪ㅅ≫ 같은것은 우에 온 체언토 ≪로≫
나 용언토 ≪아(어, 여, 야)≫를 강조하고있다.

3. 구문
1) 문장성분
(1) 술어
① 종결술어
종결술어는 주로 맺음토로 표현된다. 례:

大施主의 功德이 하녀 져그녀(≪석보상절≫ 19, 4)
이 智慧업슨 比丘ㅣ 어드러셔 오뇨(≪석보상절≫ 19, 30)

체언인 경우에는 용언형 ≪이≫를 매개로 맺음토가 붙는다.
례:

文은 글와리라(≪훈민정음언해≫【글왈＋이】
일마다 天福이시니(≪룡비어천가≫ 1)

부사가 술어로 될 경우에도 마찬가지다. 례:

聖孫將興에 嘉祥이 몬졔시니(≪룡비어천가≫ 7) 【몬져+이>몬졔】

부사가 술어로 될 때 존경의 계칭에 쓰이던 ≪잇가≫ 그리고 주체존칭토 ≪시≫도 용언형의 자리에 쓰일수 있다. 례:

가샤미 멀리잇가(≪월인석보≫ 8, 1)

② 접속술어
접속술어는 주로 이음토에 의해 표현된다. 례:

아뫼나 와 가지리 잇거든 주노라(≪월인석보≫ 7, 3)
믈 깊고 빗 업건마른 하늘히 命ᄒ실ᄊᆡ 믈톤자히 건너시니이다
(≪룡비어천가≫ 34)

이상의 례문들에서 접속술어들은 동사나 형용사에 붙은 이음토 ≪아≫, ≪거든≫, ≪고≫, ≪건마른≫, ≪ㄹᄊᆡ≫ 등에 의하여 표현되고있다.
접속술어가 체언으로 된 경우와 부사로 된 경우 역시 종결술어와 마찬가지의 토들이 매개로 될수 있다. 례:

狐ᄂᆞᆫ 영이니 그 性이 疑心 하니라(≪룡엄경언해≫ 2, 3)
智力慧光이 ᄒ마 實報애 거의실ᄊᆡ(≪법화경언해≫ 5, 193)

그러나 존경의 계칭에 쓰이는 ≪이다≫중의 ≪이≫는 쓰이지 않았다. 이는 종결술어와 다르다.

(2) 주어
주어는 일반적으로 체언의 각종 형태로 나타난다.

① 주어는 격토에 의하여 표현된다. 례:

나랏말ᄊᆞ미 中國에 달아(≪훈민정음언해≫)【말ᄊᆞᆷ+이】
耶輸ㅣ 그 긔별 드르시고(≪석보상절≫ 6, 2)

이상의 례문에서 주격토가 주어를 표현해주고있다. 주어는 단체의 대상을 나타낼 경우 위격토 ≪애서(에서, 예서)≫나 또는 그것의 소급형태인 ≪애이셔≫에 의하여 표현되기도 한다. 례:

이틊나래 나라해이셔 도즈기 자최 바다가아(≪월인석보≫ 1, 6)
구위예셔 엳즈와 그 ᄆᆞᆺ 일후믈 순호라 ᄒᆞ고(≪삼강행실도≫ 20)

≪나라해이셔≫는 ≪나라ㅎ+애이셔≫의 축약형태이다.

② 주어는 도움토에 의해서도 표현된다. 례:

시미 기픈 므른 ᄀᆞ므래 아니 그츨씨(≪룡비어천가≫ 2)【믈+은】
어미도 아ᄃᆞᆯ롤 모ᄅᆞ며(≪석보상절≫ 6, 3)

③ 주어는 토없이 절대격으로도 표현된다. 례:

믈 깊고 빅 업건마른(≪룡비어천가≫ 34)
城 높고 ᄃᆞ리 업건마른(동상)

여기서 ≪믈, 城≫은 절대격주어이다. ≪빅≫, ≪ᄃᆞ리≫도 절대격이라고 할수 있겠지만 15세기에 일반적으로 어간말음이 ≪ㅣ≫를 포함한 체언이 주어가 될 때 주격토를 붙이지 않는다.

중세조선어에도 주어가 겹치는 중주어문장이 있다. 례:

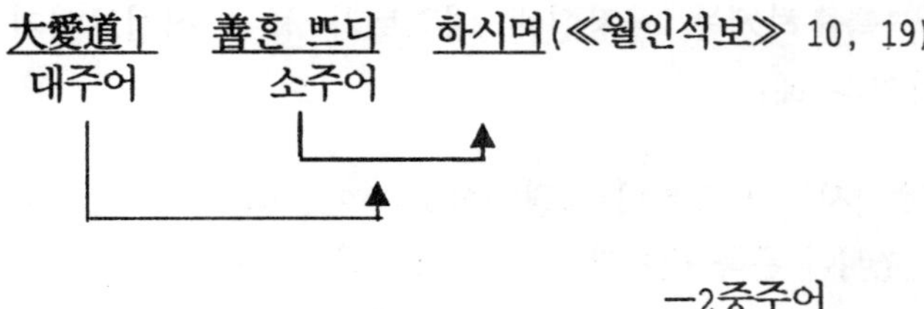

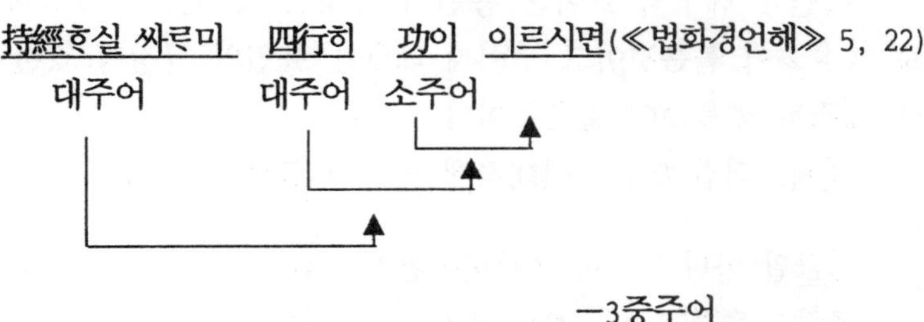

(3) 보어

① 직접보어

직접보어는 주어, 술어와 함께 주성분을 이룬다. 직접보어는 타동사가 실현되는 목적(객체)을 나타내는만큼 체언으로 표현된다.

첫째, 직접보어는 대격토에 의하여 표현된다. 례:

내 太子롤 셤기숳보티(≪석보상절≫ 6, 4)
나랏 有情이 正覺 일우오롤 一定티 몯ㅎ면(≪월인석보≫ 8, 61)

둘째, 도움토에 의해서도 직접보어는 표현될수 있었다. 례:

아비를 보라 가니 어미도 몯 보아(≪월인석보≫ 8, 101)
말란 아니ㅎ고 두 숛가라룰 드니(≪석보상절≫ 24, 47)

셋째, 특수하게는 규정형에 대격토가 붙어 직접보어가 표현되기도 하였다.례:

讚嘆ᄒ거시눌 보ᅀᆞᆸ니(≪월인석보≫ 21, 84)
ᄒ눊 光明이 믄득 번ᄒ거늘 보니(≪월인석보≫ 2, 51)

첫번째 례구의 보어는 용언의 규정형 ≪讚嘆ᄒ거신≫에 대격토 ≪올≫이 붙은것이고 두번째 례구는 용언의 규정형 ≪번ᄒ건≫에 대격토 ≪을≫이 붙은것이다.

넷째, 직접보어는 절대격에 의하여 표현된다.례:

님긊말 아니 듣ᄌ바(≪룡비어천가≫ 98)
ᄌ걋긔 黃袍 니피ᅀᆞᆸ니(≪룡비어천가≫ 25)

② 간접보어

첫째, 간접보어는 격토들에 의하여 표현된다.례:

山이 草木이 軍馬ㅣ 드뵈니이다(≪룡비어천가≫ 98)
四海를 넌글 주리여(≪룡비어천가≫ 20)
七寶로 이러 이쇼미 쏘 西方極樂世界와 곧ᄒ야(≪석보상절≫ 9, 11)
含生을 慈悲로 化ᄒ미오(≪금강경삼가해≫ 4, 1)
아ᄃ넚긔 喪服 니피ᅀᆞᆸ니(≪룡비어천가≫ 25)
빅셩의게 침해ᄒ면 전가입게오(≪경민편≫ 제6)

례문들에서 보다싶이 주격토 ≪ㅣ≫에 의해 행동의 결과 변화되는 대상을, 대격토 ≪을(녀+을)≫에 의해 행동의 간접적대상을, 구격토 ≪와≫에 의해 비교의 대상을, 조격토 ≪로≫에 의해 행동의 결과 변화되는 대상을 나타내고있다. 그리고 여격토 ≪씌≫,

≪의게≫에 의해서 행동의 간접적대상을 나타내고있다.

둘째, 간접보어는 도움토에 의해서도 표현된다. 례:

그 사ᄅᆞ미손ᄃᆡ 오샤(≪월인석보≫ 8, 55)

죵ᄋᆞ란 흰 바ᄇᆞᆯ 주고 ᄆᆞᆯ란 프른 꼬ᄅᆞᆯ 호리라(≪두시언해≫ 8, 23)

셋째, 절대격에 의해서 간접보어가 나타날수 있다. 례:

모딘 즁ᅌᅵᆼ 믈여 橫死홀씨오(≪석보상절≫ 9, 37)

조호미 寶珠 ᄀᆞᆮᄒᆞ야(≪석보상절≫ 13, 22)

여기에서 ≪즁ᅌᅵᆼ≫은 행동의 간접적대상, ≪寶珠≫는 비교의 대상을 나타내고있다.

넷째, 자립적단어와 보조적단어가 어울리여 간접보어가 성립될수도 있다. 례:

羅睺羅 더브러 노폰 樓우희 오ᄅᆞ시고(≪석보상절≫ 6, 2)

太子와 ᄒᆞ야 그위예 決ᄒᆞ라 가려 ᄒᆞ더니(≪석보상절≫ 6, 24)

보어에도 중직접보어문장이 있다. 례:

오직 죵ᄋᆞᆯ ᄃᆞᆯ며 ᄲᅮᄆᆞᆯ 맛볼거시라(≪번역소학≫ 9, 31)

이렇게 직접보어가 둘이 나타나고있다.

(4) 상황어

첫째, 상황어는 용언의 수식형으로 표현된다. 례:

三乘ᄋᆞᆯ 크게 여ᄅᆞ시며(≪월인석보≫ 서, 7)

늘그늬 허튈 안고 이리<u>드록</u> 우는다(≪월인석보≫ 8, 101)

둘째, 상황어는 체언의 위격형, 속격형, 대격형, 여격형, 조격형 그리고 도움토로도 표현된다. 례:

世尊이 **象頭山**<u>애</u> 가샤(≪석보상절≫ 6, 1)
ᄒᆞᄅᆺ아ᄎᆞ<u>미</u> **命終**ᄒᆞ야(≪석보상절≫) 【아ᄎᆞᆷ + 이】
后에 ᄇᆞᄅ미 믈우<u>흘</u> 부러(≪월인석보≫ 1, 39)
王女들히 **虛空**<u>애셔</u> 온가짓 풍류ᄒᆞ며(≪월인석보≫ 2, 32)
제 나라<u>ᄒᆞ로</u> 갈쩌긔(≪석보상절≫ 6, 22)
阿鼻地獄<u>브터</u> **有頂天**에 니르시니(≪석보상절≫ 13, 16)

셋째, 부사에 의해 직접상황어가 표현된다. 례:

<u>그르</u> 알면 **外道**ㅣ오(≪월인석보≫ 1, 51)
<u>모디</u> 서르 업디 몯ᄒᆞ야(≪석보상절≫ 9, 18)
하ᄂᆞᆳ벼리 눈 <u>ᄀᆞᆮ</u> 디니이다(≪룡비어천가≫ 50)
方國이 <u>해</u> 모ᄃᆞ니(≪룡비어천가≫ 11)

넷째, 자립적단어와 보조적단어가 어울려 표현되거나 용언규정형에 조격토가 붙어 표현되기도 하였다. 례:

<u>사름마다</u> ᄒᆡ<u>여</u> 수비 니겨(≪훈민정음언해≫)
<u>威化振旅</u>ᄒᆞ시ᄂᆞ로 **興望**이 다 몯ᄌᆞᄫᅡ나(≪룡비어천가≫ 11) 【~ᄒᆞ신 + ᄋᆞ로】

다섯째, 절대격에 의하여 상황어가 표현될수도 있었다. 례:

<u>岐山</u> 올ᄆᆞ샴도 하ᄂᆞᆳᄠᅳ디시니(≪룡비어천가≫ 4)
如來 **長常** <u>이어긔</u> 겨쇼셔(≪월인석보≫ 7, 49)

(5) 규정어

첫째, 규정어는 규정형에 의하여 표현된다. 례:

블근 새 그를 므러 寢室이페 안즈니(≪룡비어천가≫ 7) 【붉＋은】
獄은 사름 가도는 싸히라(≪석보상절≫ 9, 8)

둘째, 규정어는 체언의 속격형에 의하여 표현된다. 례:

城밧긔 브리 비취여 十八子ㅣ 救ᄒ시려니(≪룡비어천가≫ 69) 【밧＋의】
사ᄅᄆᆡ 몸 두외요미 어렵고(≪석보상절≫ 9, 28) 【사름＋의】

주격토 ≪ㅣ≫가 속격의 기능을 놀 때에도 규정어로 될수 있
었다. 례:

牛頭는 쇠 머리라(≪월인석보≫ 1, 27)

속격형태가 실제상의 주어를 나타날 때도 있었다. 례:

迦葉의 能히 信受ᄒ오ᄆᆞᆯ 讚嘆ᄒ시니라(≪월인석보≫ 13, 57)
이 東山은 須達이 산거시오(≪석보상절≫ 6, 39)

이 례들에서 보게 되면 ≪迦葉의 能히 信受홈≫과 ≪須達이
산것≫은 다 확대성분이다. 이렇게 확대성분속의 속격형태가 사
실상 주어를 나타내고있다.

아래의 례와 대비하면 그것이 더욱 똑똑하다.

迦葉이 能히 受信ᄒ오미 이 希有ᄒ오미라(≪월인석보≫ 13, 57)

중세조선어에서 특수현상으로 ≪ㅣ≫로 끝난 명사에서 ≪ㅣ≫
가 떨어지면서 속격토가 어간에 녹아붙어가지고 규정어를 나타낼

때도 있었다. 례:

아드리 <u>아비</u> 쳔량 믈러 가쥬미 근홀씨(《석보상절》 13, 18)

여기서 원래 《아비》의 끝모음 《ㅣ》가 탈락되면서 속격토가 녹아붙어 《아브 + 이》로부터 《아비》로 되였다. 다음의 례와 대비하면 그것을 더 똑똑히 알수 있다.

그쯰 諸子ㅣ <u>아비의</u> 便安히 안준돌 알오(《법화경언해》 2, 138)

셋째, 중세조선어에서는 삽입자모에 의하여 규정어가 표현되기도 하였다. 다시말해서 삽입자모가 속격의 기능을 놀 때 규정어로 될수 있었다.

삽입자모는 체언에 붙어서 규정어를 이룰뿐만아니라 격토나 맺음토에 붙어서 규정어를 이룰수도 있었다. 례:

一切 <u>如來ㅅ</u> 몸과 말씀과 뜨뎃 業이(《석보상절》 9, 26)
前生<u>앳</u> 이릐 젼츠를 因緣이라 ᄒ고(《월인석보》 1, 11)
世尊은 世界예 뭇 尊ᄒ시닷 ᄯᅳ디라(《석보상절》 서, 5)

그러나 삽입자모가 모든 경우에 규정어만 이루는것은 아니다. 례:

너펴 돕ᄉ오미 <u>다ᅌᅩ</u> 업서(《법화경언해》 서, 18)

여기서 보다싶이 용언규정형에 《ㅅ》이 붙어 주어를 나타내고있다.

넷째, 규정어는 체언의 절대격에 의하여 표현되기도 한다. 례:

셔볼 賊臣이 잇고(≪룡비어천가≫ 37)
터럭 구무마다 즈믄 光明을 펴샤(≪월인석보≫ 21, 5)

다섯째, 관형사가 규정어를 표현한다. 례:

모든 學者ㅣ 안ᄆᆞᇝ 經을 디녀(令諸學者持內心經)(≪금강경언해≫ 서, 6)
새 구스리 나며(≪월인석보≫ 1, 27)

이밖에 중세조선어에서는 특수하게 용언규정형이 이미 규정어를 이루고있음에도 불구하고 거기에 다시 속격토를 붙여 규정어를 나타내기도 하였다. 례:

늘그늬 허튈 안고 이리두록 우는다(≪월인석보≫ 8, 100)
眞實로 行ᄒᆞ릸 便宜를 브틀씨(≪남명집언해≫ 하, 31)
소사나시늬 德 일우샴 오라샤믈 가줄비시니(≪법화경언해≫ 5, 115)

≪늘그늬≫는 ≪늙+은+의≫의 구조로 분해되며 ≪行ᄒᆞ릸≫는 ≪行ᄒᆞ+ㄹ+이≫의 구조로 분해되며 ≪소사나시늬≫는 ≪솟아나+시+ㄴ+의≫의 구조로 분해된다. 여기서 보면 규정형과 속격토가 련이어 붙은것이 똑똑히 나타난다.

(6) 독립적문장성분
독립적문장성분은 상관적성분에 비하여 그 표현이 상대적으로 단순하다.

① 호칭어
호칭어는 호격토에 의하여 표현된다. 례:

世尊하, 날 爲ᄒᆞ야 니ᄅᆞ쇼셔(≪월인석보≫ 1)

文殊아, 아라라(≪석보상절≫ 13, 26)
됴ᄒᆞ실쎠, 大雄 世尊이여(≪법화경언해≫ 5, 94)

호칭어는 사람이 아닌 기타 명사에도 의인적으로 나타날수 있다.

머자 외야자 綠李야 샐리 나 내 신고ᄒᆞᆯ 미아라(≪악학궤범≫ 처용가)

≪멎≫, ≪외얏≫, ≪綠李≫ 등의 과실이름뒤에 호격토 ≪아≫, ≪야≫가 붙어 호칭어로 되였다.

호격토도 어간과 결합할 때 녹아붙어 어간과 토의 계선을 가를수 없게 할 때가 있다. 례:

處容아바 以是人生애 相不語ᄒᆞ시란ᄃᆡ(≪악학궤범≫ 처용가)
七寶를 주리여 處容아바(동상)

여기서 ≪아비≫의 말음 ≪ㅣ≫가 탈락되고 거기에 호격토 ≪아≫가 녹아붙어 ≪아바≫로 되여가지고 호칭어로 되였다.

호칭어는 절대격에 의해서도 표현될수 있었다. 례:

큰형님, 네 어드러로셔브터온다(大哥, 你從那裏來) (≪번역로걸대≫ 상, 1)
읍ᄒᆞ노이다, 쥬신형님(拜揖, 主人家哥) (≪번역로걸대≫ 상, 17)

② 감동어 례:

아소, 님하, 도람드르샤 괴오쇼셔(≪악학궤범≫ 정과정)
비오다가 개야
아, 눈 하 디신 나래(≪악장가사≫ 리상곡)
의, 슬프다(≪영가집언해≫ 서, 15)

애, 쏘 王가형님이로괴여(曖却是王大哥) (≪번역박통사≫ 상, 17)

감탄사가 아닌 단어가 감탄의 뜻으로 쓰일 때에도 감동어로 될수 있다. 례:

올흐니, 우리 어버시 나를 흐야 비호라 흐시ᄂ다(是我爺娘敎我學來) (≪번역로걸대≫ 상, 6)

③ 접속어 례:

聲聞이 히미 비록 몯 미츠나 그러나 信으로 드로믈 許흐실씨 (≪법화경언해≫ 2, 159)
信力쑫ᄅ미라 흐시니 그럴씨 모로매 信機를 굴히야(≪법화경언해≫ 2, 160)
이ᄀ흔 기픈 經 듣줍고 이리 아디 몯호믈 슬허 이럴씨 눖믈 흘려 슬피 우니라(≪금강경언해≫ 73)

이상과 같이 ≪이러다≫, ≪그러다≫에 접속토가 붙어가지고 접속어가 되는외 불완전명사를 매개로 하여 된 기타의 굳어진 단어결합들이 접속어로 되기도 하였다. 례:

일후미 奇特이라 이ᄲᆞ아니라 녀나믄 祥瑞도 하며…(≪월인석보≫ 2, 46)
金剛佛性이 了然히 ᄇᆞᆯᄀᆞ며 조흔들 볼씨 이런드로 金剛ᄋᆞ로 가줄비시고 因흐야 일훔흐시니(≪금강경언해≫ 서, 8)

2) 확대성분 및 복합문

확대성분이란 둘 또는 둘이상의 자립적단어들이 문장론적으로 결합하여 하나의 문장성분이 되는것을 말한다. 이는 곧 단순성분에 상대하여 이르는 말이다. 확대성분을 이루는 단위는 보통

단어결합으로 되며 때로는 문장형식의 구조로도 된다.

① 확대주어

가) 어린 百姓이 니르고져 홒배 이셔됴(≪훈민정음언해≫)
나) 中國소리옛 니쏘리는 齒頭와 正齒왜 굴히요미 잇느니라(≪훈
　　민정음언해≫)

가)는 규정형 ≪ㄹ≫에 의해 확대성분이 성립되였지만 피규
정위치에 있는 불완전명사 ≪바≫를 따라 주어로 된것이고 나)는
병렬적단어결합이 확대성분으로 된것이다.

② 확대술어

가) 님긊 ᄆᆞᅀᆞ미 긔 아니 어리시니(≪룡비어천가≫ 39)
나) 사름마다 히여 수비 니겨 날로 뿌메 便安킈 ᄒᆞ고져 홒ᄯᆞᄅ
　　미니라(≪훈민정음언해≫)

이상의 확대된 술어들에서 가)는 확대된 술어가 맺음토로 끝
난것이다. 나)는 규정형 ≪ㄹ≫에 의해 확대성분이 성립된후 불
완전명사 ≪ᄯᆞ름≫을 따라 술어로 되였다.

③ 확대규정어

가) 불휘 기픈 남ᄀᆞᆫ ᄇᆞᄅᆞ매 아니뮐씨(≪룡비어천가≫ 2)
나) 衆生 濟渡ᄒᆞ노랏 ᄆᆞᅀᆞ미 이시면(≪금강경삼가해≫ 2, 13)

이상의 례들에서 가)는 규정형 ≪ㄴ≫에 의해 확대된 규정어
가 성립되였고 나)는 용언맺음형에 삽입자모 ≪ㅅ≫이 붙어 확대

된 규정어가 성립되였다.

④ 확대보어

가) 부톄 百億 世界예 化身ㅎ야 教化ㅎ샤미 <u>드리 즈믄 그르매</u>
 <u>비취요미</u> 곧ㅎ니라(≪월인석보≫ 1,1)
나) <u>德이여 福이라 호놀</u> 나ᅀ라 오소이다(≪악학궤범≫ 동동)

가)에서는 체언형 ≪ㅁ(윰)≫에 의해 확대성분이 성립되고
주격토에 의해 확대된 보어로 되였다. 나)에서는 규정형 ≪ㄴ≫
에 의해 확대된 성분이 조성되였지만 대격토 ≪올≫에 의해 확대
된 보어로 되였다.

⑤ 확대상황어

가) 이웃집 브른 <u>바미 깁도록</u> 볼갯도다(≪두시언해≫ 7, 6)
나) <u>九重에 드르샤 太平을 누리싫제</u> 이쁘들 닛디 마르쇼셔(≪룡
 비어천가≫ 110)

가)에서는 수식토 ≪도록≫에 의해 확대성분이 이루어졌다.
나)에서는 규정형 ≪ㄹ≫에 의해 확대성분이 이루어지고 불완전
명사 ≪제≫에 의해 확대된 상황어로 되였다.
문장의 구조에 따라 중세조선어에서도 단일문과 복합문이 나
뉘여진다.

究羅帝 이제 어듸 잇ᄂ뇨(≪월인석보≫ 9, 36)
너희돌히 므스글 보ᄂ손다(≪월인석보≫ 10, 28)

이 문장들은 단일문이다. 이 문장들에는 주어와 술어가 하나
만 있다. 다시말해서 진술성표현의 단위가 하나만 있다.

諸佛 니르시논 마른 乃終내 달옳주리 업스시니이다(≪석보상절≫ 7, 27)

이것은 역시 주어와 술어가 하나만 있는 문장이다. 그런데 주
어 ≪말≫에 대한 규정어는 하나의 자립적단어로 된것이 아니라
≪諸佛 니르시다≫라는 하나의 주-술적결합으로 되였다. 이 문장
의 술어도 ≪乃終내 달옳주리 업스시니이다≫라는 하나의 주-술적
결합이다. 따라서 이 문장은 확대된 성분을 가진 단일문이다.

이 하놀둘히 놉디옷 목수미 오라ᄂ니(≪월인석보≫ 1, 37)

이 문장은 주어와 술어의 구조를 가진 두개의 단일문의 복합
체이다. 이 문장은 주어와 술어의 구조를 갖춘 두 단일문이 문법
적으로 련결되여 전일체를 이루고있다. 상대적으로 구획된 ≪이
하놀둘히 놉다≫라는 문장과 ≪목수미 오라ᄂ니≫라는 문장은 이
음토 ≪디옷≫에 련결되여 전일성을 갖게 되였다. 따라서 이 문
장은 복합문이다. 단순성분만으로 이루어진 단순복합문이다.

그쁴 善慧라 홇 仙人이 五百外道이 그르 아논 이를 ᄀᄅ쳐
고텨시늘 그 五百사ᄅ미 弟子ㅣ 두외아지이다 ᄒ야 銀돈 ᄒ낟곰
받ᄌᄫ니라(≪월인석보≫ 1, 8~9)

이 문장은 복합문이다. 그런데 ≪이 하놀둘히 놉디옷 목수미
오라ᄂ니≫와는 달리 ≪善慧라 ᄒ다≫, ≪그르 알다≫, ≪弟子ㅣ
두외아지이다≫ 등 확대성분을 가지고있으므로 이 복합문은 확대
복합문이다.

ᄒᆞ다가 디나가면 뎌녀긔 싀십리짜해 人家ㅣ 업스니라(≪번
역로걸대≫ 상, 10)

이 복합문은 ≪상황어＋술어≫의 문장과 ≪규정어＋상황어＋
주어＋술어≫의 문장이 이음토 ≪면≫에 의해 련결되였다. 여기
서 앞문장은 주어가 밝혀지지 않고있다. 이처럼 복합문은 주어가
없이 다른 성분들을 종속시킨 술어들이 둘이상 련결되여 이루어
질수도 있다.

열닰마내 왼녁피는 男子ㅣ 드외오 올ᄒᆞ녁피는 女子ㅣ 드외
어늘 姓을 瞿曇氏라 ᄒᆞ더니 일로브터 子孫이 니ᄉᆞ시니 瞿曇氏
다시 니러나시니라(≪월인석보≫ 1, 8)

이 문장은 다섯개의 단일문구조를 가진 문장이 이러저러하게
련결된 합성복합문이다.
복합문속에서의 단일문들의 련결은 주로 대등과 종속의 관계
로 된다. 대등하게 이어진것을 접속복합문이라고도 하며 종속으
로 이어진것을 결합복합문이라고 하기도 한다.

子는 아ᄃᆞ리오 孫은 孫子ㅣ니(≪월인석보≫ 1, 7)

이 복합문은 이음토 ≪-고(오)≫에 의해 대등적으로 련결되
였다.

ᄯᅩ 王女ᄃᆞᆯ히 虛空애셔 온가짓 풍류ᄒᆞ며 굴근 江이 ᄆᆞᆰ고 흐
르디 아니ᄒᆞ며 …온가짓 病이 다 됴ᄒᆞ며 一切 즘겟 神靈이 다
待衛ᄒᆞᇗ더라(≪월인석보≫ 2, 32)

이 복합문은 이음토 ≪-며≫에 의하여 네개의 단일문이 대등적으로 련결된 합성접속복합문이다.

내 이제 너를 놓노니 쁘들 조차 가라(≪월인석보≫ 13, 19)

이 복합문은 이음토 ≪-니≫에 의해서 종속적관계로 련결된 복합문이다.

耶輸ㅣ 잠깐도 듣디 아니ᄒ실쎈 目連이 淨飯王끽 도라가 이 辭緣을 슬ᄫᆞᆫ대(≪석보상절≫ 6, 6)

이 복합문은 ≪耶輸ㅣ…아니ᄒ다≫가 ≪ㄹ쎈≫에 의하여 원인의 방식으로 종속적으로 복합문의 뒤부분에 련결되였다. 이 복합문은 합성결합복합문이다.

제5절   중세조선어의 어휘

1. 중세어휘의 기원적분류
1) 고유어휘

고유어란 조선민족이 조선어와 함께 본래부터 사용하여온 단어들이며 또 그러한 언어적자료를 토대로 하여 조선어의 어휘구성안에서 발생한 단어들을 가리킨다.

중세조선어에서 고유어는 절대다수를 차지하고있으며 중세조선어어휘구성의 핵심적부분으로 되고있다. 고유어는 중세조선어의 민족적특성을 충분히 보여주고있으며 그 사용력사도 중세이전의 먼 력사시기에 소급된다.

　　고대시기에 쓰이던 고유어들이 중세에도 의연히 온건하게 쓰이고있음을 볼수 있는데 아래에 중세에 보이는 고유어들의 모습을 ≪삼국사기≫, ≪삼국유사≫에서의 표기와 함께 들어보인다.

≪삼국사기≫ ≪삼국유사≫	15세기	현 대	뜻
勿	믈	물	水
斤乙	글	글	文
古斯	구슬	구슬	玉
洗	신	신	靴
谷	실	실	絲
素	쇠	쇠(방언)	鐵
突惡	돌ㅎ	돌	石
烏斯	돗, 돝	도투, 도티(方言)	猪
首	쇼	소	牛
尼	니	이	齒
阿莫	어미	어미(方言)	母
阿旦	아들	아들	子
韓, 翰	한	한~	大
伊	잎, 입	입, 문	口
柯半	ᄀ외	고의, 가비(방언)	袴
加阿	ᄀ	가	邊
波旦 波利	바다ㅎ 바를	바다 바람물(方言)	海
波兮 巴衣	바회 바위	바위	岩
骨, 溝婁, 忽	골	골	谷
自, 子兮	잣	재	城
道	돌	도랑	梁(渠)
功木, 公, 固麻(格門)	곰	곰	熊
巨老	거유	거위	鵝
烏斯	톳기	토끼	兎
于尸 伊伐支	울ㅎ(籬) 이웃	울타리 이웃	鄰

密	밀~	밀~	推
吉	길~	길~	永
沙尸, 首, 沙	새	새	新
今勿	검을	검을	黑
伐力	프르~	푸르~	綠
那, 買	내ㅎ, 나리	내	川
述爾, 述	부리	정수리, 봉우리	峰
比烈	별ㅎ, 벼로	벼랑	崖
伐, 弗, 夫里	블, 벌	불, 벌	火
熱兮, 泥兮	날	날	日

≪삼국사기≫ ≪삼국유사≫	15세기	현대	뜻
阿火	아올~	아올~, 아우르~	并
内	누, 뉘, 누리	뉘, 누리	世
古次, 忽次	곶	곶	串
陰達	음달	응달	御
次次雄, 慈充	중	중	巫
嘉俳	가외	가위	中秋
乃忽	납(≪한청문감≫)	납	鉛
珍惡, 突	지벽, 지역, 돌ㅎ	조약돌, 돌	石
毛乙	몰, 모로	모루	鐵砧
冬非	둘에, 두려비	둘레, 두리	園
加尸	갈~	갈~	犁
麻立	말	말뚝	橛
也尸	(이리)	이리	狼
加支	갓(芥菜)	갓	菁
朴	박	박	瓠
古衣	고해	고니	鵠
關	모기, 모개	모기	蚊
買尸	만늘, 마늘	마늘	蒜
異斯	윘, 잇기	이끼	苔
舒發, 舒弗	쌜	뿔	角

陰	엄	어금이	牙
闍智	아지, 아기	아지, 아기	小兒
也次	어시	어이(方言)	母
南	남~	남~	餘
居柴	거츨~	거칠~	荒
位	이슷~	비슷~	似
沙熱伊	서늘히	서늘히, 사늘히	涼
屈火	구블~	구불~(方言)	曲
沙伏	싀볽, 새박	새벽	赤
於斯	엇~	엇~, 빗~	橫
烏	와~	와~	孤
弗矩	붉~	밝~	明
闕	걸	거랑, 거랑창	江

이처럼 력사가 오래고 또한 중세어휘의 핵심부분인 고유어휘들은 언어교제에서 일차적으로 필요하며 중세문헌들에서 가장 빈번히 나타나는 단어들이다. 이제 중세의 고유어휘들을 몇개 류형으로 분류하고 그것을 중고시기의 ≪계림류사≫, ≪화이역어≫와 대조하면서 보인다.

(1) 자연현상에 관한 어휘				
≪계림류사≫	≪화이역어≫	15세기	현 대	뜻
漢捺	哈嫩二	하늘	하늘	天
契	害	히	해	日
女旦	得二	들	달	月
屈林	古論	구룸, 구름	구름	云
孛纜	把倫	브롬	바람	風
嫩	嫩	눈	눈	雪
罪微	必	비	비	雨
率	色立	서리	서리	霜
率	以沁	이슬	이슬	露
轄希	黑二	흙	흙	土
每	磨一	뫼ㅎ	메	山
烏沒	五悶	우믈	우물	井

(2) 신체에 관한 어휘

《계림류사》	《화이역어》	15세기	현 대	뜻
痲帝	墨立	마리	머리	頭
痲帝核試	墨立吉	마리털	머리끼(方言)	髮
捺翅	艰思	눛	낯	面
踈步	努色	섭, 눈섭	눈섭	眉(毛)
嫩	嫩	눈	눈	眼
愧	貴	귀	귀	耳
蝎	解	혀	혀	舌
門	磨	몸	몸	身
擺	拜	비	배	腹
遜	箏	손	손	手
潑	把二	발	발	足

(3) 시일을 나타내는 어휘

《계림류사》	《화이역어》	15세기	현 대	뜻
阿慘	阿怎	아츰	아침	早
稔宰	那	낮	낮	午
占捺	展根大	졈글다	저물다	暮
烏捺	我嫩	오늘	오늘	今日
記載		그제(그젓긔)	그제	前日
母魯		모뢰	모레	明後日

(4) 친족관계에 관한 어휘

《계림류사》	《화이역어》	15세기	현 대	뜻
子丫秘	阿必	아비, 지아비	아비, 지아비	父
眇南	難自	스나히	사나이, 사내	男
丫兒	阿自	아ᅀᅳ	아우	弟
漢丫秘		한아비, 하나비	할아버지	祖
丫查秘		아자비	아재비, 아저씨	伯叔
丫子彌		아즈미	아주머니, 아주미	叔伯母
丫慈	餒必	아ᅀᅳ누의	누이동생	妹
沙會		사회	사위	壻

(5) 생산 및 물질문화에 관한 어휘				
≪계림류사≫	≪화이역어≫	15세기	현 대	뜻
渴翅	嘎只	갗	가죽	皮
及	吉	깁	깁	絹
背	播	뵈	베	布
酥孛, 蘇孛	數本	수을	술	酒
密沮	自盖	며주	메주, 찌개	醬
蘇甘	所昏	소곰	소곰(方言), 소금	鹽
畿林	吉林	지름 기름	지름(方言) 기름	油
朴擧	把	밥	밥	飯
茶	叉	차	차	茶
菩薩	色二	쌀	쌀	米
漢菩薩	害~	힌쌀	흰쌀	白米
田菩薩	左色二	조쌀	좁쌀	粟
孛采	卜冊	부처	부채	扇
楪至	迭世	뎝시	접시	碟
戌	速二	술	술	匙
折	哲	져	저	箸
皮盧	必路	벼로	벼루	硯
皮盧	卜	붇	붓	筆
垂	着必	죠히 종히	조이(方言) 종이	紙
墨	(孟)	먹	먹	墨
割	跨二	갈	칼	刀子
濮	卜	붑	북	鼓
活	華二	활	활	弓
薩	洒二	살	살	箭
歲	遂	쇠	쇠	鐵
(銅)	谷速	(구리쇠>굴쇠>구쇠)	구리	銅
泥不	你卜二	니블	이불	被
密頭目	冊閔	밀ㅎ	밀	麥
姑記	果吉	고기	고기	魚肉

(6) 동식물에 관한 어휘				
≪계림류사≫	≪화이역어≫	15세기	현대	뜻
骨	果思	곶	꽃	花
南記	那莫	낡, 남기, 나모	나무	木
鮓子南	所那莫	잣나모, 솔나모	잣나무, 소나무	松
敗	擺	빈	배	梨
達	得二	둘, 둙	닭	鷄
打馬鬼	戞罵貴	가마괴	까마귀	鴉
哭利弓几	吉勒吉	그려기	기러기	雁
浦南	半門	범	범	虎
羊	揹	양, 염	양, 염소	羊
家稀	改	가히	개	犬
觜	罪	쥐	쥐	鼠
末	墨二	믈	말	馬
漢賽	管處	황시	황새	老鶴

(7) 수자에 관한 어휘				
≪계림류사≫	≪화이역어≫	15세기	현대	뜻
河屯	哈那	ᄒ나ᄒ, ᄒ단	하나	一
途孛	睹卜二	두을, 둘ᄒ	둘	二
洒	色一	세ᄒ	셋	三
迺	餒一	네ᄒ	넷	四
打戌	打色	다ᄉ	다섯	五
逸戌	耶沁	여ᄉ, 여슷	여섯	六
一急	你谷	닐굽, 닐곱	일곱	七
逸答	耶得二	여듧, 여덟	여덟	八
鴉好	阿戶	아홉	아홉	九
噎	耶二	열ᄒ	열	十
戌沒	色悶二	스믈	스물	二十

(8) 행동, 성질, 상태에 관한 어휘				
≪계림류사≫	≪화이역어≫	15세기	현대	뜻
恥~	底格大	디~	지~	落
朝勳	朵恨	됴흔	좋은	美
時蛇	世色	싯어	씻어	洗
漢	害	흰	흰	白
那倫	努倫	누른	누른	黃
質背	自	ᄌ디	자주	紫
鋪~	播你	보니	보니	讀
作之	雜嫩	자~	자~	寢
你之	你戛	닐다	일다	興
阿則家羅	阿格剌	안즈거라	앉거라	坐
烏羅	臥那剌	오라 오나라	오라 오너라	來
乃斤	勒根(旧)	늙다 늙다	낡다 늙다	老
移實	以思大	이시다	있다	有
胡根	哲根	효근, 져근	적은	小
覺合及	(哈大)	ᄀ득기	가득히	多
那奔	那大	노픈	높은	高
捼則	根戛大	ᄂ죽~ ᄂ갑다	나직~ 낮다	低
及欣	吉大	기픈	깊은	深
眼低	呆戛大	얕다	얕다	淺
泥根	你格大	닉다	익다	熟

중세조선어의 고유어휘들은 중세조선어의 민족적특성을 충분히 반영하고있다. 그러한 민족적특성은 주로 언어례절을 나타내기 위한 문법적형태와 함께 중세에도 존경어가 활발히 쓰인데서 표현된다.

가) 체언의 례:

말: 말씀   밥: 진지, 뫼   얼운: 얼우신

아비: 아바님   어머: 어마님   한아비: 한아바님
할미: 할마님   나: 저   너: 그듸

나) 용언의 례:

먹다: 자시다, 좌시다   이시다: 겨시다
니르다: 엳쭙다, 솗다   주다: 드리다, 받다
자다: 자시다   더블다: 뫼다, 뫼시다
죽다: 업스시다, 긋기다   맞다: 맛조이다

중세조선어의 민족적특성은 다른 한 면으로 모음조화현상에서 표현된다. 즉 한 단어안에서 주도적음절의 모음의 성질에 따라 다른 음절도 같은 성질의 모음으로 조화된다. 이 현상은 현대에 비하여 매우 활발하였으며 비교적 규칙적이였다. 례:

ᄀ룸 ᄒ르 거우루 울에 듭게 프르다 프르다
아득ᄒ다 보드랍다 노르다 누르다 부드럽다

모음조화현상은 단어의미와 단어형태의 미세한 차이를 보여줄뿐만아니라 단어의 뜻을 분화시키고 나아가서는 새 단어를 형성시키기도 하였다.

2) 한자어휘

한자어란 뜻글자인 한자에 기초하여 만들어졌거나 차용한 어휘들로서 조선어어휘구성속에 자리잡고 해당 시기의 조선한자음으로 읽히며 그에 의해 한자와 대응되는 단어들을 가리킨다. 그리고 한자어는 한자와의 련계를 잃지 말아야 하며 형태상, 의미상의 자립성을 가져야 한다.

중세조선어에서 한자어는 대량으로 증가되였으며 지어 고유어로 쓸수 있는것도 한자어를 썼으며 또 그것이 체언적단어에서만 쓰인것이 아니라 용언적단어에서까지 아주 생산적으로 씌였다. 이리하여 한자어는 중세조선어어휘체계의 여러 면에 침투하여 거의 모든 품사에 나타나기 시작했으며 이로써 자기 체계를 확립하기 시작했다. 이러한 한자어계렬은 고유조선어와 이중적체계로 병존하게 되였다. 15세기 문헌에서 몇개만 례를 들어보면 ≪ᄀ름≫과 ≪강(江)≫, ≪잣≫과 ≪셩(城)≫, ≪뫼≫와 ≪산(山)≫, ≪오늘≫과 ≪금일(今日)≫, ≪겨집≫과 ≪녀ᄌ(女子)≫, ≪온≫과 ≪빅(百)≫, ≪즈믄≫과 ≪쳔(千)≫, ≪ᄒ다가≫와 ≪만일에(萬一~)≫, ≪비릇다≫와 ≪시작ᄒ다(始作~)≫, ≪ᄇ라다≫와 ≪원ᄒ다(願~)≫, ≪기리다≫와 ≪칭숑ᄒ다(稱頌~)≫등과 같이 단어의 이중체계가 병존하고 있다.

중세조선어의 한자어를 몇개 면으로부터 고찰하면 다음과 같다.

첫째, 직접 한자로 기록된 한자어

天福(1)　　始祖(3)　　天下(6)　　革命(7)　　四方(9)　　人民(9)
子孫(15)　逃亡(16)　宮女(17)　四海(20)　英才(23)　逆徒(24)
建國(32)　忠臣(37)　平正(53)　變化(60)　英雄(64)　氣象(65)
始終(79)　創業(81)　同志(97)　九泉(109)　便安(110)　離間(119)
排斥(124) 千世(125) [30]

---

30) 괄호속의 번호는 ≪룡비어천가≫의 장을 나타낸다. 본절아래도 마찬가지이다.

둘째, 정음으로 기록된 한자어

긔별(寄別) (35)   도즉(盜賊) (19)   보비(寶貝) (83)   ᄉ량(思量) (78)
즁ᄉ임(衆生) (30)   ᄌ갸(自家) (25)   구경(求景) (≪월인석보≫ 二, 35)
조심(操心) (≪석보상절≫ 九, 37)   고함(高喊) (≪월인석보≫ 十, 29)
사발(砂鉢) (≪구급간이방≫ 六, 31)   댱가(丈家) (≪석보상절≫
六, 16)   방셕(方席) (≪석보상절≫ 六, 21)   인ᄉ(人事) (≪월인석
보≫ 二, 9)   ᄌ식(子息) (≪석보상절≫ 六, 3)   롱담(弄談) (≪석
보상절≫ 六, 24)   시혹(時或) (≪석보상절≫ 九, 16)   귀향(歸
鄕) (≪두시언해≫ 초간, 十六, 5)   도읍(都邑) (≪훈몽자회≫ 중, 7)
붕어(鮒魚) (≪사성통해≫ 하, 52)   목욕(沐浴) (≪석봉천자문≫ 38)
싱각(省覺) (≪월인석보≫ 八, 8)   쟝ᄎ(將次) (≪석보상절≫ 十一,
5)   하딕(下直) (≪석보상절≫ 八, 22)   졈졈(漸漸) (≪두시언해≫
초, 二十, 30)

셋째, 고유어와 결합된 한자어

글冊(81)   귓것(鬼~) (≪석보상절≫ 六, 19)   강ㅅ믈(江~) (≪구
급간이방≫ 六, 46)   비얌댱어(~長魚) (≪훈몽자회≫ 상, 20)
긔川(≪석봉천자문≫ 32)

이상 단어들은 고유어어근과 한자 또는 한자어가 합성된것
이다.

半길(48)   반니쏘리(半~) (≪훈민정음언해≫)   初ᄒᆞᆯ (≪훈몽자
회≫ 상, 2)   당말(唐~) (≪금강경언해≫ 서, 8)   대범(大~) (87)
밑쳔(~錢) (≪번역박통사≫ 상, 34)   믿城(≪법화경언해≫ 二, 222)

　　이상과 같은 단어들은 한자어나 고유어중의 어느 하나가 접사적역할을 놀면서 파생된 단어들이다.

　　넷째, 여러 품사들에 나타난 한자어의 례들을 간략히 몇개씩 들면 다음과 같다.

[명　사] 차반(茶飯) (≪석보상절≫ 16)　미일(每日) (≪속삼강행실
　　　　　도≫ 효자, 6)　사모(紗帽) (≪두시언해≫ 초, 十, 31)
[동　사] 疑心ᄒ다(13)　怒ᄒ다(17)　甚ᄒ다(123)
[형용사] 고로외다(苦~) (≪두시언해≫ 초, 十六, 51)　셩가시다
　　　　　(性~) (≪월인석보≫ 十三, 20)　親近ᄒ다(122)
[부　사] 당당이(當當~) (≪석보상절≫ 六, 40)　즉자히(卽~)
　　　　　(≪석보상절≫ 六, 2)　시혹(時或) (≪석보상절≫ 九, 16)
[수　사] 일만(≪훈몽자회≫ 하, 34)　이빅(≪번역소학≫ 八, 18)
　　　　　일빅(≪번역박통사≫ 초, 12)　일천(≪번역소학≫ 八, 5)
[대명사, 관형사, 감탄사] 즈개(自家) (≪월인석보≫ 二十一, 210)
　　　　　각(各) (≪구급간이방≫ 六, 5)　오호(嗚呼) (≪조침문≫)
　　　　　즈갸(自家) (25)

　　한자어의 대량적 침투와 사용으로 하여 벌써 중세조선어에서 한자어는 고유어화하고있다. 이른바 고유어화란 어음상에서 어음론적인 변화를 입어 고유어의 어음법칙에 순응한 결과 중세한자음과 달라져 한자와의 련계가 끊어졌거나 의미상에서 시초의 의미와 어휘-문법적으로 달라진것 그리고 고유어요소와 결합하여 새 단어를 산생시킨것들을 가리킨다. 한마디로 말해서 이러한 과정을 거쳐 단어형태나 어음형식에서 고유조선어에 녹아들어온것을 가리킨다.

　　≪衆生≫은 불교에서 부처의 구제의 대상이 되는 인간 및

그외의 모든 생물을 가리키는 말이나 중세조선어에서 그 어음외
각도 변화되고 뜻도 변화되여 짐승을 가리키는데로 넘어오고있
다.례:

즘싱슈(獸) (≪훈몽자회≫ 하, 3)
즘슝向ㅎ욤(≪두시언해≫ 초간, 二十二, 51)
즁싱ㄱ티(≪두시언해≫ 중간, 二十二, 53)
즁싱(30)

이 단어는 ≪즁싱＞즁싱＞즘싱＞즘슝≫의 변화를 이미 중세
에 하고있다.

≪盜賊≫, ≪牧丹≫, ≪菩提≫, ≪次第≫, ≪霹靂≫, ≪艱難≫
등과 같은 단어들은 그 어음이 변했거나 고유어의 어음법칙에 순
응되고있다.

盜賊 도적＞도죽(19) (모음조화)
牧丹 목단＞모란(≪신증류합≫ 상, 7)
           (ㄷ＞ㄹ변화)
菩提 보뎨＞보리(≪륙조법보단경언해≫ 중, 22)
           (ㄷ＞ㄹ변화)
次第 추뎨＞추례(≪두시언해≫ 초, 十, 13)
           (ㄷ＞ㄹ변화)
霹靂 벽력＞벼락(≪두시언해≫ 초, 十八, 19)
           (어음탈락)
艱難 간난＞가난(≪두시언해≫ 초, 十五, 22)
           (어음탈락)

≪닝금(林檎), 가지(茄子), 근대(莙達), 고쵸(楜椒)≫와 같

은 단어도 중세에 벌써 고유어화하고있다.

　　중세조선어에는 한자에 기초했지만 한어음 그대로 차용된 단어들이 있는데 이는 한자어에 속하지 않는다(다음의 ≪차용어휘≫를 보라). 그리고 중세한자어의 대부분이 한어에서 온것이지만 그외에도 조선특유의 한자어가 있다. 이러한것들은 력사적으로 리두식표기와 많은 관계를 가진다. 례:

衣襨(≪輿地勝覽≫ 卷2, 京都下, 文職公署) (옷감)
艍舠(≪經國大典≫ 卷四, 兵典, 兵船) (거룻배)
獉皮(≪經國大典≫ 戶典, 尙衣院) (염소가죽)
夻魚(≪東醫寶鑑≫) (대구)

3) 차용어휘

　　중세조선어의 차용어들은 몽고어, 녀진어, 중국어 등 여러 언어들에서 인입되였다. 이른바 차용어란 외국어의 단어가 그 음 그대로 조선어에 들어와 쓰인것을 가리킨다. 이런 단어들은 중세조선어의 어음과 문법구조에 복종하면서 자기의 의미를 보존하고있다. 이런 차용어들은 대방 언어로부터 직접 차용된것도 있고 제3의 언어를 경유하여 차용된것도 있으며 두 민족의 직접적인 접촉가운데서 구두로 차용된것도 있고 서적을 통하여 서사적으로 차용된것도 있다. 중세조선어 차용어의 대부분은 직접 차용된것이며 구두로 차용된것이다. 중국어 차용어인 경우 서사적으로 인입된것이 대부분이지만 그중의 대부분은 한자어로 취급되고있기에 진정한 의미에서의 차용어(외래어)는 역시 구두적으로 들어온것이다.

　　제3의 언어를 경유하여 들어온 단어를 례를 들어보면 다음과 같다.

《훈몽자회》 중권 《贄》자 주석에 《又呼疙疸音그다》라고 기록되여있다.31) 여기서 한어 《疙疸》를 중세조선어에서 《그다》라고 차용하였다. 《疙疸》는 원래 범어 《Grantha》를 한어에서 받아들인것이다. 이처럼 《그다》는 범어로부터 한어에서 차용한 것을 조선어에서 다시 한어로부터 차용한것이다. 현대한어에서도 《疙瘩》, 《疙疸》을 《g ēd a》(한어병음)로 읽고있다.32)

중세어 《바지(바치)》는 아직 몽고어에서 차용한것인지 한어에서 차용한것인지 찍어 말하기 어렵다. 몽고어 《박시(pakɕi)》는 한어의 《博士》를 차용한것이다. 한어에서는 다시 몽고어 《pakɕi》를 차용하여 《把式》라 하고 모종 기능이 있는 사람을 가리켰다.

博士(상고음 păkdʒĭə   중고음 pakdʒĭə)
　　　　근고음 pausi
把式 근고음 paʃi

중세어 《바지》가 어느것을 받아들였든지 그 최종어원은 한어에 있는것임이 틀림없다.

중세조선어에는 몽고어차용어들이 적지 않게 쓰이고있다. 례:

가) 슈라 셔실제(《내훈》 1, 36)
　　　대뎐이 슈라롤 못 자시니(《계축일기》 P. 35)

---

31) 《리조어사전》.

32) 《漢語外來詞二例》, 朱慶之, 《語言敎學與硏究》, 1994.1, 156페지, 北京語言學院出版社.

水剌; 슈랄 御供進止也 (≪행용리문≫)
나) 열운 타락곧ᄒᆞ니 (如薄酪也) (≪원각경언해≫ 상, 2~2, 26)
    酪 타락 락 (≪훈몽자회≫ 중, 21)
다) 금드려 ᄧᆞᆫ 로 더그레예 (織金羅搭護) (≪번역박통사≫ 상, 27)
    힌 로 큰 더그레예 (白羅大搭胡) (≪번역로걸대≫ 하, 50)

이상의 례들에서 ≪슈라, 타락, 더그레≫는 몽고어차용어이다.
≪룡비어천가≫에는 ≪阿其拔都≫에 대한 다음과 같은 주석
이 있다.

阿其方言小兒之稱也, 拔都或作拔突蒙古語勇敢無敵之名也。

여기서 ≪阿其≫는 조선어 ≪아기≫이고 ≪拔都≫는 중세몽
고어 ≪ba'ɛur(勇士)≫를 가리킨다. 현대몽고어 ≪ɓaaTap≫에
해당한다.
지리-력사적원인으로 중세조선어에는 녀진어차용어들도 있
다. 이것들은 대부분 지명가운데서 많이 나타나고있다. 간단히
례를 보이면 다음과 같다. 례:

이란 (三)
투먼 (萬)
위허 (石)
탕고 (百)
우디거 (野人) (≪룡비어천가≫)
이반 (牛)
쌍가 (孔)
나단 (七) (≪동국여지승람≫)
퉁컨 (북, 鍾) (≪세종실록≫ 지리지)

녀진어차용어는 중세에 한자어에 교체되기도 하였다. 《훈민정음해례》에 《슈룹(雨傘)》이 나오는데 고려시기 《계림류사》에는 《聚笠》으로, 《화이역어》에는 《速路》로 기록되였다. 이는 《sara(傘)》에서 차용된 말이였다. 이 단어는 16세기초에 벌써 《우산》에 대체되고있다.

傘 우산 산(《훈몽자회》 중, 13)

중세조선어에서 한어차용어는 아주 많이 나타나고있다. 이것들은 근대한어의 어음외피를 그대로거나 혹은 조금 개변시켜 조선어에 순응하고있다. 례:

[한어]	[차용어]	[출처]
床	챵	(《번역박통사》 상, 69)
回回	휘휘	(《번역박통사》 상, 73)
錢糧	쳔량	(《번역로걸대》 상, 15)
湯水	탕쉬	(《번역로걸대》 하, 39)
潑皮	보피	(《번역로걸대》 하, 48)
黏衫	젼산	(《번역박통사》 상, 65)
寶貝	보븨	(《번역박통사》 상, 43)
比甲	비갸	(《번역박통사》 상, 27)
裏肚	고두	(《번역박통사》 상, 26)
水門	쉬문	(《번역박통사》 상, 9)
鴨頭綠	야투로	(《번역박통사》 상, 29)
黑(墨)綠	회무로	(《번역로걸대》 하, 51)

중세의 한어차용어는 그것을 나타내는 사물이거나 개념이 계속 존재하지 않음으로 하여 쓰이지 않거나 고유어 혹은 새 한자

어에 교체되기도 하였다. 례:

　야투로 ＞ 초록
　회무로 ＞ 암록색

　중세의 차용어가 현재도 쓰이고있는것은 두갈래로 나누어볼 수 있다.
　계속 차용될 때의 어음적외각을 보류하거나 어음구조가 조금 개변된것이 하나의 부류이다. 례:

슈슈(蜀黍)　　　＞ 수수
시근치(赤根菜)　＞ 시금치
비치(白菜)　　　＞ 배추
변시(匾食)　　　＞ 밴새 (방언)
다홍(大紅)　　　＞ 다홍

다른 하나의 부류는 차용어의 어음이 한자음으로 바뀐것이다.

탕쇠(湯水)　　＞ 탕수
톄즈(帖子)　　＞ 첩자
고두(裏肚)　　＞ 과두
흉븨(胸背)　　＞ 흉배

　이와 같은 현상은 벌써 ≪번역로걸대≫(16세기초)와 ≪로걸대언해≫(1670년) 사이에서도 나타나고있다.

안롱(鞍籠)　＞ 안롱
번당(伴當)　＞ 반당
무면(木棉)　＞ 목면

스란(膝襴)   > 슬란

2. 중세어휘의 교차

삼국시기로부터 중세에 이르는 사이에 봉건국가들을 단위로 하여 언어가 발전하게 됨으로써 그 국가들사이에 일정한 방언적 차이가 생기게 되였다. 고려시기거나 리조초기 역시 조선어는 지역적폐쇄성을 막아낼수 없었는바 이리하여 지역적방언의 존재는 불가피한것으로 되여있었다. 이와 같이 언어의 분화와 통합과정은 중세조선어의 지역적방언을 산생시킨 중요한 요인으로 된다.

중세조선어의 지역적방언들은 서로 교류되여 호상 영향 주고 영향 입으면서 공동으로 존재하고있었다. 서울을 중심으로 한 이 지역의 방언은 정치, 경제, 지리-력사적원인으로 해서 활발히 사용되기는 하였지만 당시 기초방언이 확정되지 않았던 관계로 다른 방언들과 동등하게 교차사용되고있었다.

이와 아울러 중세시기에 어휘들의 음운변화와 음절증감현상이 빈번해지면서 많은 단어들의 어음적 또는 음절적 외형이 변화되게 되였다. 그러나 이러한것들은 원 단어형태와 새로운 단어형태가 완전부동한것이 아니고 원 단어의 기초우에서 산생된 단어조성적 또는 어음적인 변화에 불과하였다.

이리하여 중세조선어에는 동의적관계의 단어들이 신구형태 또는 방언적형태들사이에 서로 교차적으로 사용되고 공존하는 현상이 생기게 되였다.

이러한 현상에 대하여 순수한 어휘론적교차, 어휘-단어조성적교차, 어휘-어음론적교차로 나누어볼수 있다.

1) 음절증가에 의한 어휘의 교차

긴(≪훈민정음해례≫)　　　> 기동(≪훈몽자회≫ 중, 6)
언(≪석보상절≫ 九,37) > 언덕(≪훈몽자회≫ 상, 4)
일(≪두시언해≫ 초,七,10) > 일즙(≪동국신속삼강행실도≫ 효자,六,22)
　　　　　　　　　　　　　일즉(≪두시언해≫ 초,八,28)
　　　　　　　　　　　　　일쪽(≪금강경언해≫ 후서, 11)
굴(≪훈몽자회≫ 중,9) > 구들(≪훈몽자회≫ 중, 9)
녑(≪훈민정음해례≫)　　　> 녑구레(≪훈몽자회≫ 상, 25)
폴(≪훈민정음언해≫)　　　> 프리(≪훈몽자회≫ 상, 21)
털(≪훈몽자회≫ 하,12) > 터럭(≪훈몽자회≫ 상, 28)
및다(≪금강경삼가해≫ 三,21) > 미츠다(及)(≪월인석보≫ 八, 76)

2) 음절축소에 의한 어휘의 교차

수을(≪월인석보≫ 一, 43)　　　　> 술(≪두시언해≫ 초, 八, 61)
가히(≪월인석보≫ 二十一, 42)　> 개(≪번역소학≫ 九, 110)
막다히(≪월인석보≫ 二十一, 45)　> 막대(≪법화경언해≫ 七, 53)
그어기(≪월인석보≫ 一, 24)　　　> 거긔(≪월인석보≫ 七, 48)
주머귀(≪월인석보≫ 七, 8)　　　> 주먹(≪영가집언해≫ 상, 66)
주으리다(≪월인석보≫ 二十一,45) > 주리다(≪두시언해≫ 초,十五,37)
나리(≪악학궤범≫)　　　　　　　> 내(≪룡비어천가≫ 2)
둘차히(≪월인석보≫ 二, 55)　　　> 둘채(≪원각경언해≫ 상,一,179)
ᄒ올로(≪두시언해≫ 초,七, 29) > 홀로(≪번역소학≫ 九,100)

3) 순수한 어휘론적교차

머구리(≪훈몽자회≫ 상,24) : 개고리(≪동의보감≫ 탕액,二,10)

햑다(≪번역소학≫ 九, 6) > 젹다(≪신증류합≫ 하, 60)

보십고지(≪번역박통사≫ 초상, 9) > 모ㅎ(≪번역박통사≫ 초상, 17)

니다(≪룡비어천가≫ 38) > 가다(≪룡비어천가≫ 94)

현(≪룡비어천가≫ 31)   > 멷(≪룡비어천가≫ 110)

ㅎ마(≪룡비어천가≫ 42) > 이믜(≪소학언해≫ 범례, 1)

시러(≪훈민정음언해≫)   > 능히(≪소학언해≫ 一, 10)

가시(≪월인석보≫ 一, 12) > 안해(≪소학언해≫ 六, 116)

여로(與老) (≪향약구급방≫)   > 쁠게(≪훈몽자회≫ 상, 27)

돌마기(≪사성통해≫ 하, 65)   > 단쵸(≪동문류해≫ 상, 57)

도틋랏(≪두시언해≫ 초, 七, 24) > 명회(≪신증류합≫ 상, 八)

세우(≪월인석보≫ 二十一, 109) > 셰츠(다) (≪소학언해≫ 五, 107)

ㅎ마(≪룡비어천가≫ 42)   > 불셔(≪두시언해≫ 초, 七, 8)

다숨어미(≪삼강행실도≫ 효자, 1) > 계모(≪동국신속삼강행실도≫
                                  효자, 三, 86)

벼(≪훈민정음해례≫ 용자례) > 우케(≪훈민정음해례≫ 용자례)
                          > 나락(≪서경언해≫ 물명)

ㅂ랍다(≪구급간이방≫ 하, 3) > ᄀ랍다(≪두창집요≫ 상, 48)

혀다(≪월인석보≫ 九, 56)   > 켜다(≪삼역총해≫ 九, 14)

젼ᄎ(≪석보상절≫ 十一, 26)   > 간대로(≪월인석보≫ 十, 25)

아릭(≪월인석보≫ 二十一, 120) > 일즉(≪두시언해≫ 초, 八, 28)
                            > 그젓긔(≪박통사언해≫ 상)

나조ㅎ(≪월인석보≫ 一, 45)   > 져녁(≪동문류해≫ 상, 5)

죵다리(≪로박집람≫ 박, 중, 1) > 노고지리(≪청구영언≫)

하다(≪룡비어천가≫ 19)   > 만ㅎ다(≪월인석보≫ 二, 11)

빛다(≪번역박통사≫ 초상, 10) > 밧부다(≪금강경삼가해≫ 五, 32)

이상에 례로 든 어휘의 교차적사용은 현대조선어에서도 그

형태 그대로 사용하고있는것으로 증명된다. 오직 현대에는 표준어와 방언이 확정되여있을따름이다.

머구리(함남, 강원), 머구락지(함북)→개구리
가시(어머니)→안해→각시
열(강원, 황해, 평안)→쓸개
달마구(평안, 황해, 함남)→단추
도투라지(경상)→명아주(경기)→능쟁이
세우(함남)→힘차게
하마(경상, 강원)→벌써
다삼어미(경상)→계모
벼→우케(경상)→나락(충청, 경상, 전라, 강원)
바랍다(함남)→가렵다
혀다(황해, 평북, 강원)→켜다
간대로→마구
아래(경상, 충북)→그저께→일찌기
종다리→노고지리(강원, 경상, 전남)[33]

4) 어음변화에 의한 어휘의 교차
(1) 구개음화에 의한 교차

딤치 > 짐치(≪두창경험방≫)
디위 > 지위(≪두시언해≫ 중간)
티다 > 치다(≪번역박통사≫)
먿이 > 머지(≪번역소학≫)
키 > 치(≪훈몽자회≫)

---

33) 지방표식이 없는것은 표준어이다.

(2) ≪·≫와 관련된 교차

ᄉᄆᆡ(≪법화경언해≫)→ᄉᆞ매(≪훈몽자회≫)→소매(≪동국신속삼
                                         강행실도≫)

도치(≪훈몽자회≫)→도최(≪두시언해≫ 초)→도칙(≪내훈≫)

다ᄉᆞᆺ(≪룡비어천가≫)→다ᄉᆞᆺ(≪소학언해≫)

ᄒᆞᆰ(≪석보상절≫)→ᄒᆞᆰ(≪소학언해≫)

ᄌᆞ올다(≪두시언해≫ 초)→조올다(≪석봉천자문≫)→조올다(≪두시언
                                         해≫ 초)

노릇(≪룡비어천가≫ 44)→노릇(≪소학언해≫ 六, 121)

(3) 경순음기원의 단어들의 교차

글발(≪룡비어천가≫)→글왈(≪몽산화상법어략록≫)→글월(≪소
                                         학언해≫)

수비(≪훈민정음언해≫)→수이(≪룽엄경언해≫)→쉬이(≪내훈≫)
                →슈이(≪소학언해≫)

말밤(≪월인석보≫)→말왐(≪훈몽자회≫)→말암(≪두시언해≫ 중간)

누에(≪훈민정음해례≫ 용자례)→누웨(≪구급방언해≫)

ᄒᆞ올어미(≪내훈≫)→호을어미(≪훈몽자회≫)→홀어미(≪소학언해≫)

(4) 반치음기원의 단어들의 교차

엿(≪월인석보≫)→여ᅀᅳ, 여스(≪훈몽자회≫)→여으(≪신증류합≫)

겨ᅀᅳᆯ(≪두시언해≫ 초)→겨을(≪훈몽자회≫)

프ᅀᅥ리(≪월인석보≫)→프서리(≪두시언해≫ 초)

브ᅀᅥᆸ(≪훈민정음해례≫ 용자례)→브석(≪훈몽자회≫)→브세(≪번역
                소학≫)→브억(≪언해태산집요≫)

몸소(≪두시언해≫ 초)→몸소(≪소학언해≫)→몸조(≪동국신속삼강

행실도≫)

아ᅀᆞ(≪훈민정음해례≫)→아ᄋᆞ(≪소학언해≫)
구싀(≪번역박통사≫ 초상)→구유(≪훈몽자회≫)

(5) 기타 어음변화에 의한 교차

구무(≪룡비어천가≫)   → 구멍(≪두창경험방≫)
더품(≪룽엄경언해≫)   → 거품(≪훈몽자회≫)
어느제(≪두시언해≫ 초)→ 언재(≪석보상절≫)
산힝(≪룡비어천가≫)   → 산영(≪동국신속삼강행실도≫)
낡(≪룡비어천가≫)   → 나모(≪룡비어천가≫)
혀다(≪월인석보≫)   → 혀다(≪석보상절≫)
갈(≪훈민정음해례≫)   → 칼(≪석봉천자문≫ 3)
ᄢᅴ(≪월인석보≫)   → ᄭᅴ(≪두시언해≫ 초간)

3. 중세어휘의 의미

1) 단어의 다의성과 동음어

≪발(足)≫은 사람이나 동물의 다리에서 발회목아래의 부분
을 가리키지만 ≪山ㅅ발≫(≪두시언해≫ 초, 二十二, 38)이나
≪상ㅅ발≫(≪한청문감≫ 343b)에서처럼 물건의 밑에 달려 받치
는 짧은 부분이거나 산의 기슭을 가리키기도 한다. 이때 ≪발≫은
다의어이며 ≪발≫이 나타내는 여러 의미는 다의적관계에 있다.[34]
  그러나 대가지, 나무가지, 갈대와 같은 가는 오리로 엮은것
이나 구슬을 꿴 줄을 여러줄 늘여 드리우게 한 ≪발(廉)≫은 사
람이나 동물의 ≪발≫과는 별개의 단어 즉 동음이의어로 된다.

---

34) 류창돈, ≪리조어사전≫에서 ≪산ㅅ발≫은 ≪발≫의 례문으로 하
였다. ≪太白山ㅅ바래셔(太白脚)≫(≪두시언해≫ 초, 二十二, 38)

≪발(廉)≫은 ≪상ㅅ발≫이나 ≪山ㅅ발≫과는 다르다.

≪발(廉)≫은 어떤 전체의 하체부분이라는 속성을 가지지 않는다.

중세조선어에서 현대처럼 세밀한 의미적분화가 생기지 않았던 관계로 동음이면서 이의적관계인지 다의적관계인지를 구분하기 어려운 경우가 많다. ≪ᄉᆞ랑ᄒᆞ다≫는 중세조선어에서 ≪생각하다(思)≫의 뜻과 ≪사랑하다(愛)≫의 뜻을 가지고있었다. 례:

仔細히 ᄉᆞ랑ᄒᆞ약(思惟) (≪릉엄경언해≫ 一, 54)
어버싀 子息 ᄉᆞ랑호ᄆᆞᆫ (≪석보상절≫ 六, 3)

현대조선어의 ≪사랑하다≫가 포함하는 모든 의미를 중세에도 가졌고 또 현대어의 ≪생각하다≫의 모든 의미를 ≪ᄉᆞ랑ᄒᆞ다≫가 가지고있었다면 동음이의어로 보는것이 옳을것이다. 그러나 중세에 있어서 ≪ᄉᆞ랑ᄒᆞ다≫는 동음이의어로 존재할만큼의 의미체계로 ≪思≫, ≪愛≫가 각각 자기의 의미구조를 갖추지 못하였다. ≪ᄉᆞ랑ᄒᆞ다≫는 원래 한자어 ≪思量ᄒᆞ다≫에서 기원했다.

그지업슨 모던이롤 思量ᄒᆞ논니라 (≪금강경삼가해≫ 四, 25)

≪思量ᄒᆞ다≫의 원의는 ≪생각하다≫인것이다. ≪사랑하다≫의 뜻은 이 원의에서 산생된 의미로서 중세에는 한 의미구조속에 있는 정도여서 의미의 류사성이 아직 선명하다. 따라서 동음다의어로 보는것이 타당할것이다.

단어의 다의성은 하나의 공시적개념이므로 단어의미의 통시적변화는 가리키지 않는다. ≪ᄉᆞ랑ᄒᆞ다≫의 경우 ≪思≫의 뜻은 소실되고(≪싱각하다≫가 그 뜻을 나타내게 되였음) ≪愛≫의 뜻만 나타내게 되였을 때 ≪스랑ᄒ다≫는 이미 ≪思≫와의 다의관계를 상실하게 되였던것이다.

력사적발전과정에서 의미의 상관성이 파괴되면서 다의어가 동음어로 변화되는것들이 있다. 앞에서 말하였던 ≪발(足)≫과 ≪발(簾)≫은 중세나 현대나 다 동음어로 되고있다. 그러나 ≪상ㅅ발≫과 ≪山ㅅ발≫에서의 ≪발≫의 경우는 다르다. 사전에서 보면 ≪발 1≫의 ①은 ≪足≫에 해당하고 ③은 ≪상ㅅ발≫에 해당한다. 그리고 ≪발 5≫로써 ≪산ㅅ발≫을 올리고있다. 이것은 이미 산기슭(山脚)의 의미는 ≪足≫의 의미와 련계가 끊어져 동음어로 되고있음을 말해준다.35)

같은 사전에서 고어부분에서는 ≪발≫의 ①은 ≪발≫이고 ②는 ≪기슭≫을 가리키고있다. 이는 중세의 이러한 관계가 현대에 이르러 파괴되면서 의미구조가 다시 조절되였음을 말해준다. 중세조선어 다의어들을 변화의 각도에서 고찰하면 다음과 같다.

첫째, 중세조선어의 다의어가 현대에도 다의어로 존재하는것

```
멀다 > 멀다(중세 > 현대)  遠/盲
앒  > 앞            前/南
뒤ㅎ > 뒤           后/北
```

둘째, 어음 또는 형태적변화로 인해 다의적련계가 끊어져 별개의 단어로 분화된것

ᄀᆞᄅ치다(指) > 가리키다

---

35) ≪조선말대사전≫ (1), 조선 평양, 1992년.
　　류창돈, ≪리조어사전≫, 서울, 제4판, 1979년.

(敎) > 가르치다

셋째, 의미의 상관성이 파괴되면서 동음어로 된것

고개(峴) > 고개 1(산고개)
　(項) > 고개 2(목의 뒤쪽)

넷째, 어느 한 의미만 계속 사용되여 다의성을 잃은것

ᄉᆞ랑(思) >
　(愛) > ᄉᆞ랑ᄒᆞ다 > 사랑하다

다섯째, 원래의 다의성이 각각 별개의 다른 단어로 대치되고
원 단어는 소실된것

하다(多) > 만ᄒᆞ다 > 많다
　(大) > 크다

여섯째, 단의어들의 의미가 풍부해지면서 다의어로 된것

되(胡) ┌(胡) 【조선북방소수민족】
　　　└(漢) 【한족】

夷 되 이(≪신증류합≫ 하, 15)
되 反ᄒᆞ야(≪두시언해≫ 초, 七, 28)
되ᄒᆞᆨ당(漢兒學當)(≪번역로걸대≫ 二)

중세조선어에도 발음은 같으나 그 뜻이 다른 단어들이 많았
다. 발음이 같은 말에는 발음도 같고 맞춤법도 같은것이 있는가

하면 발음은 같으나 맞춤법이 다른것도 있다. 특히 중세조선어에
서 고유어의 경우 표음주의철자법을 기본으로 하였기때문에 발음
은 같으나 단어의 원 형태들은 서로 부동한것들이 많다. 례:

    그믌 <u>벼리</u>룰 자부니(綱) (≪두시언해≫ 초, 十六, 63)
    새 <u>벼리</u> 나지 도드니(星) (≪룡비어천가≫ 101)

    이 두 례문에서 첫례문의 ≪벼리≫는 명사이고 두번째 례문
의 ≪벼리≫는 명사 ≪별≫에 토 ≪이≫가 붙은것이다. 이렇게
발음은 같으나 하나는 단어이고 하나는 단어와 토의 결합형태인
바 두 단어의 원형도 다른것이다. 례:

    <u>눈</u> 곧 디니이다(散落如雪) (≪룡비어천가≫ 50)
    <u>눈</u>을 불겨(明目) (≪번역소학≫ 八, 25)

    두 례문에서 ≪눈(雪)≫과 ≪눈(目)≫은 원형(맞춤법)이 다
같은 동음어이지만 성조가 서로 다르다. ≪눈(雪)≫은 방점이 두
개로서 상성이고 ≪눈(目)≫은 방점이 하나로서 거성이다. 이는
소리의 높낮이거나 소리의 길이에서 차이가 있다는것을 말해준
다. 따라서 엄격한 의미에서 발음을 달리한다고 보아야 한다. 례:

    두푼 <u>눌애</u> 어즈러이 뜯드르며(≪법화경언해≫ 二, 104)
    매 <u>눌애</u> 티드시 가비얍고(≪월인석보≫ 十, 78)

    ≪눌애(苫: 초가이영)≫와 ≪눌애(翼)≫는 발음과 원형도 같
거니와 성조도 모두 ≪거성＋평성≫으로 되고있다.
    이상의 세가지 경우 엄격한 의미에서 세번째 경우를 동음어
로 볼수 있다.

중세조선어에서 발음도 같고 맞춤법도 같으면서 성조까지도 일치한 완전동음어들을 보면 다음과 같다.

골(腦) /골(骨髓)   [명사와 명사]
·키(箕) /·키(大)   [명사와 부사]
듣·다(聞) /듣·다(嗅) [동사와 동사]
·츠·다(蹴) /·츠·다(寒) /·츠·다(佩) /·츠·다(滿) [동사와 형용사]
                          [형용사와 형용사] [동사와 동사]
곱·다(曲) /곱·다(倍) [동사와 형용사]
하·마(이미) /하·마(장차) [부사와 부사]

중세의 동음어들은 이미 동음관계가 파괴되여 서로 분화되고 있는것도 있었다. 례:

가) ㄱ :남·다(越) (餘)
      넘·다(越)
   ㄴ 모즈라며 나모미(≪금강경삼가해≫ 二, 34)
      城나마 逃亡ᄒᆞ샤(≪석보상절≫ 六, 4)
   ㄷ 도즈기 담너머 드러(≪월인석보≫ 十, 25)
나) ㄱ 밧·다 (受) (脫)
      벗·다(脫)
   ㄴ : 解脫은 버서날씨니(≪석보상절≫ 六, 36)
   ㄷ : 裸ᄂᆞᆫ 옷바슬씨오(≪월인석보≫ 九, 36, 상)
      밧으라(使接受) (≪한청문감≫ 174b)

2) 동의어, 반의어
중세조선어의 동의어를 기원의 각도에서 보면 고유어와 고유어, 한자어와 고유어, 한자어와 한자어, 고유어와 기타 차용어

등의 여러 관계에서 나타나고있다. 그러나 중세에 있어서 가장 기본적인 동의적의미관계는 고유어와 고유어, 한자어와 고유어 사이에서 형성되여있다.

첫째, 고유어와 고유어 동의어
(1) 명사류
① 완전히 부동한 단어형태들사이의 동의어

각시/갓/겨집(女)[36]
값/빋(價)
버텅/서흐레/섬(陛)

② 동일어근의 단어사이에 어음변화가 생긴 동의어

마리/머리(頭, 首, 髮) [모음교체]
솝/속(裏) [자음교체]
개야미/가야미(蟻) [어음탈락]

③ 파생명사, 합성명사와 원 명사와의 사이에 생긴 동의어

글/글왈/글월(文, 書) [파생어]
쳔/쳔량(財, 財物) [합성어]

(2) 용언류
① 부동한 단어형태들사이의 동의어

가다/니다/녀다(去, 行)

---

36) 본절에서 단어의 출처를 밝히지 않는다. 남성우 저, ≪15세기국어의 동의어연구≫, 탑출판사, 1988년을 보기 바란다.

괴다/둧다/스랑ᄒ다(愛)
하다/크다(大)
뮈다/움즈기다(動)
쟉다/젹다/횩다/혁다(小)

② 동일어근의 단어사이에 어음변화가 생긴 동의어

남다/넘다(越)
밧다/벗다(脫)
곱다/굽다(曲) [모음교체]
혀다/혀다(燃) [자음교체]
오올다/올다(全) [어음탈락]

③ 파생어와 원 용언과의 사이에 생긴 동의어

받다/바티다(奉, 묻)

(3) 부사, 관형사류
① 부동한 단어형태들사이의 동의어

모딕/모로매/반ᄃ기(必)
ᄒ오아/ᄒ올로(獨)
현/몃(幾)

② 어음변화가 생긴 동의어

어느/어누(豈)   [모음교체]
므슴/므슷(何)   [자음교체]
다민/다ᄆ(但)
즉자히/즉재(卽) [음운탈락]

③ 파생어와 파생어사이의 동의어

만히/해(多) [형용사 ≪많다≫, ≪하다≫에서]

둘째, 고유어와 한자어 동의어
(1) 명사류

ᄀᆞ름/江
겨집/女子, 女人
뫼ㅎ/山
ᄇᆞ름/壁
잣/城

　　　　　—이상 고유어 단일어

죽사리/生死
ᄆᆞ참/乃終
여름/果實

　　　　　—이상 고유어 합성어, 파생어

(2) 용언류

싣다/得ᄒᆞ다
기리다/讚嘆ᄒᆞ다

(3) 부사류

어루/可히
ᄌᆞ올아비/親近히

중세조선어의 동의어들은 다음과 같이 몇개 부류로 나누어볼수 있다.

첫째, 동의어들의 의미범위가 완전히 일치한것

비레/빙애/별ㅎ(崖)
오좀/져근몰(小便)

둘째, 동의어들의 의미범위가 부분적으로 일치한것

값(價)/빋(價)(債)
아래(下)/밑(下)(本)

셋째, 기본뜻은 같으나 뜻폭이 다른 동의어
《즘게》는 《큰 나무》를 표시하고 《나무》는 《나무일반》
을 표시한다. 여기서 《즘게》는 《나무》에 내포된다.
《싣다》와 《얻다》는 동의어를 이루지만 《싣다》의 뜻폭
이 더 좁다. 《얻다》가 그 의미폭이 더 넓다.
넷째, 기본뜻은 같으나 단어들의 결합관계가 다른 동의어
여기서 한자어수사 《百, 千》과 고유어수사 《온, 즈믄》은
그 표시하는 뜻이 완전히 같다. 그러나 《온》, 《즈믄》의 다른
수사와의 결합능력은 활발하지 못했다. 그리하여 《빅스믈다숫》이
라고는 씌였지만 《온스믈다숫》이라고 쓰인 례는 보이지 않는다.
다섯째, 같은 개념을 나타내면서 그 차이가 감정적인것에 지
나지 않는 동의어(문체론적동의어)

말—말씀(존경의 뜻색채)
밥—진지(존경의 뜻색채)
먹다—잡수시다(존경의 뜻색채)
　　　잡숩다(존경의 뜻색채)

잇다-계시다(존경의 뜻색채)
　　겨시다(존경의 뜻색채)

여섯째, 어음의 바뀜에 의하여 미세한 의미색채가 분화된 동의어(의미분화적동의어)

고소다-구수다
노리다-누리다

중세조선어에서 《늙다》와 《졂다》, 《희다》와 《검다》, 《높다》와 《눗갑다》, 《붉다》와 《어듭다》, 《겨집, 녀편, 지어미, 간나히》와 《남진, 남편, 지아비, 스나히》 등과 같이 반의어들은 활발히 사용되였다.

　가) 제 올호라 ᄒ고 ᄂᆞ물 외다 ᄒ야(《석보상절》 九, 14)
　　　이ᄀ 더ᄀ쇄 應호미 이준딕 업도다(應無虧) (《금강경삼가해》 二, 54)
　　　이 ᄀ올히 ᄒ오ᅀᅡ 오ᄋ라 이쇼믈 보니라(此州獨見全) (《두시언해》 초, 二十五, 39)
　나) 鵠이 희오 가마괴 검고(《법화경언해》 一, 148)
　　　ᄃ녀 쓰녀(爲甛가 爲苦아) (《릉엄경언해》 三, 49)
　　　뒤헤는 모딘 즁싱 알픽는 기픈 모새(《룡비어천가》 30)

첫째 류형은 《올ᄒ～》지 않으면 《외～》고 《오올～》지 않으면 《잇～》어지는것이지만 둘째 류형은 다르다. 례를 들어 《희다》와 《검다》는 그 중간에 《붉다》, 《누르다》 등을, 《돌다》와 《쓰다》는 그 중간에 《숭겁다》, 《슴슴ᄒ다》, 《맵다》, 《ᄣ다》, 《싀다》 등을, 《앒》과 《뒤ㅎ》는 그 중간에 《가온딕》 등등을 가지고있다.

중세의 다의어의 존재는 그 뜻에 따라 여러개의 반의어를 가질수 있게 한다.

동사 ≪열다≫에 대한 반의어를 한두개 들면 다음과 같다.

가) 가시로 혼 門으란 속졀업시 <u>여디</u> 말라(**紫荊莫浪開**) (≪두시언해≫ 초, 七, 9)

門을 다 <u>즈무고</u>(≪석보상절≫ 六, 2)

쇠 <u>줌고미</u> 업거늘(≪남명집언해≫ 하, 1)

나) 입 <u>여룷</u> 고디 업스련마른(**無開口處**) (≪금강경삼가해≫ 四, 36)

입 <u>다믈고</u> 츼여 가쟈(≪삼역총해≫ 八, 3)

다) 北녁 이플 <u>여노라</u>(**北戶開**) (≪두시언해≫ 초, 八, 40)

<u>다돈</u> 이피 열어늘(≪월인천강지곡≫ 178)

라) 귀와 눈괘 <u>연듯</u>ᄒ니(**耳目開**) (≪두시언해≫ 초, 二十二, 50)

눈 <u>머니</u> 아름업숨 ᄀᆞᆮᄒ니(≪금강경언해≫ 88)

마) 連ㅅ고지 <u>연듯</u>ᄒ실씨(≪월인석보≫ 九,13)

곳 <u>디거든</u> 蓮ㅅ 밤 나미 ᄀᆞᆮᄒ니라(≪릉엄경언해≫ 一, 19)

현대의미로써 중세의 단어들을 고찰하면 부당할 때가 종종 있게 된다.

중세조선어에는 ≪받다≫의 동음어로서 ≪받·다(奉)≫와 ≪받·다(受)≫가 있었다. 이 두 단어는 동음어이면서 또 반의어로 되고있다. ≪받다(受)≫는 다음과 같은 반의적인 관계를 이루고 있었다.

<pre>
             ┌─ 받다(奉)
받다(受) ├─ 드리다(納)
             └─ 주다(與)
</pre>

그후 ≪받다(奉)≫가 쓰이지 않음에 따라 ≪받다(奉)≫와의 반의적관계는 소실되고 ≪받다(受)≫는 ≪드리다≫, ≪주다≫와만 반의적관계를 이루게 되였다.

3) 단어의미의 변화
(1) 의미의 확대

【닙다】
   着 니블 탹(≪훈몽자회≫ 하, 19)
   蒙 니블 몽(≪신증류합≫ 하, 46)
   被 니블 피(≪석봉천자문≫ 6)

원래의 ≪(~옷을) 입다≫는 뜻외에 새로 넓혀진 ≪받다(蒙)≫의 뜻을 가졌다.

【벗다】
   미며 버수미 둘히 업스며(縛脫無二) (≪릉엄경언해≫ 五, 7)
   길 버서 쏘샤(避道而射) (≪룡비어천가≫ 36)

원래의 ≪(~옷을) 벗다(脫)≫의 뜻에서 ≪비켜나다(避)≫의 확대된 뜻을 가졌다.

【앒】
   前 앒 젼(≪훈몽자회≫ 하, 43)
   南 앒 남(≪신증류합≫ 상, 2)

원래의 ≪뒤의 반대되는 곳≫의 뜻으로부터 ≪남쪽≫의 뜻을 더 가졌다.

【뒤ㅎ】
　後 뒤 후(≪훈몽자회≫ 하, 31)
　北 뒤 북(≪훈몽자회≫ 중, 4)

　원래의 ≪앞의 반대쪽≫이라는 뜻에서 ≪북쪽≫의 뜻을 더 가졌다.

(2) 의미의 축소

【ᄆᄅ】
　宗 ᄆᄅ 종(≪석봉천자문≫ 26)
　棟 ᄆᄅ 동(≪신증류합≫ 상, 23)
　덚ᄆᄅ와 보히 ᄠᅳᆯ어뎨쇼ᄆᆯ 니ᄅᄂ다(告訴棟樑摧) (≪두시언해≫ 초, 九, 28)

　원래의 ≪가장 크고 중요하다(宗)≫는 뜻으로부터 건축물에서 가장 크고 중요한것인 ≪마루(棟)≫만을 나타내게 되였다.

【여희다】
　離別은 여흴씨라(≪석보상절≫ 6, 6)
　첫ᄀ올히 이 亭子를 여희요니(初秋別此亭) (≪두시언해≫ 초, 三, 35)
　어마님 여희신 눇므를 左右ㅣ 슬쏩봐(≪룡비어천가≫ 91)

　첫째와 둘째 례문에서는 ≪헤여지다≫의 원래 뜻으로 씌였으나 셋째 례문에서 사람이 죽어서 영영 헤여지게 되였다는 뜻으로 씌였다.
　다음의 례구들에서 보다싶이 ≪얼굴≫은 중세조선어에서 ≪몸형체≫를 가리키였다.

【얼굴】
　얼구른 그리메 遍近ᄒ니(形象丹靑遍)(《두시언해》 초, 八, 25)
　얼구를 니저 버들 向ᄒᆞ놋다(忘形向友朋)(《두시언해》 초, 八, 9)
　相은 얼구리라(《월인석보》 서, 1)
　狀 얼굴 장(《신증류합》 하, 1)
　容 얼굴 용(《신증류합》 하, 51)
　形 얼굴 형(《훈몽자회》 상, 24)

그러나 《동문류해》(1748년), 《한청문감》(영조말년)에 이르러 《낯》을 나타내기만 했다.

　容顔 얼굴(《동문류해》 상, 18)
　臉胖平了 얼굴 술져 편편ᄒ다(《한청문감》 155b)

중세조선어에서는 《마르다》, 《여위다》의 뜻을 다 가지고 있었다.

【여위다】
　藪는 믈여윈 모시라(《법화경언해》 四, 119)
　여윈 밥과 고깃국으로(乾飯肉湯)(《번역박통사》 상, 39)
　긄字는 여위오 셰요미 貴ᄒ야(書貴瘦硬)(《두시언해》 초, 十六, 15)
　술히 지도 여위도 아니ᄒ니라(《월인석보》 一, 26)

중세이후시기 뜻의 범위가 축소되였다.

(3) 의미의 이동

【어리다】
　愚는 어릴씨라(《훈민정음언해》)

나는 어리고 미혹흔 사ᄅ미라(我是愚魯之人) (≪번역박통사≫ 상, 9)

이렇게 중세조선어에서 ≪어리석다≫는 뜻으로 되여있다. 그런데 중세에 ≪갈피잡지 못하고 흘리다≫는 뜻으로도 쓰이고있다.

定의 어리요믈 니버(被定迷) (≪몽산화상법어략록≫ 25)

중세이후시기에 ≪어리다(幼)≫의 뜻으로 변하였는데 벌써 ≪소학언해≫(1585년)에 그러한 례가 보이고있다.

어린아히 노ᄅ술 ᄒ야(嬰兒) (≪소학언해≫ 四, 16)
年幼 어리다(≪몽어류해≫(1768년, 상, 14)

【 힘 】
　힘爲筋(≪훈민정음언해≫)
　筋 힘 근(≪훈몽자회≫ 하, 9)
　사ᄉ미 힘을(鹿筋) (≪구급간이방≫ 六, 10)

이처럼 원래 ≪筋(힘줄 ＞ 심줄)≫을 가리켰으나 중세에 이미 현대의 ≪힘(力)≫의 뜻으로 씌우고있었다. 례:

力士는 힘센 사ᄅ미라(≪월인석보≫ 二, 6)
健은 힘셀씨라(≪월인석보≫ 十, 95)
제여곰 힘 ᄲᅳᆯ디니(各努力) (≪두시언해≫ 초, 二十三, 46)

【 곳답다 】
　香 곳다올 향(≪훈몽자회≫ 하, 13)
　粳稻의 곳다오믈 (粳稻香) (≪두시언해≫ 초, 七, 34)

이처럼 ≪곳답다≫는 ≪향기롭다≫는 뜻이였으나 ≪꽃답다≫ (아름답다)의 뜻으로 전의되였다. 중세에 이미 전의되고있었다.

  따히 몰ᄀ니 어득흔ᄃᆡ 곳다온 고지 깃기ᄉᆡᆺ도다(≪두시언해≫ 九, 20)

【이바디】(이바디ᄒ다)
  흔 상화ᄒ논 이바디를 ᄒ야(做一個賞花筵席)(≪번역박통사≫ 상,1)
  宴 이바디 연(≪훈몽자회≫ 하, 10)
  술과 밥을 조히ᄒ야 손을 이바ᄃ며(≪내훈≫ 一, 12)

  이렇게 원래는 ≪연회, 잔치하다≫의 뜻이였으나 ≪공궤(供饋) 하다≫의 뜻을 거쳐 현대에는 ≪이바지(貢獻)하다≫로 변하였다.

(4) 의미의 분화

【빈】
  債 빈 채(≪훈몽자회≫ 하, 22)
  녯 業과 무근 비디(舊業陳債)(≪릉엄경언해≫ 七, 60)
  노푼 비든(高價)(≪두시언해≫ 초, 十六, 3)
  겨집죵이 비디 언메잇가(≪월인석보≫ 八, 81)
  비디 百金이 ᄉ니(直百金)(≪두시언해≫ 초, 十六, 16)

  이렇게 ≪빈≫은 15세기에 ≪빚≫과 ≪값≫의 두 뜻으로 분화되여있었다.

【ᄀᆞᄅ치다】
  子孫올 ᄀᆞᄅ치신들(≪룡비어천가≫ 15)
  머리 하늘흘 ᄀᆞᄅ치고(頭指天)(≪금강경삼가해≫ 二, 11)
  敎 ᄀᆞᄅ칠 교(≪훈몽자회≫ 하, 32)

訓 ᄀᆞᄅ칠 훈(동상)

이렇게 ≪ᄀᆞᄅ치다≫는 중세조선어에서≪가리키다(指)≫와 ≪가르치다(敎)≫의 두 의미로 분화되고있었다.

【설】
  서리어든 ᄀ올히 모둟저긔(歲時) (≪삼강행실도≫ 효자, 6)
  그 아기 닐굽설 머거(≪월인석보≫ 八, 101)

중세조선어에서 ≪설≫은 ≪설(元旦)≫과 ≪살(歲)≫의 뜻으로 분화되고있었다.

다섯술엣 아히(五歲的小新) (≪박통사언해≫ 중, 11)
여덟술인제(≪八歲兒≫ 2)
세술 다섯술의 아히는(三五歲兒) (≪두창경험방≫ 19)

례문에서 보다싶이 17세기중엽이후 ≪술≫이 쓰이고있는바 ≪설≫과 ≪술≫의 분화도 이때로 볼수 있다.

【년】
  녀느 사ᄅᆞ미 供養ᄆ차놀(≪월인석보≫ 一, 13)
  比丘ㅣ년分이시리잇가 오놊날애 世尊이시니(≪월인석보≫ 十七, 77)

이처럼 중세에는 ≪녀느〉년≫으로서 ≪다른≫의 뜻을 가졌지만 점차 ≪년≫으로 굳어지면서 타인(성의 구별이 없이)의 뜻을 가졌다. ≪놈≫이 남자의 비칭으로 쓰임에 따라 ≪년≫은 녀성의 비칭으로 쓰이게 되였다. 례:

이년이 ᄀ장 用意티 아니ᄒ엿다(這婆娘好不用意) (≪박통사언해≫ 하, 44)

그년들이 와셔 침실의 올나안즈며 닐오딕(≪계축일기≫ 94)

【놈】
者논 노미라(≪훈민정음언해≫)
늘근노미 지비로다(老夫家) (≪두시언해≫ 초, 七, 6)

이렇게 원래 이 단어는 사람의 평칭(平稱)이였다.

叛ᄒᆞᄂᆞᆫ 노물(謀亂之徒) (≪룡비어천가≫ 64)
千戶ㅣ 梁氏ᄉ게 나사간대 구지조딕 목버힐 노마 내 남진과 盟
誓ᄒᆞ니 天地鬼神이 아ᄅᆞ시ᄂᆞ니라(≪삼강행실도≫ 렬녀도, 22)
그놈들히 날ᄒᆞ야 므슴ᄒᆞ료(那斯們待要我其麽) (≪번역로걸대≫ 상, 27)

례구에서 보다싶이 중세에 이미 남자의 비칭으로 사용되고있다.

4. 중세어휘의 조어법
1) 파생어간의 조성
【체언어간의 조성】

① 체언과 접미사

그력＋이　　＞ 그려기(기러기)
쇼＋아지　　＞ 숑아지(송아지)
노룻＋바치 ＞ 노룻바치(광대)
홍정＋바지 ＞ 홍정바지(장사아치)
긴＋옹　　　＞ 기동(기둥)
두텁＋이　　＞ 두터비(두꺼비)
털＋억　　　＞ 터럭(터럭)
아바＋님　　＞ 아바님(아버님)

벼 + 맡   > 벼맡(베개맡)
머리 + 박   > 머릿박(머리빡)
글 + 발   > 글발(글월)

② 용언어간과 접미사

죽(다) + 엄   > 주검(주검)
싸호(다) + ㅁ > 싸홈(싸움)
열(다) + 음   > 여름(열매)
히돋(다) + 이 > 히도디(해돋이)
길(다) + 의   > 기릐(길이)
놀(다) + 개   > 놀개(날개)
꾸짖(다) + 옹 > 꾸죵(꾸중)

③ 체언과 접두사

댓 + 딜위   > 댓딜위(해당화)
들 + 기름   > 들기름(들기름)
싀 + 어미   > 싀어미(시어미)
초 + ᄒᆞᆯ   > 초ᄒᆞᆯ(초하루)
출 + 콩   > 출콩(강남콩)
춤 + ᄢᅢ   > 춤ᄢᅢ(참깨)
갈 + 범   > 갈웜(갈범)
굴 + 가마괴 > 굴가마괴(갈가마귀)
되 + 프람   > 됫프람(휘파람)
아춘 + 아둘 > 아춘아둘(조카)
읻 + 히   > 읻히(이태)
옅 + 히   > 옅히(여태)

접두사에 의한 단어파생은 접미사에 의한것보다 그리 활발하지 않았다. 그리고 현대조선어에 비하여도 활발하지 않았다.

【 용언어간의 조성 】

① 용언어근과 접미사

즂(다) + 브	>	깃브다(기쁘다)
앗기(다) + 압	>	앗갑다(아깝다)
눗(다) + 갑	>	눗갑다(낮다)
니르(다) + 왇	>	니르왇다(일으키다)
므싀(다) + 엽	>	므싀엽다(무섭다)
그리(다) + ㅂ	>	그립다(그립다)
수수(다) + 워리	>	수수워리다(떠들어대다)
믿(다) + 브	>	믿브다(미쁘다)
즐기(다) + 업	>	즐겁다(즐겁다)

② 체언과 접미사

새 + 롭	>	새롭다(새롭다)
아ᅀᆞ + 롭	>	아ᅀᆞ롭다(공손하다)
의심 + 둡	>	의심답다(의심스럽다)
곳 + 답	>	곳답다(꽃답다)
놀ㅎ + 갑	>	놀캅다(날카롭다)
쇠 + ㅎ	>	쇠ㅎ다(찍하다)

③ 용언어근과 접두사

횟 + 돌다	>	횟돌다(휘돌다)
치 + 잡다	>	치잡다(치잡다)

엇 + 막다   > 엇막다(엇막다)
박 + 츠다   > 박츠다(박차다)
데 + 뜨다   > 데뜨다(뜨다)
즌 + 넓다   > 즌넓다(짓밟다)
겻 + 밧다   > 겻밧다(껍질벗다)
브르 + 뜨다 > 브르뜨다(부릅뜨다)

접두사에 의한 파생은 용언에서도 접미사에 의한 파생보다 상대적으로 활발하지 못했다.

【 수식어간의 조성 】

① 용언어근 + 접미사

붉(다) + 이   > 볼기(밝게)
하(다) + 이   > 해(많이)
비롯(다) + 오   > 비로소(비로소)
돌(다) + 오   > 도로(도로)
다ᅌ(다) + 아 > 다(다)

② 체언 + 토(혹은 접미사)

진실 + 로   > 진실로(진실로)
새 + 로   > 새로(새로)
본디 + 록   > 본디록(본디부터)
ᄆᆞ춤 + 내   > ᄆᆞ춤내(마침내)
손 + 소   > 손소(손수)

③ 부사 + 토(혹은 접미사)

몯 + 내   > 몯내(못내)

ㅎ올+로   > ㅎ올로(홀로)
ᄆᆞ즈+막   > ᄆᆞ즈막(마지막)
ᄆᆞ리ᄆᆞ리+예 > ᄆᆞ리ᄆᆞ리예(이따금)
비릇+오   > 비르소(비로소)

2) 합성어간의 조성
【합성체언간의 조성】

① 명사어근과 명사어근

활+살   > 활살(화살)
ᄆᆞᆯ+쇼   > ᄆᆞ쇼(마소) [牛馬]
안ㅎ+밧   > 안팟(안팎)
뫼ㅎ+골   > 묏골(두메)
ᄲᆞᆯ+눈   > ᄲᅡᆺ눈(싸락눈)
움ㅎ+믈   > 우믈(우물)
ᄒᆞᆫ+가지   > ᄒᆞᆫ가지(한가지)

② 용언어근과 명사어근

흘긔(다)+눈 > 흘긔눈(흑보기)
불(다)+통   > 불통(대롱)
늘(다)+살   > 늘살(비전)
검(다)+버섯 > 검버섯(검버섯)
열(다)+쇠   > 열쇠(열쇠)

③ 삽입자모, 접미사, 토가 개입된것

발+ㅅ+바당   > ᄇᆞᆲ바당(발바닥)
後+△+날   > 後△날(후날)

너르(다) + 어 + 바회 > 너러바회 (너럭바위)
낡 + 악 + 신   > 남악신 (나막신)
둙 + 이 + 알   > 둘기알 (닭알)
하(다) + ㄴ + 아비   > 한아비 (할아비)
졈(다) + 은 + 이   > 져므니 (젊은이)
조ᄒ(다) + ㄴ + 셰답 > 조흔셰답 (개짐)
쇼 + ㅣ + 고기   > 쇠고기 (소고기)
하(다) + ㄴ + 쇼   > 한쇼 (황소)

【 합성용언어간의 조성 】

① 용언어근과 용언어근

빌(다) + 먹다   > 빌먹다 (빌어먹다)
둏(다) + 궂다   > 됴쿳다 (좋고궂다)
므르(다) + 녹다   > 므르녹다 (무르녹다)
잡(다) + 들다   > 잡들다 (부추기다)
죽(다) + 살다   > 죽살다 (죽고살다)
듣(다) + 보다   > 듣보다 (듣고보다)
져(다) + 곶다   > 것곶다 (꺾어꽂다)
딕(다) + 먹다   > 딕먹다 (찍어먹다)
놀(다) + 니다   > 노닐다 (노닐다)
감(다) + 돌다   > 감쏠다 (감돌다)
녀(다) + 가다   > 녀가다 (다녀가다)
니르(다) + 혜다   > 니르혜다 (헤아리다)
맛(다) + 보다   > 맛보다 (만나다)
감(다) + 프ᄅ다   > 감프ᄅ다 (감파르다)
검(다) + 븕다   > 검븕다 (검붉다)

　용언어간의 직접적합성에 의한 단어조성은 중세조선어에서
비교적 발달한 수법이였다. 이러한것은 중세조선어에 있어서 현
대조선어에 비해 아주 생산적인 현상이였다. 이는 중세조선어 단
어조성에서의 하나의 특징이 아닐수 없다.

② 명사어근과 용언어근

귀 + 먹다　　> 귀먹다(귀먹다)
빛 + 나다　　> 빛나다(빛나다)
녀름 + 짓다　> 녀름짓다(농사하다)
굿 + 없다　　> 굿없다(가없다)
뒤 + 보다　　> 뒤보다(뒤보다)
질 + 들다　　> 질들다(길들다)
앒 + 셔다　　> 앒셔다(앞서다)

③ 두 용언사이에 토가 개입된것

돌(다) + 아 + 오다　　> 도라오다(돌아오다)
낫(다) + 아 + 가다　　> 나아가다(나아가다)
닐(다) + 어 + 나다　　> 니러나다(일어나다)
쁘(다) + 어 + 디다　　> 뻐디다(떨어지다)
츠(다) + 아 + 둪다　　> 차둪다(가득 처덮다)
므르(다) + 어 + 디다　> 믈러디다(물러 떨어지다)

3) 어음교체에 의한 새 어간의 조성
【 모음의 교체에 의한것 】

갓/것(ㅏ / ㅓ)

맛/멋(ㅏ / ㅓ)
남다/넘다(ㅏ / ㅓ)
감다/검다(ㅏ / ㅓ)
반듯기/번드기(ㅏ · / ㅓ ㅡ)
녹다/눅다(ㅗ / ㅜ)
노릇다/누르다(ㅗ · / ㅜ ㅡ)
도릇혀다/두르혀다(ㅗ · / ㅜ ㅡ)
보드랍다/부드럽다(ㅗ · ㅏ / ㅜ ㅡ ㅓ)
붉다/붉다(· / ㅡ)
늙다/늙다(· / ㅡ)
든든ㅎ다/든든ㅎ다(· / ㅡ)
댜릇다/뎌르다(ㅑ · / ㅕ ㅡ)

【 자음의 교체, 첨가, 탈락에 의한것 】

민둘다/민글다(ㄷ / ㄱ)
흐늘다/흔들다(ㄴ / ㄷ)
            (ㅇ / ㄴ)
ᄆ니다/ᄆ지다(ㄴ / ㅈ)
            (ㅇ / ㄴ)
거리다/건디다(ㄹ / ㄷ)
            (ㅇ / ㄴ)
ᄀ초다/ᄀ초다/굼초다/감초다(ㅇ / ㄴ > ㅁ)
ᄀ초다/갓초다(ㅇ / ㅅ)
바당/바닥(ㅇ / ㄱ)
놀개/놀애(ㄱ / ㅇ)
드르ㅎ/들(ㅎ / ㅇ)

4) 품사전성과 어간반복에 의한 새 어간의 조성
【품사전성에 의한것】

되/되다　　　　　　　(명사/용언)
빗/빗다　　　　　　　(명사/용언)
신/신다　　　　　　　(명사/용언)
ᄀᄆᆯ/ᄀᄆᆯ다　　　　　(명사/용언)
자ᅙ(尺)/자히다　(명사/용언)
비/비다　　　　　　　(명사/용언)
누비/누비다　　　　(명사/용언)
희/희다　　　　　　　(명사/용언)
블/븕다　　　　　　　(명사/용언)
보희/보희다　　　　(명사/용언)
ᄀ장/ᄀ장　　　　　　(명사/부사)
몬져/몬져　　　　　　(명사/부사)
ᄉ못다/ᄉ못　　　　(동사/부사)
비룻다/비룻　　　　(동사/부사)
ᄂ외다/ᄂ외　　　　(동사/부사)
브르다/브르　　　　(동사/부사)
바ᄅ다/바ᄅ　　　　(형용사/부사)
그르다/그르　　　　(형용사/부사)
하다/하　　　　　　　(형용사/부사)
다르다/달　　　　　　(형용사/부사)
이르다/일　　　　　　(형용사/부사)

【어간반복에 의한것】

가지/가지가지

내/내내(내내)
반득ᄒ다/반득반득ᄒ다(반짝반짝하다)
ᄆ디/ᄆ디ᄆ디(마디마디)
날/나날(하루하루)
갓/갓갓(가지가지)
낫/낫낫(낱낱)
다폴/다폴다폴(다팔다팔)
너운/너운너운(펄펄)

제6장
근대조선어

제1절   력사개황 및 자료

근대조선어는 임진전쟁이후 즉 17세기초부터 현대조선어가 시작되는 시기인 갑오경장(甲午更张) 이전까지의 약 300년간의 조선어를 말한다. 전란을 통해 허약해진 량반계급에 비해 평민의식은 상대적으로 강화되였고 이와 같은 시대적분위기는 사람들로 하여금 실사구시(实事求是)와 실용지학(实用之学)을 추구하고 실질적가치에 점차 눈을 돌리게 하였다.

민족자각과 애국적자부심은 조선어에 대한 인식을 그 이전시기보다 더한층 새롭게 하였으며 삼중서사수단을 사용하는 문자생활에서 정음의 비중이 종전에 비하여 높아지게 하였고 서민계층에 의하여 정음문학은 확연한 자리를 차지하게 되였다. 정음문학의 개화발전과 실학사조의 발전속에서 조선어는 한층 높은 단계에로 발전할 토대를 가졌는바 이리하여 구두어는 풍부해지고 이에 기초하여 문체가 다양하고 구두어의 요소를 직접 받아들인 정음서사어가 이룩되였다.

전시기의 일정한 한문투에 독특한 글말투로 되였던 문체거나 언해체와는 근본적으로 다른 새로운 문체들이 이루어지고있었다. 이 모든것은 정음문자에 의하여 고유어가 승화되면서 가능하였던 것이다.

근대조선어의 모습을 보여주는 문헌들은 비교적 풍부하고 다 방면적이다. 이 시기에 간행된 문헌들중에는 중세조선어시기에 간행되였던것에 대한 중간본, 복각본들이 많다. 중간본이란 내용도 고치고 판도 물론 새로 만들어 찍어낸 책을 말한다. 그러나 이때 초간본을 리용하였기때문에 중간본의 자료를 그대로 근대조선어의 자료라고 믿을수 없는 경우가 꽤 있다. ≪두시언해(杜詩諺解)≫에 대한 ≪중간두시언해(重刊杜詩諺解)≫가 이러한 류형에 속한다. 그러나 초간본과 중간본의 비교를 통하여 그동안의 언어적변화를 짐작할수 있는 경우도 적지 않다.

복각본은 번각본(翻刻本)이라고도 하는데 내용은 초간의것을 그대로 따르되 다만 판만 새로 만들어 찍어내는 책을 말한다. 따라서 복간본은 글씨의 모양이며 행의 배렬이 초간본과 일치하여 언뜻 초간본과 구별되지 않는 경우도 있다. 그렇지는 않더라도 복간본은 비록 판을 새로 만든 당시의 언어모습이 반영되는수가 없지는 않으나 초간본의 언어가 그대로 재생되는것이므로 근대조선어의 자료로 삼을수 없다.

근대조선어자료는 그 내용이 다양한것이 특징이다. 불경언해는 이 시기에도 상당히 이루어지고있었으나 중세조선어시기보다는 줄었고 실학사상의 영향으로 상대적으로 의서, 농서 등 실제 생활과 관련된 문헌들과 어학서, 역학서들이 많이 나왔다. 조선한자, 운서, 리두 등에 관한 문헌과 가사, 시조, 수필, 소설 등의 풍부한 문학서적이 간행되였으며 왜어나 몽어, 청어 학습을 위한 역학서들은 전 시대에 볼수 없었던 구어체로 씌여졌다.

근대조선어시기에 새로 간행된 문헌들은 비교적 풍부하다.

≪가례언해(家禮諺解)≫, ≪권념요록(眷念要錄)≫, ≪경민편언해(警民編諺解)≫, ≪19사략언해(十九史略諺解)≫, ≪명의록언해(明義錄諺解)≫, ≪증수무원록언해(增修無冤錄諺解)≫, ≪어제상훈언해(御製常訓諺解)≫, ≪천의소감언해(闡義昭鑑諺解)≫, ≪념불보권문(念佛普勸文)≫ 등 다수의 언해류가 계속 간행됨과 아울러 외국어교육을 위한 ≪역학(譯學)≫언해서들인 ≪로걸대언해(老乞大諺解)≫, ≪박통사언해(朴通事諺解)≫, ≪청어로걸대(淸語老乞大)≫, ≪동문류해(同文類解)≫, ≪첩해신어(捷解新語)≫, ≪몽어로걸대(蒙語老乞大)≫, ≪첩해몽어(捷解蒙語)≫, ≪오륜전비언해(五倫全備諺解)≫, ≪화음계몽언해(華音啓蒙諺解)≫ 그리고 역학사서류인 ≪역어류해(譯語類解)≫, ≪한청문감(漢淸文鑑)≫, ≪왜어류해(倭語類解)≫, ≪몽어류해(蒙語類解)≫, ≪화어류초(華語類抄)≫ 등이 간행되였다.

근대조선어시기의 언어를 연구함에 있어서 ≪벽온신방(辟溫新方)≫, ≪동의보감(東醫寶鑑)≫, ≪언해태산집요(諺解胎産集要)≫ 등 의학류서적과 ≪련병지남(練兵指南)≫, ≪화포식언해(火砲式諺解)≫ 등 병학류서적도 좋은 언어자료를 제공하고있다. 그리고 ≪룡비어천가≫(1612년), ≪훈몽자회≫(1613년), ≪두시언해≫(1632년), ≪삼강행실도≫(1729년) 등 다양한 중간본들이 간행되여 초간본과 표기상에서 차이를 보이므로 이를 토대로 중세이래 조선어의 변화를 추적할수 있다.

이 시기 특히 지적해야 할것은 언해체가 아닌 순수한 정음작품들이 창작된것이다. ≪청구영언≫, ≪해동가요≫, ≪가곡원류≫ 등 3대 시조집을 비롯하여 ≪고산유고≫, ≪로계집≫, ≪송강가사≫ 등 가사집, ≪한중록≫ 등 일기체, ≪규합총서≫ 등 생활백과서들이 출현하였고 ≪춘향가≫, ≪홍부가≫ 등 판소리계 소설과 ≪홍길동전≫, ≪임진록≫, ≪사씨남정기≫, ≪구운몽≫ 등 정음소설이 창작되였다.

　　이상의 문헌들은 여러모로 근대조선어의 제 방면에 대해 언급하는데 좋은 언어적자료를 제공해준다.

제2절　근대조선어의 어음

1. 자음체계의 변화

　　근대조선어는 중세조선어에서 현대조선어에로 넘어오는 시기의 여러가지 과도기적현상을 나타내고있다. 현대조선어가 가지고 있는 특징을 이미 이 시기에 갖추기도 하며 중세조선어와 현대조선어의 중간단계의 모습을 띠기도 한다.

　　근대조선어 자음체계에서 특기할것은 15세기에 비해 ≪ㆆ≫가 문자로서 제외되였고 중세조선어시기의 ≪ㅸ≫, ≪ㅿ≫의 표기가 사라진 점이다. ≪ㅸ≫, ≪ㅿ≫의 음가는 각각 [z]와 [β]로 추정되며 유성음과 유성음사이에서만 나타나므로 그 음가도 유성음화한 소리가 될수밖에 없었다. ≪ㅸ≫은 그 사용기간이 겨우 15년을 넘지 못하고 임진전쟁이전 세조대(世祖代)의 불경언해류(佛经谚解类)에서부터 이미 자취를 감추었다. 이에 비해 ≪ㅿ≫은 ≪ㅸ≫보다 사용기간이 더 길어 임진전쟁전까지 약 150여년동안 씌여왔다. ≪ㅿ≫의 사용시간이 이처럼 긴것은 ≪ㅿ≫의 약화현상이 ≪ㅸ≫의 약화보다 상대적으로 오래 지속되였거나 표기자체의 보수성에서 이루어진것으로 인식된다. 초성 ≪ㅇ≫자 역시 완전히 자취를 감추었다. 16세기까지 ≪ㆁ≫자가 초성에 더러 쓰이고 그후에는 종성에만 쓰이여 ≪ㅇ≫자와 혼동을 보이던것인데 17세기부터는 ≪ㆁ≫자가 ≪ㅇ≫자와 완전히 합류됨으로써 ≪ㅇ≫자는 위치에 따라 서로 다른 음가를 가지게 되였다. 15세기에 미약하게나마 음운으로 존재하였던 ≪ㆅ≫는 ≪ㅋ≫에 합류되였다.

근대조선어에서 성조표기가 일체 없어진 점을 들수 있다. 15세기에는 매 글자의 왼쪽에 점을 찍는 방법으로 성조를 표기하였다. 이것을 방점이라 한다. 점의 유무와 다소로써 성조를 표기하였는데 이 방점표기는 매우 정연하였다. 16세기후반기에 성조의 표기에서 일련의 혼란이 있기는 했어도 아직은 부분적으로 존재하였는데 17세기부터는 성조표기를 위한 방점을 찍지 않은것이 일반화되고말았다.

여러가지 요인에 의해 급격히 늘어난 된소리는 조선어음운체계안에서 확고히 자리를 차지하게 되여 어중에서뿐아니라 어두에서도 뚜렷한 위치를 확보하였다.

중세조선어문헌에 나타난 합용병서는 불안정하게나마 어느 한 시기의 조선어어두에 자음군이 존재했음을 알려준다.

이미 중세부분에서 말했지만 어두자음군을 ≪ㅅ≫계, ≪ㅂ≫계, ≪ㅄ≫계로 나눈다.

≪ㅅ≫계: 숨(夢), 똠(汗), 쎠(骨), 뗘나다(離), 꺼지다(滅)
≪ㅂ≫계: 때(垢), 삐(種), 뿔(米), 꾸다(貸), 뽗다(遂), 뜨다(彈)
≪ㅄ≫계: 쁴(時), 뻬다(貫), 삐다(蒸), 뿌리다(破)

어두자음군은 결국 조선어고유의 음절구조와 서로 모순되여 그와 같은 불안정한 상태에서 벗어나고자 했던것인데 그런 모색이 바로 어두자음군의 된소리화로 이루어졌던것이라고 본다. 이리하여 《ㅅ》계합용병서는 이미 중세에 된소리를 표기하는데 이르렀다.

17세기초기의 《동국신속삼강행실도》에는 《ㅽ》, 《ㅲ》, 《ㅼ》가 혼용되고있다.

가) 뻐뎌(《효자》 3권, 43장)
나) 뻐디니라(《효자》 2권, 84장)
다) 써디니라(《효자》 4권, 29장)

17세기후반기 문헌부터는 《ㅽ》가 《ㅼ》나 《ㅲ》로 표기되는것은 물론이고 본래의 《ㅼ》가 오히려 《ㅲ》로 표기되는 경우가 나타난다.

가) 뻬(《동국신속삼강행실도》 충신, 1권, 78장)
나) 뻬(《동국신속삼강행실도》 효자, 1권, 34장)
다) 째(時) (《동문류해》 상, 4)
라) 뻬(《경민편언해》 16)
마) 뻐나셔(《첩해신어》 5권, 3장)
바) 써나셔(《첩해신어》 5권, 11장)

이것은 《ㅽ, ㅼ, ㅲ》가 발음상 서로 구별되지 않았다는것을 말해주며 이 경우 《ㅲ》는 된소리 《ㅼ》의 표기상 변종으로 각이한 류형의 합용병서가 쓰이고있었음을 말하여준다.

18세기에 《ㅂ》계합용병서와 《ㅅ》계합용병서가 자의적으로 선택되는것도 어두자음군이 더이상 존재하지 않는데에서 비롯한것이고 19세기부터는 ≪ㅂ≫계합용병서가 거의 출현하지 않고 ≪ㅅ≫계합용병서로 통일되는 경향이 강해져 ≪ᄭᅵ, ᄯ, ᄲ, ᄶ≫ 및 ≪ᄽ≫이 많이 씌였다. 례를 들면:

참뻬>참깨, 쁘리더니>스리더니, ᄲᅢ>때>재, 붓>쑷, 뼈나->써나-, ᄲᅧ>셔, 뿍>쑥, 쓰->쓰-, 힘쓰->힘쓰-, 딱>짝

동일한 하나의 된소리에 두가지 표기가 자의적으로 선택된 현상은 바로 ≪ㅂ≫계합용병서가 된소리로 변하는 한 과정을 나타내는것으로 해석된다. 따라서 19세기에 와서야 비로소 된소리 표기는 모두 된시옷으로 통일되였다. 이에 대하여 류희(柳僖)는 ≪언문지≫(1824년)에서 다음과 같이 말하고있다.

≪今俗婦女, 若遇濁聲, 皆從左邊之人. 獨於心母, 避成雙形而加ㅂ左邊. ≫

근대조선어시기에 순한소리의 된소리화현상도 역시 나타나고 있는데 대개 순한소리의 된소리현상은 심리적으로 강세화를 표현하려는 욕구가 바탕이 된다고 본다. 례:

곳다>꼿다, 듧다>뚤다, 빗다(散)>쎗다, 비븨이다(鑽)>쎄비다, 구짇다(叱)>꾸짇다, 닿다>쌓다, 긇다(沸)>쓿다, 그스다(引)>쓰스다, 삿기>삿끼

이러한 단어들은 처음에는 순한소리형과 된소리형이 짝으로 나타났으나 이후 대부분은 된소리형만 남게 됨을 알수 있다.

순한소리의 된소리현상은 다음과 같은 요인에 의해서 비롯된다.

첫째, 어두 순한소리가 된소리로 바뀌게 된것:

긴 > 낀, 불휘 > 뿔휘

둘째, 단어결합에서 사이소리에 의하여 된소리로 바뀌게 된 것:

빗곱 > 비쏩, 늦주슴 > 눈쯧슴

셋째, 단어내부 앞음절의 끝소리 ≪ㅅ≫과 순한소리들의 결합이 하나의 된소리로 바뀐것:

샷기 > 샷끼, 깃브다 > 기쁘다

이밖에 역행동화현상으로 된소리화현상이 나타난다. 례:

져다 > 쩍다, 쟈다 > 짝다, 곳고리 > 쾨쏘리, 덧덧이 > 쩟쩟이, 듯드시 > 쯘쯘시

이와 같이 근대조선어의 어두와 어중에서 된소리화는 우선 어두자음의 결합이 하나의 된소리로, 다음으로 어중에서 순한소리들의 결합이 된소리로, 사이소리에 의해 순한소리가 된소리로 되였고 어두의 순한소리가 어중자음결합의 역행동화에 의해 된소리로 되였다.

이상과 같이 근대조선어의 된소리는 ≪ㅅ≫계합용병서, ≪ㅂ≫계합용병서 그리고 일부 각자병서에 의하여 세가지 표기를 하는 과정에 최종적으로 ≪ㅅ≫계로 단일화되였다.

오늘날은 된소리화가 근대조선어보다도 더 많이 일어나고있으므로 된소리화는 시간의 흐름과 함께 증가되는 현상이라고 말할수 있다.

거센소리현상은 고대에는 없었고 중고조선어로부터 점진적으로 나타나기 시작하였는데 근대조선어에 와서 더욱 확산되였다. 어두에서 순한소리이던 무성자음의 거센소리화에는 소위 ≪<ㅎ>첨가자음≫에 속하는 단어들도 들어있는데 ≪ㅎ≫의 역행동화의 영향을 입어 어두의 무성자음이 유기음으로 변화되는 특이한 현상을 볼수 있다.

갈ㅎ(刀) > 칼, 불ㅎ(腕) > 폴

거센소리화현상은 어중에서 ≪<ㅎ>첨가자음≫을 가진 체언 다음에 오는 자음과의 련결에서도 일어났는데 17세기에 와서는 그와 같은 경우외에 어두와 어중의 순한소리에서도 일어났다.

고기리(≪석봉천자문≫ 36) > 고키리(≪월인석보≫ 1,27) >코키리
                              (≪역어류해≫ 상, 33) [ㅎ+ㄱ]
불무(≪훈몽자회≫ 하,16) > 풀무(≪왜어류해≫ 하, 16) [어두]
손돕(≪두창경험방≫ 52) > 손톱(≪석보상절≫ 13, 52) [어중]
닷(≪석보상절≫ 9,16)   > 탓(≪법화경언해≫ 2, 165) [어두]
시기다(≪석보상절≫ 13,52) > 시키다(≪계축일기≫ 193쪽) [어중]
굴비(≪월인석보≫ 1,32)   > 굴피(≪어록해≫ 10) [어중]
양지하다(≪훈몽자회≫ 하, 11) > 양치하다(≪녀사서언해≫ 3, 10) [어중]
박히다(≪역어류해≫ 하,18a)   > 바키다(≪언해태산집요≫ 75a) [ㄱ+ㅎ]

거센소리현상은 초성에만 나타나는것이 아니라 종성에서도 일어났다.

곶(花) > 곷, 녁(方) > 녘

이와 같이 근대조선어에서 거센소리, 된소리가 중세조선어시기보다 많아진것은 조선어의 음운체계에서 거센소리, 된소리 계렬이 음운으로서의 지위를 확고히 구축하였음을 의미하며 동시에 파렬음, 파찰음 계렬에서 삼지상관속적인 대립이 완전히 이루어졌음을 말해준다.

근대조선어의 자음체계를 도표로 표시하면 아래와 같다.

조음위치 / 조음방법	순음	설음	치음	아음	후음
파렬음	ㅂ ㅍ ㅽ	ㄷ ㅌ ㅼ(ㅲ, ㅴ)		ㄱ ㅋ ㅺ(ㅵ,ㅄㄱ)	
마찰음			ㅅ ㅆ(ㅄ)		ㅎ
파찰음			ㅈ ㅊ ㅾ(ㅶ)		
비음	ㅁ	ㄴ		ㅇ	
류음		ㄹ			

2. 모음체계의 변화

근대조선어에서 겪는 음운변화중 가장 큰것은 양성모음으로 확고한 자리를 차지하고있던 ≪·≫의 소실일것이다. ≪·≫는 ≪훈민정음≫ 창제당시 기본모음으로서 중성자의 기초로 되였었다.

≪·≫는 먼저 제2음절이하에서부터 소실되는데 제2음절이하에서의 소실은 이미 16세기후반에 나타나기 시작하였고 17세기초부터는 제1음절에서도 ≪·≫가 ≪ㅏ≫나 ≪ㅗ≫ 등의 다른 모음으로 바뀌게 되였다. ≪·≫를 대치한 모음으로서 가장 일반적

으로 나타나는것은 ≪ㅏ≫모음이고 그다음이 ≪ㅡ≫모음인데 일반적으로 제1음절에서는 ≪ㅏ≫모음으로, 제2음절에서는 ≪ㅡ≫모음으로 대치되였다. 례:

ᄀᆞ술(秋)＞가을, 가슴(胸)＞가슴, ᄆᆞ술(村)＞마을, ᄆᆞ슴(心)＞마음

이외에 ≪ㅗ, ㅜ, ㅓ, ㅣ≫로 대치되는 례들도 보인다. 표기상으로는 ≪·≫는 20세기초반(≪한글맞춤법통일안≫에서 이 글자의 페기를 결정한 1933년)까지도 그대로 씌였으나 이미 18세기 중엽까지는 ≪·≫의 실제적인 발음은 없어졌다고 추정한다.

가) 소매→ᄉᆞ매(≪동국신속삼강행실도≫ 렬녀도, 4, 14)
나) 즌흙에→즌ᄒᆞᆰ(≪박통사언해≫ 중, 51), 가이→ᄀᆞ새(≪역어류해≫ 하, 15), 래년→ᄅᆡ년(≪한청문감≫ 19a), 달팔이→ᄃᆞᆯ팔이(≪한청문감≫ 447b), 아둘(子)→ᄋᆞ둘(≪법화경언해≫ 2, 242)

·＞ㅏ: ᄯᆞᆷ(汗), ᄉᆞᆯ(肌), ᄡᆞᆯ(米), ᄉᆞ랑(思)
·＞ㅡ: ᄀᆞ술(秋), ᄆᆞ슴(心), 하ᄂᆞᆯ(天)
·＞ㅗ: ᄀᆞᆯ(邑), ᄂᆞᆷ(者), ᄉᆞ매(袖)
·＞ㅜ: ᄂᆞ물(菜), 아ᅀᆞ(弟)
·＞ㅣ: ᄆᆞᄎᆞᆷ(終), 아ᄎᆞᆷ(朝)

≪·≫의 변화과정에서 ≪·≫는 ≪ㅓ≫로도 반영된다. 이런 현상은 대개 ≪·＞ㅏ≫가 먼저 나타난 뒤 그때까지 변화하지 않고있던 ≪·≫에서 일어난다. 례:

·＞ㅓ: 다ᄉᆞᆺ(五)＞다섯, ᄐᆞᆨ(頤)＞턱
허믈며←ᄒᆞ믈며(≪두시언해≫ 중간, 21, 32)

일커로딕←일콘다(《석보상절》 13, 59)

《·》가 음가를 소실한 원인은 모음조직의 분포에 있어 균형이 잡히지 않은데 있다고 본다. 《·》는 모음사각도의 뒤편 아래쪽에 위치하는데 여기에는 《ㅓ, ㅏ, ㅗ》 등 여러 모음들이 모여있다. 따라서 이들 모음의 변이음이 실현될수 있는 중립지대가 좁고 전체적인 모음 분포도로 보아 전설쪽에 비해 무겁다. 이와 같은 불균형에 대한 안정화의 하나로 《ㅏ, ㅗ》와 음가가 비슷한 《·》가 없어지게 되였다고 본다.

《·》의 소실 다음으로 중요한 음운변화는 《ㅐ, ㅔ》의 단모음화현상일것이다. 중세조선어에서 [aj], [əj]와 같은 이중모음으로 발음되던 이들이 [ɛ], [e]와 같은 단모음으로 바뀐것은 대개 18세기말엽이였던것으로 추정된다.

17세기중반에 간행된 《첩해신어(捷解新語)》(1676년)에서 일본어 《え》의 표기에 고심한 흔적이 있다. 일본어의 《え》를 《여》로 표기한 례가 있는가 하면 《예》로 표기한 례도 있는데 이는 당시 조선어에 단모음으로서의 《e》가 존재하지 않았음을 말해준다. 18세기중반의 《동문류해(同文類解)》(1748년)에서 청어(淸语)의 《ai》, 《əi》가 조선어 《ㅐ》, 《ㅔ》로 반영된 사실은 아직 단모음화가 이루어지지 않았음을 말해준다. 이러한 사실은 《팔세아(八歲兒)》에도 나타나기에 우리는 《ㅐ, ㅔ》의 단모음화가 이루어진 시기를 18세기말이후로 추정한다. 《ㅐ, ㅔ》가 단모음화한것은 이른바 《ㅣ》모음의 역행동화에서 그 원인을 찾을수 있다. 즉 《ㅐ, ㅔ》의 후행모음인 《ㅣ》의 영향으로 《ㅐ》는 [a]와 [i]의 중간음인 [ɛ]로, 《ㅔ》는 [ə]와 [i]의 중간음인 [e]로 변화함으로써 단모음화가 이루어진것이다. 이리

하여 근대조선어의 모음체계에서 ≪·≫의 소실로 인해 6개로 줄
어들었던 모음체계에 [ɛ], [e] 단모음이 추가됨으로써 8모음체계
가 이루어지게 되였다.

　　≪·≫의 소실로 ≪·≫와 ≪ㅣ≫의 합성자인 이중모음 ≪·ㅣ≫
는 일단 ≪ㅐ≫나 ≪ㅔ≫로 대치되고 곧 이어 단모음화가 이루어
진것이다. 18세기중반이후의 자료들에서 ≪·ㅣ≫가 ≪ㅐ≫나 ≪ㅔ≫
와 혼기되고있는것은 ≪·ㅣ≫의 ≪ㅐ, ㅔ≫와의 변별성이 이미 상
실되여가고있었음을 보여준다.

　　버릭(≪증수무원록언해≫ 1, 5) : 버레(≪증수무원록언해≫ 3,57)
　　엇긱(≪무예도보통지언해≫ 38) : 엇게(≪동문류해≫ 상, 15)

　　이때까지 ≪ㅚ≫와 ≪ㅟ≫의 단모음화가 일어난 흔적은 나타
나지 않고있다.

　　따라서 18세기말을 중심으로 근대조선어의 모음체계는 대개
다음과 같은 8모음체계였던것으로 추정된다.

	전설	중설	후설
고설	ㅣ[i]	ㅡ[ɨ]	ㅜ[u]
중설	ㅔ[e]	ㅓ[ə]	ㅗ[o]
저설	ㅐ[ɛ]	ㅏ[a]	

3. 어음변화

1) 구개음화

근대조선어시기 자음에서 몇가지 중요한 음운변화를 겪었는
데 그중 가장 두드러진것은 구개음화이다. 구개모음인 ≪ㅣ≫나
반모음 [j]앞에 오는 ≪ㄷ, ㅌ≫ 등이 역행동화의 작용을 받아

조음위치가 경구개쪽으로 이동하여 ≪ㅈ, ㅊ≫으로 변화되는 현상을 가리킨다. 례:

가) ᄀᆞᄅ 디러(초간 ≪두시언해≫ 16, 30)
   ᄀᆞᄅ몰 지러(중간 ≪두시언해≫ 24, 32)
나) 흔 디위(초간 ≪두시언해≫ 7, 32)
   몃 지위(중간 ≪두시언해≫ 16, 53)

이와 같이 ≪디러≫가 ≪지러≫, ≪디위≫가 ≪지위≫로 변화되고있는것은 중간 ≪두시언해≫시기에 이미 동남방언에서 ≪ㄷ, ㅌ≫이 ≪ㅣ≫앞에서 ≪ㅈ, ㅊ≫으로 바뀌고있음을 말해주는것으로서 이 구개음화는 점차 그 령역이 확장되여 18세기에는 서북방언을 제외한 대부분의 방언에서 진행되였다.

≪왜어류해(倭語類解)≫와 ≪동문류해(同文類解)≫에 보이는 례들이 모두 이 시기에 구개음화가 일반화되여있었음을 보여준다. 례:

가) 칠 타 → 打(上, 30)
   지새 와 → 瓦(上, 32)
   찌흘 용 → 春(下, 3)
   질 락 → 落(下, 30)

　　　　　　　—이상 ≪왜어류해≫에서

나) 찌다 → 뗘다(상, 59)
   직히다 → 딕히다(상, 45)
   고지식 → 고디식(상, 21)
   찟타 → 띻다(하, 2)

　　　　　　　—이상 ≪동문류해≫에서

따라서 구개음화는 대개 17세기말에서 18세기초에 걸쳐 일어난것으로 추정된다.

류희의 ≪언문지≫에 의하면 그의 선생인 정동유가 말하기를 자기 고조부의 형제가 ≪知和, 至和≫로서 ≪知(디)≫와 ≪至(지)≫는 17세기까지 잘 구별하여 발음하였으나 정동유때(18세기후반기)에 와서 그것이 구별되지 않게 되였다고 하였다. 그러면서 류희는 그 당시에 와서 서북일대에서만 ≪天(텬)≫과 ≪千(천)≫, ≪地(디)≫와 ≪至(지)≫를 구별할수 있게 되였다고 하였다. 이 문헌의 지적을 종합해보면 서북방언에서는 ≪ㄷ, ㅌ≫의 구개음화가 18세기는 물론 19세기까지도 진행되지 않았다.

현대조선어에는 ≪마디(節), 잔디(茅), 디디다(踏), 견디다(耐)≫ 등과 같이 ≪ㅣ≫모음앞에서도 구개음화되지 않은 ≪ㄷ≫초성이 어두에 존재한다. 이들은 원래 중세조선어에서는 ≪ㅣ≫모음이 아닌 이중모음 ≪ㅢ≫를 갖고있었으므로 구개음화의 영향을 입지 않은것이다.

어두의 ≪니, 냐, 녀, 뇨, 뉴≫ 등의 ≪ㄴ≫이 탈락하는 현상도 나타난다. 례:

임금→님금(≪십구사략언해≫ 1, 17), 일음이라→니르(謂) (≪류음≫)

이 두 경우는 모두 구개음화와 관련되는 현상으로 해석된다. 즉 이 환경에서의 ≪ㅅ, ㅈ, ㅊ≫이나 ≪ㄴ≫이 이 시기에 구개음화를 겪게 되면서 이러한 분포상의 제약이 뒤따른것으로 해석하는것이다.

앞자음의 구개음화외에 뒤자음(ㄱ, ㅋ, ㅎ)의 구개음화도 진행되였다. 그러나 뒤자음의 구개음화는 비록 앞자음의 구개음화보다 앞서 진행되였음에도 제한된 일부 경우외에는 전반적현상으로 인정되지 않은채 그후 방언현상으로 남게 되였다. 례:

가) 길경이(**車前菜**) (≪한청문감≫ 337c)
　　질경이(**車前草**) (≪물명고≫ 3)
나) 키(≪청구영언≫ 경성제대판 154쪽)
　　치(**舵**) (≪훈몽자회≫ 중, 주선)
다) 힘힘하다(≪두시언해≫ 중간, 상, 32)
　　심심하다(≪선조언간≫)

2) ≪ㅣ≫모음역행동화

근대조선어시기 모음변화가운데 ≪ㅏ, ㅓ, ㅗ, ㅜ, ㅡ, ·, ㅑ, ㅕ≫ 등 모음이 뒤에 오는 ≪ㅣ≫의 영향을 받아 ≪ㅐ, ㅔ, ㅚ, ㅟ, ㅢ, ·ㅣ, ㅒ, ㅖ≫ 등으로 변하는 현상이 있었다. 례:

져비＞졔비,　곳고리＞굇고리,　나싀＞냉이,　굼벙이＞굼벵이

이러한 동화현상은 명사뿐아니라 동사의 어간에서도 많이 나타난다. 례:

사기다＞새기다, 겨시다＞계시다, ᄒ이다＞희이다, 삼기다＞생기다, 나기하다＞내기하다

≪ㅣ≫모음역행동화현상은 17세기초부터 나타나며 18세기이후 근대조선어시기부터 활발하게 이루어진것으로 짐작된다. 특히 19세기중엽의　≪관성제군명성경언해(**關聖帝君明聖經諺解**)≫(1855년)에서 많이 볼수 있다. 례:

앗기는(**惜**)＞익기는,　드리고(**煎**)＞듸리고,　지팡이(**杖**)＞지핑이,

삿기(羔) > 싀기

현대조선어방언에도 이러한 현상이 많이 나타난다. 례:

학교>핵교, 아비>애비, 어미>에미, 아기>애기, 담배>댐
배

3) 단모음화

근대조선어시기의 단모음화는 두가지 측면에서 나타난다. 하
나는 중세조선어의 모음체계에서 이중모음이였던 ≪ㅐ(a+i)≫,
≪ㅔ(ə+i)≫의 음가가 단모음 [ɛ], [e]로 변천하여 모음체계상
의 단모음화가 일어났는데 이러한 변천은 18세기중엽으로부터 19
세기초기까지 진행되였다.

다른 하나는 치음 ≪ㅅ, ㅈ, ㅊ≫ 다음에 오는 ≪ㅑ, ㅕ,
ㅛ, ㅠ≫가 ≪ㅏ, ㅓ, ㅗ, ㅜ≫ 등의 단모음(単母音)으로 바뀐
현상이다. 이와 같은 양상의 단모음화는 발음의 간소화경향에 따
라 등장한것으로 고유어뿐아니라 한자어에서도 나타난다. 례:

가) 저근→져근(小) (≪역어류해≫ 상, 35), 저재→져재(市) (≪역
   어류해≫ 상, 68)
나) 셔울>서울, 졉동새>접동새, 졀>절, 몬져>먼저, 츈혀>
   추녀(簷), 셔다>서다, 젹다>적다
다) 궁즁(宮中) >궁중, 쇼년(少年) >소년, 셔방(書房) >서방,
   쳔지(天地) >천지, 챵포(菖蒲) >창포, 죠션(朝鮮) >조선

이밖에도 ≪긔러기>기러기, 불휘>뿌리, 호믜>호믜>호미,
엱다>얹다, 넣다>넣다, 퓌다>픠다>피다≫ 등 변화는 단모음
화현상이 치음아래에만 국한되지 않았다는것을 설명해준다.

4) 전설모음화

치음 ≪ㅅ, ㅈ, ㅊ≫ 아래에서 비전설모음인 ≪ㅡ≫가 전설모음 ≪ㅣ≫로 변하는 현상을 전설모음화라 한다. 전설모음화현상은 근대조선어후기에 나타난다. 이는 치음의 영향을 받아 조음위치를 이동시키는 동화작용의 한 양상이다. 례:

가) 아츰>아츰>아침, 스ㄱ볼>스굴>시골, 거즛>거짓
나) 즟다>짖다, 거츨다>거칠다, 뜿다>쯧다>찢다

이러한 현상은 19세기에 들어오면서 더욱 활발하게 진행되였으며 ≪금슬(琴瑟)>금실, 법측(法則)>법칙, 즐책(叱責)>질책≫ 등과 같이 한자어에서도 나타난다.

5) 원순모음화

근대조선어시기에 일어난 모음변화중 가장 두드러진 변화의 하나가 바로 원순모음화이다. 원순모음화는 ≪ㅁ, ㅂ, ㅍ, ㅽ≫ 등 순음아래의 평순모음 ≪ㅡ≫가 원순모음 ≪ㅜ≫로 바뀌는 현상인데 례하면 ≪므, 브, 프≫ 등이 ≪무, 부, 푸≫ 등으로 바뀐것과 같은것이다. 이러한 현상은 ≪ㅡ≫와 ≪ㅜ≫의 조음위치가 가까우며 량순음의 조음영향을 받아 일어나는 순행동화작용이다. 례:

불(≪역어류해≫ 하, 18; ≪동문류해≫ 상, 63), 풀(≪동문류해≫ 상, 37), 쓸(≪동문류해≫ 하, 38), 묽다(≪역어류해≫ 보, 2), 붓다(≪역어류해≫ 상, 59), 붉다(≪동문류해≫ 하, 25)

이러한 현상은 명사뿐아니라 동사, 형용사에서도 일어났다.

가) 명 사: 거플(皮)>거풀, 그믈(網)>그물, 나믈(菜)>나물, 믈

　　　　　　(水) > 물
　나) 동　사: 머믈다(留) > 머물다, 믈다(吻) > 물다, 븟다(注) >
　　　　　　붓다
　다) 형용사: 므르다(軟) > 무르다, 븕다(赤) > 붉다, 어듭다(暗)
　　　　　　 > 어둡다

　원순모음화현상은 ≪믈(勿) > 물, 믁(墨) > 묵, 븍(北) > 북,
붕(朋) > 붕, 픙(風) > 풍≫ 등과 같이 한자음에도 나타난다.
　원순모음화는 15세기부터 시작되여 17세기에는 더욱 활발해
졌으며 18세기중엽에 확립된것으로 추정된다.

6) 모음충돌회피현상
　한 단어안에서 서로 다른 음절에 속하는 린접모음이 형태론
및 의미론상 지장이 생기지 않는 범위에서 서로 회피하는 경향이
있다. 이를 모음충돌회피현상이라고 한다.
　모음충돌을 회피하는 양상은 린접모음가운데 하나를 생략하
거나 모음과 모음사이에 자음을 개입시키거나 또는 반모음 [j]를
개입시키는 세가지 류형으로 나타난다.

　가) 모음생략: 두외다(爲) > 되다, 수울(酒) > 술, 사오납다(惡) >
　　　　　　사납다, 가비얍다(要) > 가볍다, 흐올로(獨) > 홀로
　나) 자음개입: 마아지(駒) > 망아지, 쇼아지(犢) > 송아지, 죠히(紙) > 종히
　다) 반모음개입: 흐아 > 흐야(爲), 두리에 > 두리예(於橋), 두외
　　　　　　옴 > 두외욤(化)

　호격토가 ≪아/야≫의 두 형태로 나타나는것이 반모음개입류
형의 대표적인 례에 해당된다. 호격토는 본래 ≪아≫ 하나였는데
모음으로 끝나는 체언아래에 ≪아≫가 근대조선어시기에 와서 모

음충돌회피현상에 의하여 ≪-야≫로 쓰이게 되였다. 례:

> 文殊아 모든 疑心을 決ᄒ고라(≪석보상절≫ 13, 25)─文殊야
> 善男子아 엇던이를 爲ᄒ야(≪월인석보≫ 21,118)─善男子야

7) 종성에서의 ≪ㅅ≫과 ≪ㄷ≫의 혼란

중고조선어와 중세조선어에서는 종성으로서 ≪ㅅ≫과 ≪ㄷ≫을 엄격히 구별하여 썼다.

≪조선관역어≫에서는 조선어의 어말자음 ≪ㅅ≫은 한결같이 ≪思≫로 표기하였다.

> 城　　雜思(잣)
> 衣服　臥思(옷)
> 松果　雜思(잣)
> 花　　果思(곳)

≪조선관역어≫에서는 조선어의 어말자음 ≪ㄷ≫을 위해서는 아무런 방법도 마련하지 않고있다.

> 田　把(받)
> 陽　別(볃)

≪조선관역어≫에서의 이러한 표기는 당시 중세어에서 ≪ㅅ≫과 ≪ㄷ≫이 어말에서 대립되고있었음을 보여줄뿐아니라 ≪ㅅ≫ 종성의 발음에 대해서도 시사해준다.

중세어의 어말에서 ≪ㅅ≫과 ≪ㄷ≫이 엄연히 대립되여있었기 때문에 ≪훈민정음해례≫의 8종성법에 그것이 반영되였던것이며 초기문헌들에서도 엄격히 그것을 구별하여 썼던것으로 보인다.

가) 곳도 프며(≪석보상절≫ 11권, 4장)→花
나) 곧곧마다 븘비치 나더라(≪월인석보≫ 2권, 52장)→處
다) 흔 낫 フ티 ᄒᄂ다(≪릉엄경언해≫ 2권, 29장)→箇
라) 낟 爲穀(≪훈민정음해례≫ 용자례)→穀

이렇게 엄격히 구별하여 쓰던것이 근대조선어시기에 종성에서의 ≪ㅅ≫과 ≪ㄷ≫의 혼란이 발견된다. 례:

가) 맛(≪동국신속삼강행실도≫ 효자, 4권, 30장)
나) 맏(≪동국신속삼강행실도≫ 효자, 1권, 36장)
다) 굳고(≪두창집요≫ 상권, 39장)
라) 굿거늘(≪두창집요≫ 하권, 217장)

이와 같이 중세조선어에서 두 받침은 엄격히 구별되였으나 17세기에는 ≪ㅅ≫과 ≪ㄷ≫이 자의적으로 선택되고있으며 18세기에는 종성의 ≪ㄷ≫이 없어지고 ≪ㅅ≫으로 통일되는 경향이 보인다.

8) 복철현상

근대조선어시기에 복철현상이 늘어난다. 초기문헌에서는 고유어휘의 경우에 어간말음의 자음을 하철하는것을 원칙으로 하였으나 17세기이후에는 받침으로 상철하면서 또 내려써서 하철하는 복철현상이 나타나게 되였다. 례:

가) 깃쩌(≪동국신속삼강행실도≫ 효자, 6권, 27장)
나) 븍녁키(≪로걸대언해≫ 상권, 15장)
다) 곳츨(≪박통사언해≫ 중권, 43장)

이러한 복철현상은 어중의 된소리나 거센소리를 표기하는 경우에 국한되여 나타났다. 이러한 현상은 조선어의 된소리나 거센소리가 가지고있는 어음적특성을 어느 정도 반영하고있는것이라고 할수 있는데 중세조선어문헌에 없었던 현상이다.

제3절   근대조선어의 문법적형태

근대조선어에 들어오면서 문법에서도 적지 않은 변화가 보인다. 그것은 격형태가 더욱 정비해지고 새로운 시칭체계가 확립되고 존경형태가 일정한 변화를 일으킨데서 나타난다. 중세조선어에 있던 문법현상이 근대조선어에 와서 달라진것 그리고 이 시기에 와서 새로 생긴 현상은 아래와 같다.

1. 품사

근대조선어시기에 사용된 단어들을 단어의 어휘적특성, 문법적특성, 단어조성적특성 등 여러가지 기준에 따라 동사, 형용사, 명사, 수사, 대명사, 관형사, 부사, 감탄사 등으로 분류할수 있다.

근대조선어에서 명사는 ≪군ᄉ, 곡식, 닉년, 아춤, 은혜, 졀도사, 산셩, 양≫ 등 감정명사, 무정명사, 자연현상명사, 추상명사 등이 씌였다. 명사에서 특징적인것은 제 홀로 쓰일수 없는 불완전명사의 사용이다. 불완전명사에는 중세조선어와 근대조선어에만 쓰인 ≪쟝＞작≫, 현대조선어에까지 지속적으로 쓰이는 ≪것, 닷＞듯, 대＞대로, 듸＞데, ᄯᅮ름＞따름, 만, 분, 쓴＞뿐, 자히＞채, 바, 김, 등, 만치＞만큼, 번, 쟈＞자≫ 등을 들수 있다.

불완전명사 ≪것≫의 쓰임이 근대조선어시기에는 중세에 비해 많아졌다.

　　가) 거줏 것시면 엇디 다힝이 면ᄒ리오(≪경민편언해≫ 서, 4)
　　나) 아니 닷디 못홀 거시오(≪가례언해≫ 서, 2)

　　대명사 ≪내, 네≫는 중세조선어에서 1인칭과 2인칭 대명사
의 주격형이였는데 근대조선어에서는 주격토 ≪-가≫가 련결되여
≪내가, 네가≫로 나타난다. 중세조선어에는 2인칭대명사 ≪자늬
(ᄌ늬)≫가 많이 등장한다. 그리고 여기에 복수토 ≪-네≫가 붙
는 ≪자늬네≫도 나타난다. 례:

　　가) 자늬 말이 對馬島셔 聞及ᄒ드시(≪첩해신어≫ 1, 18)
　　나) 자늬네씌 쇠아기를 조지니(≪첩해신어≫ 5, 22)

　　중세조선어에서 ≪몸소, 스스로≫의 뜻을 가졌던 ≪자내≫도
근대에 와서 ≪자늬≫와 마찬가지인 2인칭대명사로 씌였다. 례:

　　가) 舍利佛도 자내 毗沙文王이 두외니(≪석보상절≫ 6,33) [부사]
　　나) 자내 자소 나ᄂ 매(≪청구영언≫ 1948년 간행, 99) [대명사]

　　사람을 나타내는 의문대명사 ≪누≫, ≪아모≫는 근대에 와
서 ≪누고, 누구≫, ≪아므≫로 표기된다. 물론 중세말기에 ≪누
고, 누구≫는 이미 쓰이기 시작했다.
　　≪어느≫는 근대조선어에서 대명사로는 쓰이지 않고 관형사
의 기능만으로 씌였다.
　　근대조선어 수사는 수량수사와 순서수사, 고유어수사와 한자
어수사로 나누어 씌였다. 17세기부터 ≪온(百)≫이라는 수사가
드물게 쓰이고 또 ≪즈믄(千)≫은 그 쓰임을 볼수 없게 되였다.

《온》이나 《즈믄》은 한자어계수사로 대체되여 사용되였다. 개략적인 수를 나타내는 합성수사 《흔두, 두어, 서너, 네다숫, 다엿, 예닐곱, 닐여듧, 닐여든, 두빅》 등은 중세조선어나 현대조선어와 큰 차이가 없다. 순서수사에서 중세조선어의 《흐나재》는 안보이고 《둘재, 셋재, 넷재, 다숫재, 여숫재, 닐굽재, 여듧째, 아홉재, 열째, 열흐나째》 등이 보인다.

동사는 대상의 움직임을 과정적으로 나타내는 품사로서 그 분류기준에 따라 중세와 마찬가지로 자립동사, 보조동사, 자동사, 타동사, 단일동사, 합성동사로 나눈다. 형용사는 사물의 성질이나 상태를 풀이하여 표시하는 품사로서 《검다, 모질다, 굳다, 잇다, 아프다》와 같이 대상의 성질이나 속성을 표시하는 형용사와 《이러흐다, 그러흐다, 뎌러흐다, 엇더흐다, 아므라타》와 같이 근칭, 원칭, 미지칭, 부정칭을 표시하는 형용사가 있다.

용언의 어간에 여러가지 문법적형태가 첨가하여 쓰이는것을 활용이라고 하는데 근대조선어에도 이러한 현상이 있었고 활용에는 규칙성활용과 불규칙성활용이 있었다. 여기에서 《보다》나 《크다》의 어간 《보-》, 《크-》에 문법적형태 《-고, -지만, -면서, -시-, -ㅂ니다, -네》가 결합되여 《보고, 보지만, 보면서, 보시-, 봅니다, 보네/크고, 크지만, 크면서, 크시-, 큽니다, 크네》 등으로 쓰이는것은 규칙성활용이고 동사 《짓다》 의 어간 《짓-》에 문법적형태 《-으니, -어, -은, -어라》가 붙어서 《지으니, 지어, 지은, 지어라》, 《눕다》의 어간 《눕-》에 문법적형태 《-어, -으며, -은》이 붙어 《누워서, 누우며, 누운》이 되는 현상을 불규칙성활용이라 한다.

근대조선어에 자립용언에 붙어서 자립용언을 도와주는 보조용언이 씌였다. 보조용언에는 진행을 나타내는 《-어가다, -어오다, -고있다≫, 종결을 나타내는 ≪-어나다, -어내다, -어브리다≫, 시행을 나타내는 ≪-어보다≫, 봉사를 나타내는 ≪-어주다, -어드리다≫, 보유를 나타내는 ≪-어두다, -어놓다, -어가지다≫, 사동을 나타내는 ≪-게 ᄒ다≫, 피동을 나타내는 ≪-어지다, -게 되다≫, 부정을 나타내는 ≪-디 아니ᄒ다, -디 몯ᄒ다, -디 말다≫, 희망을 나타내는 ≪-고시브다≫, 추측을 나타내는 ≪-가시브다≫, 상태를 나타내는 ≪-어잇다≫ 등이 있다.

　체언의 앞에서 체언을 수식함으로써 체언의 뜻을 분명하게 제한해주는 관형사도 계속 근대조선어에 씌였는데 성질관형사와 분량관형사 ≪새, 헌, 넷, 죠고맛감, 진딧≫ 등이 그러한 레이다.

　동사나 형용사, 부사 앞에 씌여 그 의미를 한정해주는 품사를 부사라 하는데 부사는 문장속에서 문장의 어느 한 성분만을 한정해주는 성분부사와 주로 문장앞에 씌여 문장 전체의 의미를 한정해주는 문장부사가 있다. 성분부사에는 동사를 수식하여주는 성상부사 ≪바로, 더곰, 어슨듯, 노피, 그르, ᄀᆞᆺ≫, 형용사를 수식해주는 성상부사 ≪믓, 가장, ᄯᅡ로≫, 체언을 수식해주는 성상부사 ≪바로, 겨우, 아조, 오직≫, 그외에도 ≪아삭아삭, 곰곰≫, ≪이리, 그리, 뎌리, 엇디, 아므리≫, ≪아니, 못≫ 등 상징부사, 지시부사, 부정부사도 있다. 문장부사에는 양태부사와 접속부사가 있는데 ≪과연, 모로매, 반ᄃ시, 셜마, 만일, 아므려도, 조곰터면≫ 등이 양태부사에 속하고 ≪그런즉은, 그려면, 그르므로, 그러나, 이러ᄐ시, 곧, 더고나, 도ᄅᆞ혀, 다ᄆᆞᆫ≫ 등은 접속부사에 속한다.

　근대조선어에는 ≪됴타됴타, 어와, 어즈버, 어져, 어와, 이바, 아소, 아냐≫ 등 감탄사도 씌였다.

2. 체언형태

1) 격형태의 모음조화 파괴

중세조선어에서 격토가 모음조화에 따라 대응하는 쌍을 이루고있었으나 근대조선어시기에 와서는 ≪·≫의 소실과 모음조화의 파괴에 따라 양성과 음성에 따라 격토의 선택이 규칙적인것으로 되지 못하고 자의적으로 되는 경우가 많았다.례:

가) 믈을(≪로걸대언해≫ 상권, 11장)
나) 브람의(≪첩해신어≫ 2권, 1장)
다) 뎌룰(≪로걸대언해≫ 하권, 43장)

이와 같이 격토가 붙는데서 어간과 토사이의 모음조화관계는 전혀 무시되고있는데 그것은 시간이 갈수록 더 심해지고있다.

가) 나라희 빈이 되여(≪한중록≫)
나) 나라히 유공홈이 측냥 업다(≪한중록≫)

하나의 문헌에서 이러한 혼동을 보이는것은 실제상 모음조화에 의해 산생된 ≪의/익≫의 음양대칭현상은 실제상 그 존재가 무의미하게 되였음을 의미하는것으로 된다.

이와 같이 격토중에는 중세조선어에서 쓰이던 변이형태들이 단일화(単—化)하였거나 그 기능이 달라진것도 있다. ≪·≫의 소실로 ≪올/을≫, ≪익/의≫의 구별이 없어진것은 당연하다 하겠지만 속격토로 쓰이던 ≪ㅅ≫은 무엇때문인지 복합어를 형성하는 사이시옷으로 기능이 바뀌였다. 중세조선어의 여러가지 격형태가 단순화된것이다.

2) 주격형태 ≪가≫의 출현

근대조선어에 와서 나타난 문법현상중 가장 크게 주목되는것의 하나는 주격토 ≪가≫의 출현일것이다. 견해에 따라 다른 관점도 있지만 중세의 고려가요와 일부 내간(內簡)에 ≪가≫가 출현한 례가 없지는 않았다.

가)　九月九日애/아으 藥이라먹는黃花/고지안해드니/새셔가만ᄒ
　　　애라(≪악학궤범(樂學軌範)≫ 동동)

나)　네가시아즐가/네가시럼난디몰라셔/위두어렁셩두어렁셩다링디리
　　　(≪악장가사(樂章歌詞)≫ 서경별곡)

여기에서의 ≪가≫를 주격토로 보는 견해도 있지만 17세기에 오면서 ≪가≫의 출현이 더욱 잦아진다. 례:

가)　多分 비가 올 거시니(≪첩해신어≫ 1, 8)

나)　東萊가 요ᄉ이 편티 아니ᄒ시더니(≪첩해신어≫ 1, 26)

다)　더라온 직가 다 처디고(≪신전자초방언해≫ 8)

라)　내가 根本人事不敏ᄒ 타스로(≪린어대방≫ 3, 19)

마)　밍녈키ᄅᆞᆯ 해ᄒᄂᆞᆫ 틔가 다 소사 올라(≪신전자초방언해≫ 12)

례에서 ≪비가, 동릭가, 직가, 내가, 틔가≫ 등으로 보이는바와 같이 주격형태 ≪가≫는 오직 ≪ㅣ≫로 끝나는 겹모음뒤에서만 쓰이였다. 이렇게 ≪가≫의 출현조건이 제한되여있는것은 17세기가 그 형성발전의 확실한 시기임을 말해주며 ≪ㅣ≫로 끝나는 명사의 절대격에 의해 조성된 명사주격형태를 강조하기 위해서 붙은것에 지나지 않음을 말해준다. 그것은 마치 동북방언에서 ≪사람＋이＋가≫에서처럼 명사주격형태 ≪이≫에 다시 ≪가≫를 붙이는것과 같은 현상이였다.

그후 모음으로 끝나는 모든 명사의 뒤에 나타나게 되는데 그 것은 시기적으로 ≪ㅐ, ㅔ≫ 등 겹모음의 홑모음화가 완성된것과 때를 같이하였다.

　가) 법 밧게 흐기가 실노 어진 정스의 시작이 될지라(≪자휼전 칙≫ 2장)
　나) 경고가 거의 이경이 넘엇더라(≪어제경민음≫ 10장)
　다) 내가 부모 써날 날이 박근흐니(≪한중록≫)

례에서 보는바와 같이 모음으로 끝날 때와 자음으로 끝날 때 엄연히 ≪가≫와 ≪이≫가 구별되여 쓰이면서 ≪가≫는 완전히 주격토로서 자리를 잡게 되였다.

격토 ≪가≫의 어원은 아직 잘 밝혀져있지 않다. 일본어의 주격조사와 형태가 같으나 일본어로부터의 차용일 가능성은 매우 적은것이다. 다른 일반단어도 별로 들여오지 않던 시기에 토와 같은 문법형태를 차용해왔을 가능성은 거의 없기때문이다.

이 시기 1인칭과 2인칭의 주격형태 ≪내가, 네가≫가 사용되기 시작하였다. 이것은 중세조선어 주격형태 ≪내, 네≫에 다시 ≪가≫가 련결된것이다.례:

내가 八字 險惡흐여(≪린어대방≫ 3, 19)

존경을 나타내는 주격형태 ≪겨오셔, 께셔(끠셔)≫가 씌였다.례:

　가) 아즈마님겨오셔 편티 몯흐오신듸(≪숙종언간≫)
　나) 선인겨오셔 경계흐오시듸(≪한중록≫)

《겨오셔》는 존재의 존칭동사 《겨시다》에서 온것이다.

중세조선어시기에 쓰이던 높임의 호격토 《하》는 이 시기 아예 자취를 감추었으며 《ㄹ》 말음아래에서는 《와》형태를 취하던 구격도 현대조선어에서와 마찬가지로 《과》를 취하게 되였다.

3) 도움형태

근대조선어의 도움형태는 격형태와 달리 특수한 뜻을 더해주는 기능을 하였으며 이러한 형태들로는 《는, 란(대조), 이나, 든지(선택), 마다(균일), 도(역시), 나마(확대), 언뎡, 망뎡(불구), 인들(양보), 야, 사(강세), 다가(유지), 브터(시발), 곳(다짐), 조차(추종), 신지(한도), 대로(현상)…》 등이 있다.

3. 용언형태

1) 현재시제의 문법적형태

근대조선어 문법적형태에서 용언형태는 체언형태에 비해 그 변동이 현저하다.

두드러진 변화의 하나는 중세조선어에서 《-ᄂ-》로 통일되여있던 현재시제의 문법적형태가 어간말음이 모음이냐, 자음이냐에 따라 《-ㄴ/는-》으로 갈린 현상이다. 《-ᄂ-》는 먼저 모음 뒤에서 《-ㄴ-》으로 축약되였다가 나중 그 짝으로 자음으로 끝난 어간뒤에서 《-는(ᄂ)-》으로 나타났는데 이 변화는 처음에는 내포문에만 나타났다. 즉 15세기에 현재시제는 《가ᄂ다(去), 먹ᄂ다(吃)》 등과 같이 씌였으나 근대조선어에서는 《간다, 먹는다》로 변하였다. 《-ㄴ다》는 16세기 문헌에도 간혹 보이지만 어떻든 오늘날의 《-는다》는 17세기에 비로소 나타난것이다. 례:

가) 은혜를 안다 ᄒᆞᄂ니라(《박통사언해》 상, 58)

나) 두리롤 놋는다 ᄒᆞᄂᆞ니라(≪박통사언해≫ 중, 23)
다) 믈이 쇠거름ᄀᆞ티 즈늑즈늑 것는다(≪로걸대언해≫ 하, 8)

2) 과거와 미래시제

중세조선어에서 ≪-앗/엇-≫이 쓰이기는 하였으나 그것은 아직 체계속에서 대응되는 다른 형태를 가지지 못하는 고립적인 존재였다. 이것이 그 어떤 체계속에 존재하게 되자면 그에 대립하는 형태를 가져야 한다. 근대조선어에 와서 과거시제의 ≪-앗/엇-≫이 ≪-겟-≫의 등장에 의하여 일정한 체계속에 존재한것도 이 시기 문법의 중요한 특징이다. 문법적형태 ≪-앗/엇-≫은 접속형태 ≪-아/어-≫에 ≪잇-(有)≫이 결합되여 이루어진것으로 해석되는데 근대조선어에서 이미 과거시제를 나타내는 기능을 담당한것으로 보인다.

≪삼역총해≫에서 이 형태소를 만주어의 과거형의 번역에 사용하였는데 이 점에서 주목을 요한다. 례:

曹操ㅣ 니로되 졔 두 번 왓거놀 믈리쳣다(≪삼역총해≫ 2, 5)

≪-앗/엇-≫이 과거의 시간적의미를 나타내는데 대해서 ≪겟≫은 그와 대립되는 다른 형태로 되며 이 문법적형태는 시태토 ≪거≫에 ≪이시다≫의 ≪이시≫가 결합된것이다. 례:

故園엣 버드리 이제 ᄠᅥ러디거시니(≪두시언해≫ 초간, 16권, 50장)

≪ᄠᅥ러디거시니≫는 의미상으로 ≪떨어질것이니≫의 뜻이다. 여기서 ≪거시≫는 ≪거이시≫ 즉 시간토 ≪거≫에 ≪이시다≫의 ≪이시≫가 결합된데서 온것이다. ≪거시≫는 기정의 사실을 강조하는데 쓰이고있는데 앞으로의 일도 변함없으리라는 확신의 뜻도 나타내고있다. ≪거시≫는 ≪것≫으로도 될수 있으며 ≪거≫

의 변종으로 ≪가≫가 있듯이 ≪갓≫으로도 될수 있을것이다. ≪거시≫는 ≪겟≫으로도 될수 있다.

이 시기에 와서는 ≪겟≫이 보충됨에 따라 ≪과거-현재-미래≫의 시제체계가 확립되였으며 종래의 시태토들은 주로 태적 또는 양태적의미를 담당하면서 시간적의미의 표시기능을 새로운 시칭토로 넘기게 되였다.

3) 존경형태의 변화

근대조선어시기 존경형태에도 변화가 있었다. 중세조선어시기에 주체존대, 객체존대의 체계로 있었으나 객체존칭의 문법적형태 ≪-습-≫이 근대조선어에 와서 그 기능을 잃고 겸양으로 넘어간것은 이 시기에 일어난 큰 변화의 하나이다.

근대조선어시기에 중세의 객체존경토와 계칭토의 결합인 ≪숩니이다, 숩ᄂ이다≫에서 나온 ≪옵닝이다, 옵나이다≫ 등은 최고의 존대 가장 높임의 계칭을 나타내게 되였다.

가) 病이 더 重훌가 너기옵닝이다(≪첩해신어≫ 2권, 2장)
나) 부인이 드러 오시니 황공ᄒ옵나이다(≪사씨남정기≫)

현대조선어의 ≪ㅂ니다, 옵나이다≫ 등은 바로 ≪-습-≫의 변화형인 ≪-옵-≫이 이 시기에 와서 ≪-ᄂ이다≫와 결합하여 ≪옵ᄂ이다, 옵닉이다≫로 된것이다.

가) 깃거ᄒ옵ᄂ이다(≪첩해신어≫ 2, 8)
나) 깃거ᄒ옵닉이다(≪첩해신어≫ 5, 18)
다) 감격히 너기옵닉이다(≪첩해신어≫ 3, 2)

이 시기에 가장 높임과 안높임 두 계칭사이에 일반높임이라는 새로운 계칭이 생겨났다.

가) 아름답다 니루시옵늬(≪첩해신어≫ 2권, 1장)
나) 아직 비예 투옵소(≪첩해신어≫ 5권, 1장)

여기서 ≪옵늬≫는 ≪옵ㄴ이≫가 줄어든것으로서 현대조선어의 일반높임 ≪하오≫에 해당하는 계칭이다. 이것은 중세조선어에서 종결토 ≪이≫에 ≪옵≫과 시태토 ≪ㄴ≫가 결합된것이다. 례:

오늘 몯 숣뇌(≪월인석보≫ 2권, 45장)

≪숣뇌≫는 ≪숣ㄴ이≫가 줄어든것인데 중세어에서 ≪이≫의 계칭적의미는 명백한것이 못되였다. 높은 계칭이 아닌것만은 사실인데 이것이 완전히 ≪하오≫계칭으로 성립된것도 아니였다.

근대조선어시기에 와서는 알림법 종결토 ≪이다≫의 잔존형태 ≪이≫가 ≪옵, ㅂ≫과 함께 일반높임 ≪하오≫계칭을 형성하는데 적극 참여하게 되였다.

가) ᄀ장 섭섭ᄒ외(≪첩해신어≫ 2권, 2장)
나) 御使 빅옵도쇠(≪첩해신어≫ 5권, 1장)
다) ᄌ지 말고 노옵싀(≪해동가요≫)

≪외≫, ≪옵도쇠≫, ≪옵싀≫는 다 ≪옵(오, 옵)≫이 ≪이≫와 결합하여 일반높임 ≪하오≫계칭을 이른것들이다.

≪옵소≫도 역시 중간계칭인데 ≪옵늬≫와는 일정한 차이가 있으나 ≪하오≫계칭에 속한다. 례:

아름답亽의 여긔 오른읍소(≪첩해신어≫ 1, 2)

존대계칭은 ≪이다≫의 변화형태인 ≪이다≫로 나타내기도
했다.

가) 御意 감격ᄒ여이다(≪첩해신어≫ 2권, 1장)
나) 이 나라 흔 폐나 더을가 싱각ᄒᄂ이다(≪첩해신어≫ 3권, 1장)

근대조선어시기의 계칭의 세분화는 존경표시의 중요한 수단
으로 널리 리용되였다.
서법의 문법적형태는 ≪-ᄂ-, -더-, -리-, -거-, -니-, -도-≫
등이 직설, 회상, 추측, 확인, 원칙, 감동을 나타내는데 씌였다.

4) 시제토의 결합순서 변화
이 시기에 와서 시제토 ≪거≫, ≪더≫의 결합순서가 중세조
선어와 다르게 나타난다.

가) 오라디 몯거시든(≪법화경언해≫ 5권, 119장)
나) 녜도 잇더신가(≪룡비어천가≫ 89장)

이와 같이 중세조선어에서는 ≪거≫, ≪더≫가 ≪시≫와 결
합하는 경우에 ≪거시≫, ≪더시≫로 되여있었다. 그러나 근대조
선어에서는 ≪시거≫, ≪시더≫로 나타나고있다. 례:

무슨 근심 이시리오 ᄒ시더라(≪한중록≫)

≪거시≫, ≪더시≫가 ≪시거≫, ≪시더≫로 된것은 ≪거≫
와 ≪더≫의 문법적추상화가 더욱 심화된 사정과 관련되여있다.
≪거≫, ≪더≫는 위치토에 더욱 접근하게 됨으로써 그것이 본래

의 시태적의미를 뚜렷이 나타내지 못하고 ≪거니와, 거든≫처럼 위치토와 융합되여버리는 경우가 있었으며 ≪더니, 더라≫처럼 완전히 녹아버리지는 않았어도 본래보다는 그 문법적의미의 추상화정도가 더해진 경우도 있었다.

5) 이음(접속)형태

중세조선어와 비교할 때 근대조선어시기 접속형태는 적지 않게 정비되여갔는데 접속형태를 대등적접속, 종속적접속, 보조적접속 등 이음의 방식에 따라 고찰한다.

대등적이음형태:

라렬의 의미로 ≪-고, -며, -며셔≫, 반복의 의미로 ≪-락≫, 선택의 의미로 ≪-나≫ 등이 쓰인다.

가) 미양 데군게 긔도ᄒ고 공명을 비더니(≪남궁계적≫ 10)
나) 이 ᄒᆞ가지 일을 노코는 다시 학문이 업스며(≪남궁계적≫ 3)
다) 직시ᄉ명게 졔ᄉᄒ거늘 허믈며셔(≪조군영적지≫ 23)
라) 비 업더져 물결을 조ᄎ 쓰락 잠기락 ᄒ며(≪태상감응편도설언해≫ 1, 25)
마) 사ᄅᆞᆷ이 날을 뮈워ᄒ거나 날을 훼방홈을 만나도(≪태상감응편도설언해≫ 2, 52)

종속적이음형태:

구속의 의미(조건, 가정, 원인, 리유)로 ≪-니, -면, -든, -관디, -ㄹ시, -아/어, -ㄹ진디, -ㄴ디, -눌, -미, -므로≫, 양보의 의미로 ≪-나, -건마는, -니와, -ㄴ들, -되, -ㄹ지라도, -ㄹ지언정≫, 의도의 의미로 ≪-고ᄌ/고쟈/고져, -려/랴≫, 목적의 의미로 ≪-라≫, 중단의 의미로 ≪-다가≫가 쓰인다.

가) 날과 갓치 마음을 두면 하놀이 반득시 복을 쥬시리라(≪남
　　궁계젹≫ 6)
나) 평싱의 무슨 도슐을 어덧관듸(≪태상감응편도셜언해≫ 3,3)
다) 흔 쥬린 지 오거눌(≪관셩졔군명셩경언해≫ 30)
라) 가셰 놉고 명망이 즁홀지라도(≪태상감응편도셜언해≫ 54)
마) 졉운을 멀니 ㅎ고쟈 홀진듼(≪과화존신≫ 12)
바) 졀믄 녀즈 ㅎ나히 비를 피ㅎ랴 하되(≪관셩졔군명셩경언해≫ 31)
사) 원귀가 명일은 응당 환싱ㅎ랴 갈 거시니(≪조군영젹지≫ 11)
아) 혼즈 가다가 비를 만나(≪관셩졔군명셩경언해≫ 31)

그리고 ≪디옷≫이나 ≪디비＞디위≫ 등은 없어졌으며 첨가모
음 ≪오(우)≫와 결합하여 쓰인 ≪오(우)듸≫는 ≪되≫로 되였다.

가) 紋票를 미되(≪가례언해≫ 8장)
나) 흔붓식 쓰되(≪분문온역이해방≫ 19장)

보조적이음형태:
보조용언을 본용언과 이어주는 이음형태로 ≪-아/어, -지, -고≫
등이 씌였다.

가) 사람의 그릇 노릇ㅎ믈 도아 쥬며(≪태상감응편도셜언해≫ 5)
나) 아들이 변시 슈족이라 면견의 잇지 아니면(≪남궁계젹≫ 4)
다) 음식 먹고 시븐 ㅁ음이 업서(≪태평광기언해≫ 1, 49)

총젹으로 근대조선어의 이음형태는 중세적인데로부터 벗어나
서 현대에로 과도하는 형태적특징을 갖추고있다.

6) 맺음형태
근대조선어 맺음형태는 알림법에 ≪-다, -라, -노라≫ 등이

중세에 이어 계속 씌였고 중세에 산생된 ≪-롸≫형태가 대화체문
헌을 중심으로 많이 나타나며 ≪-다≫가 탈락되고 축약되여 만들
어진 형태 ≪-늬, -뇌, -노쇠, -데, -도쇠(로쇠)≫ 등이 많이 씌
였다. 물음법에는 중세의것들이 거의다 나타난다. 그러나 판정의
문과 설명의문의 구별이 점차 없어진다. 그리고 이미 16세기부터
≪-녀, -려≫로부터 변하기 시작했던 ≪-냐, -랴≫가 계속 쓰이
고있다. 주어가 ≪너, 그듸≫일 경우에는 ≪-ㄴ다≫형태가 쓰이
기도 하였다. 시킴법에는 ≪-소, -쇼셔, -라≫, 추김법에 ≪-새,
-쟈≫, 감탄문에는 ≪-고나, -고야, -괴야, -도다, -ㄹ쌰≫ 등이
씌였다. 례:

알림문:
가) 감히 피흐쟈 니르는 이롤 버효리라(≪동국신속삼강행실도≫
　　충신도, 1권, 39장)
나) 어와 자네는 우은 사롬이로쇠(≪첩해신어≫ 9, 19)
다) 代官들도 흔 고대 잇슙늬(≪첩해신어≫ 1, 2)

물음문:
가) 百戶ㅣ 다 어듸 죽어가냐(≪박통사언해≫ 중권, 5장)
나) 내 블 씻기 못흐고 브롬 마시랴(≪로걸대언해≫ 상권, 18장)

시킴문:
가) 여긔 오르옵소(≪첩해신어≫ 1권, 2장)
나) 나 흐는대로 흐소(≪첩해신어≫ 7권, 7장)

추김문:
가) 書契를 내셔든 보옵새(≪첩해신어≫ 1권, 16장)

나) 감히 피ᄒᆞᄌᆞ 니ᄅᆞᄂᆞᆫ 이를 버효리라(《동국신속삼강행실도》
　　충신도, 1, 39)

제4절　근대조선어의 어휘

근대조선어어휘는 중세어휘를 이어받으면서 형태나 의미가
바뀌기도 하고 새로운 어휘가 등장하기도 하는 변화과정을 거쳐
형성되였다. 근대조선어시기에 조선글로 기록된 문헌은 비교적
다양하고 풍부하다.

현재 전해지고있는 중세조선어문헌의 대다수가 언해문이지만
근대조선어문헌중에는 우리 말로 창작된 문학작품들도 다수 포함되
여 전 시기에 비해 훨씬 다양한 어휘를 확인할수 있다. 이런 문헌
들에서 우리는 근대조선어의 언어변화의 새로운 모습을 볼수 있다.

근대조선어어휘는 중세조선어와 극심한 단절을 보이지 않는
다. 중세조선어시기에 사용되던 어휘의 상당수는 그대로 근대조
선어로 이어진다. 이처럼 중세조선어어휘를 이어받으면서도 언어
내적으로는 일반적인 언어변천과정을 거치고 언어의 외적으로는
사회변화를 반영하는 어휘개신이 일어나면서 근대조선어어휘의
모습이 형성된다.

1. 문학어의 구두어화

근대조선어시기 정음문자에 의하여 고유어가 승화되면서 민
간의 구두어가 문학작품에 오르기 시작했다. 우선 다양한 부사의
사용과 함께 아름다우면서도 표현력이 강한 상징어들이 대량으로
등장하여 사용되였다. 례:

가) 은하수 한구븨를 촌촌이 버혀내여(≪관동별곡≫)

나) 千年老龍이 고빅고빅 서려이셔(≪관동별곡≫)

다) 가디록 망극ᄒ다(≪관동별곡≫)

라) 어둥졍(≪속미인곡≫), 철철이(≪성산별곡≫), 구브락비브락
    (≪성산별곡≫), 슬ᄏ장(≪속미인곡≫), 흐롱하롱(정철의 시
    조), 설피설피(≪루항사≫), 우줄우줄(≪유산가≫)

이 시기의 가사, 잡가, 민요, 소설들에서 보면 입말에서만
쓰이던 구두적인 생활적어휘들이 서사화되여 문학작품에 오르고
있다. 례:

구럭망태(조존성, ≪호아가≫), 되롱삿갓(정철, ≪단가≫), 므니
볼와(정철, ≪관동별곡≫)

≪농가월령가≫(정약용)에서 보면 생활적어휘들이 아주 풍부
하게 서사화되고있는바 특히 농촌의 세태적인 어휘들이 수천년을
내려오면서 백성들속에서 다듬어지고 다듬어지다가 비로소 서면
어에 깊숙이 들어온 사실을 알수 있다. 례:

묏비둘기, 울타리, 문배참배, 고사리, 찔레꽃, 상취쌈, 잠자리,
들마당, 뒷동산

근대조선어시기에 들어와서 정음소설들 즉 산문소설이거나
운문소설들에서 입말에서 흔히 쓰이는 성구, 속담 표현들이 대량
으로 쓰이고있는바 이리하여 어려운 한자어와 한문투표현을 점차
밀어내게 되였다.

가) 속담에 호랑이를 그리나 쎠는 그리지 못ᄒ고 사룸의 얼골은

보나 ᄆᆞ음은 보지 못ᄒᆞ다ᄒᆞ니(≪사씨남정기≫)

나) 어사도 반기하며 밥 아니 온제 오래로구나, 여러 가지를 한
데다가 붓더니 숟가락 댈것없이 손으로 뒤져서 한편으로 몰
아치고 맛파람에 게눈 감추듯 하는구나(≪춘향전≫)

이러한 사실들은 이 시기 서사어는 구두어의 변화를 민감하
게 포착하고 종전의 언해체의 딱딱한 틀에서 벗어나 구두어와 접
근하면서 다듬어지고있다는것을 잘 말해준다.

2. 어휘형태의 변화

≪두시언해≫의 초간본(1481년)과 중간본(1632년)을 비교해
보면 어휘형태의 변화를 알아볼수 있다. 례:

가) (ㄱ) 고래와 <u>거부블</u> 타 가고져 ᄒᆞᄂᆞᆫ ᄠᅳ디 잇노라(거붑)

   (ㄴ) 고래와 <u>거부글</u> 타 가고져 ᄒᆞᄂᆞᆫ ᄠᅳ디 잇노라(거북)

나) (ㄱ) 닙 <u>소뱃</u> 숤방오리 즁의 알ᄑᆡ 드롓도다(솝)

   (ㄴ) 닙 <u>소갯</u> 숤방오리 즁의 알ᄑᆡ 드롓도다(속)

다) (ㄱ) ᄀᆞ술히 그룹 부체롤 <u>ᄀᆞ초고(ᄀᆞ초다)</u>

   (ㄴ) 부체롤 <u>ᄀᆞᆷ초고(ᄀᆞᆷ초다)</u>

라) (ㄱ) <u>머리</u> 붓그리노니(遠漸) (머리)

   (ㄴ) <u>멀리</u> 왯ᄂᆞᆫ 나그내(멀리)

근대조선어시기 어휘형태의 변화는 크게 두가지로 나뉘는데
하나는 음운구성의 변화이고 다른 하나는 외형장단의 변화이다.

음운구성의 변화 례:

아ᅀᅳ→아ᄋᆞ, ᄆᆞᅀᆞᆷ→ᄆᆞᄋᆞᆷ, 모든→모든, ᄆᆞᅀᆞᆯ→마을, ᄐᆞ다→타다,

고술→고을

외형장단의 변화 례:

가) 긷爲柱(≪훈민정음해례≫)
　　柱 기동 쥬(≪훈몽자회≫ 중, 6)
　　긷→기동→기듕
나) 못언혜 뻐디여(≪석보상절≫ 九, 37)
　　堤 언데(≪훈몽자회≫ 상, 6)
　　언덕우희(≪박통사언해≫ 중간, 상, 61)
　　언→언덕

　이밖에도 ≪납→진나비, 일→일즙→일즉이, 굴→구돌→구들, 엿→여스, 녑→녑구레, 그력→그러기≫ 등이 단어의 외형이 길어진 례에 속한다.

가) 수을(≪두시언해≫ 초간, 八, 28)
　　술(≪두시언해≫ 초간, 八, 61)
　　수을→술
나) 거우루(≪월인석보≫ 一, 34)
　　거울(≪두시언해≫ 중간, 三, 39)
　　거우루→거울

　이밖에도 ≪이시다→잇다→있다, 둘차히→둘채, 막다히→막대, 가히→개, 나리→내, ᄒᆞ오사→혼자≫ 등이 단어의 외형이 짧아진 례에 속한다.
　이상과 같은 형태변화현상은 이미 중세조선어에서도 시작되고있으며 근대에 와서 더 활발히 실현되여 어느 하나로 공고화되면서 계속 발전하는 추세에 있으며 현대조선어표준어에서 최후로 확정되였다.

3. 어휘교체

근대조선어에 어휘교체현상이 나타난다. 우선 고유어휘와 고유어휘의 교체가 보인다.

가) 둘마기(≪사성통해≫ 하권, 65장)
단쵸(≪역어류해≫ 상권, 66장)
둘마기→단쵸
나) ㄱ외(≪두시언해≫ 초간, 7권, 5장)
바지(≪동문류해≫ 상권, 56장)
ㄱ외→바지

이밖에도 중세조선어에 쓰이던 ≪믹, 이바디, 허튀, 쉰다리, 쇠손, 연애, 골왕이≫ 등이 근대조선어에 와서는 ≪드르, 잔치(잔채), 종아리, 넙적다리, 흑손, 아즈랑이, 우룽이≫ 등으로 씌였다.

용언형어휘에서도 어휘교체현상이 보이는데 ≪혁다, 솔오재, 뮈다, 어엿브다, 하다, 얼이다≫가 ≪격다, 송곳, 움즈기다, 불상ᄒ다, 만ᄒ다, 댱가들다≫로 씌였다.

고유어가 한자어로 교체되는것들이 많았다. ≪번역로걸대≫(1517년)와 ≪로걸대언해≫(1670년)를 비교해보면 근대조선어시기 새로운 단어의 교체도 나타나고있다.

가) (ㄱ) <u>노여늬</u> ᄆᆞ를 잇거다가
(ㄴ) <u>宜人</u>의 물을 잇그러다가

　나) (ㄱ) <u>노연</u> 셤기는 이리어니쓰나
　　　(ㄴ) <u>宜長</u> 모시는 道理어니쓰녀
　다) (ㄱ) 이 우리 <u>아슴믜</u> 짓 거시니
　　　(ㄴ) 이 우리 <u>권당</u>의 집 거시니
　라) (ㄱ) 쇽졀 업시 <u>아슴</u>돌 쳥ᄒᆞ야
　　　(ㄴ) 쇽졀 업시 <u>권당</u>을 쳥ᄒᆞ야

여기에서 볼수 있는바 중세조선어시기에 쓰이던 ≪노연≫이나 ≪아슴≫이 근대조선어에 와서는 일관적으로 ≪官人≫이나 ≪권당≫으로 씌였음을 암시해준다.

　가) (ㄱ) 고마(≪석보상절≫ 13권, 20장)
　　　(ㄴ) 첩(≪역어류해≫ 상권, 27장)
　나) (ㄱ) 고봄(≪릉엄경언해≫ 5권, 2장)
　　　(ㄴ) 고곰(≪훈몽자회≫ 중권, 34장)
　　　(ㄷ) 학질(≪동국신속삼강행실도≫ 효자, 5권, 31장)

이밖에도 중세조선어에서 쓰이던 ≪오란비, 슈룹, 돌슷, 이스랏, 발, 도틔고기≫ 등이 근대조선어에 와서는 ≪쟝마ㅅ비, 우산, 셕탄, 잉도, 족, 뎨육≫ 등으로 씌였다. 중세조선어의 ≪뫼(山), ᄀᆞ롬(江), 아슴(親戚), 오래(門)≫ 등 고유어는 근대조선어시기에는 더이상 쓰이지 않게 된것이다.

근대조선어시기의 어휘는 중세조선어시기의 어휘에 비하면 한자어휘가 많이 늘어났으며 이에 따라 조선어어휘구성에서 한자어휘의 비률이 높아졌다.

4. 한자어의 류형

한자어의 지속적인 증가는 근대조선어에서 홀시할수 없는 부분이다. 근대조선어시기에 들어와 사대부계층에서 한문으로 교육이 이루어지고 한문이 문자생활의 중심을 차지했다는 점은 변함이 없었다. 중세조선어시기에 사용되던 한자어는 대부분 근대조선어시기에도 씌였으며 한문중심의 문자생활이 지속되면서 한자어의 차용은 더욱 늘어났다.

≪한중록≫(1795년)에 나타난 자료를 보아도 한자어의 사용양상을 알수 있다.

가) 셩의 닉게 <u>미불용극</u>ᄒ셔 동싱을 싱젼의 다시 보게 ᄒ시니
나) 조종이 <u>음즐</u>ᄒ샤 경슐 뉵월의 되경을 다시 어드니
다) 그 일도 <u>ᄎ골</u>ᄒ야 보복ᄒ기를 쇠ᄒ고
라) 닉 미망ᄒ 셜음을 품고 경역이 <u>쳔셔만단</u>이로되
마) 그 ᄶ 닉 ᄆ음이 무셥고 <u>황난ᄒ기</u> 엇더ᄒ리오

여기서 ≪미불용극(靡不用極), ᄎ골ᄒ야(次骨～), 쳔셔만단(千緖萬端), 황난ᄒ다(惶亂～)≫ 등은 지금은 거의 쓰이지 않은 한자어들이다. 이밖에도 근대조선어에서 중국어의 음을 그대로 차용한 중국어 한자차용어들로는 ≪갸즈(架子), 다홍(多紅), 망건(網巾), 비단(匹緞), 무명(木綿), 산판(算板), 탕건(唐巾), 푸즈(鋪子)≫ 등과 같은것들이 있었다.

근대조선어 한자어의 류형에서 몇가지를 더 자세히 알아보면 아래와 같다.

1) 고유한자어

조선어에는 중국으로부터 받아들여 조선한자음독음으로 읽는

대량의 한자어를 제한외에도 조선어에만 존재하는 특수한 한자어들이 있다. 이 부류를 우리는 고유한자어라고 한다. 고유한자어는 고유어를 표기하기 위하여 한자를 리용하여 만든것도 있고 새 단어를 창조하기 위하여 한자를 리용하여 만든것도 있다.

고유한자어의 시초는 아주 오랜것으로서 정음창제이전시기에 소급하게 되는바 결코 근대어시기에 처음 산생된것은 아니다. 그러나 리두가 훈민정음창제이후에도 계속 쓰임에 따라 이러한 단어는 조금씩 달라지면서 더욱 확고해져서 근대어시기에도 의연히 씌였으며 아울러 새것까지 창조되여 근대문헌에 고착되여있는것이 대부분이다. 따라서 근대어휘구성의 하나의 구성부분으로 취급하게 된다.

조선어에만 고유한 이러한 한자어휘는 중국한자를 토대로 하여 만든것도 있고 조선에서 만든 한자에 기초하여 만든것도 있다.

한자의 음이나 뜻에 큰 변화가 없이 낱개의 한자를 조합하여 만든 단어들이 아주 많은데 이러한 고유한자어들은 다음과 같다. 례:

권솔(眷率), 식구(食口), 방송(放送), 량반(兩班), 육담(肉談), 잡탕(雜湯), 촌기(村氣), 평시조(平時調), 진서(眞書)

조선한자로 된 단어들, 중국한자이지만 뜻과 음에 변화를 일으켜 조선적인 특성을 가진 단어들은 몇가지로 나누어볼수 있다.

첫째, 조선어에서 만든 독특한 한자를 가지고 만든 고유한자어

조선에서는 문자가 없던 시기로부터 한자를 써오는 과정에 중국한자에 없는 새 한자를 만들어 쓰게 되였다. 문자창제후에도 한문과 리두가 계속 쓰이는 과정에 자기의 독특한 한자를 만들었다. 이런 한자들을 가지고 만든 단어들이 있는데 이 경우에 조선

한자로만 된 단어도 있고 조선한자와 중국한자를 서로 결합하여
된 단어도 있다. 이런 한자들은 오직 고유어의 한자화를 위하여
제작된것들이다. 이런 글자들은 리두표기와 많은 관계를 가진다.례:

전답(田畓), 대지(垈地), 잡탈(雜頉), 고삐(嚳非), 온돌(溫堗),
망어(魟魚), 솔(乭), 엄목(欕木), 엇시조(旕時調), 요기(饒饑),
전피(獭皮), 서실(閪失), 책장(冊欌)

둘째, 조선어에만 있는 특수한 음을 가진 한자로 된 고유한
자어

이러한 한자들은 중국음과도 다르고 전통적인 조선한자음과
도 다른 특수한 조선음을 가졌는데 이는 리두표기과정에 형성된
것이였기에 리두어휘라고도 한다.례:

갓갓(這這):하나하나, 갓갓(物物):가지가지, 발괄(白活):청원이
나 신소, 질문(作文):관청문서, 조이(召史):안해, 과부, 체자(帖
子):증명서, 시가(媤家):시집

셋째, 조선어에서 새로운 의미를 부여한 한자로 된 고유한자어
이러한 한자는 원래 중국의것과 다를바 없고 음도 전통적인
조선한자음과 같다. 그러나 그 뜻이 중국한자의것과 다른 조선적
인것을 가지고있다.례:

고과(告課) : 하급관리가 상사에게 고함
고목(告目) : 천한 사람이 량반에게 하던 편지
결전(結錢) : 세금의 하나
사초(莎草) : 산소에 떼를 입혀 다듬음, 한식날 함
당미(糖米) : 수수쌀

전세(傳貰) : 부동산 대차의 한 형태
청태(靑太) : 청태콩, 푸른 대콩(껍질과 속살이 다 푸름)
공첩(公貼) : 공문서

고유한자어휘는 명사류만이 아니라 부사류, 형용사와 동사류에 걸쳐 모두 존재하며 그 수도 아주 방대하다.

이러한 고유한자어는 근대조선어에서 아주 생산적이고도 활약적으로 사용되였다.

2) 취음어휘

근대조선어에 취음어휘가 많이 나타나는데 취음어휘는 고유어를 글자의 뜻과는 무관한 한자로 표기하는것을 말한다.

표기상의 특징을 살펴보면 우선 글자의 뜻에 구애를 받지 않은 음훈차가 많고 어원탐색의 표기가 많다. 취음어휘는 주로 사물이름 위주의 명사가 많은것이 특징이다. 례:

眼蓋(霧), 波多(海), 眼薪(眉), 身殺(몸살), 暮起(蚊)

대부분의 취음어휘가 자의와 무관하다.

가) 虱子(이), 蛇子(뱀), 査子(아가위), 兎子(토끼), 鼠子(쥐)
나) 達(月), 多(地), 高(鼻), 衆(僧), 求陰(夢)

마지막으로 취음어휘는 훈차의 어휘가 있으나 그렇게 많지 않다. 례:

家父(지아비), 火近(赤), 上音(笑), 眞瓜(참외), 鼎小鳥(솟적다시)

현행 조선어사전에도 ≪假家(가게), 開川(개천)≫ 등의 취음어휘가 실려있는가 하면 아직도 ≪千葉(천엽), 念通(염통), 豆太 (콩팥), 引絶味(인절미)≫ 등을 한자로 쓰는 식자층이 있다. 이 는 근대조선어시기에 이러한 취음어휘가 활발히 사용되였음을 증 명하는것이다.

근대조선어어휘를 보면 당시의 단어의 의미가 오늘날의 그것 과 다른 례들도 보이는데 그러한 의미의 변화중 많은것은 근대조 선어시기에 겪은것이다. ≪스랑ᄒ다≫가 ≪思(생각)≫와 ≪愛(사 랑)≫의 두가지 의미에서 ≪愛(사랑)≫의 의미만을 가지고 의미 가 축소된것이라든가, ≪어엿브다≫가 ≪불쌍하다(憐)≫의 뜻에 서 ≪예쁘다(美)≫의 뜻으로 의미가 변화된것이라든가, ≪어리다≫ 가 ≪어리석다(遇)≫의 뜻에서 ≪유소(幼少)≫의 의미를 가지게 된것 등이 모두 이 시기에서의 일이다.

중세조선어에 쓰이던 단어중 이때 쓰이지 않게 된것도 많다. ≪스랑ᄒ다≫가 ≪愛(사랑)≫의 의미를 가지게 되면서 애초 이 의미로 쓰이던 ≪둧다≫가 사어(死语)가 되고 ≪괴다(寵)≫도 역 시 그렇게 되였다. ≪혼미(昏迷)하다≫는 의미의 ≪입다≫가 이 시기에 쓰이지 않게 됨으로써 ≪룡비어천가≫ 초간본의 ≪입더시 니(19장)≫가 1659년의 중간본에서 전혀 엉뚱한 ≪업더시니(無)≫ 로 잘못 고쳐진 일화는 이제 유명한 이야기로 되였다.

5. 서구계차용어

중세조선어때와는 달리 근대조선어시기 서양으로부터의 차용 어가 들어오기 시작하였다. 그러나 서양과의 접촉이 직접적이 아 니였기에 서구문물어휘가 직접 전해질 통로가 없었다. 중국을 통 해 서구문물과 간접적으로 접촉하면서 서구문물이 전해지게 되였 고 서구문물어휘는 대개 중국을 통해서 전해졌지만 이는 조선어의 력사상 새로운 장이 열린것이라고 하지 않을수 없다. 서구문물의 수입은 서구문물어휘의 수입으로 이어졌다. ≪천리경(千里鏡), 서포(西砲), 자명종(自鳴鐘), 염초화(焰硝花), 자목화(紫木花), 금계납(金鷄納←quinquine), 호렬자(虎列刺←cholera)≫ 등 어휘가 그러한 례이다.

근대조선어시기는 서구문물과 아울러 천주교가 전래된 시기인데 천주교용어 ≪텬쥬, 텬신, 셩신, 셩경, 션악, 셩탄, 십즈가, 부활, 셩녀, 례비당, 구세쥬≫ 등 단어도 씌였음을 확인할수 있다. 그러나 서양어로부터의 차용어가 조선어에서 큰 세력을 잡게 된것은 개화기이후 일본을 통하여 또는 직접 영어로부터 많은 단어를 들여온후의 일이다. 그 점에서 본다면 근대조선어는 오히려 중세조선어와 같은 테두리에 속할것이며 진정한 새 장은 현대조선어시기에 와서 열린것이라고 보아 좋을것이다.

제7장
현대조선어

제1절 력사개황 및 자료

현대조선어는 갑오경장(1894년)을 기점으로 하여 오늘날까지 성장되여온 조선어의 력사를 가리킨다. 흔히 갑오경장에서 한일합방(1910년)에 이르는 기간을 개화기라 한다. 개화기는 현대조선어가 형성되는 시기이며 근대조선어에서 현대조선어에로 이전하는 과도기라고도 볼수 있다.

1894년 ≪모든 법률과 명령을 모두 국문으로써 본을 삼고 한역을 부하며 혹은 국한문을 혼용한다.(法律勅令，總以國文爲本，漢文附譯，或混用國漢文。)≫는 칙령이 공포되였다. 이 법령의 공포는 한문이 공식적인 서사생활에서 페지되고 정음이 공식적서사생활에서 쓰이게 되였다는 점에서 의의가 자못 크다. 아울러 입말에 기초한 서사어의 발전을 다그치고 구두어와 서사어의 차이를 줄이는 면에서도 영향이 컸다. 이는 당시 말과 글의 일치를 주장한 ≪언문일치≫와 ≪국문운동≫을 더한층 추동할수 있었다.

개화기를 거치면서 과거 중국만을 알고 그들의 문화만을 유일한것으로 받아들여온 조선사회는 서양인과의 접촉으로 인하여 시선을 전세계에로 돌리게 되였다. 이에 따라 밀려들어오는 외국의 문물, 제도, 과학지식 등 새로운 물질문화사조는 조선사회의 언어생활에도 많은 변혁을 일으키게 하였다. 바로 이러한 시기 20세기초 조선은 일본의 식민지로 전락하게 되였다.

개화기에 나타난 ≪독립신문≫(1896년), ≪황성신문≫(1898년), ≪제국신문≫(1898년), ≪대한매일신보≫(1905년) 등의 발간은 만민평등의식, 신식학교 교육의 필요성, 표준어와 정서법의 확립 등을 막연하게나마 자극시키는 계기를 마련하여주었다.

신식학교로서 배재학당(1886년), 이화학당(1886년), 관립육영공원(1886년)이 설립된것을 시초로 하여 일어학교(1891년), 영어학교(1894년), 법어학교(1895년), 아어학교(1896년), 한어학교(1897년), 덕어학교(1898년) 등의 외국어학교가 설립되였다. 따라서 어학공부의 열기를 고조시켰고 외래문물과의 접촉의 기회를 신장시켰으며 외국서적의 수입을 증가시켰다. 그뿐만아니라 이들 학교에서 교수되는 교과서의 간행으로 인하여 인쇄문화가 급격하게 발전하게 되였다.

기독교의 전파를 목적으로 간행되였던 ≪예수셩교누가복음젼서≫(1882년), ≪예수셩교요안내복음≫(1883년)에 이어서 나타난 조선어번역성서 ≪셩경직해≫(1897년), ≪신약젼서≫(1900년) 등도 조선사람들로 하여금 언어생활을 현대화하는데 일정한 기여를 하게 하였다.

신소설 ≪혈의 루≫(1906년), ≪귀의 성≫(1907년), ≪은세계≫(1908년), ≪치악산≫(1908년) 등의 출현도 조선어의 현대화에 끼친 영향이 크다. 그리고 30～40여종에 달하는 잡지들이 이 시기에 간행되였다.

조선어에 대한 연구업적으로는 《국문정리》(리봉운:1897년),
《신정국문》(지석영:1905년), 《조선문전》(유길준:1907년), 《국
어문법》(주시경:1910년), 《국어문전음학》(주시경:1908년), 《대
한문전》(최광옥:1908년), 《조선말본》(김두봉:1916년), 《우리말
본》(최현배:1937년) 등을 들수 있다.

근대조선어시기까지도 중국의 성운학과 성리학적리론에 의해
지배되던 고루한 학풍은 현대조선어시기에 이르러 점차 사라지게
되고 조선어에 대한 과학적인 기초연구가 시작되였다. 철자법의
정리, 표기법의 통일을 위한 일련의 작업들이 진행되여 일정한
성과를 이룩하였다.

개화기를 벗어나기도전에 조선어는 일제의 혹심한 탄압정
책아래 거의 말살의 경지에 이르게 되였다. 그러나 조선국내의
애국적대중과 학자들 그리고 조선국내외의 항일투쟁속에서 현
대조선어는 점차 정비되여왔다. 당시의 렬악한 현실에서도 표
기법체계의 정립과 표준어사정 등 언어정책적면의 연구는 계속
되였다.

과거 량반계급들에 의해 사용되던 용어들은 폐어화됨과 아울
러 적지 않은것들은 일반어휘로 전환되여 현대어휘로 사용되였
다. 《거동(擧动), 분부(分付), 처분(处分), 령감(令监), 옥체
(玉体), 출신(出身)》 등이 그러한 례들이다. 드디여 1930년대에
이르러 《한글맞춤법통일안》이 나오게 되였고 이어서 《사정한
조선어표준말모음》, 《외래어표기법통일안》이 이룩되면서 조선
어표준어는 새로운 발전의 길에 들어서게 되였다. 표준어에 의한
조선어의 통일은 옹근 20세기에 걸쳐 크나큰 위력을 과시하였다.
지난날에는 《김치, 짐치, 짐채》로 교차 사용되던것이 《김치》

로, ≪뛰다, 들구뛰다, 들구버리다, 들구주다, 들구튀다, 내빼다≫로 교차 사용되던것이 ≪내빼다≫로 규범됨으로써 표준어와 방언은 명확히 구별되였다.

1945년 일제의 압제하에 모국어까지 상실할번했던 조선은 마침내 광복을 이루었다. 갑오경장으로부터 백여년이 넘는 기간 조선반도는 개화기, 36년간의 일제식민지사회, ≪8.15≫해방과 남북의 분렬 등으로 이루어진 시대들을 경과하였으며 남북대치상태에서 정치적, 사회적 격변으로 이루어진 시대들을 지나왔다. 왕권제도의 쇠퇴, 일제의 패망과 함께 이어진 이러한 현실은 비록 리념은 달라도 모두가 다변화된 국제교류와 자체의 건설에 의해 문명의 발달을 초래하게 되였으며 경제적 발달이 급속하게 이루어지면서 세계에서 조선어의 위상도 급부상하였다.

현대조선어는 언어대중속에서 다듬어져 조선민족의 언어교제의 도구로 되기에 손색이 없다. 지난 한세기동안 조선어학자들의 조선어를 지키고 발전시키기 위한 투쟁과 작업은 한시각도 멈춘적 없다. 수많은 연구성과들이 속출하여 조선어를 다듬고 보완하고 발전시켰다.

지난 한세기동안 조선어는 자체의 순결성을 지키기 위한 언어정화사업을 꾸준히 진행하여왔는바 그 결과 어휘체계가 진일보 발전, 공고해졌으며 이와 더불어 언어의 규범화사업도 더욱 정밀화되였다.

지난 세기 서구언어리론을 곧바로 섭취하여 이를 조선어연구와 발전에 적용하려는 움직임이 그치지 않았다. 특히 지난 세기 중반부터 도입되기 시작한 구조주의언어리론 및 기술언어학은 1950년대에서 1960년대중반에 이르기까지 조선어의 음운,

문법 연구에 지대한 영향을 끼쳤고 60년대중반이후에는 변형생
성문법리론이 도입되여 조선어문법연구를 새로운 국면으로 전
환시켜왔다. 그 이후 지금까지 세계의 선진적언어리론들이 끊임
없이 흡수되고 려과되여 조선어연구에 적용됨에 따라 조선어
연구분야가 전에 비해 다양해지고 연구방법도 새로운 발전을
보여주고있다. 이처럼 현대조선어는 중세나 근대와는 달리 튼
튼한 학문적기초우에 립각해있다.

  현대조선어에서 반드시 지적해야 할것은 남북분단의 60여년
의 력사와 서로 다른 사회체계의 차이로 인하여 남북언어에는 일
정한 이질적성분이 나타나게 되였다는 점이다. 그러나 남북언어
의 동질성은 움직일수 없는 사실로 되여 조선어는 자체의 발전일
로를 힘차게 걷고있다.

제2절 현대조선어의 어음

1. 자음체계

  현대조선어자음에는 순한소리 《ㅂ, ㄷ, ㅅ, ㅈ, ㄱ, ㅎ》,
거센소리 《ㅍ, ㅌ, ㅋ, ㅊ》, 된소리 《ㄲ, ㄸ, ㅃ, ㅆ, ㅉ》의
3계렬이 있고 유향자음으로 《ㄴ, ㄹ, ㅁ, ㅇ》이 있다. 이것은
다시 조음위치(调音位置) 및 조음방식(调音方式)에 따라 분류된다.
  현대조선어자음체계를 도표로 보이면 아래와 같다.

조음방식 ＼ 조음위치	순음	치조음	경구개음	연구개음	후두음
파렬음	ㅂ ㅍ ㅃ	ㄷ ㅌ ㄸ		ㄱ ㅋ ㄲ	
마찰음		ㅅ ㅆ			ㅎ
파찰음			ㅈ ㅊ ㅉ		
비음	ㅁ	ㄴ		ㅇ	
류음		ㄹ			

현대조선어의 자음체계에서 페쇄음(파렬음)과 파찰음은 무성음과 유성음의 대립이 없는 대신 순한소리와 거센소리, 된소리 3계렬로 변별되는 질서정연한 체계를 갖추고있는것이 특징적이다.

순한소리 ≪ㄱ, ㄷ, ㅂ, ㅈ≫은 약한 기(气)를 수반한 무성음이며 모음사이에서 유성음으로 실현되고, 거센소리 즉 유기음 ≪ㅋ, ㅌ, ㅍ, ㅊ≫은 강한 기를 수반한 무성음으로 실현되며, 된소리 ≪ㄲ, ㄸ, ㅃ, ㅉ≫은 성문(声门)페쇄를 수반한 무성음으로 된다. 마찰음의 순한소리 ≪ㅅ≫과 된소리 ≪ㅆ≫은 거센소리가 없고 언제나 무성음으로 실현되며, ≪ㅎ≫은 그것에 대응하는 된소리를 가지고있지 않다. 류음 ≪ㄹ≫은 초성의 위치나 모음사이에서는 탄설음 [ɾ]로, 종성의 위치에서는 설측음 [l]로 실현된다.

2. 모음체계

현대조선어의 모음은 혀의 위치 및 입술의 모양으로 분류되며 혀의 위치는 다시 위치의 높낮이와 전후로 나뉘여 분류된다.

혀의 높낮이에 의해 고모음, 중모음, 저모음으로, 혀의 전후에
따라 전설모음, 후설모음으로 분류된다. 입술의 모양으로 나눌
때는 원순모음, 평순모음으로 분류된다.

　　모음은 단모음 음소 이외에 반모음 음소 [w]와 [j]가 더 있
다. 그리고 이들과 단모음이 결합하여 이루어진 이중모음들로
≪와, 워, 왜, 웨, 야, 여, 요, 유, 애, 예, 의≫ 등이 있다. 이
중 ≪의≫는 특이한 이중모음이다. 다른 [j]계이중모음은 모두
[j]가 모음앞에 결합하는데 ≪의≫만은 모음뒤에 결합된다.

　　기본모음 10개를 도표로 보이면 아래와 같다.

혀의 전후위치 혀의 높이	전설 (평순) (원순)	후설 (평순) (원순)
고모음	ㅣ　ㅟ	ㅡ　ㅜ
중모음	ㅔ　ㅚ	ㅓ　ㅗ
저모음	ㅐ	ㅏ

3. 어음변화

　　음소들이 모여서 음절을 이루고 나아가 단어를 형성하여 문장
이 될 때 음소가 놓이는 자리에 따라 어떤 제약을 받거나 상호간
에 영향을 주고받는 현상을 어음변화 또는 음운규칙이라고 한다.

　　근대조선어말기로부터 고유조선어어휘에는 ≪ㄹ≫이 어두음
으로 나타나지 않게 되였는데 이른바 두음법칙의 현상으로 ≪ㄹ≫
은 어두에 분포되기 어렵다고 인정하고있으나 타민족어에서 들어
온 외래어의 영향으로 ≪ㄹ≫을 발음하는 현상이 점차 확산되여
가고있다. ≪라디오, 로케트(로켓)≫ 등이 그 좋은 례이다.

　　현대조선어는 어두에 자음이 하나밖에 허용되지 않는다. 음
절끝에서도 표기상 자음이 2개가 오더라도 발음에 있어서는 하나

로밖에 실현될수 없으며 그 자리에 올수 있는 자음도 ≪ㄱ, ㄴ, ㄷ, ㄹ, ㅁ, ㅂ, ㅇ≫ 등 7개뿐이다. 음절끝에 올수 있는 7개 자음외에 다른 자음이 오면 그것은 7자음가운데 어느 하나로 중화되는데 ≪ㅅ, ㅆ, ㅈ, ㅊ, ㅌ≫ 등은 ≪ㄷ≫으로, ≪ㅍ≫은 ≪ㅂ≫으로, ≪ㅋ, ㄲ≫은 ≪ㄱ≫으로 발음된다. 이처럼 처음에 대립되던 음소들이 특정환경에서 대립을 상실하는 현상을 중화라고 한다.

음절끝에 올수 있는 7개 자음중의 폐쇄음다음에 비음 ≪ㄴ, ㅁ≫이 오면 ≪ㄱ, ㄷ, ㅂ≫은 각각 조음위치가 같은 비음 ≪ㅇ, ㄴ, ㅁ≫으로 실현되여 폐쇄음이 비음앞에 이웃할수 없음을 보여준다. ≪ㄹ≫은 ≪ㄹ≫이외의 어떠한 음절말 자음과도 이웃해 분포하지 않는다.

비음화는 폐쇄음이 뒤에 오는 비음에 동화되여 비음으로 바뀌는 현상으로 ≪독립→독닙→동닙, 십리→십니→심니≫ 등에서처럼 뒤에 오는 자음이 ≪ㄹ≫이던것이 일단 ≪ㄴ≫으로 바뀐 다음에 일어나기도 한다. 앞의 비음화와 비슷한 동화로 ≪천리→철리, 논리→놀리, 칼날→칼랄≫ 등에서처럼 ≪ㄹ≫과 ≪ㄴ≫이 만났을 때 ≪ㄹ≫의 영향으로 ≪ㄴ≫이 ≪ㄹ≫로 바뀌는 설측음화도 있다.

이중모음 ≪애, 예, 의≫ 앞에는 자음이 잘 분포하지 않으며 정서법에서는 ≪계산(計算), 실례(失禮), 희망(希望), 무늬≫ 등의 례가 있으나, 실제로는 ≪예→에≫, ≪의→이≫로 실현되여 ≪게산, 히망, 무니≫로 되며 ≪애≫의 경우 ≪그 아이, 저 아이≫의 준말 ≪개, 쟤≫정도가 있을뿐이고 그나마 이중모음의 실현은 그리 명백하지 않다.

근대조선어시기에 진행되였던 구개음화는 이 시기에도 ≪밭이→바치≫, ≪같이→가치≫, ≪굳이→구지≫ 등이나 일부 방언

에서 ≪길>질, 기름>지름, 키(箕)>치, 끼다>찌다≫ 등과 같
은 뒤자음이 뒤에 오는 모음 ≪이≫나 반모음 [j]의 영향을 받아
서 구개음으로 바뀌는 현상이 계속된다. 그러나 ≪텬지(天地)>
쳔지>천지, 디다>지다≫와 같은 형태소내부의 구개음화는 이미
끝나는 단계에 있고 ≪같이>가치≫와 같이 형태소와 형태소사이
에서 한정되여 발음되고있다. 그러나 ≪길>질≫과 같은 ≪ㄱ,
ㅋ, ㅎ≫의 구개음화는 비규범적인것으로 방언에서만 허용된다.
그리고 ≪디디다, 티, 띠≫ 같은 구개음화가 설립될법한 조건이
지만 이는 ≪텬지>천지≫의 규칙이 적용되던 시기에는 ≪디듸
다, 틔, 띄≫와 같은 겹모음이였기에 그 규칙의 적용을 받지 못
하였고 현대에는 형태소내부의 구개음화를 허용하지 않으므로 그
대로 발음한다.

이밖에 현대조선어의 어음변화현상에는 앞모음화현상, 모음
조화현상들도 나타나고있다.

앞모음화현상은 ≪아비→애비, 손잡이→손잽이, 죽이다→쥑
이다, 학교→핵교, 구경→귀경≫ 등에서처럼 뒤에 오는 모음 ≪이≫
나 반모음 [j]의 영향으로 그앞의 모음 ≪아, 어, 오, 우≫ 등이
≪애, 에, 외, 위≫로 바뀌는 현상인데 표준발음으로 인정하지
않는다.

근대조선어에서 ≪·≫모음의 소실은 조선어의 모음체계에
큰 변화를 가져왔다. 이에 따라 모음조화는 전시기에 비해 극도
로 쇠퇴했으나 아직도 언중에게 분명히 인식되고있는데 일종의
동화로 앞의것들과 다른 점은 기본형이 주위환경에 의하여 동화
된것이 아니라 처음부터 양성모음 ≪아, 오≫계렬과 음성모음
≪어, 우≫의 계렬의 대립을 주축으로 의성의태어에 현저히 나타
나는 점이다. ≪팔팔-펄펄, 찰찰-철철, 알록달록-얼룩덜룩≫

등의 의성의태어에서 그 일단을 엿볼수 있지만 중세조선어에 비하여 엄격하지는 못하다. 용언의 활용에서는 겨우 ≪-아/어≫에 그 잔영을 남기고있는데 ≪모아라, 작았다, 얻어라, 적었다, 비였다≫ 등과 같은 현상이다.

제3절   현대조선어의 문법

1. 형태소, 품사

현대조선어문법에서 다루는 언어단위들로는 형태소, 단어, 구, 절, 문장 등이 있다.

형태소란 문장에서 유의미의 최소의 단위를 말한다. 형태소는 다른 형태소에 붙지 않고서도 혼자 사용될수 있는 자립형태소와 다른 형태소에 붙지 않고서는 홀로 사용될수 없는 의존형태소로 나뉘며 의미의 허실에 따라 실질형태소와 형식형태소로 나뉜다.

여기서 실질형태소란 구체적인 대상이나 동작, 상태와 같은 어휘적의미를 표시하는 형태소이고 형식형태소란 실질형태소에 붙어 주로 말과 말사이의 관계나 기능을 형식적으로 표시하는 형태소이다. 형식형태소에는 토와 접사가 있다.

형태소는 또 대체로 독립적인 뚜렷한 의미를 가지는 어휘형태소와 어휘형태소와는 달리 그 의미가 뚜렷하지 않고 문법적기능을 나타내는데 관여하는 문법형태소로 나눈다. 즉 실질적형태소는 어휘형태소로, 형식적형태소는 문법형태소로 보게 된다.

형태소의 변이형태는 그 분화하는 조건에 따라 음성적변이형태와 형태적변이형태로 구별된다. 변이형태들의 묶음인 형태소를 표기함에 있어서 변이형태들을 모두 동원하는것은 번거로운 일이다. 따라서 형태소의 표기를 위해서는 변이형태가운데서 어느 하나를 대표형태로 가려 뽑을것이 요구된다. 례:

가) 바다+는 깊-다.
나) 영수+가 소설+을 읽-었-다.

우의 문장에서 ≪바다, 는, 깊-, -다, 영수, 가, 소설, 을, 읽-, -었-, -다≫는 모두 형태소들이다. 이러한 형태소를 우의 몇가지 부류로 다시 분류하면 아래와 같다.

자립형태소: 바다, 영수, 소설
의존형태소: 깊-, -다, 는, 가, 을, 읽-, -었-, -다
실질형태소: 바다, 영수, 깊-, 소설, 읽-
형식형태소: 는, 가, 을, -었-, -다
어휘형태소: 바다, 깊-, 영수, 소설, 읽-
문법형태소: 는, 가, 을, -었-, -다

조선어문법에서 형태소보다 더 널리 알려진 언어적단위로 단어가 있는데 문법론에서 큰 비중을 차지한다. 단어를 문법적성질의 공통성에 따라 몇갈래로 묶어놓는것을 품사라 한다. 조선어품사는 일반적으로 의미, 기능, 형식에 따라 대개 6품사(명사, 동사, 관형사, 부사, 감탄사, 조사)나 9품사(명사, 대명사, 수사, 동사, 형용사, 관형사, 부사, 감탄사, 조사) 혹은 8품사(명사, 대명사, 수사, 동사, 형용사, 관형사, 부사, 감탄사)로 나뉘는데 이들의 차이는 대명사, 수사를 명사에 소속시키느냐, 분리, 구분하느냐에 따라 또는 형용사를 동사에 묶어 소속시키느냐, 분리시

키느냐와 조사를 품사로 보느냐에 따라 생긴것이다.

일반적으로 명사, 대명사, 수사는 문장에서 주체의 자리에 쓰이는 일이 많으므로 체언(体言)이라 하고 동사, 형용사는 문장에서 주체를 서술하는 기능을 띠고있으므로 용언(用言)이라 한다. 현대조선어에서 체언은 독립될수 있으나 용언의 어간은 언제나 용언토와 함께 쓰인다. 따라서 체언과 그뒤에 붙는 체언토의 관계는 용언의 어간과 용언토의 관계보다 느슨하다고 할수 있다.

2. 문법적형태

현대조선어문법에서 체언뒤에 오는 문법형태는 체언토라는 말로 일괄해 부르고있으나 그 수가 엄청나며 그 기능은 주로 격(格)과 기타 보조적역할로 나타난다. 격토에는 ≪주격토, 속격토, 대격토, 여격토, 위격토, 조격토, 구격토, 호격토≫ 등이 있는데 이들 토는 그앞의 명사 및 명사구와 그뒤의 어떤 단어사이의 문장론적 제 관계를 나타내주는 역할을 한다.

현대조선어의 체언토에는 이들밖에도 ≪만, 도, 은/는, 조차, 마저, 까지, 부터, 이야말로≫ 등과 같이 명사에만 결합되는 것이 아니라 부사나 용언의 활용형 등에도 결합하는 도움형태도 있다. 또한 체언토들이 결합되여 ≪-에의, -에게서만큼은, -에서부터가≫ 등처럼 복합형태로 쓰이기도 하며 ≪-보다, -뿐≫과 같은 형태는 ≪-보다 더 큰, -뿐만아니라≫에서처럼 부사나 형식명사로 바뀌는 현상이 나타나기도 한다.

체언토는 ≪까지≫처럼 체언에서 유래한것도 있지만 ≪부터, 보다, 더불어, 조차≫처럼 용언에서 유래한것도 있다. 조선어에서 여러 체언이 라렬될 때 일반적으로 ≪와/과≫를 붙이고 문장안에서 그 체언들의 자격표시는 마지막 체언에 격토를 붙여 이루어진다.

　파생법에서 접사는 붙을수 있는 어근에 제약이 있고 새로운 낱말을 형성하며 어근의 뜻을 꾸미는 역할을 하고있는데 비하여 토는 붙을수 있는 어간(어근)에 제약이 없고 새로운 낱말을 만들지 아니하고 여전히 같은 말을 유지하면서 어간의 뜻을 꾸미는것이 아니라 다른 말과의 관계나 문장 전체의 문법적인 뜻에 관여하는 특징을 가지고있다.

　조선어의 인칭대명사에 1인칭 《나》와 2인칭 《너》는 있었으나 3인칭은 보이지 않았고 다만 중세에 《뎌》가 가끔 씌였는데 현대에 와서 3인칭은 1, 2인칭과는 달리 고유한 형태가 없고 지시대명사와 명사(불완전명사 포함)의 합성으로 표현되였다. 오늘날 《그》가 3인칭대명사로 널리 쓰이고있다. 문인들은 3인칭 녀성대명사로서 《그녀》를 쓰고있다. 지시대명사로는 흔히 근칭, 중칭, 원칭이라 하는 《이, 그, 저》가 있다. 수(数)에 대해서는 철저하지 않은편으로 복수를 나타내는 복수토 《들》이 있으나 그 사용이 필수적인것은 아니며 오히려 《많은 사람》과 같이 이미 복수임을 암시하는 말이 있을 때는 복수토를 쓰지 않는것이 일반적이다. 《들》은 《어서들 갑시다, 멀리들 간다, 먹어들 봐라》 등에서처럼 부사나 형용사의 활용형 등에 붙기도 한다.

　조선어문장의 가장 큰 특징은 서술어가 끝에 놓인다는 점이다. 가장 간단한 문장은 서술어만으로 이루어지는데 세계의 많은 언어에서 명령문이 동사만으로 이루어지는 례는 볼수 있으나 서술문이 동사만으로 이루어지는 례는 그리 흔하지 않다. 조선어에는 주어가 없는 문장이 자연스럽게 쓰이며 이런 문장은 주어가 생략되였다기보다 본래 주어가 없다고 하는것이 더 타당하다.

　현대조선어동사는 자동사와 타동사로 구분되기도 하나 타동사라고 해서 언제나 목적어가 그앞에 있어야 하는것은 아니며 목적어 없이도 타동사가 자연스럽게 쓰일수 있다. 한편 주어가 없는 문장도 쓰이지만 중주어(重主语)의 문장도 있다. 례:

> 가) 그 집이 뜰이 넓다. (이중주어)
> 나) 그 사람은 마음씨가 곱다. (이중주어)
> 다) 그 상점이 물건이 값이 싸다. (다중주어)

조선어문법에서 가장 특이한것은 경어법이다. 부분적인 경어표현이 있는 언어들은 많으며 그중 일본어의 경우 조선어와 비슷한 경어법을 가졌으나 조선어의 경어법처럼 계칭체계를 갖추지는 못하였다.

현대조선어의 경어법체계는 존경토 ≪-시-≫가 존자의 동작, 상태에 대한 존경을 표시하고 존자에 대한 화자의 공손한 진술표시는 ≪-읍니-≫로 나타나며 존자에 관련된 비자(卑者)의 동작, 상태 등을 표시하는 겸양법은 ≪하옵고, 먹삽고, 받잡고≫ 등 특수한 문체에만 쓰이고있다.

현대조선어에서는 일반높임의 ≪하게체, 하오체≫가 점차 쇠퇴해가고 가장 높임의 ≪합쇼체≫도 많이 위축된 반면에 ≪해요체≫가 널리 쓰이는 등 계칭이 점차 재편되고있다. 이는 반말체가 날이 갈수록 보편화되기때문에 일어나는 현상이다. 이런 영향으로 접속토류가 종결토류로 바뀌는 현상도 광범위하게 나타나고있다. ≪-아/어≫와 ≪-지≫가 근대조선어말기 종결토로 된것처럼 ≪-게, -거든, -는데≫ 등의 많은 접속토류가 현대에 들어와 문장을 종결시키는데 쓰이고있다.

용언토들은 그 자체로 단어가 되지는 못하지만 광범위한 문법기능을 가지고있다. 용언토에는 또 주로 시제의 범주, 법범주 및 계칭범주를 나타내는 토들도 있다. 즉 ≪-았/었-≫은 과거시제를, 대과거시제는 여기에 다시 ≪-었-≫이 하나 더 결합되며 회상시제는 ≪-더-≫에 의해 실현된다. 추측 및 의지를 나타내는 용언토에는 ≪-겠-≫과 더불어 문어체에 ≪-리-≫가 쓰이고있다. 주체존경을 나타내는 용언토에는 ≪-시-/•으시-≫가 있다.

용언토중의 종결토는 문장끝에 쓰이며 종결토에 의해 말하는 사람이 듣는 사람을 서로 다르게 대우하는데 종결토는 이렇게 서로 다른 계칭을 나타내는 한편, 문장을 ≪서술문≫, ≪의문문≫, ≪명령문≫, ≪권유문≫ 등으로 결정짓는 역할도 담당한다.

3. 문장

문장은 완결된 사상을 나타내는 언어행위의 기본단위이며 매개 언어의 문법적규칙에 따라 조직되고 억양에 의해 통일된다. 문장의 본질을 밝히는 일반적표식은 의미의 상대적완결성, 문법적형태화의 완성, 진술성의 구비 등인데 이들은 문장에서 상호 긴밀히 련관되면서 내적으로 서로 제약하고 보충한다.

문장을 이루는 구성요소는 문장성분과 문장소이다. 문장은 정상적인 경우에 보통 2개이상의 단어들의 결합으로 이루어진다. 이때 문장을 이루는 단어들의 결합은 문장성분으로 되거나 문장소로 된다. 문장성분은 일정한 의미와 기능을 담당한 전일적인 문장의 구조적단위로서 보통 한개의 완전한 단어 또는 완전한 단어와 보조적단어의 결합으로 이루어진다.

현대조선어의 문장성분은 기능에 따라 주어, 술어, 보어, 상황어, 규정어 등 맞물림성분과 호칭어, 감동어, 삽입어, 제시어, 접속어 등 외딴성분으로 나누며 구성에 따라 단순성분과 확대성

분으로 나눈다. 여기서 단순성분은 한개 단어 또는 그 맞잡이로
쓰이는 단위를 말하고 두개이상의 단어들의 결합을 확대성분이라
한다.

문장소는 문장안에 있는 성분가운데서 하나는 지배하고 다른
하나는 종속되는 관계를 맺고있는 두 성분의 결합을 말한다. 가
장 전형적인 문장소는 결합되는 두 성분이 문장론적인 의미-기능
적결합을 이루는 단위이다.

문장은 그속에 설정된 현실에 대한 관계의 성격, 진술의 목
적, 이야기하는 사람이 교제에 참가하는 사람들에 대하여 맺는
관계 그리고 형식-구조적차이 등 여러 요소에 의해 류형을 나눌
수 있다.

진술내용의 현실에 대한 관계의 성격 즉 양태성에 따라 긍정
문과 부정문으로 크게 나누고 그사이에 여러가지 중간적류형이
있다.

가) 오늘은 날씨가 좋다. (긍정문)
나) 오늘은 날씨가 좋지 않다. (부정문)
다) 오늘은 날씨가 좋을것 같다. (추측-긍정문)
라) 오늘은 날씨가 좋을것 같지 않다. (추측-부정문)

진술의 목적, 언어행위의 각이한 기능에 따라 서술문, 의문
문, 명령문, 권유문으로 나눈다.

가) 영수는 이미 시골에 내려갔습니다. (알림문)
나) 영수는 이미 시골에 내려갔습니까? (물음문)
다) 당신이 먼저 시골에 내려가오. (명령문)
라) 래일 함께 시골로 내려갑시다. (권유문)

　　현대조선어문장은 그 형식_구조적형식에 따라 단일문과 복합문, 단일구성문과 두 구성문, 단순문과 확대문으로 나눈다.

　　술어부 또는 주어부가운데서 어느 한 부분만 가지고있는 문장 즉 명명문, 무주어문, 단어문장을 단일구성문이라고 하고 이와 반대로 술어부와 주어부를 갖추고있는 문장을 두 구성문이라 한다.

　　가) 만물이 소생하는 새봄. (명명문)
　　나) 2005년 봄이다. (무주어문)
　　다) 봄이다. (단어문장)
　　라) 만물이 소생하는 봄이 있다. (두 구성문)

　　그리고 단순성분으로 이루어진 문장을 단순문, 한개이상의 확대성분을 가진 문장을 확대문이라고 한다.

　　가) 철수는 방에서 소설을 읽습니다. (단순문)
　　나) 우리는 <u>그분이 예술가임</u>을 알았다. (확대문)
　　다) 형광등이 거리의 야경을 <u>눈이 부시게</u> 비치였다. (확대문)

제4절　현대조선어의 어휘

1. 어휘적특성

　　현대조선어의 어휘의 구성비률을 품사별로 보면 명사가 가장 많고 버금으로 동사가 많다. 그다음이 부사, 형용사의 순으로 되여있다. 어종별로 보면 한자어가 전체 어휘의 과반수를 차지하고 있으며 한자어를 제외한 외래어도 상당수에 이르고있다. 특히 현

대에 와서는 서구어나 일본어의 류입이 많아 외래어가 조선어어
휘에서 차지하는 비률은 점차 높아져가고있는 실정이다.

조선어고유어는 그 구조면에서 볼 때 단일어가 상대적으로
적은 반면 합성어와 파생어가 큰 비중을 차지하고있다. 그리고
의미면에서 볼 때 개념어가 적고 감각어와 상징어가 발달되여있
다는 특징이 발견된다. 따라서 개념어의 경우 한자어나 외래어의
류입을 불가피하게 하여왔다.

조선어의 상징어는 자음의 교체나 모음의 교체에 의하여 음
상의 차이를 수반하게 되는 특징이 있다. 자음의 경우, 순한소
리, 거센소리나 된소리로 교체되면 그 근본뜻은 바뀌지 않으나
작은 말이 센 말로 바뀌게 되고 양성모음이 음성모음으로 교차되
면 무겁고 센 말로 바뀌게 된다. 그 반대로 음성모음이 양성모음
으로 바뀌게 되면 그 의미가 가볍고 작은 말을 지시하거나 경우
에 따라서는 얕잡는 말을 지시하게 되기도 한다.

현대조선어에는 전문분야에서 사용하는 전문용어가 적지 않
은 수를 차지함과 아울러 략어도 적지 않게 나타나고있다.

2. 단어조성법

현대조선어 단어조성법은 합성법과 파생법으로 이루어진다.

합성법은 둘이상의 낱말(어근)이 모여 하나의 낱말을 만드는
것을 말하는데 이 경우 그 문법범주는 뒤에 오는 낱말의 범주를
따르게 된다. 합성어는 두 어근이 모두 자립적인것도 있고 두 어
근가운데 어느 하나가 종속적인것도 있으며 두 어근이 동일어근
형태를 갖는 반복합성어(첩어)도 있다. 두 어근사이의 의미관계
에서 볼 때 합성어는 서로 대등적인 병렬관계의 경우도 있고 어
느 하나가 다른 하나에 종속되는 경우도 있으며 아주 새로운 의

미에로 융합되는 경우도 있다. 합성어는 그 결합에 있어서 원래의 어근이 그대로 보존되는것외에 음운이 탈락되거나 음운이 첨가되는 변동을 수반하기도 한다. 례:

　　　마소, 남녀, 높푸르다, 오르내리다/국그릇, 앞뜰, 얕보다, 산돼
　　　지/들것, 쥘손, 춘추, 산수, 밤낮, 돌아가다/무뜯다, 소나무, 암
　　　캐, 안팎, 좁쌀

　파생법은 어근에 파생접사가 붙어 새 단어가 형성되는것을 가리키는데 이 방법은 크게 두가지로 나뉘여진다. 어근에 접두사가 붙어 이루어지는 접두파생법과 어근에 접미사가 붙어 이루어지는 접미파생법으로 구분된다.

　　접두파생법: 덧-버선, 숫-색시, 헛-고생, 엇-나가다, 빗-나가
　　　　　　　　다, 홀-어머니, 웃-돈, 짓-누르다, 시-누렇다, 새
　　　　　　　　-노랗다
　　접미파생법: 곰배팔-이, 부채-질, 잠-꾸러기, 멋-쟁이, 기술-
　　　　　　　　자, 정-답다, 복-스럽다, 천천-히, 나팔-수, 구경
　　　　　　　　-군, 끝-장, 잎-사귀, 높-이, 덮-개, 울-보

　3. 단순의미와 복합의미, 동음어, 동의어, 다의어
　하나의 음성형태에 하나의 의미가 대응될 때 단순의미라 하고 하나의 음성형태에 둘이상의 의미가 대응되거나 둘이상의 음성형태에 하나의 의미가 대응될 때 복합의미라 한다.
　단순의미와 복합의미의 구분은 그리 단순한것만은 아니다. 우리가 단순의미로 인식하는것도 엄밀하게 따져보면 복합의미의 성격을 띠고있기때문이다. 즉 단순의미로 인식되는 단어들도 각

각 다른 여러가지의 형태, 색갈, 크기, 성질 등을 갖는 개체들을 포괄할 때가 있으며 또 은유나 의미적전이 등을 통하여 또 다른 의미도 가질 때가 있기때문이다. 따라서 단순의미와 복합의미의 경계구분에는 주관적판단과 직관의 개입을 배제할수 없다.

복합의미에서 하나의 음성형태에 두개이상의 의미가 대응될 때 이 두 낱말은 동음어라 불리운다. 동음어는 언어생활에 지장을 가져오는것은 사실이지만 그러한 혼란을 해소해주는 법도 적지 않게 존재한다. 낱말의 길이의 차이, 소리의 변동, 문법범주의 차이 그리고 문맥상황 등이 동음어의 혼란을 해소하는 장치로서 기여하고있다.

동음어는 음운의 변동, 다의어의 변화, 외래어의 인입 등으로 인해 생기는 언어적현상이다. 례:

배(腹, 梨, 舟, 倍) /새(新, 鳥) /눈(目, 雪) /밤(夜, 栗) /
키(身長, 鎖)

동의어는 동음어와 정반대되는 현상으로서 음성은 다르나 뜻이 서로 일치하거나 비슷한 단어를 말한다. 엄밀히 말하여 현대에 이르러 극소수의 《절대적동의어》를 제외하면 뜻 그대로의 절대적동의어는 있을수 없다. 그러므로 동의어는 류사한 뜻을 가진 단어로 해석되는것이다. 모든 문맥가운데서 치환되더라도 객관적의미에 하등의 무리가 주어지지 않는 경우의 동의어라 할수 있다. 조선어에서의 동의어는 이중구조 혹은 삼중구조를 이루고 있는데 특히 삼중구조에서는 대체로 외래어가 하나의 층을 차지하는 특색을 나타낸다. 례:

안해/처, 수레/구루마, 뽕밭/상전, 아버지/부친, 교정/캠퍼스,

말미/휴가/바캉스, 김/증기/스팀, 배/선박/뽀트

대체로 외래성분의 차용과 고유어의 보존이 병행됨으로써 동의어가 형성되는데 이러한 동의어의 형성은 또 곧바로 의미의 충돌현상을 일으키면서 동의어관계에서 벗어나려는 경향을 초래한다.

다의어는 하나의 낱말이 둘이상의 다르면서 어원적으로 관련있는 의미를 가지고있는 단어를 말한다. 다의관계는 하나의 어휘소에 유연성을 지닌 둘이상의 복합적의미가 있는 관계이다.

다의어는 그 발생면에서 보면 중심적의미와 비슷한 주변적의미로 류용되는 경우도 있고 중심적의미의 실체와 접촉되여있는 어떤 실체의 의미로 류용되는 경우도 있으며 때로는 중심적의미와는 서로 반대되는 의미로 류용되는 경우도 있다. 례:

괄다:
가) 불기운이 세다.
나) 천, 종이 같은것이 열기를 받아 누렇다.
다) 나무의 옹이부분에 뭉쳐엉긴 진이 많다.
라) 누굿누굿한 맛이 없이 꽛꽛하다.
마) 진득하고 누굿한 맛이 없이 드세다.

발판:
가) 어떤 공간을 오르내리거나 건너다니기 위해 걸쳐놓은 널판.
나) 일정한 목적을 이루기 위하여 근거하거나 리용하는 대상.
다) 뛰여오르는 힘을 돕기 위하여 쓰는 운동도구의 한가지.

4. 의미의 대립

음운이 대립관계로 설명되는것처럼 어휘의 의미도 대립관계에 의한 설명이 가능한바 이는 어휘체계의 수립에 있어서 하나의 방법론으로 등장하고있다. 의미의 대립은 ≪계단대립≫, ≪유무대립≫, ≪비례대립≫, ≪중화대립≫, ≪등치대립≫ 등으로 나누어 고찰할수 있다.

계단대립은 대립항들이 어떤 동일한 성질의 정도차이나 등급에 의하여 특징지어지는 대립이다. 례:

뜨겁다, 따뜻하다, 미지근하다, 서늘하다, 차다, 춥다

유무대립은 하나의 대립항은 유표항이고 다른 하나의 대립항은 무표항인 경우이다.례:

소년/소녀, 어른/아이

비례대립은 어떤 두 대립항사이의 관계가 그 언어의 다른 대립항사이에도 성립되는 대립이다. 례:

소년/소녀, 남자/녀자, 아버지/어머니

중화대립은 대립항들이 어떤 위치에서는 변별적기능을 발휘하고 어떤 특별한 위치에서는 그러한 변별적기능을 상실하는 경우의 대립이다. 례:

원만하다/둥글다, 붉다/검다

등치대립은 두 대립항이 론리적으로 동일한 가치를 가지는 경우의 대립인데 이 대립은 의미론의 령역에서는 큰 의미를 지니지 못한다. 례:

너그럽다/부지런하다, 모나다/검다

5. 어휘체계

어휘들은 언뜻 보면 각각 개별적으로 존재하고있는것처럼 보이지만 엄밀히 살펴보면 어떤 질서속에서 다른 낱말들과 밀접하게 상호 협력, 의존하는 관계를 유지하고있다. 즉 개개의 낱말들이 모여서 하나의 복합체를 이루게 되고 이 복합체들은 점차적으로 보다 큰 상위의 체계속으로 포함되여가고있다. 이러한 방법으로 어휘전체가 어떤 계층적인 체계를 형성하고있다.

조선어어휘에서 가장 주목할만한것은 의성어, 의태어의 발달이다. 모음조화에서의 양성모음과 음성모음의 대립, 폐쇄음에서의 순한소리, 거센소리, 된소리의 대립에서 오는 표현가치를 최대한 리용하여 어감의 미묘한 차이를 나타낸다. 여기에 1음절이나 2음절, 3음절의 반복이 색다른 효과를 더한다.

조선어어휘는 고유어와 한자어 그리고 외래어의 삼중구조로 되여있다. 한자어는 조선어어휘의 50%이상을 차지하며 대체적으로 일상생활에 관한것은 고유어가 많고 추상적이고 지적(知的)인 개념은 대부분 한자어로 이루어졌다. 같은 사물이나 개념에 대하여 고유어와 한자어가 함께 쓰이는 경우도 적지 않으나 ≪나이≫와 ≪년세(年歲)≫에서처럼 한자어는 경어의 뜻을 지니는 경우가 많다.

오래동안 한문이 한국의 문자생활을 지배해온 결과 많은 고유어가 사멸하였으며 이른바 기초어휘에 속하는 단어들까지도 사라지게 되였다.

고유어에 대한 한자어의 교체의 례를 들면 아래와 같다.

가) 누리→세상(世上), 기르마→안장(鞍裝), 디위→회(回), 슬기→지혜(知慧), 잣→성(城), 죽사리→생사(生死), 여름→실과(實果)

나) 거르기→대단히(大端히), 시러→가히(可히), 능히(能히), 져
     근덧→잠시(暫時)
다) 거르다→허황(虛荒)하다, 기리다→칭찬(稱讚)하다, 머흐다→
     험(險)하다, 여희다→리별(離別)하다

일찌기 고대조선어에서부터 지명, 인명 등 고유명사의 한자
화가 시작되여 인명에서는 고유의 요소를 찾아볼수 없게 되였다.
그러나 시골지명에서는 아직도 한자지명과 고유지명의 이중체계
가 유지되고있는 곳이 많다.

20세기에 들어와 조선어어휘에서 일어난 주목할만한 현상은
고유어휘재료에 의한 신어(新语)가 많이 만들어졌다는 점이다.

19세기말 20세기초에 조선어어휘는 서양문화의 전파에 의한
외래어차용으로 하여 한층 풍부하게 되였다. 구미의 과학과 자본
주의서적은 이들 나라들과의 직접적인 래왕을 통하여 그리고 일
본을 경유하여 조선에 대량으로 수입되게 되였다. 이리하여 영
어, 프랑스어, 독일어, 이딸리아어, 에스빠냐어 등에서 많은 단
어들을 음 그대로 조선어에 받아들이게 되였다.

이 시기 외래어가 조선어에 들어온 경로는 두갈래이다. 첫째
는 원언어에서 직접 받아들인것들이고 다음으로 제3의 언어를 경
유하여 간접적으로 차용한것들이다. 이것들은 서사어로 들어온것
도 있고 구두어로 들어온것도 있다.

가) 가방(cabas), 고무(gum), 노트(note), 넥타이(necktie), 섭
     씨(celsius)
나) 세균(細菌)/박테리아(bacteria), 발동기/모터(motor), 풍금/오
     르간(organ), 구락부/클럽(club).

6. 전문용어

전문용어는 특정된 집단에서 정밀하게 규정된 과학적인 개념과 학술적인 내용을 담고있는 특수한 어휘이다. 전문용어는 국제화된 단어로서 영어로 ≪Term≫이라고 한다.

과학기술에서 하나의 관점, 하나의 개념에 대한 한계를 명확히 확정할 필요가 있을 때 전문용어를 사용한다. 전문용어가 그 용어마다 소속된 분야가 있고 그것을 쓰는 분야가 정해져있는것은 바로 그 학술적내용이 어느 한 분야에 제한되여 규정되여있기 때문이다.

우리가 말하는 물리학용어, 화학용어, 의학용어, 컴퓨터용어, 경제용어 등이 바로 일정한 과학분야에서 쓰이는 전문용어의 조성부분이다.

우리 말 전문용어는 조선말 단어형성원리에 의해 형성되고있다.

가) 접두사법: 역-: 역반응/무-: 무공해분무/재-: 재연소, 재염색/순-: 순리론적, 순리론적계산

나) 합성법: 연쇄＋: 연쇄반응, 연쇄운반체, 연쇄전분반응/절대＋: 절대습도, 절대측정, 절대온도, 절대영전위

다) 접미사법: -기: 아세톡실기, 가속기, 흡착기, 기상자동기록기, 공기저장기

라) 접두접미사법: 순-(리론)-적, 재-(연소)-기

전문용어는 단의성을 가지고 의미내용을 이루는 과학적개념을 나타낸다. 전문용어의 의미에는 아무런 표현정서적빛갈이 없다. 그리고 일부 전문용어는 국제적성격을 띠고 통용된다. 그리고 하나의 단어가 여러 과학분야에서 다른 개념으로 쓰일수도 있으며 전문용어와 일반용어는 끊임없이 넘나들수도 있다.

7. 략어

략어란 두 음절이상으로 된 낱말이나 어절 또는 구에서 음운론적, 형태론적 삭감이 일어나 음절수가 줄면서 만들어진 단어로서 준말이라고도 한다. 현대조선어에는 략어(略语)가 대량 생성되고있는데 고유어, 한자어, 외래어 등 전반에 걸쳐 나타나고있다.

현대조선어에서 략어는 매우 빠른 속도로 발전해 일반용어로 되거나 또는 전문용어로 되여 신문, 방송, 잡지 등 여러 부문에 폭넓게 많이 쓰이고있다.

략어사용의 목적은 최소의 노력으로 의미를 최대한 명료하게 전달하려는데 있다. 말의 생략 또는 간략화는 언어교제와 의사소통 효률을 높이기 위하여 식별가능한 범위내에서 긴 말을 짧게 하려고 하는 의도에서 비롯하는것이다.

문화의 발달과 정보량의 증가로 사회가 복잡해지면서 현대인은 짧은 시간에 보다 많은 정보를 전달해야 하는 상황에 놓이게 된다. 그리하여 적은 시간과 노력으로 최대의 전달효과를 얻기 위해 어형을 단축시키는것이다. 그리고 특정된 집단이나 령역 또는 일상생활에 있어서 사용이 빈번한 말들은 노력경제원칙에 립각하여 긴 말을 짧게 줄여서 쓰게 된다.

한편 시간과 노력경제를 위하기보다는 재미있는 표현이거나 독특하고 미묘한 표현효과를 나타내기 위하여 략어를 사용하는 일도 있다. 젊은층이 많이 사용하는 략어형의 은어들은 노력경제 기초에 따른 재미있는 언어유희가 주되는 산생의도로 된다. 그리고 략어를 사용함으로써 전달하고자 하는 의미를 강조하고자 하며 지적인 권위나 압박감을 형성하기도 한다. 례:

국보: 국가보안법
정치: 정말로 치떨리는 사람들
남존녀비: 남자가 존재하는 한 녀자는 비참하다
IBM: 이미 버린 몸
개성: 개같은 성질
귀빈: 귀찮은 빈대(사람)
저능아: 저력있고 능력있는 아이
스타: 스스로 타락한 사람

8. 방언

조선어의 지역적차이는 면적이 작은탓도 있지만 제주도를 제외하고는 그렇게 큰것이 아니다. 조선어에서 다른 지역의 말이라고 해서 일상회화가 전혀 통하지 않는 방언은 제주도방언을 제외하고는 거의 없다. 조선어의 방언을 보통 6개로 나누며 필요에 따라 더 세분할수도 있다.

1) 동북방언: 함경도방언이라고도 하는데 함경북도, 함경남도, 량강도의 대부분 지역이 이에 속한다. 고저(高低)와 억양에 특색이 있고 음운면에서는 동남방언과 비슷하다.

2) 서북방언: 평안도방언이라고도 하는데 평안북도, 평안남도, 자강도가 이에 속한다. 황해도 북부지역도 해당된다. 서북방언에서는 지금까지도 구개음화가 완성되지 않고있다.

3) 동남방언: 경상도방언이라고도 하는데 경상북도와 경상남도 및 그 주변지역이 해당되며 성조(声调)를 가지고있다. 이들 방언은 단모음 ≪애≫와 ≪에≫의 대립과 ≪의≫와 ≪으≫의 대립이 없으며 자음에서 ≪ㅆ≫을 된소리로 발음하지 못하고 ≪ㅅ≫으로 발음한다. 한편 문법적형태에는 중세조선어의 자취가 많이

남아있다.

4) 서남방언: 전라도방언이라고도 하는데 전라북도와 전라남도가 이에 해당된다. 중세의 ≪△, ㅸ≫이 ≪ㅅ, ㅂ≫으로 살아있다.

5) 제주도방언: 제주도와 그 부속도서가 이에 속한다. 조선어방언가운데서 가장 동떨어진 방언이다. 가장 큰 특징은 중세조선어의 ≪·≫가 열린 [ɔ]로 중세의 ≪·≫의 후신으로 살아있는 점이며 그밖에도 많은 고어들이 살아있다.

6) 중부방언: 경기도, 충청북도, 충청남도, 강원도, 황해도의 대부분 지역이 이에 해당된다. 강원도의 명주(溟州), 삼척(三陟), 녕월(宁越), 정선(旌善), 평창(平昌) 지역은 성조에 있어 동남방언의 영향을 강하게 받고있다. 중부방언은 기초방언으로 되여왔다.

현대조선어방언에서 동북방언과 동남방언은 력사적으로 깊은 관계가 있으며 고저악센트를 가지고있는 점이 특이하고 서북, 중부, 서남 방언은 음장이 있으며 서북방언은 구개음화가 잘 실현되지 않고있다. 제주도방언은 고립되여있어 륙지방언들과 상호리해가 쉽게 이루어지지 않을 정도로 다르며 성조도 음조도 없다.

참고문헌

김경란 김진형, ≪형태론≫, 한신문화사

김대조선어강좌, ≪문화어어휘론≫, 김일성종합대학출판사, 1981년

김수경, ≪세 나라 시기 언어력사에 관한 남조선학계의 견해에 대한
비판적고찰≫, 평양출판사, 1989년

김영황, ≪조선어사≫, 김일성종합대학출판사, 주체 86년(1997년)

김원한, ≪인구어 비교언어학≫, 민음사

김종훈 박영섭 등, ≪한국어의 역사≫, 대한교과서주식회사, 1998년

김형규, ≪국어사개요≫, 일조각, 1975년

김형주, ≪우리말 발달사≫, 세종출판사, 1998년

남기심 고영근, ≪표준국어문법≫, 탑출판사, 1999년

렴종률, ≪조선어문법사≫, 김일성종합대학출판사, 1980년

류렬, ≪조선말력사(1)≫, 사회과학출판사, 1990년

리득춘, ≪고대조선어문선 급 중세조선어개요≫, 연변대학출판사, 1995년

리득춘, ≪조선어어휘사≫, 연변대학출판사, 1987년

박병채, ≪국어발달사≫, 세영사, 1996년

박상훈 리근영 고신숙, ≪우리 나라에서의 어휘정리≫, 사회과학출판
사, 1986년

박창원, ≪국어 음운 연구사≫, 태학사, 2002년

안병호, ≪조선어발달사≫, 료녕인민출판사, 1983년
안병희 이광호, ≪중세국어문법론≫, 학연사, 1999년
안병희, ≪국어사연구≫, 문학과지성사, 1992년
이기문, ≪한국어형성사≫, 고려대민족문화연구소 한국문화사대계, 1967년
이기문, 신정판 ≪국어사개설≫, 태학사, 1998년
이승재 조남호 등, ≪한국어와 한국문화≫, 새문사, 1999년
이익섭 임홍빈, ≪국어문법론≫, 학연사, 1983년
이익섭, ≪국어의 시대별 변천연구 2≫(근대국어), 국립국어연구원,　1997년
최기호, ≪알타이어족설의 문제점≫(한글 227호), 한글학회, 1995년
최범훈, ≪한국어발달사≫, 통문관, 1985년
최완호 문영호, ≪조선어어휘론 연구≫, 과학백과사전출판사
홍기문, ≪조선어력사문법≫, 사회과학출판사, 1966년

조선어발달사

인   쇄   2006년 7월 5일
발   행   2006년 7월 12일

지 은 이   리득춘·리승자·김광수
펴 낸 이   이대현
편   집   이태곤·권분옥·박소정·이소희
제   작   안현진
펴 낸 곳   **도서출판 역락** / 서울 성동구 성수2가3동 301-80
                         지시코 별관 3층(우133-835)
전   화   3409-2058(대표) 3409-2060(편집부) FAX 3409-2059
이 메 일   yk3888@kornet.net / youkrack@hanmail.net
홈페이지   www.youkrack.com
등   록   1999년 4월 19일 제303-2002-000014호

정   가   20,000원
ISBN   89-5556-483-X-93710

* 잘못된 책은 교환해 드립니다.